Manfred Barthel: Theater in Briefen

Theater in Briefen

Von der Neuberin bis Josef Kainz
Schauspielerbriefe aus zwei Jahrhunderten

herausgegeben und mit
einem Überblick zur deutschen
Theatergeschichte versehen von
Manfred Barthel

EDITION
WISSENSCHAFT & LITERATUR
Herausgegeben von Frido Flade

EDITION
WISSENSCHAFT & LITERATUR
Herausgegeben von Frido Flade

BARTHEL, MANFRED
Theater in Briefen

Verlagsges. Flade + Partner mbH
München 40, Elisabethstraße 34
Umschlaggestaltung: Inga Koch
Buchgestaltung: FP-Werbung
Herstellung: Steinmeier, Nördlingen

Printed in Germany 1983
ISBN 3-922804-07-1

Dieses Buch entstand unter Benützung einer Schauspielerbrief-Sammlung, die der Autor 1947 veröffentlichte.

EDITION WISSENSCHAFT & LITERATUR

Literarische Themen mit wissenschaftlichen Thesen verknüpfen: wissenschaftliche, biographische oder kulturelle Sachverhalte literarisch – auch im Sinne der guten Lesbarkeit – darzustellen: Autoren, die durch einen Menschen, eine Epoche oder eine Theorie zum Nachdenken und Nachforschen angeregt wurden, ein Forum zu bieten, das sind die Aufgaben, die wir uns mit Herausgabe der Edition Wissenschaft & Literatur gestellt haben.

Jedes Buch dieser Reihe soll etwas Besonderes sein, inhaltlich und handwerklich – gebundene Gedanken, die der Leser nachempfinden oder denen er widersprechen kann, die er ablehnt oder denen er zustimmt, die ihn aber nie gleichgültig lassen.

Wir setzen auf die Entdeckerfreude der Leser.

»Ich glaube, es gibt weder altes
noch neues, sondern nur gutes oder
schlechtes Theater«.

Federico Garcia Lorca

Inhaltsverzeichnis

Koloriertes Aquatintablatt
von J.C.E. Müller, Weimar, um 1812

»Das ist meines Vaters Stimme!«
Szene aus Schillers »Räuber«
aus der Aufführung vom 15. Juni 1811 in Weimar

Vorwort

Nichts bietet einen unmittelbareren Blick hinter die Kulissen wie die Briefe von Schauspielern. Sorgen, Freuden, Arbeitsmethoden und manchmal auch Eitelkeit und Selbstüberschätzung sprechen aus jeder Zeile. Selbst jene Briefe, aus denen nichts weiter zu erkennen ist, als daß das letzte Geheimnis künstlerischen Schaffens auch vom Künstler selbst nicht erklärt werden kann, werden durch diese Erkenntnis aufschlußreich und wichtig.

Was wüßten wir vom Theater vergangener Jahrhunderte, hätten schreibfreudige Theatermenschen nicht jene tausend kleinen Einzelheiten festgehalten, aus denen sich der Begriff 'Theater' zusammensetzt.

Wie war das eigentlich mit der Bühnenbeleuchtung, bevor es elektrisches Licht gab?

Wie vollzog sich der Umbau ohne Drehbühne?

Donner, Blitz und Meereswogen – wie wurden sie erzeugt?

Schminke und Kostüme – die Zaubermittel der Akteure und vor allem der Actricen – nach welchen Rezepten wurden sie gemischt und genäht? Wichtige Nebensächlichkeiten auch das.

Nach welcher Methode nähert sich der eine Schauspieler seiner Rolle, welche Vorarbeiten sind für einen anderen wichtig? Und wie aufregend, wenn man beim Lesen der Briefe erkennt, wie unterschiedlich ein und derselbe Schauspieler die gleiche Rolle zu verschiedenen Phasen seines Lebens anlegte.

Daneben – der ständige Kampf um höhere Gagen oder um eine Benefizvorstellung.

Keine Frage, Schauspielerbriefe sind das interessanteste was sich ein Theaterfreund an Lektüre wünschen kann. Theater aus erster Hand, Theater ohne Schminke.

Natürlich ist, was Schauspieler in ihren Briefen für berichtenswert halten, subjektiv, ist gefärbt und meist mit Eitelkeit getränkt. Gerade deshalb aber so lebendig. Der Pulsschlag des Schreibers schwingt im Rhythmus seiner Zeit durch die Zeilen, Halbgötter werden auf Menschenmaß reduziert, Künder ewiger Werte verlieren Würde und Gelassenheit wegen einer ungeheizten Garderobe.

Dazu kommt der Reiz, Unfrisiertes zu lesen, das nicht für eine Veröffentlichung bestimmt war. Andere Briefe wieder entfalten ihren wahren Reiz erst wenn man sie gegen den Strich liest, kleine Sotissen entdeckt, die zwischen den Zeilen dem Empfänger untergeschoben werden oder manches, das mit dem Brustton der Ehrlichkeit vorgetragen wurde, inzwischen aber von der Zeit als eitle Schönfärberei entlarvt worden ist.

Einige Briefe sind wahre Trouvaillen. Kostbarkeiten, die Einblick in den Entstehungsprozeß eines Theaterstücks gewähren. Dann zum Beispiel, wenn aus einer Korrespondenz zwischen Schauspieler und Autor ersichtlich wird, wie in einem Drama sich Szenenablauf und einzelne Figuren verändern, weil der Theatermann dem Schriftsteller mit handfesten Hinweisen in seinen Briefen auf die Sprünge half.

Ein gutes Beispiel dafür: Als *Carl Zuckmayer* sich schwer tat, die richtige Konzeption für ein Stück um den Schuster Voigt, dem Hauptmann von Köpenick, zu finden, sprach er mit *Fritz Kortner* über die verschiedenen Wege, diese Figur in den Mittelpunkt eines Stückes zu stellen. Doch keine der Möglichkeiten befriedigte Zuckmayer, und Kortner mußte ihm beipflichten. Monate später – Kortner machte Urlaub im Österreichischen – entsann er sich der dramaturgischen Sorgen seines

Freundes Zuckmayer und schrieb ihm eine Ansichtskarte. Statt der obligaten Urlaubsgrüße, stand nur ein Satz darauf: »Erzähl doch die Geschichte der Uniform!« Zuckmayer tats – der Erfolg ist bekannt.

Oder der Briefwechsel zwischen *Arthur Schnitzler* und *Adele Sandrock*. Ein Dokument der Leidenschaft, ein literarisches Duell, ein Blick hinter die Kulissen des Burgtheaters zu Anfang unseres Jahrhunderts mit seinen kleinen Intrigen und großen Lügen. Vorbei diese Zeit der täglichen, seitenlangen Korrespondenzen selbst so kommunikationsfreudige Menschen wie Schauspieler greifen heute lieber zum Telefonhörer als zum Kugelschreiber. Nur was bekannt werden soll, was wohl gar mit dem Blick für die Nachwelt konzipiert wurde, wird noch zu Papier gebracht. Die Ursprünglichkeit ging verloren, die Absicht schimmert durch jede Zeile.

Ausnahmen bestätigen diese Erfahrung. Als Beweis, daß auch in unserer Zeit, sogar in Telegrammtexten die beiden Voraussetzungen für eine gelungene Korrespondenz, nämlich Information und Pointierung, enthalten sein können, steht hier – ich weiß keinen besseren Schluß für diese Einleitung – das Absagetelegramm eines prominenten Schauspielers an eine Münchner Filmproduktion, die ihm eine große Rolle zu einer kleinen Gage angeboten hatte.

> »für künftige tonfilmaufgaben ungeeignet – stop – ihr gagenangebot hat mir die sprache verschlagen – stop – herzlich *gustaf gründgens«*.

M. B.

Daten — Namen — Taten

Stichworte zur Geschichte deutscher Theater

Keiner der zahlreichen Versuche, die Geschichte des deutschen Theaters zu schreiben, überzeugt ganz. Das liegt mit Sicherheit nicht an den Verfassern. Vielmehr dürfte das Thema selbst daran schuld sein. Denn wer eine deutsche Theatergeschichte verfaßt, versucht über etwas zu berichten, was es nicht gegeben hat.

Unser Theater kann keine kontinuierliche Ahnenreihe vorweisen, wie etwa das italienische. Wir haben unsere commedia d'ell arte, das barocke Volkstheater, durch die Puristen der Aufklärung verstümmeln lassen.

Anders als in Frankreich haben unsere Bühnen nicht durch Werke, die alle nach einheitlichen Stilprinzipien geschrieben waren, auch zu einem einheitlichen Regiestil gefunden.

Allein die Engländer hatten das Jahrtausendglück, einen Schauspieler zu besitzen, der auch ein dramatisches Genie war.

Deutschland – ein Land ohne Theatergeschichte. Bestenfalls ein Land mit Theater*geschichten*. Über zwei Jahrhunderte ist das deutschsprachige Theater ein Kind des Zufalls gewesen.

Weil irgendein Duodezfürst eine Schwäche für die Bühne (oder vielleicht auch nur für eine Actrice) hatte, entwickelte sich in seiner Residenz Theaterleben.

Weil ein dramatisches Genie Menschen aus Fleisch und Blut auf die Bühne zu stellen vermochte, wurde anderenorts ein zweitklassiges Privat-Theater zum kulturellen Anziehungspunkt.

In einer anderen Stadt war es vielleicht ein Darsteller von potenter Ausdruckskraft, der sein Publikum zu packen vermochte, obgleich das Stück schwach und die Bühne in einem Wirtshaussaal aufgeschlagen war.

Das alles war zur gleichen Zeit möglich, das alles war Theater in Deutschland.
Nur: einen großen Bogen in der Entwicklung über Jahrzehnte – den gab es bei uns nicht.

Akzeptiert man diese Auffassung – und ich fürchte, man muß es – dann bietet sich statt eines zusammenhängenden Berichts über die Entwicklungsphasen auf deutschen Bühnen eine lose Aneinanderreihung einzelner Theaterereignisse an, die neben- und nacheinander geordnet jenes aus vielen Steinchen zusammengesetzte Mosaik ergeben, das wir »Deutsches Theater« nennen. Dieser Versuch wird auf den folgenden Seiten unternommen. Der Rahmen für dieses Theatermosaik über zwei Jahrhunderte deckt sich mit der Auswahl der Briefe. Wie diese beginnt auch die Zeittafel mit *Caroline Neuber* und endet mit *Josef Kainz*.

1747

Der Student der Theologie *Gotthold Ephraim Lessing* übergibt in Leipzig sein erstes Theaterstück »Der junge Gelehrte« der Schauspielerin *Caroline Neuber,* die unter dem Namen »Die Neuberin« als Prinzipalin des deutschen Theaters in den Theatergeschichten gefeiert wird. *Johann Cristoph Gottsched,* der Literaturpapst der Aufklärung, hatte sich zu dieser Zeit von der Schauspielertruppe der Caroline Neuber bereits wieder abgewandt. Bis 1741 war sie ihm willkommenes Instrument für seine Anstrengungen gewesen, das deutsche Theater nach dem Muster der französischen Klassiker umzuformen.

Die Neuberin, eine dralle Sächsin, hatte rasch den Hanswurst wieder auf die Bühne gelassen als die Besucher bei den Experimenten des Professors ausblieben, der versuchte, mit klassischen Versen und unter Wahrung der Einheit der Zeit, des Orts und der Handlung Theater zu machen. Sie hatte die Lacher auf ihrer Seite, als sie den Theaterprofessor vom Hanswurst auf offener Bühne verspotten ließ.

Das Repertoire dieser Schauspieltruppe unterschied sich kaum von dem guten Dutzend anderer Truppen, die zwischen Rhein und Oder im Grünen Wagen durch die Dörfer zogen und denen der Ruf vorauseilte: »Kinder, nehmt die Wäsche rein, die Schauspieler kommen«. Gespielt wurden die Stücke *Elias Schlegels, Stolbergs,* die Rührstücke von *La Chausee, Gresset, Destouches* und italienische Schäferspiele.

Die Schauspieler agierten auf fast leerer Bühne. Kaum ein Dekorationsstück, höchstens Tisch oder Stuhl waren, wenn für die Handlung notwendig, zu sehen. Der Szenenwechsel fand auf offener Bühne statt. Kein Vorhang fiel, es ertönte lediglich ein Pfiff und schon marschierten Türen, Bäume und Versatzstücke mit Menschenfüßen von oder zu ihren Plätzen.

Schon die Maße der damaligen Bühnen verboten einen großen Aufbau von selbst, so war das Hamburger Theater, ein Holzbau, mit seinen 37 Fuß Breite, 27 Fuß Höhe und 75 Fuß Tiefe die größte und modernste Schaubühne. In Meter umgerechnet hatte diese Bühne also eine Breite von 12 Metern, eine Höhe von 8 Metern und eine Tiefe von 22 Metern.

Die hintere Abgrenzung der Bühne bildete eine auf- und abrollbare Hintergrundleinwand. Die Möglichkeit, vor dieser Leinwand eine »Mittelgardine« herabzulassen und dadurch die Bühne in einen zum Publikum offenen und einen dahinterliegenden abgeschlossenen Raum zu verwandeln, wurde noch von Goethe bei der Konzeption seiner Stücke genützt, der eigens Zwischenszenen vor der Mittelgardine schrieb, um den Theaterleuten Zeit für Kostüm- und Dekorationswechsel zu schaffen.

Schauspieler, die auf diesen kahlen Bühnen standen, waren vor allem Schüler des Tanzmeisters. Wichtig war, daß ein Schauspieler sich mit Anstand zu bewegen verstand, daß er nur ein Drittel des Gesichts dem Partner und zwei Drittel dem Zuschauer zeigte. Klare Aussprache, richtige Betonung gar – das kam erst danach. Die Darsteller traten nach Art altmodischer Operntenöre an die Rampe und deklamierten ihren Text. Ein Ensenblespiel fand nicht statt.

Zum ersten Mal erwarben sich in diesem Jahrzehnt einzelne Schauspieler die Wertschätzung der bürgerlichen Gesellschaft. Sie wurden von nun an nicht mehr mit Zigeunern und Schaustellern gleichgesetzt, sondern aus Respekt vor ihren darstellerischen Leistungen, mehr noch aus Hochachtung vor den erhabenen Gedanken, die sie in ihren Rollen verkündeten und nicht zuletzt durch geordneten Lebenswandel wurden sie von der Gesellschaft akzeptiert und rangierten bald neben Apotheker und Drucker.

1767

In diesem Jahr findet sich in Hamburg ein Bürgerkonsortium zusammen und gründet das erste »Deutsche Nationaltheater«. Man überträgt *Konrad Ernst Ackermann*, einem angesehenen Schauspieler, die Direktion und engagiert Lessing als Dramaturgen. Als dann noch ein so namhafter Schauspieler wie *Konrad Ekhof*, »der Deutschland überhob, auf den Garrick der Engländer neidisch zu sein«, für dieses Ensemble gewonnen werden konnte, dem bereits *Henriette Hänsel* angehörte, von der es hieß, daß sie »den holprigsten dunkelsten Vers durch Präzision der Sprache und Innigkeit zur Klarheit zu wandeln« verstand, schienen alle Voraussetzungen gegeben, einen niveauvollen, aber auch wirtschaftlich interessanten Spielplan aufzustellen. Schließlich war das Theater vom Bürgerkonsortium nicht aus Edelmut, sondern als Verdienstobjekt gegründet worden.

Jedoch, es kam anders. Selbst Lessings eben beendetes Lustspiel »Minna von Barnhelm«, das ja zu dieser Zeit kein Kostümstück, sondern von höchst aktuellem Gegenwartsbezug war, wurde schon nach wenigen Vorstellungen vor leerem Haus gespielt und die Direktion mußte in der Pause Parterreakrobaten auftreten lassen. Der Traum vom Deutschen Nationaltheater war ausgeträumt, noch ehe er so recht begonnen hatte.

1771

Noch einmal kommt aus Hamburg Hoffnung für die deutschen Theaterfreunde: der Schauspieler und Theaterleiter *Friedrich Ludwig Schröder* übernimmt – vom Wiener Burgtheater kommend – die hoch verschuldete Bühne seines Schwiegervaters Ackermann auf eigene Rechnung und leitet sie – allerdings mit zwei mehrjährigen Unterbrechungen – bis 1812. Schröder stellte in den ersten Jahren ein Ensemble und ein Repertoire zusammen, wie es sie damals an keiner anderen deutschen Bühne gab.

Schröder war ein Willensmensch. Nach einer Jugend voller Abenteuer fand er erst im Alter zu Überlegenheit und Überblick. Von seiner eisernen Energie zeugt auch seine künstlerische Entwicklung: von einem Tänzer und Darsteller tollpatschiger Dienerrollen entwickelte er sich zu einem Schauspieler von tragischer Gewalt.

Er war der erste, der es wagte, auf der Bühne natürlich zu sprechen. Er hat Bahnbrechendes geleistet, um Goethe auf die deutschen Bühnen zu bringen. Durch seine Shakespeare-Bearbeitungen hat er erstmals dessen Stücke dem deutschen Publikum vorgestellt. Welch ein Wagnis dies war – obgleich seine Bearbeitungen vieles wegließen oder glätteten, was uns heute bei Shakespeare als unverzichtbar gilt – davon zeugt der folgende Bericht über eine »Othello«-Inszenierung im November 1778 unter Schröders Regie mit *Johann Franz Brockmann* als Mohr von Venedig: *»Ohnmachten über Ohnmachten erfolgten während der Greuelszenen dieser ersten Vorstellung. Die Logentüren klappten auf und zu, man ging davon oder ward notfalls davon getragen und beglaubigten Nachrichten zufolge war die frühzeitige, mißglückte Niederkunft dieser oder jener namhaften Hamburgerin Folge der Ansicht und Anhörung des tragischen Trauerspiels«*.

Am dritten Abend mußte Desdemona am Leben bleiben und Othello seine Eifersucht bereuen. Doch ob Desdemona nun lebte oder erdrosselt wurde – dem Hamburger Publikum und der Presse gefielen Schröders ambitionierte Theaterpläne nicht. Verärgert tritt er 1798 von seinem Posten zurück, läßt sich zwar 1811 noch einmal für ein Jahr nach Hamburg holen, aber auch dieses Zwölf-Monats-Intermezzo kann den Untergang dieser Bühne, die einst *das* Theater hatte werden sollen, nicht mehr aufhalten.

1776

Kaiser *Joseph II.* erhebt das von seiner Mutter *Maria Theresia* gegründete Wiener Schauspielhaus zum Nationaltheater. Mehr noch: er lehnt ausdrücklich die Bezeichnung »Hoftheater« ab, weil diese Bühne nicht dem Hof, sondern der Nation dienen soll.

Der reformfreudige Monarch sorgt außerdem dafür, daß 1779 ein Theatergesetz in Kraft tritt, durch das zum ersten Mal dem künstlerischen Leiter einer Bühne alle wirtschaftlichen Sorgen abgenommen wurden. Damit war in Wien die seit Gottsched und Lessing immer wieder erhobene Forderung erfüllt, daß der Staat der Verwalter der Theater sein müsse. Doch was in Wien möglich war, blieb in den deutschen Residenzen ohne Widerhall. Noch 1783 forderte *Schiller* in seiner Schrift »Die Schaubühne als eine moralische Anstalt betrachtet« den Staat auf, für die Bühnen eine wirtschaftliche Basis zu schaffen.

In Wien ließ es *Joseph II.* nicht nur dabei, seinem Nationaltheater ein sicheres Fundament zu geben, sondern er bestimmte auch den seiner Meinung nach richtigen Weg für eine Konsolidierung der künstlerischen Leistungen. So verlangte er, daß seine Bühne nach dem System der französischen Theater geleitet wurde. Deshalb übernahm Wien aus Paris eine Einrichtung, die von vielen deutschen Bühnen nachgeahmt wurde: der wöchentliche Wechsel in der künstlerischen Leitung des Regieausschusses.

Doch alle Bemühungen verpufften – dem Burgtheater gelang es nicht, ein homogenes Ensemble zu bilden. Wiener Theaterleben fand auch unter *Joseph II.* dort statt, wo die Barocktradition noch ungebrochen war: in den Volkstheatern, die mit ihren Stücken und vor allem in den Extemporés sagten, was das Publikum dachte und fühlte.

In Deutschland, wo theatralische Angelegenheiten durch die Aufklärung zum Thema von Gelehrten-Disputen geworden waren, fehlten solche unwüchsigen Bühnen, auf denen nicht nur schauspielerische Talente, sondern auch Autoren heranwachsen. Statt *eines* Nationaltheaters gab es weiter Hofbühnen bis in die kleinste Residenz. Der einzige Fortschritt war, daß die Prinzipalschaften nicht mehr auf die Laune eines Kavaliersintendanten angewiesen waren, um in den Residenz-Theatern ein Gastspiel absolvieren zu dürfen, sondern neben der italienischen Oper hatte inzwischen auch das deutsche Schauspiel einen festen Platz im Spielplan.

1781

Am 13. Januar findet in Mannheim die Premiere von Schillers »Die Räuber« statt. Ein Augenzeuge schrieb, was sich im Zuschauerraum während und nach der Vorstellung abspielte:

»Das Theater gleicht einem Irrenhaus, rollende Augen, geballte Fäuste, stampfende Füße, heißere Aufschreie im Zuschauerraum! Fremde Menschen fielen einander schluchzend in die Arme, Frauen wankten, einer Ohnmacht nahe, zur Tür. Es war eine allgemeine Auflösung wie im Chaos, aus dessen Nebeln eine neue Schöpfung hervorbricht!«

Hatten Lessing und Schröder in Hamburg nur die falschen Stücke ausgewählt? Genügte der Geniestrich des jungen Schiller, um alle geheimen, aufgestauten Hoffnungen und Wünsche des deutschen Theaterpublikums dieses Jahrzehnts Wirklichkeit werden zu lassen?

Nein. Was sich in Mannheim ereignete, war kein Zufall, sondern das Ergebnis einer sorgsamen Entwicklung in der Ensemblebildung, Spielplangestaltung und Darstellungsform an dieser Bühne. *Reichsfreiherr Wolfgang Heribert von Dalberg*, der das Mannheimer Theater gegründet und nach den Prinzipien der Bühnenreform Joseph II. führte, war der erste deutsche Theaterintendant mit einer Konzeption, die über den Tag hinausreichte. Er muß einen sicheren Instinkt für schauspielerische Begabungen besessen haben, denn als das gothaische Hoftheater seine Pforten schloß, übernahm er für Mannheim nur die besten Begabungen wie *Heinrich Beck, Johann David Beil, die Seyler-Hensel* und vor allem den jungen *August Wilhelm Iffland. Friedrich Schiller* erhielt von ihm einen Jahresvertrag als Theaterdichter!

Der Begriff des Kavaliersintendanten fand in Dalberg seine sympathischste Verkörperung. Was er an nach Wien orientierter Theaterkultur in Mannheim heranzüchtete, wurde denn auch bald das Muster für die Dresdner, Münchner, Stuttgarter, Kur-Mainzer und Kasseler Residenz-Theater.

Auch in der Spielplangestaltung machte das Mannheimer Beispiel Schule. Es war – so enttäuschend es uns heute scheinen mag – für die damalige Theatersituation in Deutschland mustergültig. In den Jahren 1788–1808 wurden an dieser Bühne insgesamt 115 Stücke *Kotzebues* an 1728 Abenden gespielt, während in der gleichen Zeit *Schiller* mit den »Räubern« fünfzehnmal, mit »Kabale und Liebe« siebenmal und mit »Fiesko« und »Don Carlos« nur je dreimal auf dem Spielplan stand.

Eine Bühne also ohne Makel? Ein Theater, das in allem Vorbild für die vielen anderen Bühnen sein konnte? Auf einem Gebiet war das, was auf der Mannheimer Bühne geschah, jedoch ein Rückschritt zu dem, was Lessing und Schröder in Hamburg erreicht hatten. In Mannheim versuchte man gar nicht erst, einen Darstellungsstil zu entwickeln, sondern überließ den Ablauf eines Theaterabends dem Zufall.

Das war Absicht. Wer in die Aufzeichnungen der damaligen Mannheimer Schauspieler, die unter dem Titel »Protokolle des Mannheimer Nationaltheaters« veröffentlicht wurden, einen Blick wirft, kann nur staunen, wie mit dem Unterton der Geringschätzung, ja des Mitleids, von den französischen Schauspielern gesprochen wird, die nicht nur den Text des Dramas wörtlich und gewissenhaft sprechen, sondern außerdem die Stellung und Gruppierung aller Personen auf Proben genau festlegen. Den Mannheimer Schauspielern erschien diese Methode veraltet.

Wahrscheinlich hat der junge *Iffland* hier seinen typischen Sprech- und Sprachstil gefunden, zumindest kultiviert, denn noch als alter Schauspieler zerpflückte und zerstückelte er jede Versrolle.

Doch dieses Vertrauen auf die Intuition, die sich schon im rechten Momment einstellen würde – nach dem auch heute noch unter Schauspielern kursierendem Wort »Wer probt hat Angst« – schwand im Laufe der Jahre. Einige Theaterwissenschaftler glauben, daß ein Gastspiel Friedrich Ludwig Schröders der Anstoß gewesen sei, dieses ungeplante Spiel aus momentaner Laune heraus aufzugeben und mit geprobten Gängen und Gesten zu spielen. Viel Ehre für ein Gastspiel, will mir scheinen. Doch was auch immer der Anlaß war, in Mannheim wurden wieder Stellproben eingeführt. Regie fand statt.

1786

Am 1. August dieses Jahres erhält endlich auch Berlin sein »Königliches Nationaltheater«. *Friedrich Wilhelm II.* konnte sich nicht länger der allgemeinen Entwicklung verschließen, nachdem sich inzwischen auch die unwichtigsten Duodezfürsten mit eigenen Bühnen schmückten. Das Theater am Gendarmenmarkt, das bisher einer französischen Schauspiel-Compagnie gehörte, wurde Bühne und Heimat des deutschen Ensembles.

Dieses Ensemble mußte nicht neu zusammengestellt werden, sondern seine wichtigsten Mitglieder hatten bereits in den Jahren zuvor das deutsche Schauspiel in Berlin vertreten. Allerdings unter höchst schwierigen Verhältnissen im »Theater in der Behrensstraße«. Dort regierte seit 1776 als Theaterleiter Theophilius Doebbelin, der das Urbild eines kulissenreißenden Kommödianten gewesen sein muß. Der »rasende Oedip in allen Rollen« wie ihn ein Berliner Kritiker taufte. Doebbelins oberstes Gebot für jeden Abend, an dem sich der Vorhang hob, hieß: »Die Kasse muß stimmen«. Kein Grund, deshalb über diesen Mann die Nase zu rümpfen. Schließlich führte er sein Theater ohne jede staatliche oder städtische Unterstützung.

Wer wollte es ihm verübeln, wenn er zur finanziellen Absicherung immer wieder Hanswurstiaden, Akrobaten und Tanztändeleien auf den Spielplan setzte.

Doch Theophilius Doebbelin war Theater- und Geschäftsmann genug, um seine Stückauswahl zu ändern, als durch die Gazetten die Neugier der Öffentlichkeit auf die aufblühende Theaterkultur in den deutschen Landen geweckt wurde. Sofort entdeckte er sein Herz für die Literatur und spielte junge Dramatiker, so zum Beispiel »Minna von Barnhelm«. Innerhalb von 22 Tagen wurde Lessings Stück neunzehnmal gespielt. Im Alter hat Doebbelin gern darauf hingewiesen, daß er die deutsche Schauspielkunst »aus dem Staub der Verachtung mit löwenmäßigem Mut hervorgerissen« habe. Er verdient vielleicht nicht unsere allzugroße Bewunderung, aber gewiß unseren Respekt.

Die Erfolge im Theater in der Behrensstraße und später die des »Königlichen Nationaltheaters« waren vor allem dem Schauspieler *Ferdinand Fleck* zu verdanken. Er gehörte seit 1783 – vorher war er in Hamburg engagiert – zu Doebbelins Truppe. Die Berliner feierten ihn in jeder Rolle. Allerdings spielte Fleck völlig aus der Empfindung, ohne verstandesmäßige Kontrolle, so daß unter Berliner Theatergängern das Bonmot kursierte, man wisse nie, ob man einen großen oder einen kleinen Fleck zu sehen bekomme. Sogar die Kollegen erkannten seine Begabung an: »Fleck konnte auf der Bühne, was er wollte, Iffland wollte, was er konnte« erklärten sie. Neben Fleck gehörten eine ganze Reihe ausgezeichneter Schauspielerinnen und Schauspieler zum Ensemble des »Königlichen Nationaltheaters«, aber im ersten Jahrzehnt fanden die einzelnen Begabungen zu keinem Zusammenspiel.

Das änderte sich erst, als 1796 der siebenunddreißigjährige *August Wilhelm Iffland* die beiden bisherigen Theaterleiter *Prof. Johann Jakob Engel* und *Prof. Karl Wilhelm Ramler* ablöste. Mit dem Schauspieler Iffland, der damit der erste künstlerische

Intendant eines deutschen Hoftheaters wurde, bekam das Theater am Gendarmenmarkt geistigen Auftrieb. Das deutsche Drama hatte nun an dieser Bühne einen festen Platz. Während der Besetzung Berlins durch napoleonische Truppen wurde diese Bühne sogar zu einer Zelle des geistigen Widerstandes.

1791

Am 7. Mai dieses Jahres wurde als letzte bedeutende deutsche Bühne das Herzogliche Hoftheater zu Weimar mit »Die Jäger«, einem Gebrauchsstück ohne literarische Ambitionen von *August Wilhelm Iffland* eröffnet.

Für die künstlerische Leitung dieser Bühne war *Johann Wolfgang von Goethe* verantwortlich. Die Wahl des Eröffnungsstückes und die ganze Art, wie er dieses »Geschäft« anging, waren typisch für ihn: ohne jede vorgefaßte Theorie, die er erst aus der Erfahrung gewinnen wollte, sah er in dieser Position nicht nur die Möglichkeit seine eigenen Ideen durchzusetzen, sondern gleichzeitig auch einen Weg, um das deutsche Schauspiel zu fördern. Von beiden Absichten konnte er nur einen kleinen Teil verwirklichen. Goethe war Realist genug, um zu wissen, daß die engen wirtschaftlichen Möglichkeiten dieser Bühne auf der künstlerischen Seite nur Mittelmäßigkeit zuließen. Das galt sowohl für den Spielplan wie für das Ensemble. Während er die Stücke bar aller künstlerischen Ambitionen auswählte, versuchte er, das Leistungsniveau des Ensembles auf typisch Goethesche Weise zu verbessern. Da er die Grenzen der Begabungen erkannte, wollte er wenigstens die Bildung der einzelnen Schauspieler anzuheben. Darauf stimmte er alle Maßnahmen für das Schauspielerpersonal ab. Auch seine berühmten »Regeln für Schauspieler« haben hier ihren Ursprung. Doch trugen all diese Bemühungen nicht die Früchte, die er erhofft hatte, und bald unterschied sich auch diese Bühne kaum noch von den anderen Hoftheatern in Deutschland. Mit lauter kleinen Verordnungen entfernte man sich immer mehr von den großen Reformen, zumal kleinliche Quertreibereien der Schauspieler dem Theaterleiter Goethe die Arbeit verleideten.

Der Stil der Weimarer Bühne stand im bewußten Gegensatz zum Naturalismus der Mannheimer Schule. Goethe verlangte Exaktheit in den Proben und Präzision im Spiel. Durch Drill versuchte er die fehlende künstlerische Potenz bei seinen Schauspielern zu überbrücken. Extemporés lehnte er strikt ab und die oberste Maxime des Weimarer Hoftheaters lautete: »Der Schauspieler muß in erster Linie für das Publikum spielen«.

Unter den Schauspielern war Goethe der jungen *Karoline Jagemann*, die im Januar 1797 an seine Bühne gekommen war, besonders zugetan. Er war ihr »Lehrer, Freund und Vater«, sein Leid um ihren frühen Tod hat seinen Niederschlag in der Elegie »Euphrosyne« gefunden. Der beste Interpret des Goetheschen Stils war wohl *Pius Alexander Wolff*, der erst 1803 zum Weimarer Ensemble stieß.

Bis in jene Jahrzehnte kannte man an deutschen Bühnen bei den Kostümen lediglich die drei Gattungen der antiken, türkischen und modernen Kostüme. Jetzt aber gab es erste Versuche bei der Kostümwahl mehr zu differenzieren. Auch hatte man endlich die Haarfrisur dem jeweiligen Kostüm abgepaßt, so daß die griechischen Helden mit Haarbeuteln allmählich von der deutschen Bühne verschwanden.

Durch die Romantiker wurde dem literarischen Theater mehr Beachtung geschenkt. Zwar brachten die romantischen Dichter selbst keine Bereicherung des Repertoires, weil sie, statt brennende Probleme anzugehen, diese lieber durch ausgefallene vertuschten. Doch aus ihrem Lager kamen gute Anregungen, von denen noch heute das deutsche Theater profitiert. Die spanischen Dramatiker wurden entdeckt, namentlich Calderon feierte eine Renaissance, Shakespeare wurde damals im Urgeist für das deutsche Theater gewonnen und durch *Ludwig Tieck* wurde das weite Feld der Dramaturgie abgesteckt.

Ein selbstbewußt gewordenes Bürgertum hatte sein Herz, sein merkantiles Herz!, für das Theater entdeckt. Viele Städte waren durch das Beispiel der höfischen Bühnen angereizt worden, ähnliches zu wagen und städtische Theater zu gründen. In Augsburg, Nürnberg, Magdeburg und Breslau war jeweils eine Aktiengesellschaft die wirtschaftliche Sicherung dieser Bühnen, die für sie in erster Linie Einnahmequellen waren.

1808

Am 16. Dezember dieses Jahres verfügte in Preußen ein königliches Publikandum, daß das Theater als Stätte der allgemeinen geistigen Bildung der Sektion des Ministeriums für den öffentlichen Unterricht und Kultur unterstellt sei. Diese Verordnung sollte als Anerkennung der Verdienste Ifflands und seines Theaters während der französischen Besatzungszeit verstanden werden. Doch noch ehe diese Reform Früchte tragen konnte, wurden die preußischen Theater dieser neuen Würde wieder entkleidet und laut Verordnung vom 27. Oktober 1810 als »Anstalten zur Bequemlichkeit und zum Vergnügen« der Polizeiaufsicht unterstellt. Die im gleichen Jahre erlassene Gewerbeordnung erlaubte jedem Bewerber ohne Prüfung seiner künstlerischen Befähigung die Eröffnung eines Theaters. Dies aber bedeutete, daß die Theater in den Residenzstädten weiterhin von der zufälligen Kunstneigung des jeweiligen Fürsten abhängig blieben, während die Stadttheater durch Theateretablissements, die von Gastwirten aufgezogen wurden, eine unliebsame Konkurrenz erhielten.

Eine weitere Folge dieser neuen Gewerbeordnung war die Kontrolle jeder einzelnen Aufführung durch lokale Polizeiorgane. Es lag praktisch im Ermessen der einzelnen Polizeibeamten, an Ereignissen auf der Bühne Anstoß zu nehmen und ein Verbot zu erlassen. Um diesen untragbaren Zustand zu beenden, kam von den Theatern – und nicht von den Behörden, wie oft zu lesen ist – die Forderung nach einer verbindlichen Zensur, die die Stücke *vor* einer Aufführung zu begutachten hatte. Selbst als dann die Zensurauflagen bis zur Lächerlichkeit übersteigert wurden, nahmen dies die Theater immer noch lieber in Kauf, als das Risiko einer Unterbrechung von Aufführungen durch übereifrige Polizisten.

In Berlin wurden meist pensionierte Stabsoffiziere mit der Prüfung der Theaterstücke beauftragt. Das führte zu den wunderlichsten Verboten. So durfte auf der Bühne weder ein Pfarrer erscheinen, noch das Wort »Beten« ausgesprochen werden, »Gott« war durch »Himmel« zu ersetzen und auch Orgelklänge durften auf der Bühne nicht ertönen. Die ausgefallensten Blüten trieb die Theaterzensur jedoch in Wien. Was dort 1802 am Burgtheater Schillers »Jungfrau von Orleans« angetan wurde, ist einzigartig in der an Verstümmelungen nicht eben armen Geschichte der deutschen Theaterzensur. Es lohnt, diesen extremen Fall darzustellen, er ist ein Dokument des Zeitgeistes, oder richtigen Ungeistes:

Es begann bereits auf dem Theaterzettel: nicht die »Jungfrau von Orleans« wurde angekündigt, sondern »Johann d'Arc«. Und warum? Weil der Zensor Anstoß an dem Wort »Jungfrau« nahm.

Aus Schillers fünf, hatte der Zensor sechs Akte gemacht. In diesen sechs Akten kämpften nicht, wie bei Schiller und in der Geschichte, Frankreich und England gegeneinander, sondern ein »Reich« kämpfte gegen »Inselbewohner«. Diese durften nicht wie bei Schiller »frech«, sondern nur »kühn« sein.

Agnes Sorel, die Geliebte des französischen Königs, hatte der Zensor kurz entschlossen zu dessen legitimer Gattin erhoben. Aber auch sie durfte der Herzog von Burgund nicht auf die Stirn küssen, nur ein Handkuß war erlaubt.

Der Erzbischof und die Bischöfe traten gar nicht erst auf. Ihre Dialoge hatte der Zensor wahllos auf andere Personen verteilt. Auch die Mutter Gottes, deren Erscheinung Johanna überhaupt erst zu ihren Taten inspiriert, erschien nicht, sondern eine diffuse »Lichtgestalt«, die dann auch nicht mit Schillers Versen: »Wärst Du nimmer mir erschienen, hohe Himmelskönigin...« zitiert wurde, sondern als »Hoher Geist der Schäferin«.

Geändert mußte auch der Schlachtruf »Gott und die Jungfrau« werden. In Wien hieß es »Der Himmel und das Recht!« Johanna selbst verlor die Anrede »Jungfrau« und war kein »heilig«, sondern nur ein »himmlisch« Mädchen, dafür wurde sie auch nicht der Ketzerei, sondern nur noch des Irrglaubens angeklagt und niemand verfluchte sie, weil Fluchen auf der Bühne unstatthaft war.

Die Reaktion der Burgtheater-Direktion? 18 Jahre lang betrat keine Schillersche »Jungfrau« die Bühne. Erst 1820 durfte der unverfälschte Schillertext in Wien gesprochen werden. Das Publikum reagierte rascher. Es taufte das Burgtheater in »Komtessentheater« um.

1820

Wiener Bühnen waren es aber auch, die trotz aller Maßregelungen von oben die Freude am Theater lebendig erhielt. Denn neben dem langweilig-braven Komtessentheater gab es die Volkstheater mit ihren Lokalpossen und Schauspieler-Lieblingen. *Ferdinand Raimund* war der gefeiertste von allen. 1820 war er auf dem Höhepunkt seiner Karriere. Im März jenes Jahres wechselte er vom »Josephstädter Theater« zum »Theater in der Leopoldstadt«. Als Schauspieler und Regisseur hatte er über die Rampe dieser Bühne hinweg ein fast familiäres Verhältnis zu seinem Publikum. An Stücken fehlte es nicht. Er schrieb sie sich und seinen Kollegen selbst; mit maßgerecht auf die jeweilige Begabung zugeschneiderten Rollen.

War Raimund liebenswürdig und gefühlvoll, so blitzte bei dem zweiten großen Wiener Volksstückdichter *Johann Nepomuk Nestroy* der pointierte Witz. Er hatte im »Theater an der Wieden« als Schauspieler begonnen und das Publikum durch seine Wortspiele und politisch gezielten Extemporés begeistert. Raimund wie Nestroy, verschieden in der Art ihres Spieles, waren die herausragenden Schauspielerpersönlichkeiten dieser Jahrzehnte. Nirgendwo in Deutschland gab es auch nur annähernd vergleichbare Talente. Ihre Verdienste für das deutschsprachige Theater sowohl als Autoren wie als Schauspieler können gar nicht hoch genug eingeschätzt werden.

1821

In diesem Jahr übernimmt ein Mann die künstlerische Leitung des Burgtheaters, dem Grillparzer nachrühmte, er sei »– im gehörigen Abstand allerdings – eine Art Lessing«. Sein Name: *Joseph Schreyvogel.* Tatsächlich gelingt es ihm, durch anspruchsvolle Spielplangestaltung diese Bühne aus der unverbindlichen Stillosigkeit herauszuführen und den hausbackenen Konversationston, in dem bis dahin die Aufführungen mehr absolviert als gespielt wurden, durch dramatisch-akzentuierte Inszenierungen abzulösen. Er selbst hat seine Vorstellungen über die Aufgaben einer Bühne einmal so umrissen:

»Auf klassische Werke muß das Theater einer Nation gegründet werden, wenn es seiner Bestimmung wert sein soll. Ohne ein bleibendes Repertoire solcher Stücke werden wir weder eine tragische noch eine komische Schaubühne, noch ein Publikum, das sie zu würdigen verstände, noch endlich darstellende Künstler dafür haben«.

Diese Sätze wären jedoch graue Theorie geblieben, wenn es Schreyvogel nicht gegen viele Quertreibereien gelungen wäre, gute Schauspieler an »sein« Theater zu binden. *Ludwig Costenoble, Heinrich Anschütz,* der von der Universität zur Bühne überwechselte, *Karl Fichtner,* einer der besten Salonhelden, gehörten damals dem Ensemble des Burgtheaters an.

Schreyvogels Konzeption war die Ausnahme. Die meisten Spielpläne der deutschsprachigen Bühnen standen damals kaum über dem Niveau eines Varietés. Französische Einakter, Arien, Trapezkünstler, Opernszenen, Zauberer und Ballettzusammenstellungen beherrschten den Spielplan in der Zeit von 1830 bis 40. Auch in diesen Jahrzehnten war das einzige Verdienst, das sich der Staat um das Theater erwarb, daß er einzelne gewähren ließ, ohne einzugreifen.

1835

In diesem Jahr übernahm *Karl Lebrecht Immermann* das Düsseldorfer Theater. Die literarischen Werke des Landgerichtsrats Immermann sind zu recht vergessen, aber seine Verdienste um die deutsche Theaterkultur verdienen festgehalten zu werden. Er war kein Mann der umwälzenden Reformen, sein Ziel war vielmehr, das Düsseldorfer Theater zu einer »Epigonie des Weimarischen« zu machen. Diesem nicht sehr zukunftsweisenden Vorsatz widmete er sich mit Bienenfleiß und Ausdauer.

In der Spielplangestaltung wolle er durch ein sich ständig verbesserndes Repertoire die Verbindung zwischen dem Theater, der Literatur und der Empfindungswelt des Publikums herstellen. Seine Hauptarbeit aber galt den Schauspielern. Sie sollten durch ständige Arbeit an sich selbst und durch eine dauernde Kontrolle ihrer Leistungen, die schon bei den von Immermann so geschätzten Leseproben begann, das Gefühl für ein harmonisches Ganzes bekommen. Immermann probte – von Leseproben mit den einzelnen Spielern angefangen bis zu den Ensembleproben – solange, »bis jeder, bis zum anmeldenden Bedienten hinab, seine Sache nicht wenigstens so gut machte, wie Natur und Fleiß es ihm nur irgend verstatteten«. Das Ergebnis waren Inszenierungen, die als »Düsseldorfer Mustervorstellungen« in die Theatergeschichte eingegangen sind.

Doch bereits drei Jahre nachdem Immermann die Bühne übernommen hatte, mußte er resigniert feststellen:

»Die Düsseldorfer Bühne ist einzig und allein daran untergegangen, daß die mehreren Millionen, welche das Kapital unserer hiesigen Optimaten bilden, nicht ein ferneres jährliches Subsidium von 4000 Taler mehr abwerfen wollten, denn soviel etwa bedurfte sie zu ihrem Fortbestand...«

Wieder war aus einem hoffnungsvollen Anfang doch nur ein Intermezzo geworden. Nur von den wirtschaftlich gutgestellten Hoftheatern konnte jetzt ein künstlerischer Aufschwung erwartet werden. Denn eine Anregung, die *Ferdinand von Gall* in seiner kleinen Schrift »Der Theatervorstand« gegeben hatte, war von mehreren dieser Bühnen aufgegriffen worden. Von Gall schlug vor, einen literarischen Vorstand als Mittler zwischen Intendant, Dichter, Darsteller und Publikum einzusetzen. Das war die Forderung nach dem modernen Dramaturgen, der den Ausgleich zwischen wirtschaftlichem Können und künstlerischem Wollen herbeiführen sollte.

Von nun an spielte die Persönlichkeit des Dramaturgen in der Entwicklung der Bühnen eine entscheidende Rolle. Drei Namen für viele:

1841 übernahm *Karl Gutzkow* als einer der ersten den Posten eines Dramaturgen in Dresden.

1850 wurde *Heinrich Laube* Dramaturg des Burgtheaters. Eine in zweifacher Hinsicht wichtige Entscheidung. Zum erstenmal war damit in Wien ein Bürgerlicher an einer Hofbühne auf diesen Posten gekommen – die Märzrevolution von 1848 hatte es möglich gemacht – und zum anderen besaß Laube ein sicheres Gespür für literarische Begabungen und für die Bühnenwirksamkeit von Theaterstücken. Er war ein echtes dramaturgisches Talent. Auch als Laube 1867 Direktor des Burgtheaters wurde, blieb er Realist. Er verlor sich nicht in utopischem Wunschdenken, sondern verstand es, aus dem, was vorhanden war, das Beste auszusuchen und durch dessen mustergültige Inszenierung die Schwächen zu überdecken. Gute Stücke waren für ihn publikumswirksame Stücke, daher auch seine Vorliebe für französische Gesellschaftslustspiele, denen er viel Raum im Spielplan gab, während er von Grillparzer, Hebbel und Anzengruber kein Stück ins Repertoire nahm. Als Regisseur feilte Laube besonders an der sprachlichen Gestaltung, was vor allem seinen Klassikerinszenierungen zugute kam. Unter seiner Leitung entstand am Burgtheater wieder echter Ensemblegeist. 1867 bat er wegen Querelen um seine Pensionierung und ging ans Leipziger und anschließend an das Wiener Stadttheater.

Der dritte namhafte Dramaturg jener Zeit war *Ludwig Tieck*. Gemeinsam mit *Giacomo Meyerbeer,* der für die Oper verantwortlich war, stand er dem Intendanten des preußischen Hoftheaters *Theodor Küster* gleichberechtigt zur Seite.

In jenen Jahren war die Forderung nach einem Nationaltheater sowohl aus der Ecke der jungdeutschen Literaten wie seitens der Theaterpraktiker besonders beharrlich gestellt worden. So ist es kein zufälliges Zusammentreffen, daß gleichzeitig *Eduard Devrient* die Schrift »Das Nationaltheater des neuen Deutschland« herausgab, daß *Richard Wagner* dem sächsichen König seinen Staatstheaterentwurf unterbreitete und daß *Rudolf Gottschall* ein vom Volk geleitetes Nationaltheater forderte. Aber erst Theodor Küster, dem preußischen Hoftheater-Intendanten, gelang es – wenn auch nur zaghaft – diese papierenen Vorstellungen mit Leben auszufüllen.

Theodor Küster machte zum ersten Male von sich reden, als ihm Ludwig I. die Intendanz des Münchner Hoftheaters übertrug und er in kurzer Zeit das ständige Defizit dieser Bühne zu tilgen vermochte. Ein solcher Mann schien Friedrich Wilhelm IV. für sein verschuldetes Berliner Theater gerade recht. Trotz einer verwirrenden Aufsplitterung der Kompedenzen in der Theaterverwaltung, gelang es Küster auch diese Bühne wirtschaftlich zu sanieren. Aber bei einer solchen wirtschaftlichen Roßkur konnten keine beachtenswerten künstlerischen Impulse entwikkelt werden.

Auch seine Verdienste um ein deutsches Nationaltheater liegen nicht auf künstlerischem, sondern auf organisatorischem Gebiet: auf seine Initiative wurde der »Deutsche Bühnenverein« gegründet. Unter dieser Bezeichnung schlossen sich die wichtigsten Bühnenleiter zu einem Kartellverband zusammen. Zu dessen Aufgaben gehörte es zum Beispiel Vereinbarungen über Gagen zu treffen, um dem ständigen Sichüberbieten bei Engagements von Zugnamen Einhalt zu bieten, Formverträge wurden entwickelt, schwebende Fälle geregelt, und Pensionskassen für Schauspieler errichtet.

Diesem »Deutschen Bühnenverein« waren im Jahre 1851 57 Bühnen angeschlossen, 1903 waren es 100. Die österreichischen

Bühnen blieben diesem Unternehmen fern und ein ständiger Kampf gegen das Konkurrenzunternehmen des »Deutschen Bühnenvereins«, der »Bühnengenossenschaft«, behinderte die Bestrebungen beider Kartelle. Aus den Vorarbeiten des Bühnenvereins entwickelten sich später die großen Theateragenturen und die Regelung der Anstellungsarten mit Vorsprechen, Probemonat und Gastspiel.

1854

In diesem Jahr haben sowohl in Hamburg wie in München theatralische Ereignisse Höhepunkte in der deutschen Theatergeschichte geschaffen. An der Elbe wurde der angeblich als »nicht inszenierbare« »Faust II« uraufgeführt und in München fanden im Rahmen der »Allgemeinen Münchener Ausstellung« Mustervorstellungen statt, in denen die prominentesten deutschen Schauspieler mitwirkten. Diese Aufführungen organisiert zu haben, ist das Verdienst *Franz Freiherr von Dingelstedts,* der seit 1851 die Hofbühnen in München leitete. Doch nicht die bloße Tatsache, daß hier alle großen Bühnen-Namen gemeinsam auftraten war das bemerkenswerte, sondern, daß es darüber hinaus gelang, durch eine Regie, die aus der geistigen Konzeption der literarischen Vorlage heraus entwickelt wurde, diese starken schauspielerischen Persönlichkeiten zu einem harmonischen Zusammenspiel zu vereinen.

Doch auch diese Mustervorstellungen machten nicht Schule. Dingelstedt legte 1857 sein Amt nieder, ging nach Weimar und anschließend nach Wien, wo er – nach erfolgreichen Shakespeare-Inszenierungen – als Direktor des Burgtheaters nun endlich auch Grillparzer, Hebbel und Anzengruber mit ihren Stücken zu Worte kommen ließ.

Der Spielstil hatte sich in diesen Jahrzehnten wesentlich gewandelt. Die nachromantische Gefühlsseligkeit galt als altmodisch, eine Rolle wurde nicht mehr von der Empfindung her angelegt, sondern ganz rational. Einer Figur psychologische Nuancen und Schattierungen zu geben, war wichtiger, als sie emotional auszufüllen. Diese Wandlung kam nicht von ungefähr, sie entsprach dem Zeitgeist, der alle Probleme vom Intellekt und der Psychologie her zu lösen versuchte.

Eine Neuerung vor allem veränderte die deutsche Theaterlandschaft nachhaltig: Jeder Schauspieler, der einen einigermaßen bekannten Namen hatte, ging in diesen Jahrzehnten so oft wie möglich auf Gastspieltournee. Zwar hatte es unter deutschen Schauspielern schon immer den Hang zu Gastspielen gegeben, die willkommene Zusatzgagen brachten, doch bislang hatte ein Gastspiel Wochen und Monate gedauert und ihm war eine gründliche Vorbereitung vorausgegangen. Nun aber verkürzte sich die Gastspieldauer durch die schnelleren Verkehrsverbindungen und es war üblich, jeden spielfreien Tag zu Abstechern in die Provinz zu benutzen.

Für diese reisenden Schauspieler kam der Spitzname »Mauernweiler« auf, weil die Kritiken in den Lokalblättchen über diese Gastspiele oft mit dem Satz begannen: »Gestern weilte in unseren Mauern...«. Der Prototyp des »Mauernweilers« war *Friedrich Haase,* den die Kritik als »reinsten Virtuosen der deutschen Bühne« lobte, der aber der Gefahr, der alle Gastspieler ausgesetzt sind, nicht entging und bald zum Routinier erstarrte.

Das Gastspielunwesen verleitete viele Theaterleiter, sich nicht mehr um die Entwicklung eines eigenen, differenzierten Ensembles zu bemühen, da es doch viel leichter und für das Publikum und damit auch für die Kasse viel attraktiver war, Kurz-Gäste mit großen Namen zu verpflichten.

1874

Drei Jahre vergingen nach dem deutsch-französischen Krieg, in denen das deutsche Theater ohne Höhepunkte dahinwurstelte, während allenthalben der wirtschaftliche Aufstieg sichtbar war. Französische Gesellschaftsstücke beherrschten die Spielpläne, der an französischen Vorbildern geschulte *Paul Lindau* avancierte zum meistgespielten deutschen Theaterautor, Klassiker-Inszenierungen fanden kaum Interesse oder waren schlecht. Als 1873 das Berliner Schauspielhaus einen Zyklos der Shakespeareschen Königsdramen herausbrachte, schrieb *Karl Frenzel,* nach *Theodor Fontane* einer der bedeutendsten Kritiker jener Zeit: »Uns hält aber nur die Ehrfurcht vor dem großen Dichter von einem lauten Gelächter zurück«.

Wieder einmal war es das Volkstheater, von dem das Theaterleben neue Impulse erhielt: Dialektstücke wurden gespielt. Eine Bereicherung und eine erste Ankündigung des Naturalismus, der dann mit *Gerhart Hauptmanns* Stücken in schlesischer Mundart die Theater eroberte. Die Mundart, bisher nur bei den Heimatbühnen gepflegt, fand Zugang auch zu den Staats- und Stadttheatern.

Doch bevor dieses geschah, zeigte ein kleines Theater mit seinen historisch genauen Aufführungen, welche Wirkungen sich durch Exaktheit und Liebe zum historischen Detail erzielen lassen. Vom Hoftheater des *Herzogs Georg II. von Meiningen* ist die Rede. Der theaterbesessene Herzog und sein Regisseur *Ludwig Cronegk* beeindruckten nicht nur durch die historische Genauigkeit der Kostüme und Bühnenbilder, sondern vor allem durch die Individualisierung der Statisterie. Statt der monoton »Rhabarber« murmelnden, schnell zusammengetrommelten Soldaten stellten sie auch als Statisten festgeprägte Persönlichkeiten auf die Bühne, die ihre Rolle genau so eingeübt hatten, wie irgendeiner der Hauptdarsteller. Diese Herausarbeitung des passiven Spiels brachte ihnen besonders in den Volksszenen von Shakespeares »Julius Cäsar« einen überragenden Erfolg.

Es konnte bei dieser historischen Penibilität nicht ausbleiben, daß gelegentlich des Guten zuviel getan wurde und man die zentimetergenaue Nachbildung eines Schwertknaufs wichtiger nahm als den großen geistigen Brückenschlag, durch den das Gesamtkonzept des Dramas sichtbar geworden wäre. Aber dieser später als »Meinigerei« verspottete Genauigkeitsfanatismus führte zur Neubelebung der klassischen Dramen, machte für den naturalistischen Inszenierungsstil den Weg frei und schuf die Voraussetzungen für die Theatererneuerung durch *Max Reinhardt*.

1883

Am 29. September dieses Jahres wurde in Berlin eine Bühne gegründet, die erstmals ihrem Ensemble ein Mitspracherecht in künstlerischen Fragen einräumte und alle Schauspieler an der wirtschaftlichen Entwicklung des Theaters beteiligte. Das »Deutsche Theater« in der Schumannstraße. Und noch etwas ereignete sich auf dieser Bühne: hier verknoteten sich die Einzelfäden der zahlreichen deutschen Theatergeschichten zu einem festen Strang. Daß dies geschah, ist zwei höchst unterschiedlichen Persönlichkeiten zu verdanken, denen eigentlich nur ihre Liebe zum Theater gemeinsam war. Der eine war der Inbegriff schauspielerischer Genialität, *Josef Kainz*, der andere, der Meister perfekter Theaterillusion vom Regiepult, *Max Reinhardt*. Josef Kainz kam 18892 an das »Deutsche Theater«. *Der* jugendliche Held in jeder Gebärde. Um ihn war Poesie, seine Sprechtechnik wurde nachgeahmt bis ins kleinste Provinztheater. Alte Schallplattenaufnahmen lassen nur ahnen, was den Reiz seiner Monologe ausmachte. Er ging jeden klassischen Text wie eine Melodie an, zögerte nicht, sich über eine sinnerklärende Gliederung hinwegzusetzen, um Worte und Sätze wie einen Turm aufeinander zu schichten, an dessen Spitze er dann ein Wort, einen Satz, wie eine Glocke erklingen ließ. An seinem Hamlet mußten sich noch Gustaf Gründgens und Horst Caspar messen lassen.

Neben ihm, richtiger *über ihm*, stand seit 1905 der Regisseur *Max Reinhardt*. War Kainz die Vollendung einer Epoche, so war Reinhardt der geniale Beginn eines neuen Stils. Durch Reinhardt wurde das Primat des Regisseurs festgeschrieben. Europas Theaterfreunde kamen eigens nach Berlin, um Reinhardt-Inszenierungen zu sehen. Auch er hatte als Schauspieler begonnen, bei *Otto Brahm*, dessen »Freie Bühne« später die Kampfstätte der Naturalisten wurde.

Seinen ersten großen Regie-Erfolg hatte Reinhardt mit Gorkis »Nachtasyl«. Jede neue Inszenierung mehrte seinen Ruhm. Er schien unfehlbar. Er beherrschte den gesamten technischen Apparat einer modernen Bühne und verstand ihn dramaturgisch zur Wirkungssteigerung einzusetzen. So war er der erste, der Scheinwerfer nicht nur zur Stimmungsbeleuchtung, sondern auch zur Betonung dramatischer Momente nutzte, indem er sie als Spotlights einsetzte, die den einzelnen Schauspieler heraushoben.

Er entstaubte die klassischen Dramen, vermied jeden Anklang an ein Bildungstheater, setzte sich für die jungen Autoren ein und war *der* Regisseur für Shakespeare-Stücke. Sein Glanzstück die »Sommernachtstraum«-Inszenierung wurde über 500 mal gespielt. Für diese Inszenierung hatte er echte Birken auf die Drehbühne gestellt, die sich in der Traumszene bei offenem Vorhang bewegte. Reinhardts Inszenierungen begeisterten die Berliner. Wenn ein Theaternarr zufällig um neun Uhr zwanzig auf seine Uhr schaute, erklärte er stolz: »Jetzt dreht sich bei Reinhardt der Wald«.

Max Reinhardts Wirkung auf Schauspieler und Publikum reicht bis in unsere Tage. Was hätte er dem deutschen Theater noch an Impulsen geben können, wäre er noch 1933 nicht gezwungen gewesen, in die USA auszuwandern!

Sein Inszenierungsstil machte Schule, doch keiner der Reinhardt-Epigonen hat dessen Geschlossenheit in den Aufführungen erreicht. Unter seiner Leitung sind viele Schauspieler zu Rang und Namen gekommen. Schon die Liste derer, die noch heute feste Begriffe sind, ist lang: *Werner Kraus, Heinz Rühmann, Friedrich Kayssler, Eduard v. Winterstein, Agnes Sorma, Albert Bassermann, Adele Sandrock* und *Paul Wegener* spielten unter seiner Regie. Reinhardt hatte auch Energie genug, um einem anfangs so umstrittenen Talent wie *Alexander Moissi* auch nach Mißerfolgen die Treue zu halten, bis die späteren Leistungen Moissis sein Vertrauen in ihn rechtfertigten.

Es schien lange Zeit unmöglich, Stücke besser als Reinhardt zu inszenieren. Also inszenierte man sie wenigstens anders. Experimente beherrschten die Spielpläne, bis diese von der Politik beherrscht wurden.

Die einen trieben den Naturalismus so weit, daß sie Gerüche im Parkett verstäubten, andere hielten »Hamlet« nur noch im Smoking für spielbar, während für akademische Regisseure die Länge der Uhrkette beim »Baumeister Solness« wichtiger als alles andere war.

Reinhardt, dieser große Theaterzauberer, hatte sowohl das eine wie das andere dorthin verwiesen, wo Experimente ihren Platz haben: an den Rand. Das freie Feld dazwischen brauchte er für das wichtigste beim Theater – für den Spielraum, den er der Phantasie des Zuschauers schuf.

Er war der Vater des modernen deutschen Theaters.

Dr. Manfred Barthel

Nach dem Gemälde von Hausmann

Die eiserne Prinzipalin
Caroline Neuber (1697–1760)

Tafel 1

Kupferstich aus dem Theaterkalender Gotha 1777

Tafel 2

DIE NEUBERIN

Der Advokat Daniel Weißenborn hat den 9. März 1697 — den Geburtstag von Friederike Caroline — für einen Unglückstag gehalten. Aber auch Caroline hatte keinen Grund, besonders gern an ihre Jugendzeit in Reichenbach i. Vogtland zu denken, denn Vater und Tochter verstanden sich in keiner ihrer Handlungen. Dabei trifft keinem von beiden die ganze Schuld, sondern das langjährige Leiden des Vaters, das diesen immer mehr verbitterte und das äußerst lebhafte Temperament der Tochter schuf allein schon eine Atmosphäre des ständigen Zanks und Streits. Als Erzieher jedenfalls war der Vater aufgeschlossen genug, seiner Tochter keinen Bildungsweg zu versagen und ließ ihr Unterricht im Lateinischen und Französischen erteilen, was für ein Mädchen der damaligen Zeit eine Seltenheit war. Caroline war kaum 15 Jahre alt, als sie mit ihrem Liebhaber den ersten Fluchtversuch unternahm, der jedoch mißlang und ihr 7 Monate Gefängnis einbrachte. Nach diesem mißglückten Versuch wurde die zweite Flucht um so durchdachter vorbereitet, die ihr dann auch — 1717 mit dem stud. jur. Johann Neuber, einem Angestellten ihres Vaters, ausgeführt — die ersehnte Freiheit brachte. Die am 5. 2. 1718 erfolgte Eheschließung beider war dann der erste Schritt, in bürgerliche Bahnen zurückzukehren. In Weißenfels schließt man sich der bekannten Schauspieltruppe Christian Spiegelbergs an, und Caroline erobert sich durch ihre Energie und ihr Selbstbewußtsein ebenso sicher einen ersten Platz auf der Bühne und in der Truppe, wie ihrem Ehegatten wegen seiner pedantischen Nüchternheit der Erfolg versagt blieb.

Die Neubers wechseln jedoch bald die Truppe und treten der Haackschen und später Haack-Hoffmannschen bei, die die Neuberin 1725 neu organisiert und mit der sie alle bedeutenden Theaterstädte des 18. Jahrhunderts, wie Leipzig, Dresden, Hamburg, Hannover, Nürnberg, Breslau und Braunschweig bereist. Als dann — 1727 — Sophie Hoffmann stirbt, und ihr Gatte Carl Ludwig Hoffmann auf der Flucht vor Gläubigern die Truppe im Stich läßt, übernimmt Caroline mit geradezu männlicher Energie die Leitung der Truppe und erwirbt für sie, durch die Fürsprache Gottscheds, den sie auf der Leipziger Ostermesse kennen lernte, den Titel von „Königlich polnischen und Kurfürstlich sächsischen Hofkomödianten".

Die Neuberin war in diesem Jahrzehnt auf der Höhe ihrer künstlerischen Kraft. In der äußeren Erscheinung war sie eine stattliche Frau mit regelmäßigen Zügen und blondem Haar, ihr Charakter entbehrte nicht einer gewissen Herbheit, doch fehlte ihr auch Feuer und Unternehmungsgeist nicht. Was ihre künstlerische Kraft anbelangt, so war sie zwar begabt doch nicht genial, der Gefahr der Manieriertheit ist sie — namentlich im Alter — nicht entgangen, ihre abgezirkelten Bewegungen verrieten immer die Schule des Ballettmeisters und ihre Liebe zum Alexandriner ließ sie leicht zu Übertreibungen beim tremolieren und skandieren kommen. Lessing rühmt ihr eine „vollkommene Kenntnis ihrer Kunst" nach.

Die Tat, durch die die Neuberin der Nachwelt in Erinnerung geblieben ist — die Verbannung des Harlekins von ihrer Bühne —, erfolgte 1737 auf Grund der Reformen, die Gottsched in Anlehnung an das ausgereifte Kunstniveau Frankreichs für die deutsche Bühne im Sinne hatte, gleichzeitig aber waren sie ein persönlicher Schlag gegen einen Konkurrenten der Neuberschen Truppe, den Hanswurst Müller. Mit dieser oft behandelten Maßnahme waren jedoch nun die Zoten von der Bühne vertrieben, dem Humor blieb sie nach wie vor offen.

Als die Konkurrenz in Deutschland zu stark wird, folgt die Neuberische Truppe einem Ruf der Kaiserin Anna nach Petersburg, von wo sie allerdings bald zurückkehren und Ostern 1741 sind sie bereits wieder in Leipzig. Hier kommt es zum Bruch mit Gottsched, der sich durch die verschrullte Verwirklichung seiner notwendigen Reformen lächerlich gemacht hatte. Die Neuberin schlägt sich ins gottschedfeindliche Lager und er muß es erleben, wie die gleiche Truppe, die vor einem Jahre noch seine Stücke spielte, ihn jetzt kaminiert und persifliert.

Gleichlaufend mit der Reinigung der Stücke von Zoten und Gemeinheiten ging auch das Streben der Neuberin um einen anständigen Lebenswandel der Mitglieder ihrer Truppe. Für die Akteure richtete sie in ihrem Haushalt eine gemeinsame Mittags- und Abendtafel ein, damit sie nicht auf das Wirtshausleben angewiesen waren und bechäftigte sie mit Rollenabschreiben und Dekorationsbemalen, während die Aktricen die Kostüme flicken mußten.

Der Stil, den die Neuberin ihren Spielern anerzog, war zwar zeitgebunden, aber es war ein S t i l! In ihrem ehrlichen Streben mag sie manchmal von einem Extrem ins andere gefallen sein, sie bekämpft den verwilderten Realismus und führt dafür übertriebene Deklamation ein, aus dem Versuch einer Formgebung wird nur zu rasch eine affektierte Stilisierung. Dies alles zugegeben, bleibt ihr doch das historische Verdienst, mit der Geschmacklosigkeit der Bühne ihres Jahrhunderts gebrochen zu haben.

1743 legt sie, durch die schlechte wirtschaftliche Lage dazu getrieben, die Leitung der Truppe nieder, gründet jedoch bereits 1744 eine neue Truppe, der sie bis 1750 vorsteht. 1753 geht sie nach Wien, wo sie folgende Kritik in der Presse bekam:

> *„Zwar eine vernünftige Aktrice, allein ihre Stimme war so schwach, daß man sie fast nicht verstand. Ein andermal schrie sie und polterte über die Maßen, daß sich die Stimme überschlug."*

Einer weiteren Führung einer Truppe, die sie 1755 übernahm, versagte der Schlesische Krieg den Erfolg. Durch die kriegerischen Wiener vertrieben, zieht sie zu dem Bauern Georg Mohle in Laubegast bei Dresden, wo sie am 30. November 1760 starb, nachdem am Vortag das Haus durch Bomben zerstört worden war.

Dieses Hofdekret für Johann Neuber ist ein Beispiel für die Folgerichtigkeit, mit der die Neubersche Truppe auf eine Reformation der deutschen Schauspielkunst zustrebte. Denn ohne eine wirtschaftliche Sicherung war an eine Erhöhung des künstlerischen Niveaus nicht zu denken. Allerdings darf man die Auswirkungen eines solchen Privilegs nicht überschätzen, meist endeten diese schon bei dem Titel Hofkomödiant.

Wir Friedrich Augustus von Gottes Gnaden König in Pohlen, Gross Hertzog in Litthauen usw. Uhrkunden hiermit, dass Wir, nachdem die so genannte Haackische bande Unserer ehemaligen Hoff-Comoedianten getrennet worden Johann Neubern und dessen Eheweib Fridericen Carolinen zu Unseren Hoff Comoedianten auf- und angenommen, Thun auch solches hiermit und Krafft dieses offenen Brieffs dergestalt und also, dass dieselbe nebst ihrer bande als Unsere Hoff Comoedianten vor männiglich gehalten und geachtet werden, sie auch befugt seyn sollen in Unseren Chur- und Erb-Landen bey unverbothener Zeit aller Orthen, ingleichen in denen Leipziger Messen und Acht Tage vor und acht Tage nach den Messen ungehindert zu agiren und zu spielen. Jedoch sollen sie die Gewöhnlichen Abgaben zu erlegen und abzustatten haben, über die Gebühr aber nicht beschweret werden. Befehlen demnach jedes Orths Obrigkeit, absonderlich denen Räthen in Städten sich hiernach gehorsamst zu achten und besagten Neuber und sein Ehe-Weib nebst ihrer bande hierunter zu schüzen. Uhrkundlich haben Wir dieses Decret eigenhändig unterschrieben und Unser

Königl. Insiegel wissent vordrucken lassen. So geschehen und geben zu Dressden, am 8ten Augusti An. 1727.

Augustus Rex mp.

J. H. Graf von Flemming mp.
J. Fr. Günther mp.

Seit 1730 sieht es Neuber und seine Frau als ihre Hauptaufgabe an, ihr Repertoire durch „Stücke von moralischem Gehalt" zu verbessern. Auf das entschiedenste wurden sie dabei von Gottsched, der Professor in Leipzig war, unterstützt. Er selbst und eine Reihe seiner Schüler lieferten „Tragödien", die im Neuberschen Repertoire mehr und mehr die Burleske verdrängten.

Diese gemeinsamen Bestrebungen Gottscheds und Neubers waren auch der Anlaß zu einem Briefwechsel, dem wir manche Aufklärung über die Theaterverhältnisse jener Tage verdanken.

So ist z. B. der Schluß des folgenden Briefes über den Hamburger Aufenthalt der Neuberschen Truppe eine bezeichnendste Charakteristik des Zuschauers jener Zeit:

HochEdler Hochgelahrter
Insonders HochgeEhrtester Hr. Professor und
besonders werther Freund und Gönner.

An Sie soll von meiner Frau besonders schönste Empfehl. melden und bitten, Sie möchten doch immer wieder von sich selbst gut werden da Sie böse seyn wollen, denn das war unmögl. selbiger Zeit, da wir alle Augenblick in Ungewissheit lebten, ob wir noch fortkommen würden oder nicht, und welche Stunde es dem Fuhrmann zu fahren gelegen seyn werde. Glücklich sind wir Gottlob ankommen aber langsam, denn des Fuhrmans Pferde waren schlecht und hätten uns bey nahe unterwegs sitzen lassen.

Die hiesigen Opern sind sehr schlecht und haben auch schlechte Einnahme, wir aber haben so viel Zuschauer als die itzigen Umstände erlauben, und so viel als Liebhaber davon hier sind. Die hiesige Jubel Freude hat einen Tag nehml. den 25. Jun. gewehret, da man auf allen Thürmen Mittags eine Stunde mit Trompeten musiciret und Nachmittags um 5 Uhr die Stück um den ganzen Wall gelöset hat. Die Leuthe liefen hier häufig bey schönen Wetter auf den Wall, und machten ein Jubelgeschrey daselbst welches biss an den Himmel erthönete, nach gewöhnl. Redens Arth zu schreiben. In allen Kirchen ist Music gewesen und alle Poeten haben sich hier an Jubel Texten zur Music arm geschrieben. Nun klingt die „Berenize" (Tragödie von Racine) besser als in Leipzig, hier hatten einige vornehme die Verstand davon haben wollen diese Gedanken: Man solte nur in den gar langen Reden hier und da ab gebrochen und noch eine ander Person haben dazwischen reden lassen, damit der Zuhörer nur einige Veränderung bekäme. Ingl. sagte mir ein Schwedischer Cavalier, der auch so ziemlich was gelernt zu haben scheinet, dieses wäre übersetzt, aber künfftig, solten wir den Uebersetzern rathen, die frantzösischen Gedanken erst zu ihren eigenen zu machen und zu versuchen ob das Wort was in frantz. Zärtl. in Deutschen auch Zärtl. klinge, und wenn es nicht von Wort zu Wort anginge solte man sich nur mit denen Gedanken vergnügen und nicht einmahl an die Einrichtung binden, so würde alles vortreffl. werden müssen, die Verse gefallen, aber man klagt nur über eine gewisse unbekante versteckte Dunckelheit welche veruhrsachet dass der Zuhörer nicht so gleich alles verstehen kan was gesaget wird. Man muss Gedult haben mit der Zeit wird sichs geben. „Iphigenie" (Tragödie von Racine) haben wir noch nicht aufgeführet, es wird aber bald geschehen. An Sie von uns allen schönste Empfehl. Die Uhr schlägt und ich muss aufhören zu schreiben damit ich aufs Theatr. gehen kan. Weiss also nichts mehr zu sagen als dass allzeit bin

Meines Hochgeehrtesten Hrn. u. Freundes
gehorsamster Diener
Joh. Neuber.

Hamburg
am 28. Jun 1730
In der fuhlen Twiete in der Comoedien Bude.

Die Bestrebungen der Neuberin, ihren Spielplan zu säubern und nur wertvolle Stücke ins Repertoire aufzunehmen, standen jedoch den Wünschen des Publikums genau entgegengesetzt, das sich von den Späßen des Hanswurst nicht trennen wollte. Als daher der Zustrom merklich nachließ, kehrte sie Hamburg den Rücken und ging nach Hannover, wo sie anscheinend auf mehr Verständnis stieß.

HochEdler, Hochgelahrter

Insonders Hochgeehrtester Hr. Professor, Hochwerthester Freund u. Gönner!

Mit was vor Erstauen so wohl ich als meine Frau aus Dero geehrtesten Zuschrifft vom 12. Sept. gelesen, dass man sie vor tod ausgegeben, ist leicht zu erachten, und sonderlich ist uns leid, dass dergleichen falsche Nachricht erstl. der Durchl. Hertzogin in Merseburg und hernach auch anderen guten Freunden gegeben worden. Letztverwichenen Post-Tag habe auch schon an Hrn. Jacob geschrieben und darinnen einen Gruss von meiner Frauen abgestattet, woraus Sie denn vermuthl. werden geschlossen haben dass sie noch lebe. Hier in Hannover habe bessere Kenner vor teutschen Trauerspielen angetroffen, als ich vermuthen können. Es sind in etl. Jahren sehr viel Komödianten hier gewesen, worunter auch sonderlich die Braunschweigischen mit dem berühmten Harlekin Müller zu rechnen diese alle haben hier die Leuthe so satt gemacht, dass sie bey unsern Anfang gar sparsam kamen, dabey haben jene auch eine so schöne Lebens Arth geführet, dass man uns nicht eines Thalers werth ohne Geld vertraute. Da wir aber unsere so genanten Verse Comoedien anfingen, und die neuen Kleider anzogen, kam es bald anders. Die zur hiesigen Landes Regierung bestelten geheimen Räthe machten den Anfang, und weil es denen gefiel, folgten die übrigen von Adel und alle vornehme bald nach, und nun gesteht Jedermann: Sie haben dergl. noch nie gesehen. Hingegen der Pöbel welcher vorigen Comödianten die Nahrung gegeben, kan sich noch nicht darein finden, weil man nicht genug Gelegenheit hat, grobe Possen zu machen. Heute über 3. Tage g.g. als den 24 dieses, werden wir abreisen und also auf den 29. br. vermuthl. in Leipzig ankommen können, wird nun die Messe gut seyn, so sind wir glücklich, den lang ist sie dieses mahl nicht, weil gleich in der Woche nach der Messe ein Buss u. Fast-Tag einfält. Ew. HochEdl. lässt sich auch Hr. Koch bestens empfehlen und dero gütige Gewogenheit fernerhin ausbitten er ist Zeithero zwar immer fleissig gewesen, aber es kan nicht gar zu viel fertig werden weil immer eine Art zur andern kömt, Diesen Sommer hat er uns ein neu Theatr: gemahlet, und also wird diese Messe der Leipziger Schau Platz in seinem alten rostigen Schimmer doch neue Mahlerey haben. Uebrigens wünsche das Vergnügen zu haben Sie und alle gute Freunde in vergnügten Wohlseyn anzutreffen, der ich bin

Ew. HochEdl. Meines Hochgeehrtesten Hrn: und Gönners
gehorsamster Diener
Joh. Neuber.

Hannover. 1730
d. 17. Sept.
auf der Leinenstrasse
in Hr. Meyers Haus

Nach einem Gastspiel in Merseburg ging die Neubersche Truppe nach Nürnberg, wo sie auf der unbedachten Meistersingerbühne gespielt haben soll. Auch hier scheinen sie gleiche Aufnahme wie in Hannover gefunden zu haben, wie aus dem folgenden Brief Neubers an Gottsched hervorgeht.

HochEdler, Hochgelahrter
Insonders Hochgeehrtester Hr. Professor
Vornehmer Freund und Gönner!

Es hätte freylich wohl eher als itzo geschehen sollen, dass ich berichtet wie hier unsere Schau-Spiele aufgenommen würden; da wir aber hier die Woche nur 2. mahl agiren, so habe erst die Zeit erwarten müssen, biss ich erfahren, ob es möglich sey den hiesigen einen Geschmack davon bey zu bringen. Das hat nun anfängl. bey den meisten gar nichts heysen wollen, wenn gesagt worden: „Eine Comoedie von lauter Versen". Nun aber sind doch die Vornehmen, wie ich glaube, gewonnen, und bekommen viele Lust, etwas von den neuen Leipziger Büchern zu lesen. Unser erstes Stück war der „Cinna", da fügte sichs so glücklich dass der Hr. Autor der Uebersetzung selbst einen Zuhörer abgab, welcher itzo hier der vornehmste Ratsherr ist und Castellan genent wird, Er wohnet auf dem hiesigen Schloss und hat durchgängig das gröste Wort zu sprechen. Dieser hiesige Patriot hat uns durch seinen Beyfall guten Nutzen geschaffet, und wenn es so fort fähret wie es itzo steht, dürfften die Nürnberger wohl gar Liebhaber von Leipziger Versen werden. Am meisten bedaure ich, daß ich nicht so viel Stücke habe, als nöthig sind, keine andern als solche aufzuführen. Was den hiesigen Verdienst und Einnahme betrifft, so ists zwar gut genug, denn es kan nach den Umständen nicht besser seyn. Nur 2. mahl in der Woche zu agiren, wie leicht wird nur durchs garstige Wetter einer davon verdorben. Vielleicht /: doch nicht gewiss:/ würden wir etl. Thaler mehr erobert haben wenn wir lauter alte abgeschmackte hiesige bürgerl. Mode Stücke aufführten, da wir aber einmahl was gutes angefangen, so will ich nicht davon lassen so lang ich noch I. gr. daran zu wenden habe. Denn gut muss doch gut bleiben, und ich hoffe beständig, durch Ihre gute Beyhülffe, noch durchzudringen, und solte es auch noch länger als ein Jahr an stehen. Hier haben wir auch wieder ein gutes Frauen Zimmer Mammeselgen bekommen. Hr. Koch mahlt erschrecklich, und künfftige Michael Messe werden wir unsere Schau Bühne mit lauter neuen Verwandlungen ausputzen. Kleider werden alle Tag noch mehr verfertiget, endlich wird doch was draus werden müssen. Jüngstens reiste der durchl. Hertzog v. Braunschweig hier durch, dem musten wir versprechen, aufs Carneval zu ihm zu kommen. Also fehlt itzo nichts weiter zum Wachsthum unsers Schau Platzes, als Stücke und eine Manns Person, von dem man hoffen könnte, dass in etl. Jahren ein guter Agirer aus ihm würde. Zu guten Stücken und sonst. Tragödien können Sie uns helffen, und vielleicht findet sich auch eine Person. Wie siehts denn in dem gelehrten Leipzig aus? Von dem anderen Leipzig habe wohl Nachricht, aber von diesem nicht. An Sie soll auch von meiner Frauen schönste Empfehl. u. viel schönes schreiben mit beygefügter inständiger Bitte, uns gewogen und beyräthig zu verbleiben. Von Hrn. Koch. Hrn. Kohlhardt u. allen sämtl. gehorsamst. Compliment. Als der ich dabey verharre, wie ich bin

Ew. HochEdl. Meines Hochgeehrtesten Hr. Prof. und vornehmen Gönners
gehorsamster Diener
Joh. Neuber.

Nürnberg
d. 21. Jul. 1731
Auf dem Laufer Platz im goldnen Rössel

Für das reiche Hamburg hatte Caroline Neuber eine Schwäche, sie hoffte, dort für ihre Truppe — trotz aller gegenteiligen Erfahrungen — eine gute Aufnahme zu finden. Doch ging es mit der Geschmacksverfeinerung kaum vorwärts und bald tauchten im Repertoire die burlesken Zugstücke wieder auf. Aus den Tagen, da man noch hoffen durfte, den Publikumsgeschmack zu besiegen, stammt der folgende Brief an Gottsched.

HochEdler, Hochgelahrter
Hochgeehrtester Herr und Gönner.

Ew. HochEdl. nehmen nicht übel auf, dass hiemit beschwerlich bin, und kürzlich sage oder schreibe, dass wir alle hier noch leben, Comoedien u. Tragödien spielen, und noch so zieml. zuschauer haben. Die Mühe so zu Verbesserung des Geschmacks angewendet wird scheinet nicht gar vergebens zu seyn. Es finden sich auch hier verschiedene bekehrte Hertzen. Leuthe denen man es fast nicht hat zutrauen können, sind nunmehr Liebhaber der Poesie worden, und viele finden auch an den ordentlich gesetzten Stücken, in ungebundener Sprache oder Rede, ein gutes Belieben, davon der Hulla ein Zeuge seyn kan. Die meisten Vornehmen sind nicht in Hamburg /hier ist vornehm so viel als Rathshr. u. desgl./ Etwas Adeliche sind hier und die kommen fleisig.

In solchen Vertrauen und Hoffnung zu Dero Wohlwollen verharre wie ich bin

Ew. HochEdl. Meines hochzuehrenden
Herrn und Gönners
gehorsamster Diener
Joh. Neuber.

Hamburg
am 12. Jul. 1732
In der Fuhlen Twiet
in der Comödien Bude zu erfragen.

Als die Neuberin in Hamburg eine feste Bühne errichten will, macht sie eine Eingabe, deren Beilage erstens zeigt, mit welchem Ernst die Neuber Schauspielkunst betrieb und zum zweiten ein so lebendiges Bild von den Anschauungen jener Zeit über das Schauspiel gibt, daß sie ungekürzt abgedruckt zu werden verdient.

Übrigens hatte diese Eingabe nicht den gewünschten Erfolg.

Magnifici
Hochedle Beste und Hochgelahrte
Hoch- und Wohlweise
Hochzuehrende, Hochgebietende Herren.

Ew. Magnifl. Hochedle, Hoch- und Wohlw. Herrl. lassen sich in Gnaden den Wunsch einiger deutschen Comedianten vortragen, welche Dero mächtigen Schutz und Beystand ganz unterthänig suchen.

Wir haben uns bisher mit unserer Gesellschaft bemüht, die deutsche Schaubühne von all dem Wuste zu reinigen, welcher sie billig bey allen Vernünftigen verhasst gemacht. Die ganze Stadt wird uns das Zeugnis geben, wie standhaft wir bisher diese Arbeit fortgesetzt, und wie eifrig wir uns diese Verbesserung angelegen seyn lassen.

Wr brauchen aber einen mächtigen Schutz unsere Absicht ferner zu erreichen, und kein Ort würde uns lieber seyn, als das glückliche Hamburg, welches wir gerne zu unserm Ruheplatze erwehlen mögten, und das uns Mittel genug geben wird in unserer guten Absicht noch weiter zu gehen. Wir ersuchen also Ew. Magnifl. Hochedl. Hoch- und wohlw. Herrl. mit dem tiefsten Respect uns durch Dero mächtige Gnade dazu fähig zu machen, und uns ein Privilegium zu ertheilen, dass wir zwölf Jahre nacheinander unter einem so mächtigen Schutze, mit Ausschliessung aller andern Comedianten, Possenreissern und Marktschreyer in Hamburg Comedie spielen dürfen.

Dass unser unterthänigstes Ansuchen der Stadt Hamburg vortheilhaft sey, werden Ew. Magnifl. Hochedl. Hoch- und Wohlw. Herrl. aus der Beylage sub. L.A. mit mehrerm gütigst ersehen. Unser unterthänigstes Ansuchen erstreckt sich auf weiter nichts, als auf die Freyheit hier zu seyn, und wir werden uns höchstens angelegen seyn lassen, diese Gnade noch immer mehr zu verdienen. Wir werden dabei die Ehre haben Ew. Magnifl. Hochedl. Hoch- und Wohlw. Herrl. als unsern mächtigen Schutz anzusehen, durch welchen einige redliche Leute, die von aller schändlichen Absicht ganz entfernet sind, ihr Glück und ihr Aufnehmen gefunden haben.

Ew. Magnifl. Hochedl. Hoch- und Wohlw. Herrl. erlauchte Einsicht kommt uns bey unserer unterthänigsten Bitte noch mehr zu Statten, und wir dürfen aus eben diesem Grunde uns um so viel eher eine gnädige Erhörung unsers gehorsamsten Ansuchens versprechen, die wir mit der tiefsten Unterthänigkeit und mit dem grössten Respect lebenslang dafür verharren

underthänigst gehorsamste
Johann Neuber mp.
Friederica Carolina Neuberin mp.

Hamburg
den 23. Aug. 1737

E n t w u r f

auf was Weise zur Ehre und zum Vortheil der Stadt Hamburg eine wohleingerichtete Comedie unterhalten werden kan.

Die Schauspiele sind bei allen klugen und gesitteten Völkern in großem Ansehen gewesen. Man hat sie mit Recht als eine Schule betrachtet, worinn die Menschen von den Torheiten, von den Ausschweifungen und von den Lastern auf den Weg der Tugend gebracht werden können. Griechenland und Rom, zwey der gesittetsten und klügsten Völker, haben die Schauspielkunst jederzeit geliebet, und ihren Vortheil eingesehen. Die lebhafte Vorstellung der menschlichen Schwachheiten macht einen viel stärkern Eindruck in die Gemüther, als alle trockene moralische Schriften.

Die Comedie ist bemüht den Unterschied der Tugend und der Laster anzuzeigen, und beyder nothwendige Folgen zu entdecken. Sie weiset die Schwachheiten der Alten, die Ausschweifungen der Jungen, und überhaupt die Fehler beydes Geschlechts in allen Ständen. Eine solche Vorstellung drückt sich mit der Zeit in die Gemüther ein, und macht allmählig ein Volk bescheidener und sittlicher. Die Tragedie gehet noch weiter. Sie bringet uns die erhabensten Begriffe von der Tugend bey, und sie reitzet uns zu der Liebe zum Vaterlande, zu der Grossmuth, und zu tausend edeln Empfindungen, die den Menschen so wohl anstehen. Sie erwecket eine Liebe zu der Obrigkeit, eine Hochachtung für die Gesetze, und eine Neigung zu der vernünftigen Freyheit.

Aus dieser Beschreibung der Comedie, und der Tragedie erhellt nicht nur, dass sie in einer wohleingerichteten Republik zu dulden sind, sondern, dass sie auch dem ganzen bürgerlichen Wesen in seinen Absichten zu Statten kommen. Schauspiele die so eingerichtet sind, gehören zu den schönen Wissenschaften, welche ein Volk angenehm, klug, und berühmt machen.

Unter den schönen Wissenschaften, welche in Deutschland so hoch gestiegen sind, ist die Schauspielkunst am spätsten aus ihrer Barbarey gegangen. Unsere Schaubühnen sind bisher mit unordentlichen Verwirrungen, mit schändlichen Possen, mit lasterhaften Vorstellungen, und mit einem so abscheulichen Wuste angefüllt gewesen, dass sie nothwendig den Eckel aller

Vernünftigen nach sich ziehen müssen. Man hat billig wieder eine Ausschweifung geeifert, welche dem Volke nichts als verkehrte Begriffe beybrachte, die der Religion, der Tugend, und dem bürgerlichen Leben schädlich waren. Diese schreckliche Barbarey hat so lange gedauert, bis die Neubersche Gesellschaft, durch den Beystand verschiedener kluger und gelehrter Männer, diese Greuel verworfen, und die Schaubühne von ihrem Unflate zu säubern angefangen. Sie hat sich bemühet alles was der Tugend und den guten Sitten zuwieder ist aus dem Wege zu räumen, und sie so einzurichten, wie sie einem Staate rühmlich und vortheilhaft seyn kan. Doch das Gute braucht in seinen guten Absichten auch einen Beystand, und die Neuber'sche Gesellschaft wird niemals ihren lobenswürdigen Endzweck erreichen, wofern sie nicht von einem mächtigen Schutze unterstützt wird.

Hamburg ist ein Ort, dessen vernünftige und weise Einrichtung von allen auswärtigen Völkern bewundert wird. Wissenschaften und Künste haben an diesem klugen Orte allemal Beyfall gefunden, und er ist schon oft eine Zuflucht der Fremden gewesen, welche in dieser berühmten Stadt eine Mutter angetroffen, von der sie auf das liebreichste versorget worden.

Eben diesen glücklichen Ort hat sich die Neubersche Gesellschaft ausersehen, und eben er ist es, wo sie ihre Versorgung zu finden wünscht.

Sie stellet ihr Verlangen auf das unterthänigste vor, welches sie um so viel getroster thun darf, da sie ihren gehorsamsten Wunsch so vielen erlauchten Männern vortragen kan.

Sie erbittet sich in aller Unterthänigkeit von E. Hochedl. und Hochw. Rathe das gnädige Privilegium, dass sie hier auf 12 nacheinander folgende Jahre, mit Ausschliessung aller anderen Comedianten und Possenspielern, unter einem so mächtigen Schutze, frey und ungehindert zu den gewöhnlichen Zeiten, Comedie spielen darf. Sie wird mit der gehorsamsten Schuldigkeit bereit seyn jährlich dasjenige dem präsidirenden Herrn Bürgermeister abzutragen, was ihr noch einem gnädig gemachten Schlusse auferlegt wird, wenn sie nur von den beschwerlichen neben Abgaben befreyt bleiben kan.

Hamburg wird durch diese Gnade den Vorzug haben, dass es in ganz Deutschland der einzige Ort ist, wo vernünftige und wohl eingerichtete Comedien Beystand gefunden; und da die schönen Wissenschaften ihre Versorgung überall mit Ruhme ausbreiten, so wird diese trefliche Stadt durch die Erhaltung einer der zärtlichsten Künste nicht weniger ihr Ansehn rühmlich machen, als durch ihre andern weisen Anstalten.

Die Neuber'sche Gesellschaft wird durch diese Gnade angespornt werden, ihre vernünftigen Absichten immer weiter auszubreiten, die Schaubühne zu einem Aufenthalt der Tugend und der guten Sitten zu machen, und alles dasjenige vollends vom Theater zu verbannen, was auch den Weisesten darauf anstössig seyn könnte. Sie befleissigt sich dabey einer vernünftigen und eingezogenen Lebensart, und beruft sich in diesem Stücke auf das Zeugniß der ganzen Stadt. Diese wird zugleich gestehen, dass ihr ganzes Betragen jederzeit dahin gegangen alles richtig zu machen, und keinem Menschen zu nahe zu thun. Sie hat auch zugleich dadurch ihre Feinde beschämt, welche ihr heimlich zu schaden getrachtet haben. So würklich der Ruhm ist, welchen die Stadt Hamburg aus dieser Versorgung ziehet, so würklich ist auch der Nutzen, Hamburg wird von vielen Fremden besucht, welche die Vorzüge dieser Stadt mit geniessen, und die vor ihr eigenes Vermögen daselbst ihr Vergnügen suchen wollen. Diese werden um so viel länger aufgehalten werden, wenn sie in den Neuber'schen Schauspielen dasjenige antreffen, was sie in ganz Deutschland vergebens suchen. Diese Fremden werden nicht nur mit Vergnügen einen Theil ihres Vermögens in der Stadt lassen, sondern sie werden auch eben aus diesen Schauspielen Gelegenheit nehmen Hamburgs Vorzüge allenthalben zu rühmen.

Die deutsche Sprache ist seit einigen Jahren aus ihrer Verachtung herfür gegangen, und die Deutschen haben gesehen, wie nützlich, rühmlich, und nothwendig es einem Deutschen ist, deutsch zu können. Auch die Sprache hat ihren verdienten Platz auf der Schaubühne gefunden, und die Schauspiele, welche nach ihren Regeln, und nach ihrer Reinigkeit abgefasst sind, werden zur Beförderung der Schönheit, Stärke und Deutlichkeit der deutschen Sprache in einer Republik nicht wenig beytragen, wo die Muttersprache so nothwendig und unentbehrlich ist. Der Vortheil, welcher der Neuberschen Gesellschaft aus ihren Schauspielen zufliessen mögte, ist nichts weiter als ein Seegen, den ihr die Stadt leihet, weil sie denselben bey ihrem beständig Aufenthalte immer mit Wucher wieder erhält, und noch den Vorzug dabey erlangt, dass sie eine Partey redliche Leute versorget, welche unter allen Städten in Deutschland Hamburg zu ihrem Schutzorte erwählet haben.

Des ewigen Kampfes mit dem Hamburger Publikum satt, verläßt Caroline Neuber Hamburg, um nach Petersburg zu gehen.

Nach der letzten Vorstellung im Januar 1740 verabschiedete sie sich mit einer selbstgedichteten Abschiedsrede, deren wichtigsten Teile wir im Auszug bringen. Hier klang freilich nichts mehr von der Liebe zu Hamburg mit, zu sehr war ihr hier ihr Streben verbittert worden.

„Heut sag ich auch im Glück an Dich ein wahres Wort,
Gesegnet, benedeit, wahrhaftig schöner Ort,
mein Hamburg! Lass mich doch zwei Stück in Dir betrachten
und jedes nach den Werth und seine Grösse achten.
Ihr Freunde habt Geduld! Hier gehts die Feinde an,
weil sie der Rang betrifft, und sie sehr viel gethan
zu meinem Untergang. Ich will mich nicht beschweren
und sie aus Dankbarkeit vielmehr noch dafür ehren.
Hier hält mich wenig Gunst und kein Verdienst zurück,
drum gönnet wenigstens Euch und mir dieses Glück,
dass Ihr uns nicht mehr seht. Vielleicht dass Zeiten kommen,
in welchen Ihr und wir in allen zugenommen,
was unser Schauspiel gross und Euch erkenntlich macht:
nur gebt auf den Hanswurst in Zukunft besser Acht,
dass er nicht Hungers stirbt und Euch mehr Schulden spielet,
in seinem Zotenkram, die Ihr im Herzen fühlet.

Seht! nun erklär ich mich,
bedenkt: mein Vorsatz war, dass sag ich öffentlich,
dass unserm deutschen Reich kein Vorzug sollt gebrechen
in einer Kleinigkeit, so werdet ihr selbst sprechen,
denn von der Schauspielkunst habt ihr sehr wenig Licht,
weils Euch an Zärtlichkeit, Natur und Kunst gebricht.
Das Lesen langt nicht zu, auch nicht nach Frankreich reisen,
ein Schauspiel recht verstehn, erfordert einen weisen
wahrhaftig klugen Mann, der jede Wahrheit kennt,
der Tugend redlich liebt, und dem das Leben gönnt,
der Fleiss und Wissenschaft pflichtmäßig treibt und übet,
der nicht blos um Gewinnst das wahre Gute liebet,
nein! der dem Guten folgt, und hätt' er nichts als Hohn,
der kleinen Geister Hass und Spötterei zum Lohn;

dem auch der Mangel lieb: wenn er sich nur mit Ehren
aus der Beschimpfung reisst, womit ihn die beschweren
die seine Feinde sind. Ist dieses recht gethan
so nehmt auch, was ich sag, von mir vernünftig an.
Geht selbst in Euer Herz, das wird Euch deutlich sagen,
warum ich Euch so frei die Wahrheit vorgetragen.
Glaubt, daß hier weder Stolz noch Frechheit aus mir spricht,
und auch kein Uebermuth. Darum verwerft dies nicht.
Es liegt ein wahrer Dank in diesem Salz verborgen.
Ich lieb und ehr in Euch wahrhaftig alle Sorgen,
Verlust und alle Müh, die Ihr mir schwer gemacht;
weil Ihr mich doch dadurch zu keiner That gebracht,
die mich beschämen könnt."

Um das Bild der Prinzipalin deutscher Schauspielkunst auch nach der persönlichen Seite hin abzurunden, sei noch eines Gedichtes gedacht, das sie im Gothaer Theater-Kalender 1777 veröffentlichte, als ihr ein Hofkavalier, der von ihrer Notlage gehört, ein Geldgeschenk geschickt hatte.

Entfernter Freund!

Du denkst an mich, da mich mein scheinbar Glück verlassen
Durch welchen Antrieb ists geschehn? Was soll ich für Gedanken fassen?
Die allerbesten die mich rühren: Dass durch Dich eine höh're Macht,
Durch überzeugende Beweise, an mich und meine Noth gedacht:
Ist noch ein kleiner Werth bey mir, so wird er durch Dein Angedenken,
Durch die verborgnen Führungen, mir noch die Ueberlegung schenken
Dass ich ihn niemals kann verliehren, mein Schicksal sey so hart es will.
Ich schweige bei den größten Stürmen, gedultig und gelassen still.
Genug, ich hab es an der Welt durch meine Handlung nicht verschuldet,
Den Muthwillen und das Vorurtheil sehr wohl gemerkt und und doch erduldet

Und grosser Leuthe falsche Meynung mit Ueberlegung ein-
gesehn.
Oft kann der allergrösste Weisė sein denkend Wesen nicht ver-
stehn!
Das hat mir starken Muth gemacht, dem Babelhaften Lärm
zu weichen
Und nur zu suchen innerlich, die wahre Ruhe zu erreichen.
Dadurch kan ich im Unglückswetter, noch grösser als mein
Schicksal seyn,
Wenn ich die Schläge willig trage. Mit einem Wort: ich schick
mich drein.
So kann nichts niederträchtiges mein Unternehmen schimpflich
machen
Ich ehre meine Noth in mir, und kann sie öfters auch belachen.
Die Freundschaft, die D u mir erwiesen, erfordert wahre Dank-
barkeit
Die werd ich suchen auszuüben, durch meine ganze Lebenszeit.

Dressden, den 26. Dezember 1758.

F. C. N.

Mit Hoher Obrigkeitlicher Bewilligung

Wird heute von den

Königl. Pohlnischen Churfürstl. Sächsischen

auch

Hoch-Fürstl. Braunschw. Lüneb. Wolffenb.

Hof-Comödianten

Ein Deutsches Schau-Spiel vorgestellet werden,

Genannt:

Der sterbende Cato.

Personen:

Cato.
Arsene oder Portia.
Portius, Catens Sohn.
Phenice, Arsenens Vertraute.
Phocas, Catens Vertrauter.
Pharnaces, König aus Pontus.
Felix, sein Vertrauter.
Cäsar.
Domitius, sein Vertrauter.
Artabanus, ein Parther.
Catons Gefolge.
Cäsars Gefolge.

Hierauf folget:

LA METAMORPHOSE AMOUREUSE,

Die verliebte Verwandlung.

Personen:

Severin, Vetter u. Vormund der Isabelle.
Isabelle, Severins Muhme.
Valere, Liebhaber der Isabelle.
Bouquinart, in Isabellen verliebt.
Toinette, Isabellens Mädgen.
Crispin, Severins Pathe.
Pasquin, Valerens Diener.
Ein Comissarius.
Brasdefer, Wachtmeister.
Serfort, Grippeau, } Wachgefreyte.
Die Wache.

Dieses lustige Stück ist aus dem Frantzösischen des Herrn. le Grand ins Deutsche übersetzet.

Die Person gibt auf dem ersten Platz 1 Marck. auf dem Mittlern 10 Schilling, und auf dem letzten Platz 6 Schilling. Die Logen sind besonders.

Der Anfang ist um 5 Uhr, und der Schau-Platz in Hamburg in der Fulen-Twiet im Comödien-Hause.

Freytags, den 22. April, 1735. Johann Neuber.

Tafel 3

Gemälde von Anton Graff

Der Mann, den Goethe und Lessing lobten
Hans Dietrich Konrad Ekhof (1720–1778)

Tafel 4

HANS DIETRICH KONRAD EKHOF

„Ekhof, der durch seine edle Persönlichkeit, die dem Schauspielerstand eine gewisse Würde mitteilte, deren er bisher entbehrte, hob die ersten Figuren solcher Stücke ungemein, in dem der Ausdruck von Rechtlichkeit ihm, als einem rechtlichen Manne, vollkommen gelang."

Im 13. Buche von Goethes „Dichtung und Wahrheit" findet sich dieses Urteil über einen der gradesten Charaktere, die die deutsche Bühne kennt.

Ekhofs Lebensweg war ein ständiger Kampf gegen die Armut und für die Einhaltung von „Pflicht und Ehre", zwei Begriffe, die für sein Tun und Lassen bestimmend waren. Er stammte aus ärmlichen Verhältnissen: am 12. August 1720 wurde er als Sohn eines Schmiedes und Stadtsoldaten in Hamburg geboren. Noch nicht sechzehnjährig wird er bei einem Postkommissar Schreiber und erwirbt sich durch seine Pünktlichkeit und Ehrlichkeit rasch das Vertrauen seines Chefs. Er wechselt aus nicht ganz geklärten Gründen die Arbeitsstelle und geht zu einem Advokaten nach Schwerin. Hier macht er durch die schöngeistige Bibliothek seines Brotherren die Bekanntschaft mit der geistigen Welt des Theaters, während die von ihrem Gatten getrennt lebende Sophie Caroline Schröder ihm die praktische Seite der Bühnenwelt vermittelt.

Das Jahr 1740 brachte dann für Ekhof die Entscheidung; die Neuberin war nach Petersburg gegangen, Schönemann hatte sich mit einem Teil ihrer Truppe selbständig gemacht und suchte nach neuen Schauspielern. Ekhof meldete sich, spricht am 15. 1. 1740 vor und wird angenommen. Schon hier macht er die Bekanntschaft eines Mannes, der Jahre später bedeutenden Einfluß auf seine künstlerische Entwicklung hatte: Konrad Ackermann.

Im Jahre 1746 heiratet er die Schauspielerin und Prinzipalstochter Sophie Karoline Spiegelberg.

Das ernsthafte Streben Ekhofs läßt ihn bald zum erfolgreichsten und geachtetsten Schauspieler der Truppe werden und der leicht resignierte Schönemann pflegt ihn sein „Künstlerisches Gewissen" zu nennen. Aus dieser Stellung heraus gründete Ekhof in Schwerin die „Akademie der Schönemannschen Gesellschaft", die unter der nicht ganz richtigen Bezeichnung „Deutsche Schauspielerakademie" in die Geschichte eingegangen ist. Alle 14 Tage kamen hier die Schauspieler zusammen, um durch Vorträge und Aussprachen zu einer Fundamentierung ihres Berufs zu kommen. Der Formlosigkeit und der Willkür der Dramen wird entschieden entgegengetreten und in 24 Punkten das erläutert, was sich diese Einrichtung als Programm gesteckt hatte. Die Beiträge und Strafgelder der Mitglieder dieser Akademie verwandte Ekhof für die Unterstützung alter Komödianten. Unverstand und Spott über den „theoretischen Pedanten" bereiteten diesem Unternehmen das Ende, und Ekhof wechselt 1757 zur Schuch'schen Gesellschaft über.

Inzwischen ist er in ganz Deutschland durch sein Können und seine Gesinnung berühmt geworden, die ersten Anekdoten werden bereits von ihm erzählt. Sein Einleben in eine Rolle muß tatsächlich verblüffend gewesen sein, von der Natur in keiner Weise zum Schauspieler geschaffen, verstand es der kleine, kurzhalsige, gichtgebeugte Mann in seinen Rollen ein Leben und ein Feuer zu entwickeln, das diese Mängel vertuschte. Das geschichtliche Verdienst des Schauspielers Ekhof ist der Wandel seines Spiels — und damit des allgemeinen Stils — von der Kopie des Französischen zum deutschen, innerlichen Ausdruck. Ein Wandel ist dies, der sich bei Ekhof über mehrere Jahre erstreckte und der doch erst augenfällig wurde, als er 1764 der Ackermannschen Truppe und damit dem „Hamburger Nationaltheater" beitrat. Ackermanns Spiel, das ganz aus dessen Natur kam, wurde ihm zum Leitstern und führte ihn von der französischen Rhetorik zur deutschen Realistik, wo ihm dann sein im französischen Stil geschultes, außerordentlich modulationsfähiges Organ sehr zugute kam.

Hier in Hamburg lernte er auch den Mann kennen, den er und der ihm bald einer der stärksten Impulse zur letzten Vollendung werden sollte: Lessing. Dieser sah in Ekhof die Erfüllung aller seiner theoretischen Forderungen und hat ihm in der „Dramaturgie" eines der schönsten Denkmäler gesetzt, die den Ruhm eines theatralischen Genies der Nachwelt verkünden.

Im 16. Stück sagt er von ihm:

> *„Alles was Remond de Sainte-Albine in seinem „Schauspieler" hierbei beobachtet wissen will, leistet Herr Ekhof auf eine so vollkommene Art, daß man glauben sollte, er allein könne das Vorbild des Kunstrichters gewesen sein."*

Noch einmal wechselt Ekhof die Truppe, 1769 geht er zu Seyler nach Hannover, wo ihm bald die Leitung angeboten wird, die er jedoch ablehnt. Die Truppe folgt einem Ruf der Herzogin Anna Amalia von Weimar nach dort, und als das Theater abbrennt, nimmt Herzog

Ernst II. von Gotha die Truppe in seiner Residenz auf, und Ekhof wird Direktor des Gothaer Hoftheaters. Eine Bühne, deren künstlerische Qualitäten sie zu einer der besten ihrer Zeit machten, deren finanzielle Lage jedoch so schlecht war, daß sich Eckhof nicht einmal Statisten leisten konnte, sondern dafür eigens angefertigte lebensgroße Puppen verwenden mußte, die als Bauer, Ritter oder „Volk" auf die Bühne geschoben wurden. Am 16. Juni 1778 ist Ekhof nach wenigen Jahren der Seßhaftigkeit in Gotha gestorben.

Unter der Überschrift „Gedanken über das Spiel und die Schauspieler" finden sich im „Gothaischen Theater-Kalender" des Jahres 1779 „Fragmente aus Ekhofs Brieftasche", die manches Grundsätzliche über Ekhofs Stellung zu seiner Kunst aussagen.

„Dem Zuschauer allein kommt es zu, den Werth des Acteurs zu bestimmen; der größte Acteur verliert, wenn er dem Publicum zu verstehen gibt, daß er groß ist."

(Aus einem Brief an Nicolai.)

„Die süßeste Belohnung des Fleißes, die stolzeste Zufriedenheit des Künstlers ist unstreitig wohl die Gerechtigkeit, die ihm solche Kenner wiederfahren lassen, von denen er mit Recht befürchten muß, daß sie vieles, wie Gellert's Maler, mit gutem Grunde tadeln können, zumal da der laute Beifall sowohl als der Tadel des großen Haufens in meinem Metier oft so schwankend und unbedeutend ist, daß Lessing wohl sagen mochte: wir haben Schauspieler, aber keine Schauspielkunst und wenn wir eine gehabt haben, so ist sie verloren gegangen. Wie oft hängen nicht Lob und Verachtung bei der Komödianterei in den Augen der öffentlichen Kunstrichter von Dingen und Umständen ab, die eigentlich zur Kunst nicht gehören und als Decorationen derselben betrachtet werden sollten. Eine Thräne, die ich aus empfindendem Herzen erpreßt, ein Lächeln, das ich einem denkenden Manne abgezwungen, habe ich daher immer für einen weit untrüglicheren Probirstein gehalten und läugne deßhalb das innerliche Vergnügen nicht, das ich auch in meiner Schlafmütze empfand, als ich Thränen in Ihre Augen lockte und es mir nachher gelang, die Wehmuth Ihres Gesichts durch ein aufheiterndes Lächeln zu verdrängen, ohne die Requisiten, welche so Viele meines Metiers für die unentbehrlichsten Stützen halten, und ohne diese keine Wirkung zugestehen, zu meiner Hilfe zu haben, obgleich ich selbst sie für kräftige Mitwirker habe."

„Ich habe noch nicht gesagt, was ich eigentlich wollte; freundschaftlich bitten wollte ich Sie, ja die Drohung, mich deswegen öffentlich zu loben und zu vertheidigen, nicht in's Werk zu setzen. Es hat mich schon lange den größten Verdrießlichkeiten ausgesetzt, daß die Zuschauer zu viel und die Komödianten zu wenig von mir gehalten haben. Von den öffentlichen und schimpflichen Anfällen (die geheimen nicht zu berühren) haben Sie noch kürzlich einen bereits gelesen. Da Sie hier gewesen sind, da ich die Ehre gehabt habe, mit ihnen umzugehen, so brauche ich Ihnen als ein denkender Mann nicht erst auseinander zu setzen, was man davon für Auslegung machen könnte usw."

Von der Liebe und Achtung Ekhofs zum Beruf des Schauspielers, zeugt der folgende Spruch, den er in das Stammbuch eines Theologen schrieb:

Freund, du und ich, wir lehren
Zwar an verschied'nen Orten,
Doch folget unsern Worten
Bei denen, die uns hören,
Nur stets erwünschter Segen:
Was ist am Ort gelegen?

Am 28. April 1753 richtete Ekhof an alle seine Schweriner Kollegen eine Einladung zur Gründung der „Akademie der Schönemannschen Gesellschaft", in der es heißt:

„Da die Gesellschaft alle 14 Tage Sonnabends nachmittags von 2—4 Uhr auf theatralische Dinge ihre Aufmerksamkeit zu richten entschlossen sei, so möchten die Mitglieder sich durch Namensunterschrift zu den Versammlungen sowie zu billigen Verfassungen verpflichten, die man in Betrachtung ziehen könne."

Am 5. Mai war die erste Sitzung, bei der die 24 „Verfassungen" („Artikel") dieser Akademie verlesen werden.

Da sie in der Hauptsache das Werk Ekhofs sind, seien sie im Auszug — nach Hermann Uhde — zitiert:

Von diesen Grundgesetzen
Ist Keiner frey zu schätzen!

„Die Mitglieder der Akademie saßen ‚nach der Anciennität' wie sie zur Truppe gekommen waren, auf einer Seite die Frauenzimmer, auf der andern die Männer. In der Mitte saß rechts der Präses, links der Lector; zwischen ihnen stand der Propositus, ‚solange er etwas vorzutragen hat.' Versäumniß einer Sitzung, Trunkenheit oder Verspätung ward mit einer Geldbuße bestraft; ebenso wenn jemand ‚von Haushaltungs- oder sonst fremden Sachen' sprach. ‚Scharf bestraft' wurde ‚unanständiger Spaß, Privathaß, Sticheleien oder gar Heftigkeiten'.

Seele des Ganzen war der Propositus. Vorlesung der zu spielenden Stücke, Erörterung der Hauptrollen, Erläuterungen über die Schauspielkunst überhaupt, endlich ‚bescheidene Anmerkungen über die Pflichten der Künstler im gemeinen Leben' — das waren die in den Sitzungen vorzunehmenden Hauptsachen, ‚alles ohne Entrüstungen noch Empfindlichkeit' und unter dem Verbot, die Vorgänge im Schose der Akademie mit Nichtmitgliedern zu besprechen. ‚Anzuzeigen, daß in den Sitzungen von den Schauspielen beider Art gehandelt wird', lag ein Dolch und eine Maske ‚vor dem Präside auf dem Tische'. Die Strafgelder sollten jährlich am Stiftungstage ‚auf anständige Art verzehret', der Rest nothleidenden Schauspielern, ‚die es würdig sind', überwiesen werden."

Als Friedrich Nicolai, der zu Ekhof, seit dieser ihn einst durch die Kunst seines Vortrages zu Tränen gerührt, in einem freundschaftlichen Verhältnis stand, seinem Erstaunen, wie tief Ekhof in seine Rolle eingedrungen sei und wie er dem Dichter nachgearbeitet habe, Ausdruck gab, antwortete ihm Ekhof:

„Wenn der Dichter tief in das Meer der menschlichen Gesinnungen und Leidenschaften taucht, so muß der Schauspieler ihm ja wol nachtauchen, bis er ihn trifft. Das ist freilich mühsam und mißlich; aber nur wenige Autoren machen es den Schauspielern so schwer wie Lessing. Man kann sie leicht haschen, denn sie schwimmen oben auf wie Baumrinde."

Lessing hat Ekhof mehrmals mit dem englischen Schauspieler Garrick verglichen, das folgende Gedichtchen aus dem Jahre 1755 greift diese Gedankengänge auf und ist ein schönes Beispiel für den Ekhofschen Idealismus.

Laß Garrick nur Guineen zählen;
Mir wird es nie an Glücke fehlen —
So lang' mein Fleiß gefällt, ich Zähren ernten kann,
Bin ich, obgleich nicht reich, doch ein glücksel'ger Mann.
Und wenn dereinst bei meiner Gruft
Ein Kenner nur gerühret ruft:
„Die Zähr', die er erzwang, soll hier freiwillig fließen" —
So ehrt's mich mehr, als wenn mich Sammt und Stein' umschließen.

Auch im hohen Alter, zwar materieller Sorgen frei, doch von einem schleichenden Fieber immer wieder heimgesucht, denkt und arbeitet er für das Wohl des deutschen Schauspielerstandes.

In seinem letzten Brief an Friedrich Ludwig Schröder überträgt er diesem die Vollendung eines lang gehegten Planes: die Einrichtung einer Pension für alte Schauspieler.

„Ich habe alles versucht, blos durch mich die Ordnung wiederherzustellen, wie ich sie bei meinem Anfange gefunden habe, ich habe wie Herkul das blutige Hemd der Dejanira getragen und bei der Omphale gesponnen. Umsonst. Die Erfahrung, die ich gemacht, war: ist man strenge, so schreit man über Tyrannei und Despotismus, ist man gelinde, so treten sie einem auf den Kopf und spielen auf der Nase . . . aber — ich sehe aufs Ganze und lasse mich durch die Individuen nicht abschrecken; ich möchte gar zu gern noch einen guten Gedanken mehr mit in die Grube nehmen: segnen, die mir fluchen, wohlthun denen, die mich hassen. Ich will Ihnen meinen Plan vorlegen; nach Ihrer Antwort soll das Circular an alle mir bekannten Gesellschaften wegen einer allgemeinen Pensions- und Todtenkasse für alle deutschen Schauspieler abgefaßt werden. Sie sollen mein Flügeladjutant sein, dem ich meine Dispositionen anvertraue, damit, wenn der Tod mich in der Ausführung übereilt — Sie vollenden, was mir nicht möglich ist. Welch eine Wonne für mich, wenn ich auf meinem Sterbebette denken kann: Gottlob! nun kann sich der Mangel zwischen keinem deutschen Schauspieler und seinem Grabe mehr einschleichen; die Aussicht eines gewissen Einkommens, auch nach seinem Tode, wird ihm Credit und Unterhalt verschaffen, und er darf nicht mehr betteln gehen oder den Bauern zu diesem Behuf die Gänse hüten."

Der Shakespeare-Pionier
Friedrich Ludwig Schröder (1744–1816)

Tafel 5

Federzeichnung von Frank Kobell aus Schröders Stammbuch
Museum für Hamburgische Geschichte

Friedrich Ludwig Schröder als Lear, Mannheim 1780

Tafel 6

FRIEDRICH LUDWIG SCHRÖDER

Er war ein echtes Theaterkind und ein fähiger Kopf obendrein. Seine musikalische Begabung hatte er vom Vater, der Organist in Berlin gewesen war, geerbt, während die Mutter Sophie Charlotte Schröder, die nach dem Tode ihres ersten Gatten, Konrad Ackermann heiratete, ihr dramatisches Talent an Friedrich Ludwig weitergab.

Am 3. November 1744 in Schwerin geboren, zog er schon als Kind mit der Truppe seiner Eltern durch Kurland, Preußen und Polen. Bereits in jungen Jahren steht er in Kinderrollen auf der Bühne und elfjährig spielt er in der Uraufführung der „Miß Sarah Sampson" in Frankfurt a. d. Oder das Fräulein Arabella.

Sein Bildungsgang ist ganz dem Zufall überlassen. In Warschau nimmt er eine Zeitlang am Unterricht in einem Jesuitenkloster teil, in Leipzig ist es Ackermanns Dramatiker, der derbe, trinkfeste Philosoph Johann Christian Ast, der ihm mit viel Humor eine Bildungsgrundlage schaffen soll. 1757 endlich wird er Eleve des Collegium Fridericianum, dessen strenge Zucht dem wilden Jungen kaum behagt haben dürfte. Als 1757 seine Eltern aus Furcht vor dem drohenden Krieg Königsberg verlassen, wird er — als das Schulgeld ausbleibt — rücksichtslos aus der Schule geworfen. Da er völlig mittellos ist, geht er zu einem Flickschuster und anschließend zu einem Seiltänzer in die Lehre. Von den englischen Equilibristen Michael Stuart hört er zum ersten Male den Namen Shakespeare. Es ist auch jene Zeit, in der ein Diebstahl Friedrich Ludwig Schröder keine allzugroßen Gewissensbisse bereitet. 1759 schließt er sich dann der Truppe seiner Eltern in der Schweiz an, wo er sich zum Ballettänzer und Darsteller von Dienerrollen ausbildet. Sein Hauptgebiet war das Lustspiel, wozu er schon durch seine Figur geschaffen schien: auf einem hageren, meist gebeugten Körper saß ein schmales, blasses Gesicht in dem zwei kleine, eindringliche Augen blitzten. Seine damalige Einstellung zur Schauspielkunst spiegelt sich am deutlichsten in seinem Ausspruch: „Wenn ich die Beine gebrochen habe kann ich noch immer von einem Tänzer zu einem Schauspieler werden." Vermutlich war es der Zweifel von Kollegen, die ihm nicht glauben wollten, daß er im Tragischen genau soviel leiste, wie im Komischen, was ihn zum Darstellen ernster Rollen anregte. Mit der Ackermannschen Truppe kam er auch nach Hamburg und übernahm siebenundzwanzigjährig nach Ackermanns Tod die Leitung des Theaters. Das war im Jahre 1771, und von diesem Zeitpunkt an ist Schröder wie verwandelt, nichts erinnert bei ihm mehr an seine wilde Jugend, an Liebesnächte und Trinkgelage, er zeigt, daß er gehorchen gelernt hatte und fordert von seiner Truppe ein gleiches, zuchtvolles Benehmen. 1773 heiratet er die Schauspielerin Anna Christina Hart aus Petersburg.

Die Zeit von 1771 bis 1780 ist recht eigentlich Schröders Glanzzeit. Er gewinnt Shakespeare, wenn auch recht rational vereinfacht, g e g e n den Willen des Publikums der deutschen Bühne. „Hamlet", „Der Kaufmann von Venedig", „Othello", „König Lear", „Richard III", „Maß für Maß" setzt er, ohne Rücksicht auf die Ohnmachten und Frühgeburten, auf den Spielplan.

Derselbe Schröder aber, der die Theaterkenner entzückte, ist auch ein Liebling der Galerie. Im Hamlet soll er am erschütternsten gewesen sein, er stellte die wechselnden Affekte dieses Charakters kraß nebeneinander und war noch in den Szenen des Grauens und des gespielten Irrsinns ein mutiger Hamlet. Als König Lear war sein Spiel so echt und eindringlich, daß die Schauspielerin der Goneril, nachdem er sie einmal verflucht hatte, nicht wieder mit ihm auf die Szene gehen wollte. Er spielte den Lear anfangs als rüstigen Greis, der erst an der ihm angetanen Schmach Szene um Szene verfällt. Ein weites Betätigungsfeld boten ihm auch die Molièreschen Charaktere. Den „Geizigen" spielte er mit kreischender, schneidender Stimme, die von Akt zu Akt immer leiser und wehmütiger wurde. „Der Kranke in der Einbildung" war ein kräftiger, draller, kerngesunder Spießbürger. Goethe, Schiller, Jean Paul und Herder zählten zu seinen Bewunderern. Herder bat ihn einmal um Aufzeichnungen über die Schauspielkunst, Schröder berichtet darüber: „Ich erklärte ihm, wenn ich wahr sein solle, müsse ich ein Geständnis ablegen, das mich Mißverständnissen aussetzen würde: das nämlich, es habe mir nie ein Schauspieler völlig genüge geleistet. Herder glaubte, gerade dieser Zug dürfte nicht unterdrückt werden, weil sich nur durch meine frühe Unzufriedenheit mit andern geworden wäre, was ich sei; und eine üble Deutung könne mir, nach aller Billigkeit, meine Aussage nicht geben, weil ich ja nicht verhehlen wolle, daß ich mit mir selbst nie ganz zufrieden gewesen sei. Unter anderen Bestrebungen, die er von mir herauslockte, erwähnte ich auch der, mich selbst zu hören und alles Nachahmen, selbst als Scherz im gemeinen Leben, zu vermeiden."

1780 unternahm Schröder eine große Kunstreise durch Deutschland, auch Paris besuchte er. 1781 folgte er einem Ruf an das Wiener Nationaltheater, kehrte aber bald nach Hamburg zurück, leitet von 1785 bis 1798 noch einmal das Theater, doch erreicht er den Glanz seiner ersten Direktion nicht wieder, zudem läßt sein Gedächtnis immer mehr nach, so daß er am 30. März 1798 zum letzten Male offiziell auftritt. Er zieht sich auf sein Landgut Rellingen bei Pinneberg zurück, übernimmt 1811 bis 1812 noch einmal auf 11 Monate das Hamburger Theater, springt auch freundschaftlich für erkrankte Spieler ein, um sich dann endgültig zurückzuziehen. Am 3. März 1816 ist er auf seinem Landgute gestorben.

Schröder an F. L. W. Meyer:

„Der allein scheint mir eine wirkliche Kunststufe erstiegen zu haben, der jeden Charakter so auffasst, dass sich ihm nichts fremdes beimischt, dass er nicht bloss an die allgemeine Gattung erinnert, sondern sich auch von den verwandten Rollen durch eigentümliche Züge unterscheidet.

Ich glaube alles ausdrücken zu können, was der Dichter, wenn er der Natur treu geblieben ist, durch die Worte oder Handlungen seiner Personen hat ausdrücken wollen. Und ich hoffe, in keinem Stücke hinter den billigen Forderungen des Menschenkenners zurückzubleiben, ohne einen anderen Spiegel zu Rate zu ziehen als den der Wahrheit. Die Kunst kann nicht mehr aufzufassen begehren — wenn sie nicht Künstelei werden will!

Es kommt mir gar nicht darauf an, zu schimmern und hervorzustechen, sondern auszufüllen und zu sein."

Schröder an den Dichter Gotter:

Hannover den 13 März 1777.

Schließen Sie, mein Theurester Freund! von meinen seltnen Schreiben nicht auf Abnahme meiner ewigen, unveränderlichen Liebe zu Ihnen. Meine Geschäfte häufen sich von Monath zu Monath so sehr, dass ich kaum mehr durchfinden kann — dazu kommt noch der bittre Gedanke, dass ich mit aller Mühe und mögliche(m) Fleisse nicht im Stande bin, das Theater zu dem Grade von Vollkommenheit zu bringen, den ich seit einigen Jahren so eyfrig suche — dies macht mich so menschenfeindlich — dass ich mich jeden Tag 20 Mahl aus meiner Situation wegwünsche, mich von einer Profession entfernen möchte, die so wenig heitere und unzählige misvergnügte Augenblicke an sich kettet (leyder ists bey den mehresten sogenannten Schauspielern Profession). —

Seit 3 Tagen liebster Freund habe ich nicht zum schreiben kommen können, und unterdessen ihren Brief erhalten.

Boje, Bürger und Leisewiz sind bey der Hencker Mahlzeit, die ich heute Reinecke gebe: er geht zu Seyler: will wünschen, dass es ihm gut bekomme! Wer hat Ihnen denn geschrieben, dass der „E h e s c h e u e" nicht gefallen habe? Der Gallerie kann freylich solch ein Stück nicht gefallen, aber dem übrigen Theile des Publicums ist es gewiss Willkommen gewesen, obgleich der Cecilia Spiel (die auch nicht das mindeste vom Conversations Tone hat) die ersten Acte langweilig machten. In Hamburg versteht man zwischen Dichter und Schauspieler zu rechnen, also fürchte ich in dieser Rolle alles für Sie. Dass ich Ihnen noch nichts von „M e d e a" gesagt, ist ein Beweiss, wie es in meinem Kopfe aussieht. — Die Musik hat nicht so gut, aber die Poesie ungleich besser als A r i a d n e gefallen NB. hat auch mehr Geld gebracht.

Die Gestalt und Spiel meiner Schwester, welche beyde Theile im Grunde eigentlich nich Medeen mässig sind, haben doch warlich viel zum guten Erfolge beygetragen: sie haben dem Carackter das Scheussliche genommen und mehr M i t l e i d erregt. Jede Ihrer Bearbeitungen, welche Sie mir auch schicken, wird dem Hamburger Publicum, das Sie sehr schätzt, willkommen seyn; mir doppelt, sie bringt mir Vortheil und kömt von meinem Freunde! —

Dass Ihre J e a n n e t t e in Hannover den Preiss von allen Stücken davon getragen, wird Ihnen Boje schon gemeldet haben. Ich soll Ihnen von unsrer Starkin schreiben? Diese vortreffliche Frau hat meine Erwartung weit übertroffen, ich habe in der Jeannette Freudenthränen geweint — Jammer! Jammer! dass Ihre Sprache etwas unverständlich ist, besonders auf grossen Theatern. Mit der Mutter in der M a r i a n e bin ich nicht zufrieden. So vortreflich Sie die Rolle fühlt und spricht — so fehlt doch Ton der Natur — die Stimme ist voller Tremulanten, und die Ausrufung O! mit einem Vorschlage begleitet, ist höchst unangenehm "Aber mit alledem, ist's Deutschlands grösste Schauspielerin! und dennoch wenig bemerkt! — Das hat mich schon ziemlich getrösstet und Ihr Herz, Ihr Betragen ausserm Theater! — Kurz, so Gott und Sie will, kommen wir vor unserem Tode nicht auseinander. Nun liebster Gotter! wenn wollen Sie kommen? Können Sie's noch nicht bestimmen?

Sie glauben, dass ich ganz aus meinem alten Fache gehen

werde? — das kann ich nicht, aber ich werde alles müssen durcheinander spielen, wie ich denn auch schon seit einiger Zeit gethan — ich will sehen, ob man mich wird durchlaufen lassen!

Wenn ein Acteur gehen will, warum kann ich nicht seyn Freund seyn und ihm rathen, oder warum solte ich nicht Seylern mit dem ich in Verbindung stehe lieber gute Leute gönnen als andern? — Ich habe mir zu unsern Briefwechsel einen Plan ausgedacht — ich will alle Tage etwas niederschreiben und also täglich bis ich Sie sehe mit Ihnen sprechen — habe ich ein Paquetchen zusammen, so schicke ich's. Mit Verlangen sehe ich der seeligen Stunde entgegen, da ich Sie an mein Herz drücken, und zum erstenmahle in meinem Leben sagen kann: Ich hab einen guten Freund bej mir

Ihr ewig ergebener

S c h r ö d e r

Sonnabends des Abends d. 15. März um 8 Uhr

Meine Frau etc. grüssen Sie herzlich.

Schröder an Gotter:

Montag, d. 1. Decemb. 1777.

Heute habe ich troz allem, was von einem Theile des Publikums dagegen gesagt worden, die I r r u n g e n und die P u c k l i c h e n gegeben. Das Hauss war mittelmässig besezt — es wurde aber mehr gelacht und applaudiert als am Freytage. unterdessen wird's doch wohl nicht mehr als ein mahl nur gegeben werden. Ich habe freylich nie gerechnet dass das Stück sich erhalten könne — ich dachte aber so: das Publicum ist jezt zum Lachen gestimmt; vielleicht ziehts 3 oder 4 mal vor Advent. Das ist nun fehlgeschlagen, und noch nicht das schlimste bey der Sache — denn ich darf nun mit dem p o l i - t i s c h e n K a n n e n g i e s s e r nicht heraus rücken — das ist hier so der Gebrauch! Schlägt ein comisch Stück fehl, so gehts mit dem folgenden eben so. — Nun arbeiten also Bock und Schröder aus allen Kräften an M a a s s f ü r M a s s

Donnerstag. d. 4.

B a r b i e r von S e v i l l a und G e o r g e D a n d i n wieder gute Einnahme. Heute Morgen war Probe von E m i l i a G a l l o t t i.

Freytag. d. 5. Emilia G. und ein Ballet ohne Pantomime. Die Versammlung war zahlreich — die Rede that grosse laute Wirkung, — wie denn die Hamburger sich verdamt gern Complimente sagen lassen — und des Applaudierens durchs ganze Stück weder Ziel noch Maas. Ich muss zur Ehre der Wahrheit bekennen, dass ich wie ein 13-jähriger Lümmel, der vorm Ofen kniet, gespielt — Brockmann vortreflich — Schüz gegen sonst, sehr gut. M. Starck schön — doch die Scene mit Marinelli weit besser als die erste. — Was für ein Unterschied gegen die Seilerin! meine Frau als Anfängerin über meine und aller Erwartung — Martini, Camillo Rota recht brav — Angelo — Klos erbärmlich — misfiel sehr. Orsina am meisterhaftesten von allen. Troz meines elenden Spiels, woran hauptsächlich Zerstreuung meiner Frau wegen Schuld war — macht man meinen Odoardo zum besten der gesehen worden. — Wollens künftigen Dienstag besser machen, ein braver Mahler verfertigt bis Dienstag das Portrait meiner Frau umsonst, trug sich nach dem Stücke dazu an.

Montag. d. 8. Der Secretair und die Masquerade. aus dem Zettel werden Sie sehen, dass ich dem Publicum nicht reinen Wein eingeschenckt. Das Hauss war voll, und das Stück gefiel sehr. a propos. Bruns ist vorigen Sonnabend des Morgens um 8 gestorben. Constantini hat eine Gesellschaft errichtet und Bruns war sein factotum. eine venerische Krankheit ist die Ursach seines Todes.

Dienstag. d. 9. Emilia Galotti und Ballet. vol Hauss und noch grössrer Beyfall, als das erste mahl. ich bin mit mir heute ungleich zufriedner gewesen.

Mittwoch d. 10. Zemire und Azor - Edelmuth in Niedrigkeit.

Donnerstag d. 11. Der argwöhnische Ehemann. Das Carneval von Venedig. Das Hauss war voll, und der Beyfall noch nie so gross.

Freytag. d. 12. Der Secretair und Präsentirt das Gewehr. Heute ist Brockmann um 8 Uhr nach Berlin gereisst — Zugleich war heute Leseprobe von Mass für Mass, das Montag soll gemacht werden. eher sind die Rollen nicht fertig geworden. Was mögen Sie zu meinem schönen Briefe wegen Steg. gedacht haben!

Sonnabend. d. 13. heute ist Bindriem abgegangen. Constantini fängt nach Advent in Kiel an. Vormittag Probe von Don Juan den ganzen Nachmittag und Abend bin ich ganz allein gewesen und habe studiert.

Sonntag. d. 14. Desgleichen.

Montag. d. 15. Maass für Maass — volles Hauss — konten aber nicht recht klug draus werden.

Dienstag, d. 16. Maass für Maass war nicht sehr voll — verstandens aber besser.

Mittwoch. d. 17. Das Rosenfest, dazu gehörig Ballet. sehr voll.

Donnerstag. d. 18. Maass für Maass. Don Juan. Einnahme von 900 ℔ habens ganz verstanden, und sich erstaunend gefreut.

Freytag. d. 19. Walder von Benda und Gotter. — Der Geburtstag ein Nachspiel für Kinder, eine vortreffliche Rede von Unzer und Don Juan.

Nun auf die künftige Einrichtung des Theaters zu kommen — ich habe seit einigen Stücken den Anfang gemacht, die sogenannten Leseproben das seyn zu lassen wie sie nüzen können. — von Maass für Maass hat die 4 Stunden gedauert, ich habe das falsch gesprochne so lange wiederhohlen lassen, bis es recht wurde. ich habe auch bey der Aufführung bemerkt, dass seit langer Zeit kein Stück richtiger ist gesprochen (nicht gespielt) worden. ich hoffe in der Zeit eines Jahres soll man diese Einrichtung merklich spüren. ohngeachtet der grossen Fatigue des heutigen Ballets, sehe ich, dass ich eine ganze Seite geschrieben .— ap: ich habe einen Ansaz von Podagra und muss daher sehr diät leben; das kommt vom Mangel der Bewegung.

Meine ganze Familie umarmt Sie — wünscht Ihnen ein
Herrliches
fröhliches
seeliges
hienieden
beschieden
von Wünschen und Hoffen
der Zukunft entlachend
ein glückliches Fest!

verstehn Sie das? das sind Goethesche Verse aus Claudina.

Adieu.

Schröder an Gotter:

Hamburg, den 20. May, 1794

So angenehm es mir war, nach so langer Zeit Ihre Hand wieder zu erblicken, mein liebster Freund! so unangenehm ist es mir Ihnen sagen zu müssen, dass beide Stücke nicht für izigen Hamb. Geschmack sind. Ich habe seit Jahren kein Exempel: dass ein niedrigcomisches · durchgegangen sey. Man lacht, rümpft die Nasen und wie ein Lauffeuer wird P o s s e! Posse! gemurmelt — Signal zur lauten Verdammung. Alten, vor 20 und mehreren Jahren aufgeführten Possen hat man das Bürgerrecht ertheilt, und amüsirt sich bey ihrer Vorstellung.

V a s t h i — ein heroisches Lustspiel — in gereimten Versen — biblische Geschichte! — wer soll das fassen, fühlen, verstehn? Marktwaren sind Spektakelopern, Schauspiele halb zum lachen halb zum weinen; zwischendurch ein Shakespearsches Stück; alte Lustspiele. Alle andre Waaren werden nicht gekauft.

Ich freue mich, dass Sie sich wohl befinden! ich wünsche, dass Sie sich vollkommen gut befinden möchten. Ich bin gesund, und so glücklich, als ich's bey meinem Temperamente werden kann. Mein Theater ist das ruhigste irgend einer Nation. Ich bewohne ein Haus in der paradisischen Lage, mit allen Bequemlichkeiten die der Wohlstand verschaffen kann. Es ist nicht selten mit den besten hiesigen und fremden Köpfen angefült. Ich spiele selten, und sehr wahrscheinlich keine einzige neue Rolle mehr. Endet der leidige Krieg bald, so hab ich hohe Wahrscheinlichkeit dass mein Wohlstand noch zu nehmen wird. Meine Frau und Mad. Stark empfehlen sich Ihnen. Herzlich solte es freuen, Sie noch einmal in Hamburg zu sehen

Ihren
treu ergebenen
S c h r ö d e r

Schröder an den Schauspieler Werdy.

den 21. Jan. 1795

„Weyl es denn geschrieben seyn muß, so bin ich wohl gezwungen noch einmal zu schreiben. Da Sie Ihren gemeinschaftlichen Brief für sehr bescheiden halten, so begreife ich, dass Sie die Beleidigung in Ihrem letzten Briefe nicht fühlen:

mir können nur Kriecher und Schmeichler gefallen — Das fordre und leide ich nicht einmal von meinen Dienstboten — aber eben so wenig kann ich plötzliche Anmassung gelassen ertragen. Und nun wollen wir doch untersuchen, ob Ihr ehemaliges Benehmen mit Ihrem itzigen übereinstimmt! — Sie wissen nichts von den Unterhandlungen Ihres Engagements? Sonderbar! Lesen Sie, was Iffland mir, nach verschiedenen vorhergegangenen Briefen, den 21 Oct. 90 schrieb: „Werdy plagt mich täglich Ihnen, Ihrer Bildung empfohlen zu sein. Ich wiess ihn ein Jahr lang ab; seine Seelenlage bleibt aber die nämliche. So wenig er noch ist, so gewiss bin ich, dass er wird! u. a. Dalberg hat Ihretwegen dreymal an mich geschrieben — in seinem zweiten Briefe schreibt er, dass er Sie eines zweiten Tenoristen wegen entlassen müsste, der ihm nothwendiger sey — dieser Brief ist vom 27 Sept. 90. Iffland schrieb Dalbergs Bewerbung einer mir unverständlichen Ursache zu. Beide lobten Ihre Anlage, und vorzüglich Ihren sehr gutmüthigen Charakter, das letzte Lob bestimmte mich, endlich in ihr Engagement zu willigen. — Nun lesen Sie noch Ihren eignen Brief, und urtheilen Sie selbst, wie wenig er Ihrem Benehmen seit einiger Zeit gleicht! „Hochzuverehrender Herr! Dass Sie so grossmuthsvoll, so väterlich die Hand mir reichen, um den mühsamen Weg der Kunst an Ihrer Seite zu wandeln, diess lohne Ihnen Gott und Ihr Herz — ich vermag es nicht. Ich verlasse in Hr. Iffland einen Freund und Führer, in meinem Vater einen Sorger, meiner Mutter — eine Mutter — eine alte Mutter, auf deren Gesicht ich deutlich lesen kann, dass dieser Abschied der letzte seyn wird. Und dieses Alles geb ich willig in der festen Ueberzeugung hin, Sie werden mir nicht versagen alles in Ihnen wiederzufinden. Durch das gütige Uebersenden des Vorschusses und Reisegeldes bin ich in den Stand gesetzt, sobald als möglich hier abzureisen, welches Hr. v. Dalberg mir auch nicht versagt. Und so mit ist meine Reise auf den 26 März festgesetzt. Hiebey folgt das Verzeichniss der von mir gespielten Rollen. Noch einmal bitte und beschwöre ich Sie, seyn Sie mir Vater. Streng will ich die Gunst verdienen, welche mir der Mann, der die Klippen kennt, an denen Jünglinge oft, fast immer scheitern, der so viel für einen Unbekannten thut, nicht versagen darf. Mit Ungeduld blicke ich auf die Zeit meiner Abreise, mit Sehnsucht nach dem Augenblicke, wo ich Ihre väterliche Hand an die Lippen drücke, um Ihnen sagen zu können, wie sehr ich bin und lebenslang sein werde Dero gehorsamster und ewig dankbarer F. Werdy."

Ich besitze noch einen Brief vom Dez. 91 worin derselbe Ton herrscht (nach späteren hab ich nicht gesucht) wie? warum? weswegen dieser gewaltige Sprung? — Es hat Sie keine Brodsorge gedrückt? Warum der Vorschuss? warum zurückgelassene Schulden? warum steht in Ihres Vaters Briefe so viel Dank für meine Behandlung, nebst der Versicherung Sie nicht unterstüzen zu können? — Und über das alles: Dalberg wünschte Sie, aus Oeconomie glaub ich, zu entlassen. — Und nun, mein Herr Werdy! nach allem diesem und nach meiner freundschaftlichen und zuweilen väterlichen Behandlung; nach meinen Bemühungen Sie in Rollen und Beifall zu sezen (ich kann Ihnen mehr wie 15 Ihrer besten (corrigirt „brillantesten") Rollen nennen, die ich ohne Nachtheil des Stückes anders vertheilen konnte) nach Ihren Aeusserungen noch Michaelis vorigen Jahres, war ich berechtigt, von Ihnen zu erwarten, dass Sie, wie bis vor einiger Zeit, über jeden Umstand — er betreffe eine Gefälligkeit von meiner Seite, oder eine Beschwerde von der Ihrigen, freundschaftlich mit mir sprechen würden. Wie ich gegen Sie und Herzfeld dachte, habe ich bewiesen; selbst meine Zurückhaltung und angenommene Kälte bei einigen Verirrungen hat es bewiesen. Ich erinnere mich wohl, dass ich einmal, da Sie sich über ziemlich gute Verse lustig machten, etwas strenge antwortete, allein ich glaubte, es sey freundschaftliche Pflicht, Ihren Hang zur Satyre, zum Alles besser wissen zu bekämpfen. Ein mir gleichgültiger Schauspieler mag sagen was er will, wenn er nur seine Pflicht erfüllt; ich seze mich nicht in die Verlegenheit etwas von ihm hören zu müssen, was mir missfällt. Sie haben das Band zerrissen, welches mich durch Ihre Empfehlungen und durch Ihr Betragen in der ersten Zeit an Sie knüpfte; ich wünsche von Herzen, dass Sie sich wohl dabei befinden und immer wohl befinden mögen.

Ihr ergebener

Schröder

den 21. Jan. 1795.

Schröder an Schiller:

(Weimar 1. August 1801.)

Ich danke Ihnen aufs verbindlichste für das Vergnügen, welches mir Ihre Jungfrau gewährte. Nach meinem Gefühle habe ich gewünscht, daß alles ohne Wunder zugehen möge, und halte es nicht für schwer, wenn Sie sie noch daraus verbannen wollen. Die Erscheinung der Mutter Gottes als Traum kann eben das bey dem Mädchen bewirken. Sie manifestirt sich bey dem Könige durch die gewonnene Schlacht; sie glaubt sich verworfen, da sie Liebe für Lionell empfindet, die ihr ebenfalls im Traume untersagt war. Nur die Catastrophe müßte geändert werden. Verzeihen Sie, daß ich Ihnen unaufgefordert mein Gefühl bey Durchlesung dieses schönen Produkts mittheile. Empfelen Sie mich Ihrer edlen Gattin! und leben Sie so wohl, so gesund und so vergnügt, als es wünscht

Ihr alter Verehrer und Diener F. L. Schröder.

Schröder an Werdy

Hamburg, d. 15. Octbr. 11.

Sie werden sich wundern, mein l. Fr. dass ich auf Ostern das Theater ab- und an Herzfeld übergebe. Des Verdrusses, der Chikanen und Plackereyen ist mir zuviel geworden. Meine Gesundheit ist untergraben und die baldigste Entfernung von der Sache ist allein vermögend, sie wieder herzustellen — woran ich noch zweifle. Ich traure weniger um die sehr bedeutende Summe, die ich verliere, als darum, dass ich meine uneigennützigen guten Absichten nicht ausführen kann. Bekers sind den 15. Sept. angekommen, und schon den 18. u. 20. ist sie mit grossem Beyfalle aufgetreten. Sie ist rasend genug gewesen, da eine unbedeutende Partey der Gley, das Applaudissement durch St.! mässigen wollte, aus dem Flügel zu treten, und dem ganzen Publikum Sottisen zu sagen. Die natürliche Folge ist, dass sie künftigen Freitag eine Abbitte thun muss. Es ist durchaus kein Vergleich zwischen ihr und der passirten Gley zu machen, aber ein Publicum nimmt sich gern der Leidenden an. Ich kann nun eine Zeit lang nicht beyde zugleich auftreten lassen. Denken Sie, welcher Verlust, welches Derangement! Doch genug von ihr — und auch von ihm — Ich wünsche, dass meine Arbeiten in Fr.(ankfurt) gefallen mögen.

Schreiben Sie mir aber aufrichtig, wie es ihnen ergangen ist. Schwarz hat mir hier durch sein grelles Spiel eine meiner besten Arbeiten verdorben. Ich will das Stück hier gar nicht mehr aufführen, und dessen Ehre in Berlin retten lassen. Iffland ist sehr davon eingenommen. Ist die Censur in Fr. gnädig mit meinen Stücken verfahren? Hier wird immer sicher das Beste weggestrichen. Wenn Sie nur, sollten Sie Hamburg besuchen — Stücke zum Auftreten finden! Durch die Beker ist die Oper wieder emporgekommen, mit ihrem Abgange geht sie wieder zurück. Sie waren ziemlich geneigt, künftiges Jahr bey Herzfeld zu bleiben — nun zweifle ich. Leben Sie wohl

Ihr Schröder.

Friedrich Ludwig Schröder

Radierung von Daniel Chodowiecki

Das Naturtalent
Johann Franz Brockmann (1745–1812)
Franz Brockmann und Anna C. Henke
in »Hamlet«, Berlin 1778

Tafel 7

Kupferstich von Daniel Berger nach Daniel Chodowiecki, Berlin 1780

»Die Mausefalle«
Die Schauspielszene aus Shakespeares »Hamlet«
Bei dem Gastspiel Brockmanns in Berlin 1778
entstand dieses Blatt.

Tafel 8

JOHANN FRANZ HYRONIMUS BROCKMANN

wurde am 30. September 1745 in Graz geboren. Noch nicht zwölf Jahre alt, mußte er zu einem Bader in die Lehre. Diese Beschäftigung und das robuste Wesen dieses Mannes behagten ihm gar nicht, so daß er es vorzog, diese Lehre mit dem freien Leben in einer Seiltänzer- und Gauklertruppe zu vertauschen, mit der er kreuz und quer durch Süddeutschland reiste, bis er als Schreiber in Kärnten ein bürgerliches Unterkommen fand. Doch der Wandertrieb in seinem Blute läßt ihm keine Ruhe und bereits 1762 — nach zweijähriger Schreibertätigkeit — folgt er der Bodenburgschen Truppe von 15 Schauspielern durch ganz Ungarn bis nach Herrmannstadt. Nun läßt ihn die Leidenschaft der Darstellung nicht mehr los. 1766 scheint es beinahe als würde er doch noch einmal seßhaft, denn der Direktor der Wiener Bühne, Graf Durazzo, nimmt ihn in sein Ensemble auf. Aber 1768 tritt er zur Kurzschen Schauspielertruppe über, mit der er wieder quer durch Deutschland zieht und längere Zeit in Würzburg, Frankfurt, Mainz, Köln und Düsseldorf gastiert. Eine Berufung nach Hamburg macht diesem Wanderleben 1771 ein Ende und hier in Hamburg findet er auch den Meister, der seinem Naturtalent den letzten, reifen Schliff zu geben imstande ist: Schröder. Ohne Übertreibung kann man sagen, daß Brockmann in künstlerischer Hinsicht Schröder so gut wie alles verdankt. Aus dem wilden, leidenschaftlichen Spieler ist in Hamburg ein disziplinierter Menschendarsteller geworden. 1777 folgt er einem Rufe nach Wien und als er auf der Reise dorthin in Berlin als Hamlet ein Gastspiel gibt, begeistert er die Berliner so, daß man eine Schaumünze auf ihn prägte.*

Neben dem Hamlet waren die von ihm meist gelobten Darstellungen die des Regulus, Beaumarchais, Odoardo Gallotti, des Oberförsters und die des alten Klingsberg. Die größten Wirkungen erzielte er im bürgerlichen Drama.

Von 1789 bis 1791 war Brockmann Direktor des Hoftheaters in Wien, am 12. April 1812 ist er dort gestorben.

Brockmann an den Hofsecretair von Collin.

Von Hause (Wien) 21ten Nov. 1804

Verehrungswürdiger Freund!

Der Herr Baron von Braun hat mich aufgefordert künftigen Sonnabend den Todt der Adamberger im Diarion anzuzeigen, wie ich es bei der Nousseul, der Stephanie und ihrem Manne gethan habe. — S i e , würdiger Mann, haben ihr noch b e y i h r e m L e b e n ein für sie so ehrenvolles Denkmal gesetzt. I h n e n hatte sie, so zu sagen, eine General-Beichte über ihre theatralische Laufbahn abgelegt. Ich hoffe also keine Fehlbitte zu thun, wenn ich Sie ersuche, statt mir dieses traurige Geschäft zu übernehmen, und auch nach ihrem Tode ihr Grab mit einem (Gedenk-)Steine zu zieren. — Sie werden sich dadurch den Baron, die Gesellschaft, und alle Künstler und Kunstfreunde Deutschlands verbinden. Was aber mich betrift, so bitte ich Sie zu glauben, dass es unmöglich ist dem hohen Grade von Achtung und Liebe noch einen Zusatz zu geben, womit ich bin und immer sein werde

Ihr Freund und Verehrer
Brockmann.

Franz Brockmann
als Hamlet

JOHANN DAVID BEIL

war zu seinen Lebzeiten sowohl als Schauspieler wie auch als Bühnendichter geschätzt.

Im Jahre 1754 zu Chemnitz geboren, besuchte er das dortige Gymnasium, wo er sich schon bei Schulfeiern durch ein satyrisch-poetisches Talent auszeichnete. Sein Vater hatte ihn zum Studium der Rechte bestimmt und so bezog Beil die Universität zu Leipzig. Jedoch war die Vorliebe für Platers Vorträge stärker als das Interesse für die juristischen Vorlesungen und die wechselnden Launen des Glücksspiels, dem Beil völlig ergeben war, treiben ihn schließlich in die Gesellschaft einer Theatertruppe. 1775 ließ er sich in Naumburg bei einer reisenden Gesellschaft engagieren. Bis 1777 gehörte er dieser Truppe an, doch dann gelang es ihm durch Vermittlung des Koadjutors Karl v. Dalberg in Erfurt eine Anstellung am Hoftheater in Gotha zu bekommen. Bei dessen Auflösung im Jahre 1779 wechselte er mit dem besten Teil des Schauspielerpersonals zu Dalberg nach Mannheim über, wo er von Jahr zu Jahr in der Gunst des Publikums stieg. Seine Glanzrollen waren solche aus dem komischen Fache, bis 1780 Schröder bei seinem Gastspiel in Mannheim auch sein Talent für das Tragische entdeckte, ihn in solchen Rollen einsetzte und durch den Erfolg mehr als befriedigt wurde. Am 13. August 1794 ist er zu Mannheim gestorben.

Beil an Friedrich Müller, gen. Maler Müller

Frankfurt d. Mittwoch
77.

Da siehst Du mich nun liebster Müller wieder auf'm Marsch, da der Kerl droben auf'm Schloss ein Erznarr und Hundsfott ist. Sieh, lang mach ich's Ding nicht, Dir's der langen Reih nach zu erzehlen; so viel aber musst Du immer doch wissen, dass ich in einer jeden Lage und neuem Posten stets der ehrliche Kerl bin und Dein Freund zu bleiben wünsche. Bahrdt — ihn zu charakterisiren ist überflüssig, und wie ers mit mir gemacht fasst seinen völligen Charakter in sich. Der Fuchs trug mir anfänglich die ganze Oberwache an, mich so drin herum zu sehen, und ihm Rapport abzustatten. Da ich's Gebäude auf schwanken und zerbrechlichen Stützen aufgestellt fand, setzt' ich mich gleich nach Tisch, wie ich ohngefehr 8 Tage da gewesen, nieder, ihm zu sagen, dass weder Er, noch sein ganzes Geschmeiss Kerdels wären, auf ihren Achseln ein so ungeheures . . . ? tragen, geschweige ganz lenken zu können.

Der Schmächtling fand sich übermachtet und wir fanden für gut, uns zu sagen, dass wir nicht für einander da seyn konnten — und siehe wir schieden.

Du weisst Klopstock sucht mich, und ich schreibe i h n jetzo, vielleicht zum Hamburger Theater, vielleicht als Declamateur irgend eines Hofes glaube ich will er mich bestimmt wissen.

Von Hamburg, wie ich itzt höre geht Brockmann und Schütze, seine besten Akteurs ab. Unterdessen geh' ich auf Hanau und Darmstadt, und so weiter fort, und nähere mich den vaterländischen Grenzen. Dich bitte ich nur noch, meine Briefe Klingern zuzusenden, der sie mir einhändigen will. Inzwischen bleibst Du stets mein herzlich guter Müller, und ich bin stolz darauf, Dich (zu) kennen, und handeln gesehen zu haben. Bleib mein, ich b i n Dein

J. D. Beil

Noch ein Bischen von Klinger und uns. Sieh' ich denke, nach der ietzigen Lage, in der Klinger sich befindet, muss er'n guter Kerl immer für uns bleiben. Er steckt darin so wie ich — dass ist genug. Ich bin überzeugt ietzt, dass er mir zuvor ohnmöglich hat helffen können. In einem folgenden Briefe erklär' ich mich weitläuftiger gegen Dich. Lass ihn, ich bitte Dich Bester, lass ihn so gut w e n i g s t e n s bey Dir seyn, wie ich zuverlässig weis, dass ich bey Dir stehe, lass ihn um Gottes willen bey Dir es Auch seyn. Sey gegrüsst und geküsst von uns, wir lieben Dich brüderlich, wie fern wir auch stets seyn mögen, Guter, lieber Müller.

Nur Wenig Worte bester Müller, dass ich Sie herzlich liebe und mich sehne Sie bald zu sehen. Ihr Warmer freundschaftlicher Brief hat mir viel Freude gemacht, und Sie wissen wie Sehr ich Freude nöthig habe; ich sitze hier und kämpfe gegen Tod, Teufel und Hölle; einer von d i e Pursche wird mich doch unter die Füsse kriegen. Bis dahin aber geht es uns erträglich, und ich weiss dass freut Sie. In Zeit von 14 Tagen adressire ich meinen Sohn, der nach Strasburg geht; es ist ein guter junger Mensch, aus dem etwas werden wird; ich empfehl ihn Ihrer Freundschaft. Kommen Sie bald zu uns — Juno grüßt Sie.

Der Ihrige

A. Seyler.

Ich wollte Dich fragen, ob Du mir bei Sch . . . (unlesbar) nicht Vorschuss auf einen Roman, wovon Beil gesehen hat, schaffen wolltest? Wenn's nur 6 Carol. wären für meine Mutter. Für Güte des Werks steh' ich — so weit Du meiner Reputation glauben „machst". Auf die Ostern soll's gedruckt werden. Eine Zeile hierüber! Adieu!

Klinger.

Aus Gothaischer Theaterkalender

FERDINAND FLECK

„Fleck war schlank, nicht gross, aber vom schönsten Ebenmaß, hatte braune Augen, deren Feuer durch Sanftheit gemildert war, fein gezogene Brauen, edle Stirn und Nase, sein Kopf hatte in der Jugend Ähnlichkeit mit dem Apollo. Sein Organ war von der Reinheit der Glocke und so reich an vollen, klaren Tönen in der Tiefe wie in der Höhe, dass nur derjenige mir glauben wird, der ihn gekannt, denn wahres Flötenlispeln stand ihm in der Zärtlichkeit, Bitte und Hingebung zu Gebot und ohne je in den knarrenden Bass zu fallen, der uns oft so unangenehm stört, war sein Ton in der Tiefe wie Metall klingend, konnte in verhaltener Wut wie Donner rollen und in losgelassener Leidenschaft mit dem Löwen brüllen."

Der reinste Vertreter romantischer Bühnenauffassung, Ludwig Tieck, schildert mit diesen Worten Fleck, dem die Natur tatsächlich alle Anlagen, die die Romantiker vom Schauspieler forderten, verliehen hatte.

Als Sohn eines Breslauer Ratsjournalisten am 10. Januar 1757 zu Breslau geboren wuchs er in einem guten, bürgerlichen Milieu auf und erwarb sich auf dem Gymnasium und später in juristischen und theologischen Vorlesungen an der Breslauer Universität eine feste Bildungsgrundlage. Den Vater hatte er schon während seiner Schulzeit verloren und so ist er bei seinem Studium, das er in Halle fortsetzt, auf Stipendien angewiesen. Aber bereits auf der Universität macht sich sein wechselvolles Temperament bemerkbar, dem er auch später auf der Bühne oft die Zügel locker ließ und durch das sein Spiel so unbestimmt wurde, daß seine Zeitgenossen vom „kleinen und großen Fleck" auf der Bühne sprachen. Wochenlang lebt er ein ungebundenes Studentenleben und läßt Studium Studium sein, um sich dann um so tiefer in seine Bücher zu vergraben. Er ist eine eigentümliche Mischung von überschäumendem Temperament und schlesischer Mystik. Mehr als einmal sagen ihm seine Freunde, daß an ihm ein Schauspieler verloren gehe und er ist den größten Teil der Freizeit im Theater, leiht den Schauspielern, die an Kostümen Mangel haben, seine Kleidungsstücke. Schließlich treibt ihn Mittellosigkeit zur Aufgabe seines Studiums und er tritt 1777 der gerade in Leipzig anwesenden Bondinischen Schauspielertruppe für zwei Taler die Woche bei.

In der Hauptsache spielt er hier in Zeitstücken Liebhaber, aber es ist bereits unverkennbar, daß er durch äußere Erscheinung und Stimme

Der temperamentvolle Mystiker
Ferdinand Fleck (1757–1801)
und seine Frau Luise Fleck (1777–1846)

Tafel 9

Aquatintablatt von J.G. Rhode

Ferdinand Fleck als Wallenstein

Tafel 10

zur Charakterdarstellung und zum schweren Helden bestimmt ist. 1779 tritt er dem Hamburger Theater unter Schröder bei. Es ist dies eine der interessantesten Entwicklungen in der deutschen Schauspieler-Geschichte, die der Romantiker unter seinem aufklärerischen Lehrmeister nimmt. Schröder erkennt Flecks Rollenfach, setzt ihn dementsprechend ein und zwingt ihn, sich nicht mehr ausschließlich auf seine Natur zu verlassen, sondern sein Temperament zu zügeln. Doch die Zusammenarbeit ist nur kurz, Schröder geht nach Wien.

Da die Aktionäre fast ausschließlich Kaufleute waren, wurde Fleck 1782 in den Regieausschuß aufgenommen und bald gleichberechtigt neben dem Direktor Brömel anerkannt. Ein Jahr später geht er jedoch nach Berlin zu Theophilus Döbbelin, an dessen Bühne, die 1786 zum Nationaltheater erhoben wurde, Fleck seine Glanzzeit erlebte.

Das, was seine Rollenauffassung auszeichnete, war eine edle Ruhe, die er auch gegen den Text beibehielt, so z. B. wenn er als Richard III. sagte: „Mein Schwert soll Euch ereilen, schnell wie der Blitz des Himmels!" und dabei mit betonter Langsamkeit das Schwert umfaßte. Sein Othello war ein edler, bürgerlicher General, den Lear spielte er ganz aus dem Gefühl heraus und gab ihm so jene Poesie, wie sie die Romantiker von den Shakespeareschen Charakteren erwarteten. Immer wieder befahl der König, Shakespeare im Spielplan aufzunehmen, damit er „seinen" Fleck sehen konnte. Die größte Bewunderung zollen die Zeitgenossen jedoch dem Fleckschen Wallenstein, der nach ihren Aussagen deshalb so wirkungs- und eindrucksvoll gewesen sein muß, weil er eine ausgeglichene Mischung von Menschlichkeit und Erhabenheit war, bei der — Flecks Naturell entsprechend — die Menschlichkeit überwog.

Ein Unterleibsleiden, das sich Fleck durch einen Sturz in seiner Jugend zugezogen hatte, machte ihm mit zunehmendem Alter immer mehr zu schaffen, so daß er nur noch mit Unterbrechungen auftreten konnte. In den Abendstunden des 20. Dezember 1801 starb er, nachdem er mit seiner Frau, Luise Mühl, die am Berliner Nationaltheater in sämtlichen Rollenfächern glänzend gewesen war, und einem Freund beim Tee gesessen hatte. „Die Augen werden mir so trübe, ich sehe Dich nicht. Das Gehör ist mir vergangen. Gute Nacht!" waren seine letzten Worte.

Von Ferdinand Fleck sind uns nur wenige Briefe überliefert, diese wenigen aber sind sowohl im Inhalt wie in der Form beredte Zeitdokumente.

Der folgende Brief Flecks wurde am 25. Mai 1790 — also während seiner Berliner Zeit — geschrieben. Er war soeben zum Regisseur er-

nannt worden und Friedrich Wilhelm II. hatte — sowohl als Zeichen seines Wohlwollens, als auch um Fleck weiter an Berlin zu fesseln, — seine Gage nicht unwesentlich erhöht, statt 1040 Taler bekam er jetzt mit Regiezuschuß 1600 Taler. Der Brief ist an Direktor Engel gerichtet, dessen Geschäfte Fleck während einer kurzfristigen Abwesenheit übernommen hatte. Er gibt einen interessanten Einblick in den damaligen Spielplan.

„Mit vielem Vergnügen werde ich Ihnen, theuerster Freund, ohngeachtet meiner vielen Arbeit, geschrieben haben, allein ich wartete zuerst Nachricht von Ihrem bestimmterem Aufenthalte. Wahrlich, nur die Betrachtung dass der Professor Engel für so manches Gute und Brave was er gemacht, einen besonderen angenehmen Ersatz verdient, kann die hässlich aufkeimende Idee des Neides ersticken, wenn ich mir Euch, hochgelehrte und liebe Herren, in die offenen Arme des Mays, in blühenden Gefilden denke; indem ich heute, als Peter Alexiewitz (Die Hauptrolle in Babos Schauspiel „Die Strelizen") in meinem Pelze meine Einbildungskraft zwingen soll, ein kaltes Klima zu denken.

Nun ad acta:

Trotz Armut an Stücken und schönem Wetter, fingen wir die erste Woche nach Ihrer Abreise ganz leidlich an, und continuiren, wie Sie aus Lanzens[1]) Bericht werden ersehen haben, noch so erträglich. Vorige Woche vom Mondtag den 17. bis zu Freitag den 21. h hat die Gesellschaft 2 neu besezte und zwey ganz Neue Stücke geliefert. Mondtags den 17. also war Victorine zum ersten Deb. der Mad. Engst. Ohngeachtet ihre Figur der Rolle ziemlich gemäs war, entsprach doch Gesicht und Ton nicht ganz dem jugendlichen naiven Air der Franziska. Sie spielte einige Scenen mit viel Feinheit und gefiel sehr. D i e n s t a g s d. 18. Der Deutsche Hausvater. Als Amalie spielte sie die Scene an der Toilette mit aisance, Leichtheit, Beobachtung und Kenntniss der noblen Welt. In der Scene mit des Mahlers Tochter gefiel sie mir nicht so gut; Ihre leidenschaftlichen Töne sind nicht natürlich, nicht blos unwürkbar, auch sogar widrig. M i t t w o c h d. 19. T h o m a s Musikdir. aus Leipzig gab eine Kirchenmusik und berief sich auf ein

[1]) Joseph Lanz aus Wien gebürtig, als Tänzer unter Schröder tätig gewesen, kam 1775 mit seiner Frau Agatha nach Berlin, wo er 1787 als Inspektor und später Maschineriedirektor des Nationaltheaters wurde.

Versprechen von Ihnen, welches Sie ihm in Prof. Ramlers Gegenwart gegeben d e n Tag auszusetzen. D o n n e r s t a g d. 20. D i e M i l c h b r ü d e r. Mad. Engst spielte die Amme im sächsischen Dialect, spielte sie vortrefflich, mit gänzlich richtiger Durchsetzung aller wahren und feinen Nüancen ihres durchdachten Charakters und gefiel ausserordentlich. F r e i t a g s d. 21. — zum Benefiz für Czechtizky — die G r a f e n G u i s c a r d i. M. Engst spielte abscheulich /NB. die Rolle der Fürstin/ — zerrte Grimassen, sang und quikte und quexte hässlich, zeigte in einem Armspiel alle Gattungen der verschiedenen Winkel und wurde gepocht, c'est a dire, nur von einigen. Der Vorhang fiel, das halbe Parterre applaudierte. Die andere Hälfte pochte das Stück; noch ist es nicht wieder gegeben, auch halt ich es nicht für ratsam, die in andern Rollen gute vortreffliche Spiel der Engst in d i e s e m Fache in Blössen zu setzen. Prinzess Friederike bestellte Sonnabends d. 22. den Deutschen Hausvater. — Sonntags d. 23. das Kind der Liebe bey vollem Hause. Montags d. 24. die Milchbrüder und Richard Löwenherz. Heute die Strelitzen — Morgen auf Begehren: Makbeth — Donnerstag auf Befehl der Prinzess Luise den Deutschen Hausvater /ad vocem huius die Prinzess Ferdinand Mutter nebst hoher Familie haben wir aufgetragen Ihnen höchstdero herzlichste Grüße zu übermachen. Ich armer Teufel sitze 2. bis 3mal die Woche ein paar Stunden beym kranken Prinzen Heinrich, und les' ihm vor im Beysein der ganzen Familie.

Fleck

Bemerkung am Rande: Uebersehn Sie die schlechte Schmierereу ich schreibe dies indem 5. 6. Menschen mit mir schwatzen (versteht sich incognito)."

Neben seiner Gage stand Fleck im Jahre noch eine Benefizvorstellung zu. Zum ersten Male für Berlin hat er 1788 in seiner Benefizvorstellung den „Othello" gegeben. Diese Vorstellungen waren zu allen Zeiten eine beachtliche finanzielle Aufbesserung für die Schauspieler. In diesem Handschreiben an den König bittet er 1792 um den „Fiesko" als Benefiz.

„Da Eure Königliche Majestät das Schillersche Schauspiel: Die Verschwörung des Fiesko zu Genua, von jeher mit so ausgezeichnetem Beyfall begnadigt haben, und dieses Stück dadurch gewissermassen neu geworden, dass der Verfasser selbst einen neuen, weit interessanteren Ausgang hinzugedichtet, so wag ich es, zu dem mir allergn. bewilligten jährl. Benefiz, für diesmal dieses neu bearbeitete Schauspiel allerunterth. in Vorschlag zu bringen. Zugleich wage ich es Eure Königl. Majestät einen ehrfurchtsvollen Wunsch, mich auch bey meinem diesjährigen Benefiz, mit Allerh. Dero huldreichsten Gegenwart zu begnadigen, mit derjenigen tiefsten Ehrfurcht zu Füssen zu legen, mit der ich ersterbe

E. K. M.	allerunterth.
Berlin den 9. Januar	treugehorsamster
1792	Fleck

An
Herrn Professor Heinrich,
Mitdirektor des Theaters
in Breslau

Berlin d. 26. Januar 94

Geliebtester Freund!

Endlich reicht uns Hygiea wieder freundlich die Hand und mahnt mich, Ihnen in armen Worten nochmals zu wiederholen, was keine Krankheits-Materie rauben kann: immerwährende Liebe. Meine Frau hat 6 Wochen an einem hässlichen Fieber und schlimmen Halse gelegen; so die Kinder an Masern und Rütteln, die Köchin an einer Lungenentzündung, und Ihr Sie liebender Freund am Halse und fatalem Flußfieber.

Das, Bester, werden Sie meinen, gienge noch hin; denn was für Bissen bleiben dem Familienvater übrig, wenn Hausfrau und Köchin Pulver schlucken, und der Heerd zwar mit Töpfen besezt ist, doch aber nur magern Haberschleim und Fliederthee liefert. Nun geht es denn doch wieder.

Dank, vielen Dank für Ihre lieben Briefe an uns beyde. Dank für die Wachs-Portraits, und auch für die kleine Broschüre. Wenn nun die Breslauer nicht recht sehen, r i c h t i g fühlen und dadurch m e h r für den Erfolg einer Sache thun wollen, die Sie ihnen in Ihrem Büchlein so wahr und ehrlich auseinandergelegt haben, so sollen sie nicht mehr meine Landsleute seyn. Doch glaube ich gewiss, dass diese Erweckung Handeln hervorbringen wird.

Piccolomini, 1ten Theil von Wallenstein geb' ich den 18. Febr. zu meinem Benefice. Ein treffliches Product, nächstens mehr davon. Der Amerikaner, ein lieblich Ding, nach Federici von Vogel, hat ausserordentlich gefallen. Schreiben Sie mit, ob Sie's haben wollen. Das Epigramm und Lohn der Wahrheit von Kotzebue haben Sie wohl schon?

Zürnen Sie nicht, lieber ehrlicher Heinrich, über unser Stillschweigen. Sie kennen zwei Herzen, die beym Andenken an Sie nie schweigen. Mit diesem besten, meinem heiligen Gedanken scheid' ich und bin unverändert, so wie mein Weib, Euer ergebenster Freund

Fleck

Nach außen hin kaum bemerkbar, hatte sich die künstlerische Leitung des Berliner Hoftheaters von den Professoren Ramler und Engel auf Fleck übertragen, der nicht nur die Regie, sondern auch die Auswahl der Stücke, die Besetzung und Kostümfrage regelte. Ein Brief an Johann Wilhelm Meil, dem Rektor der Akademie der Künste und Kostümberater des Berliner Hoftheaters gibt darüber Aufschluß. Wahrscheinlich war es nur die Kenntnis des eigenen Naturells, die ihn davon abhielt, die Direktorstelle zu übernehmen, denn bei aller künstlerischer Überlegenheit war er doch ein zu impulsiver Gefühlsmensch, als daß er die nötige Objektivität für einen solchen Posten aufgebracht hätte.

Wohlgeborner, Herr Rector,
Höchstgeschäzter Herr und Freund.

Des Königs Majestät haben beykommendes trefliche Stück durch eine Kabinetsordre dem Professor Ramler empfohlen, u. wünschen es zuerst binnen 3. Wochen in Potsdam zu sehn, dann ist es meiner Frau gnädigst zum Benefice bey der ersten hiesigen Aufführung bestimmt[1]).

Meine ganze ergebenste Bitte ergeht also an Sie, mein theuerster Freund, Ihre liebenswürdige Phantasie u. richtige Kunstkenntniss, wieder einmal con amore zur Freude des Königs u. des Publikums, und zu der vollsten Dankbarkeit meines Weibes,

---

[1]) Es handelt sich um „Die Freunde", Schauspiel in 4 Akten von Ziegler, das zusammen mit der „Ehelichen Vergeltung" am 9. Dezember 1796 als Benefiz für Frau Fleck in Szene ging.

gütigst zu verwenden. Bey der Vorschrift der altschwedischen Kleidung, steht bey der Mutter: nach der Zeichnung, es ist aber keine Zeichnung mitgekommen. Ihrer Erfindung u. Schöpfung überlässt völlig das ganze

Ihr

ganz ergebenster Freund

B. d. 10. Nov. 96 Fleck

(Anm. am Rande des Briefes) Ich würde mir selbst die Ehre gegeben haben, Sie persönlich um Ihre gütige Wollfährigkeit zu ersuchen, ich bin aber seit 5. Tagen Fieberpatient."

Das, was Fleck sich seiner Natur nach versagen mußte: als Leiter die Bühne aus den Fesseln des Bürokratismus zu befreien, leistete Iffland, der Willensmensch genug war, um mit fester Hand durchzugreifen. Natürlich blieben kleine Reibereien dabei nicht aus. Zwei Briefe, einer von Iffland und Flecks Antwort mögen von einem solchen Intermezzo Kenntnis geben. Die Situation war folgende: Im Juni 1798 beschwerte sich Fleck bei Iffland, da er glaubte, dieser gäbe ihm nur noch zweitrangige Rollen, um ihn zurückzusetzen.

Iffland antwortete darauf:

„Mit Mühe erhole ich mich von der traurigen Ueberzeugung, die mir Ihre heutigen bitteren Aeusserungen gegeben haben. dass mein reinstes Wohlwollen für Sie von Ihnen nicht nur nicht erkannt, sondern gänzlich verkannt wird. Haben Sie mein bisheriges offenes Betragen für das genommen, was es ist, Anhänglichkeit an einen grossen Künstler und wackeren Mann, so muss dieser Versuch, nicht Sie zu gewinnen, sondern Ihre Ueberzeugung auf Sie würken. Haben Sie mein zeitheriges Betragen für eine Manier genommen, so war mein Betragen selbst vergebens, so ist dieser Schritt und Alles vergeblich. Ihr Benehmen wird mir schon sagen, was Sie denken, und wird mich, nach ihrem Willen und Selbstgefühl, bestimmen.

Sie haben geäussert, es sei sonderbar, dass Sie zweite Rollen zu spielen hätten, und thun müssten, was Sie fünfzehn Jahre nicht gewöhnt gewesen wären. Auf meine Bitte, mir eine solche Rolle zu nennen, sagten Sie sehr hart, es seien deren sechs bis sieben. — Also so oft hätte ich Sie übel placirt? Das wäre Mangel an gutem Willen, Einsicht und Delikatesse — wenn wir die Freundschaft garnicht in Anschlag bringen wollen. Wer sich, wie ich, bewußt ist, was er getan und was er unterlassen hat, wie er seinen Weg geht, kann das wohl nicht gleichgültig anhören. — Vor allem entscheide das Verzeichnis der gegebenen Stücke.“ (Es folgt ein Verzeichnis von 34 Stücken, die Ifflands Worte bestätigen.)

„Wo sind nun die 6—7 Rollen, wo Sie unter Ihrer Stelle gestanden haben? Sie sehen aus dem unläugbaren Verzeichnisse, dass das nicht der Fall war, — aber g a r nicht! — Ich bin mir der äussersten Delikatesse, von allen und jeden Seiten, aufgefordert oder nicht aufgefordert, gegen Sie bewusst. — Ich habe selbst die unbeschränkte Vollmacht limitirt, die mir gegeben werden sollte, ich lebe für das Vergnügen eines Jeden, weshalb sollte ich das Ihre nicht fördern? Ich suche einen Stolz darin, Ihnen zuvorzukommen, und muss nicht ohne Rauheit hören, dass Sie sich zurückgesetzt finden.

Der Hochmuth ist eine Eigenschaft der Dummköpfe, aber die Ehre kenne ich! Ich biete meine Freundschaft willig dar und setze keinen hohen Preis darauf, aber wenn ich Sie anbetteln wollte, wäre ich ein Narr. Ich hoffe mich und mein Betragen und meine Verrichtungen so zurück- und auf die letzte Linie gesetzt zu haben, dass ein mir gleicher Künstler nie hat sehen können, dass ein Direktor da ist. —

Ich habe Alles gethan, was ich thun kann. Ich weiss künftig nichts mehr zu thun. Habe ich Ihnen bis jetzt nicht gefallen können? —

Ist denn nichts zu thun, mich zu erhalten, so muss ich hier stehen bleiben, und von der Zukunft bei Gleichheit meines Betragens, Billigkeit ruhig abwarten, ohne zudringlich zu sein. —

Mein lieber Fleck! — Auf d i e Art, in meiner Arbeit zum zweitenmal von Ihnen mit meinen Geringfügigkeiten zurückgeschreckt, müsste ich weder gerechte Empfindlichkeit, noch Empfindung haben, wenn ich Ihnen das Opfer, und mir die Art Geschenk, die Sie geben wollen, zumuthen wollte. — Ich hätte auch keine Freude daran, mit Jemand zu spielen, der seinen Widerwillen so deutlich über diese Sache geäussert hat. D i e Gerechtigkeit lassen Sie mir vielleicht widerfahren, daß ich Wärme der Empfindung habe. Sie selbst haben Sie, und werden begreifen, dass auf d i e Art ich das Geschenk Ihres Spiels nicht annehmen kann, wie viel ich auch verliere, da ich auf Ihre Art Kunst, Gefühl, Ton, selbst auf die Einigung unserer beiden Gestalten so viel gerechnet hatte?

Warum ich dies schreibe?

Weil das Reden — das Unerwartete der Lage, das ganz Unerwartete mich als einen Schuldigen von oben herab behandelt zu sehen, wo ich treu bin und rein wie Gold — noch mehr angreift, wie Sie glauben, und ich Morgen einen kritischen Punkt der Arbeit habe. — Ich kann aber nicht arbeiten ohne mein Herz ausgeschüttet zu haben. — Haben Menschen oder Umstände Ihr besseres Gefühl verstimmt, so werden Sie sich finden; eine jede Wendung wird mir das sagen, und mich sehr erfreuen. Ist es ein Ehrenpunkt geworden, mich im schiefen Lichte zu sehen, so sagen Sie mir gar nichts. Handeln wir alsdann beide nach unserer Ueberzeugung. Keiner von uns wird unedel sein, aber zu sagen habe ich dann nichts mehr, wenn ich anders Ihre Achtung und meine eigene Achtung für mich selbst erhalten will.

Ich kann mir nicht sagen lassen, was gegen den Seelenwert streitet, den ich in mir fühle. —

Immer derselbe
Iffland."

Auf diesen selbstbewußten Brief Ifflands, dem aber auch persönliche Klänge nicht abzusprechen sind, antwortet Fleck in einem herzlichen Schreiben, das in seiner Form ein Dokument jener Zeit ist, in der Beteuerungen mit „Herz", „Sterben" und „Seele" unentbehrlich waren.

„Nur ein paar Worte vergönne mir, mein liebenswürdiger Freund, der, ich will durchaus nicht sagen, die Kunst versteht, ein ehrlich Herz sein eigen zu machen — Nein! — dessen edle Gefühle es durchaus an sich reissen. Aber eben deshalb muss ich dieser Gutmütigkeit und Edelmuths auch nicht unwürdig erscheinen, ich würde mich verachten, wenn Sie nur nicht meine ganze Seele füllten! — Nehmen Sie mich nur mit meinen Ecken, die freilich oft scharf sein mögen, gerade immer wie Sie wollen, unedel werden Sie mich nie finden. Wenn Ihnen vorgestern meine Aeusserung bitter geschienen, wenn Sie darin etwas anderes zu finden geglaubt haben, als die freimütige Sprache eines graden Mannes zum graden Mann, so hat die durch meine Kur jetzt hervorgebrachte Reizbarkeit meiner Nerven, meinen Tönen eine Rauheit gegeben, die ausser meinem Herzen liegt.

Ich fühlte sehr gut, dass mein Blut sich in einer gewissen Wallung befand, die nie zu Erörterung taugt, und hatte mir vorgenommen, um offen mit Ihnen zu sprechen, dass ich mich gekränkt fühlte. Ihre etwas heftige Aufforderung verhinderte dies. Ich kann den L e s e r in Ihrem trefflichen Stücke[1]) nur für die zweite Rolle halten. Wenn aber ein Direktor und Verfasser nicht das Recht haben soll, die erste Rolle zu wählen, so giebts nach meiner Meinung kein Recht mehr. — Von der ersten Rolle des Stückes ist also gar nicht die Rede. Es war auch gar keine Frage, ob ich wollte, mir war keine Wahl zwischen Wollen und Nichtwollen gelassen, das dem Stücke beigelegte Zettelchen entschied. Mein geliebter Freund, setzen Sie sich einen Augenblick an meine Stelle, und ich bin überzeugt, als ich's von meinem Dasein bin, Ihre Billigkeit und Unpartheilichkeit wird gewiss mein gekränktes Gefühl entschuldigen und rechtfertigen. —

Schon nach Ihrem ersten Briefe bekam die Sache eine andere Lage, und ich muss erwarten, ob Sie diese Rolle noch v o n m i r oder lieber von einem anderen dargestellt sehen wollen.

Lass mich, mein würdiger Iffland, nur noch ein paar Worte beifügen.

Der Ausdruck e r s t e R o l l e ist sehr relativ. Die erste Rolle in einem Stücke ist oft keine erste. Von dieser ersten Sorte habe ich dies Jahr Manche gespielt; wahr ist es, dass Sie mir bei mehreren freie Wahl liessen und ich wollte dann und mochte nicht refüsiren. Doch hatte ich nicht immer die Wahl, wie Ihre eigenhändigen Verteilungen bewiesen.

Offen und ehrlich gesprochen, und ebenso von Ihnen aufgenommen: Bei einem Künstler wie Sie, ist es schwer, eine untergeordnete Rolle zu spielen. Doch ich rede in dem Augenblick, als wenn ich der erpichteste Mensch auf Rollen wäre, das bin ich wahrlich nicht. — Ich wiederhole, was ich Ihnen vorgestern sagte, was ich hundert Menschen gesagt, Sie würden mehr spielen, wenn Sie schon mehr einstudiert wären. — Zuweilen beschuldigen Sie mich, dass ich die Rolle des Amtsmanns im „Gewissen“ (Trauerspiel von Iffland) nicht gern

[1]) Wahrscheinlich ist die Rolle des in seine Akten vergrabenen Archivrats Lestang in Ifflands Schauspiel „Der Mann von Wort“ gemeint.

gespielt hätte. Anfänglich wäre mir der Geheimrat lieber gewesen, — vorher haben Sie doch immer gefunden, dass ich Sie mit guter Laune gegeben habe. Wie ich Sie zu kennen glaube, lieber Iffland, nach Ihrem Betragen gegen mich und meine Frau, müsste ich der letzte sein, der an Ihrer Delikatesse zweifeln könnte.

Aber eben, weil ich daran nicht zweifeln konnte, setzte ich mich vielleicht selbst ausser Stande, über manche Sachen Rückfrage zu machen. —

An mir wollten Sie zu dem Zweifel kommen, je noch Menschen gewinnen zu können! — O mein Freund, dann bin ich zu bedauern. Mit Ihrer Freundschaft machten Sie mir ein mir ewig schätzbares Geschenk.

Weder Menschen noch Umstände haben mein Gefühl für Sie verstimmt. Ich liebe in Ihnen eben so sehr den biedern Mann, als ich den grossen Künstler schätze, und die vorgefallene Geschäftsbesprechung hat auf mein freundschaftliches, dankbares Herz nicht den mindesten Einfluss. Und meine Freunde — aufhören müssten sie, meine Freunde zu sein, wenn sie nicht ähnliche Gesinnungen für Sie hegten. Keine Umstände, keine Lage kann ich mir denken, die ein Gefühl in mir verschieben könnte, das sich in meinem Herzen so fest gesetzt hat. Zu einem E h r e n p u n k t e: Sie in schiefem Lichte zu sehen — ich weiss nur nicht eigentlich ob ich die Stelle recht verstehe — kann es in Ewigkeit bei mir nicht kommen. Ein Mann von wahrer Ehre, ein Mann wie Iffland ist dem nie ausgesetzt.

Und so habe ich auch nun Ihnen mein ganzes Herz ausgeschüttet und bin überzeugt und glaube nun fest, im Innern Ihrer Seele so von Ihnen beurteilt zu werden, als ich es bei Wohl und Wehe meiner Familie geschworen, sehnlichst — ja fordernd wünsche. Ich bin jetzt sehr kränklich — ich bin nervenschwach. — Sie wissen, der muskulöseste Mann wird es bei solcher Kur. Aber Ihr zweiter Brief hat mir Freude und Ruhe gebracht.

Behaltet mein offnes Herz, so gern und willig dargebracht. Meine Frau — meine Kinder und Iffland!

Ich sterbe der Eurige
aus voller Seele
Fleck".

B., 11. Juni 1798.

Zum Abschluß sei noch eines Wortes gedacht, das Fleck Friedrich Ludwig Schmidt bei dessen Besuch in Berlin im September 1794 ans Herz legte. Es ist eine goldene Regel für jeden künstlerisch Schaffenden, die außerdem zeigt, da sie aus der Erfahrung gewonnen wurde, wie selbst ein so gefühlsmäßiger Schauspieler wie Fleck, die ständige Vervollkommnung auch im Kleinen nicht entbehren konnte.

„Suchen Sie Ihren Geschmack durch ununterbrochene Lectüre zu bilden; hüten Sie sich, bei überhäufter Arbeit nachlässig zu werden; opfern Sie lieber Ihre nächtliche Ruhe, als dass Sie nur oberflächlich vorbereitet vor das Publikum treten. Ringen Sie danach, in Ihrem Spiel aufzufallen, und bilden Sie sich lieber langsamer durch stetes Selbstdenken, als dass Sie dies und jenes einem Lieblingsacteur ungeprüft nachahmten. Studieren Sie auch Ihr Gesicht, damit Sie wissen, welches Mienenspiel Ihnen wohl ansteht, halten Sie überhaupt mehr auf Mimik, als auf Gesticulation."

Das Kgl. Schauspielhaus Berlin um 1800
Erbaut von Langhans

AUGUST WILHELM IFFLAND

„Ich hatte lebhaft gewünscht, Iffland zu sehen, und er hatte die Freundlichkeit mich zu besuchen; seine Gegenwart setzte mich in ein angenehmes Erstaunen. Er war etwas über zwanzig Jahre alt, von mittlerer Grösse, wohl proportioniertem Körperbau, behaglich ohne weich zu sein; so war auch sein Gesicht, rund und voll, heiter ohne gerade zuvorkommende Miene. Dabei ein Paar Augen, ganz einzige! Ich konnte ihm meine Verwunderung nicht verbergen, dass er mit solchen äusseren Vorzügen als ein Alter zu maskieren sich beliebte und Jahre sich anlöge, die noch weit genug von ihm entfernt seien. Er solle die Vorzüge seiner Jugend geniessen; im Fache junger Helden, junger Liebhaber müsse er lange Zeit das Publikum entzücken und verdienten unablässlichen Beifall sich zueignen. Ob er gleich nicht meiner Meinung schien und sie als allzu günstig von sich ablehnte, so konnten ihm meine Zudringlichkeiten doch nur schmeichelhaft sein; darauf im sinnigen Hin- und Widerreden über sein Talent, seine Denkweise, seine Vorsätze verschlang sich das Gespräch bis zum Ende, da wir denn beide, wohlzufrieden miteinander, für diesmal Abschied nahmen."

So lautet der Bericht Goethes über seine erste Begegnung mit Iffland und Schiller ergänzt dieses wohlwollende Bild mit der Bemerkung „Deutschland wird in diesem jungen Mann noch einen Meister finden."

Iffland stammt aus einem angesehenen hannoverschen Geschlecht. Am 19. April 1759 wurde er zu Hannover geboren und von seinen Eltern für das Studium der Theologie bestimmt. Daraus sollte jedoch nichts werden, denn kaum 18 Jahre alt, entweicht Iffland, der schon während seiner Schulzeit ein eifriger Theaterbesucher war und sich in Schulkomödien auszeichnete, um sich nach manchen Irrfahrten endlich ins Ensemble des Gothaer Hoftheaters, das von Ekhof geleitet wurde, aufnehmen zu lassen. Hier schließt er mit den Schauspielern Beck und Beil einen festen Freundschaftsbund und beginnt seine schauspielerische Entwicklung mit einer genauen Kopie Ekhofs und seiner Rollen. Als 1779 die Gothaer Bühne aufgelöst wird, wechselt Iffland mit dem besseren Teile des Ensembles zu Dalberg ans Mannheimer Nationaltheater über. Hier kommt seine künstlerische Natur endgültig zum Durchbruch, aber es macht sich auch bereits sein schicksalhafter Zwiespalt zwischen Empfindung und Vernunft bemerkbar. Sein Darstellungsmittel ist weniger die Deklamation als eine ausgeprägte Mimik. Sein großes Erlebnis wird Schröders Gastspiel, durch das er sich endgültig aus den geistigen Fesseln Ekhofs befreit. Iffland und Schröder sind zu keiner gemeinsamen Tätig-

Gemälde eines unbekannten Künstlers

Schiller war von ihm begeistert
August Wilhelm Iffland

Tafel 11

August Wilhelm Iffland als Harpagon

Tafel 12

keit gekommen, doch hat dieses kurze Gastspiel schon entscheidende Folgen für Ifflands weitere Entwicklung gehabt. Schröder schrieb damals folgende Meinung nieder:

„Ifflands Art, Schatten und Licht zu geben, täuscht, aber sie ist nichts destoweniger falsch. Die leichte Stelle soll leicht, jede ausdrucksvolle Stelle mit dem gehörigem Ausdruck gesagt werden. Iffland übergeht drei wichtige Stellen, um die vierte (zuweilen minder wichtige) herauszuheben. Iffland hat von Ekhof den verbissenen Ton (das einzige, was ich im Ernsthaften sehr gut an ihm finde) glücklich kopiert, aber er missbraucht ihn. Wut aus voller Brust ist ihm fremd. Iffland ist nicht Schöpfer. Selbst zu seinen komischen Rollen sucht er eine Art von Original, das er kopiert. Mein Grundsatz, den meine Erfahrung noch nie widerlegt hat, ist: Der grosse Schauspieler kann nicht kopieren."

Mißhelligkeiten, wie sie namentlich durch die Kriegsereignisse heraufbeschworen wurden, ließen ihn mit der Möglichkeit eines Engagementwechsels spielen und als man ihm 1776 die Direktion des Berliner Nationaltheaters anbietet, greift er freudig zu, war er doch damit am Ziel seines Ehrgeizes.

In seiner neuen Tätigkeit als Direktor bewies Iffland jedoch, daß er nicht nur ehrgeizig, sondern auch selbstlos sein konnte. Er leistete täglich ein erstaunliches Arbeitspensum ab, früh gegen fünf begann sein Dienst und bis zur Vorstellung war jede Minute — die Rollen lernte er auf der Fahrt zum Theater, indem er sie von einem alten Theaterdiener mit möglichst falscher Betonung vorsprechen ließ — mit Arbeit ausgefüllt. Die wirtschaftliche Sicherung und die Erhöhung des literarischen Niveaus sowie seine Verdienste in der Besatzungszeit verschaffen ihm den Titel eines Direktors der königlichen Schauspiele. Seine ohnehin durch ein altes Brustleiden geschwächte Gesundheit wird durch den unermüdlichen Dienst immer mehr untergraben, so daß sein Tod am 22. September 1814 um ein Jahrzehnt verfrüht war.

Iffland pflegte eine außerordentlich umfangreiche Korrespondenz mit aller Welt.

Sein Sekretär berichtet, daß er in seiner Berliner Zeit bis zu 15 Briefe täglich schrieb!

Dieser Brief, kurze Zeit nach der Flucht aus dem Elternhaus geschrieben, ist charakteristisch für Iffland, dessen Anlagen sich mit seltener Klarheit in seinen Briefen widerspiegeln.

Die Anrede kann leicht irre führen, da man die Brüder Gottfried oder Philipp als Empfänger vermuten könnte, dem ist jedoch nicht so, der

Brief ist vielmehr an seinen Schwager Eisendecher gerichtet, womit sich auch das „H e r r Bruder“ erklärt.

Gotha 17. März 1777.

Lieber H. Bruder,

Sie wollen mein Glück, wie viel haben Sie nicht bereits gethan um es zu befördern? Jetzt kommt es auf Sie an, ob Sie mich zeitlebens glücklich od. unglücklich sehen wollen. Ich vertheidige den Schritt nicht, den ich gethan haben, ich lege Ihnen meine Gründe vor, prüfen Sie dieselben. Wenn Sie diese nicht billigen können — so verzeihen Sie mir wenigstens die Folge des Schlusses, den ich aus diesen Gründen machte, das bitte ich von Ihnen, und bitten Sie es von allen für mich: eine große Bitte, eine Bitte, die mein ganzes Herz an Sie that, aber ich wünsche ihre Erfüllung von einem edlen Manne. Meine Lage in Hannover war Ihnen so bekannt als mir. Ich verdiente die Vorwürfe, die mir mein Vater machte, dass ich ihm bereits mehr gekostet hätte, als eins seiner Kinder, dass er noch wenig Früchte seiner vielen Bemühungen sähe, ich verdiente sie. Ich sah ferner ein, dass mein Bruder recht hatte, wenn er mir sagte, dass das Studiren für mich nicht sey, dass ich viele Feinde und wenig gelernt hätte, dass ich was anders wählen müste. Kurz Sie, Sie mein besster H. Bruder, wissen, es war kein ander Mittel, ich musste ganz heraus, an einen andern Ort, wo mir das Gerücht begangener Fehler nicht schaden konnte, wo mir es half ein neues Leben anzufangen. Das habe ich nun gethan, ich bin hier zu Gotha den 11. März gekommen, habe den 15. debutirt und das Glück gehabt dem Herzoge und der Herzogin ausserordentlich zu gefallen, so zu gefallen, dass ich sogleich engagirt bin. Ich erhalte die Woche vorerst 2 Thlr., 3 Klafter Holz den Winter, u. habe die Versprechung, dass meine Gage mit meinem Fleisse steigen wird. Heute Montags den 17. März habe ich das Glück gehabt von dem Kammerherrn v. Ziegler dem Herzoge vorgestellt zu werden, der mich der genauesten Aufsicht des alten H. Eckhof anempfohlen hat; von diesem habe ich Wohlthaten erhalten, die ein Kind von seinem Vater nie erwarten kann. In den hiesigen gelehrten Zeitungen ist man mit meinem Debut sehr zufrieden gewesen. Die Neigung zum Theater ist hier so gross, dass sogar Leute von dem bessten Stande, z. E. Secretarien ihre Kinder dazu anbiethen. Dieses stehende Theater wird allein vom Herzoge unterhalten. Ich wäre glücklich, wenn ich nur Ihre Vergebung erhalten könnte. Ich bitte Sie um Gottes Willen bey allem, was Ihnen lieb ist, schlagen Sie mir diese Bitte nicht ab. Ich darf wohl meinem Vater nicht schreiben, ich hätte es so gern, so gern gethan. Ich weiss es, ich bin der Gewährung meiner Bitte nicht werth. Gott! wenn Sie aber wüssten, wie ich mich auf dem Wege der Angst um meinen armen Vater, meine Schwester und Sie alle gepeinigt habe, wenn Sie wüßten was ich noch jetzt bis an den seeligen Augenblick, da Sie mich Ihrer Vergebung vergewissern, leiden werde, Sie erbarmten sich meiner. Uebrigens schwöre ich Ihnen zu, so wahr ich wünsche, dass mich Gott in meiner letzten Stunde erhöre, dass ich die Religion nicht vergessen will, dass ich in der Zukunft nie der Lehren meines rechtschafenen Vaters vergessen will. Sie sind ein rechtschafener Mann, Sie sind mein Freund. Wolte Gott, ich hätte das eher erkannt. Sie handeln ohne blindes Vorurtheil; wenn Sie mir nicht helfen, so thut es Keiner, ich wende mich an Sie, ich bitte, ich beschwöre Sie um Gottes willen, helfen Sie zu der Vergebung und Einwilligung meines Vaters. Ich werde Ihnen das Glück meines Lebens verdanken. Verzeihen Sie meiner Eile, ich muss noch lernen. Gott erhalten Sie und meinen Vater. Ach schreiben Sie mir doch bald was gutes. Ich bin Ihr

gehorsamst verbundener Bruder
A. W. Iffland

Gotha,
d. 17. März 1777

Schon wird für Iffland Gotha zu klein, Hamburg, dessen Bühne der große Schröder vorsteht, lockt.

Die ausgezogenen Schriftzüge des Originals und die hier unverhältnismäßig häufigen Verstöße gegen die Rechtschreibung sind ein beredtes Zeugnis für die Aufregung, in der dieser Brief geschrieben wurde.

Gotha, 9. Mai 1778

Lieber Herr Bruder!

Das grösste Hindernis, dass meinem Wunsche dort entgegenstehen wird, ist meine Aufführung. Man hat die Tugend am wenigsten, die man am meisten an sich rühmt, — also sollte ich den Punkt übergehen, allein ich muss wie Gellerts Kuckuck von mir selber reden, sonst thuts niemand. Da ich hierher kam, hatte ich auch nicht den mindesten Umgang, Theaterumgang gefiel mir nicht, weil jeder von den Herren die Idee von seiner Vollkommenheit dem andern aufdringen will; wo sollte ich also hin alss spaziren gehen? Da hatte ich Gelegenheit über mich nachzudenken — und da fand ich ein schlechtbestelltes Feld. Gottlob, dass ichs nicht verkannte. Die erste Notwendigkeit war, mich in Kleidung ordentlich zu halten, und ich hielt mich blos o r d e n t l i c h , Kleid, Knopf, Futter, alles simpel. Alles zu vermeiden was ich sonst gern that, über wichtige Sachen zu denken, lange zu denken, ehe ich sie that. Die zweite war, mich beim Theater unentbehrlich zu machen. Ich suchte zu jeder Rolle einen Karakter. Um nicht ins einerlei zu fallen, muss mir jeder Mensch, den ich sehe, ein Theil meiner Dogmatick übers Theater seyn. Dass ist mir so merklich geglükt, dass man oft mein stummes Spiel beklatscht, ehe ich noch rede. Doch das interessirt Sie nicht, also auf was anders. Die Folge von diesem allen war, dass ich mir erstlich die Freundschaft, die genaue Freundschaft des Legations Sekretairs Gotter, eines würdigen, allgemein geschäzten Mannes zuzog; seinem Umgange habe ich vieles, wo nicht alles zu danken. So wie die Erfahrung bestätigt, dass man sich auf hohen Bergen so gross, so edel fühlt, weil man nicht in die Projekte und Intriguen der Welt mit verwickelt ist, sondern sie übersieht, wie die Flüsse auf Land-Charten, immer in der Gesellschaft d e s Mannes, wie könnte ich da schlecht denken. Ohne dass wäre vielleicht mein Vorsatz, der seine Aufmunterung nur in sich selbst suchen musste, wahrscheinlich erloschen; aber ietz verhinderte dass der Stolz, dass seine lezte Idee von mir so seyn mögte, als seine erste. Dass ich zu zeiten zur Herzogin gerufen werden, dass Göthe mich seiner Aufmerksamkeit gewürdigt hat — ich will dass nur als eine Folge meiner theatralischen Bemühungen annehmen. Ehemahls war der Verlust der Eckhoffschen Aufsicht der Einwurf, der Haupteinwurf, der fällt weg, und hätte auch damahls wegfallen können. Was liegt nun daran, ohne Auffsicht, ob in Gotha oder in Hamburg? Verführerischer sagen Sie mir ist Hamburg, doch wohl nicht mehr als Göttingen und wie, wenn ich nun dort wäre? Dass Hoftheater kann mir nur dann nützen, wenn ich mich auf ewig engagire und alsdann Pension erhalte; würden Sie wohl einen

20järigen Mahler rathen, sich auf zeitlebens festzusetzen, würden Sie ihn nicht rathen zu reisen? und was ist mein Fall anders? So wenig Sie einen Mahler raten können, zeitlebens in Hameln oder Hildesheim zu bleiben, so wenig können Sie mir rathen in Gotha zu bleiben. Das Hamburg Theater ist für den Schauspieler eben das, was die Manheimer und Dresdener Akademie für den Mahler ist. Beweise sind Brocmann, Böc, Borchers, die beiden Dem. Ackermann. Das Hamburger Publikum ist geitzig mit seinem Beifall, aber man kann stolz darauf seyn. Nennen Sie mir ein Theater, dass so viel grosse Leute gezogen hat, als das Hamburger. Ferner wird nie vom Gothaischen Theater geschrieben, Ehrgeitz ist aber die Triebfeder beim Schauspiel. Ich kann wegen Böc nie gute j u n g e Rollen haben. Eckhoff spielt nicht mehr. Was kann Sie also sȯ sehr an Gotha binden, dass Sie mich in meiner Laufbahn hindern wollen, damit ich hier bleibe.

Ich bin ewig

Ihr treuer Bruder

W. A. Iffland

Gotha, dem 9. Mai 1778

An seine abgöttisch geliebte Schwester Luise, die uns von nun an als Empfängerin häufig begegnen wird, ist der folgende Brief.

Der Verfasser des Gedichts ist ein zu Ifflands Zeit gut bekannter Schriftsteller.

Gotha 31. Mai 1779

Liebe Louise, ich überschicke Dir hier ein Gedicht, welches ich neulich vom Dichter Meissner, aus Leipzig erhielt, und zwar nach der Vorstellung des Lords Obleby, in der heimlichen Heirath von Garrick. Ich bitte Dich aber, es nur denen zu zeigen, die sich mit mir darüber freuen, dass ich von dem gewöhnlichen Tross von Schauspielern unterschieden werde, übrigens aber ja nicht wegzugeben.

— — — — — J.

Als Eckhofs Schüler, Gotters Günstling
Thaliens liebster Sohn,
bist Du glücklicher als je in Albion
Einer Deiner Brüder war;

Wenn man Deinen Staub auch nie bey
Fürsten begräbt,
Bist Du dennoch sicher, dass Dein Name
Manchen Fürsten überlebt!

A. G. Meissner
31. May 1779 von Dresden

Von außerordentlichem Wert ist die folgende, in Briefform geschriebene theoretische Erstlingsschrift Ifflands über die Schauspielkunst.

Iffland knüpft hierbei an die Schrift „Über die Heilart der Schauspielkrankheiten" von Hofrath Mai an.

Der „hiesige verdienstvolle Schauspieler" ist vermutlich Boek.

Mannheim, 11. Juni 1783

Verehrungswürdiger Mann.

... Lange schon war ich dess überzeugt, dass jene schnelle Reizbarkeit der Nerven, welche der Beruf des g u t e n Schauspielers voraussezt oder zuwege bringt, ihm freilich mehrere Freuden gewähre als anderen, ihn aber auch jeder Leidenschaft, jedem Kummer weit gefährlicher aussetze als andern.

Die angenehme Ueberzeugung zu dem Nutzen und Vergnügen des Publikums etwas beigetragen zu haben, ist die belohnendste Freude des Schauspielers; da er sie aber nur durch Aufopferung mancher häuslichen Freude, so wie der Gesundheit selbst erwerben kann, so wird er gern die Ordnung sich eigen machen, welche der Arzt von ihm fordert.

Leider hatten wir bisher keine solche Vorschrift. Um so angenehmer überraschten Sie mich und uns alle durch die schnelle Erfüllung Ihres neulichen Versprechens: über die Heilart der Schauspielerkrankheiten zu schreiben.

Eben habe ich diese fürtreffliche Abhandlung zum zweiten male gelesen, worinn der Arzt die feinsten Unterscheidungen der Darstellung und ihrer Würkung auf Schauspieler und Publikum so treffend angegeben hat, dass eben so viel der Schauspieler für den Arzt, als der Arzt für den Schauspieler geschrieben hat.

Ich bin überzeugt, Sie haben uns die Gerechtigkeit wiederfahren lassen, unsere dankbare Hochachtung so lebhaft vorauszusetzen als sie ist, da Sie in diesem Werke durch den Wetteifer von Gründlichkeit und Geschmack sich ein unvergängliches Denkmal errichteten. Um mich besonders aber hat Ihre freundschaftliche Sorgfalt ein Verdienst, dessen edelsten Lohn Sie in Ihrem Selbstgefühl finden; wollen Sie aber auf die Dankbarkeit, die herzliche Anhänglichkeit der Freundschaft einigen Wehrt setzen, so verdanke ich es Ihnen mit aller Wärme, deren ich für den Menschenfreund nur fähig bin.

Unter den Grundsätzen, woraus Sie die Maasregeln des Verhaltens für die Schauspieler bestimmen, ist auch der

„Nebst der vorzustellenden Leidenschaft naget auch untadel-
„hafte Ruhmsucht an der Empfindsamkeit des meisterlichen
„Schauspielers.“

Erlauben Sie mir, einige Bemerkungen über den Gegensatz hievon zu sagen.

Die untadelhafte Ruhmsucht des Schauspielers besteht in dem Bestreben, aus sich selbst und durch sich selbst den Ruf der ächten Grösse zu erhalten. Der Gegensatz davon ist: wenn der Schauspieler die Hülfsmittel zu Ruf und Grösse für Ruf und Grösse selbst ansieht. Daraus entsteht:

Rollensucht!

Sie verhindert das Emporkommen des Schauspielers eben so sehr als Gleichgültigkeit, sie ist ein schleichendes Gift, welches die Blüthen der Kunst so wie die Freuden des Lebens vernichtet.

Es ist nur zu gewiss, dass Uebereilung und Nachlässigkeit die Folgen der Rollensucht werden; daher wird der ächte Künstler, mit aller Vestigkeit geprüfter Grundsätze gegen dieses traurige Uebel sich rüsten. Wer dann nur zu der Ueberzeugung gekommen ist, dass Menschenkunde der Inbegriff der Schauspielkunst ist, der wird es beruhigend fühlen, der denkende Künstler sey in jeder Rolle kenntbar, wenn er will.

Der gute Schauspieler schmälert seine Rechte, wenn er zugiebt, das man ihn mehrere Mahle hintereinander übergeht. Es ist aber der grösste Beweiss von Achtung für das Publikum, wenn man einer, an sich billigen Forderung um des ununterbrochenen Fortgangs des Ganzen willen, entsagt. Denn bey der Bühne wird die billigste Forderung, wenn sie zur Unzeit geschieht, oft zur unbilligsten Prätension. Ueberdem, welcher Schauspieler den zufälligen Ueberschuss eines Jahres mit dem zufälligen Verlust des andern Jahres vergleicht, der wird in der Summe selten verloren haben, denn das nothwendige Gleichgewicht des Ganzen erfordert, dass man von jedem g u t e n Schauspieler den besstmöglichen Gebrauch mache.

Nacheifer und Eifersucht.

Sie sind unterschieden, wie Ruhmsucht und Rollensucht. Von jedem g u t e n Schauspieler glaube ich, dass er, neben der Erreichung des Hauptzwecks durch die Eigenheit seines Talents noch einen besonderen Zweck zu erreichen sich vorsetze. Um zu wissen, was er demzufolge geleistet habe, oder nicht, wird er für die Untersuchung gewisse Zeitpunkte festsezzen (welche doch nicht zu nahe auf einander folgen dürfen). Sagt er sich nun bei dieser Untersuchung, dass andere, nach Verhältniss, der Erreichung ihres Zwecks näher sind, als er dem seinigen, so wird die Achtung für die Thätigkeit des Mitschauspielers seine Bewunderung erregen, ihn beschämen. Das erneuerte Aufgebot der Seelenkräfte aber, welches aus dieser Beschämung entsteht — ist der edle N a c h eifer.

Eifer s u c h t des Schauspielers handelt sehr ins Kleine. Sie ist die mehr als nagende, unersättliche Begehrlichkeit Rolle um Rolle, Beifall um Beifall, Schritt um Schritt das Nämliche zu würken, was der Andere würkte. — Dieser mitleidenswehrte Zustand nährt und hezzt alle die kleinen Schwachheiten und Leidenschaften, deren der Mensch nur fähig ist, eine gegen die andere, und macht den Schauspieler sein ganzes Leben hindurch zum Opfer seiner Unanständigkeit, welche er in ihrem ersten Aufkeimen mit leichter Mühe würde haben unterdrücken können.

Der g u t e Schauspieler wird in der vollendeten Darstellung des Mitkünstlers den eignen Wehrt nur stärker fühlen; mit jenem grossen Mann wird er ausrufen: anch' io son pittore!

Lob und Tadel des Schauspielers über den Schauspieler könnten sehr grossen Nutzen haben, der unpartheiische Selbstkenner wird ja wohl das Aechte vom Falschen trennen können, wenn sie nicht oft vom dritten missverstanden oder gemissbraucht würden.

Das Schauspiel ist die ö f f e n t l i c h e A u s s t e l l u n g eines Kunstwerks. Ich achte jeden gegründeten Tadel, den Tadel des Sachverständigen aber doppelt. Die Zeiten, heil der Aufklärung! sind ja nicht mehr, wo man aus Achtung für die Gebräuche und das Herkommen der Zunft wieder seine Ueberzeugung glauben musste. Man soll untersuchen, dann nach Kunstgefühl mit strenger Wahrheit loben oder tadeln. Oft habe ich das schon von meinen Mitschauspielern, sie haben es oft von mir gethan. Mit Laune, Ernst, Witz, oder wenn die Fehler danach waren, mit Satyre. Ich für mein Theil bin weit entfernt, Tadel für Verfolgung zu halten. Ich danke es meinen Mitschauspielern hier öffentlich, dass sie mich zu Zeiten mit Satyre tadelten; sie haben dadurch verhindert, dass ich nicht in Genügsamkeit verfiel oder zum stolzen Schwächling ward.

Dass sind meine Grundsätze über den heillosen Gegensatz der untadelhaften Ruhmsucht.

Dann und wann bin ich davon abgewichen — nie aber davon abgefallen.

Nun denken Sie sich meinen Kummer, als ich mir länger nicht verschweigen konnte, dass im Publikum das Gerücht sich verbreite, ich habe, unter andern, aus System gegenseitiger Grundsätze, gegen das Interesse eines verdienstvollen hiesigen Schauspielers gehandelt. Da ich überall darthuende Beweise forderte, diese aber nirgend erhielt, so war ich für mich durch das bessere Bewusstseyn des edeldenkenden Beschützers der Kunst, und durch den Freispruch meines Gewissens beruhigt, die Sorge für meinen guten Namen aber überliess ich dem Publikum, welches nun vier Jahre schon die Entwickelung meiner Anlage durch ununterbrochenen Beifall unterstüzte!

Dass Sie selbst, würdiger Mann! dem Glauben an die Warscheinlichkeiten, welche gegen mich zu seyn schienen, entsagten, dass war für mich mehr als Freude, da ich nie vergass, wie sehr ich Ihnen verpflichtet bin. Eben deswegen quält der Anschein einer Undankbarkeit gegen Sie mich eben so sehr, als der bewiesene Undank es nur immer können würde.

Ich sollte mein Gefühl bis dahin haben verleugnen können, darüber zu spotten, was lange schon der Gegenstand meiner Bewunderung ist: über die Anwendung moralischer Mittel eines Arztes?

Dass Sie meine Bitte erfüllen, mich der Stirne meiner Verläumder gegenüberstellen wolten! Doch — auch, dass Sie dieser Beschuldigung nicht glauben, dass Sie meine Ankläger nicht der öffentlichen Verachtung überlassen wollen, — auch das ist menschenfreundlich und fordert mich auf, wenn ich Ihrer würdig seyn will, all denen zu verzeihen, welche in dieser Sache mir schaden wollten (und) geschadet haben, sie sind nur zu unglücklich im Gefühl des Bedürfnisses ihrer verzagten, schleichenden Bosheit.

Mannheim,
den 11ten Juni 1783 Wilhelm August Iffland.

Ein aus mancherlei Gründen interessanter Brief!

Einmal wird die erste „Fiesco"-Aufführung vom 11. Januar 1784 erwähnt, in der Iffland den Verrina spielte. (Leider ist weder der erwähnte Zettel Schillers noch Gotters Gedicht erhalten.) Zum anderen bietet der Brief eine Schilderung der Kälteperiode, deren Darstellung ganz den Geist jener Zeit atmet.

Mannheim 2.—21. Jan. 1784.

. . . Den 7ten Jan. war Becks Hochzeit. . .

Für mich ist es eine besondere Glückseligkeit, eine Familie um mich her entstehen zu sehen. Bich ich es doch so gewohnt alle Glückseligkeit in einer guten Familie zu finden, und selbst jede gegenwärtige Freude, in Gedanken mit meiner Familie zu theilen.

D. 13ten.

Der Rhein ist zugefroren. Man fährt mit Lastwagen hinüber. Auf der Mitte des Stroms sind Buden mit Esswaren und Kegelbahnen wo Zinn ausgespielt wird. In der That, ein Anblick, der mir viel Freude gemacht hat. Hat doch die Leine in unserm kalten Vaterlande, mir ihn noch nicht gewährt.

Indes hat das Wasser grossen Schaden angerichtet, Theurung gemacht, und sogar uns in der Stadt bang gemacht.

Das Stück Fiesko ist gegeben. Ein Billet des Verfassers, dass ich beilege, wird Dir sagen, wie ich spielte. Die Rolle hat mich beschäftigt.

Herr Gotter hat an Beck dieses niedliche Gedicht geschickt.

D. 14ten. Heute Morgen ging ich über den Neckar, auf der Mitte des Eises stand ein Amboss, man schmiedete. Neben an ein grosser Schlitten für etwa 8 Personen, an eine Stange befestigt, welche wie die Brunnen Stangen auf einem Block ruhete, wenn diese Stange gedrehet wird, schleudert der Schlitten etlichemahl im Zirkel herum. Auch hier waren Kegelbahnen. Einen Wagen mit 60 Centner beladen trug das Eiss.

Alles zusammen ist der erfrischende Anblick einer herrlichen Winterlandschaft. Ach und ich bin weit mehr für den Winter als für den Sommer. Der Winter macht gesellig. Der Sommer hebt alles auf, was man im Winter mühsam zusammen brachte.

Um 3 Uhr ist Ausschuss. Mir sehr ungelegen. Denn ich möchte arbeiten. Etwas worann ich, seit fast einem Monate, nicht denken konnte. Diesen Abend essen wir bey Becks Schwiegerältern.

Den 15ten. Es fängt an zu thauen, wenn die Flüsse plözlich weggehen, bekommen wir Wassersgefahr. Ganze Dörfer am Rhein sind ruinirt. Leute wohnen auf Dächern, es ist ihnen von hier Brod zugefahren worden. Stücken Eiss, wie Häuser selbst, stürzen diese Hütten und die Posten bleiben aus, und nur von der Heidelberger Seite ist die Stadt noch frei.

Gott sei Dank ich bin sehr wohl. Heute habe ich viel gearbeitet und zwar an der Ausfeilung des ersten Aktes von meinem Stück. Am Abend lernte Beck seine Rolle, seine Frau machte ihm Manschetten, und ich arbeitete am Stück. So sassen wir von 9¾— auf 11, um einen kleinen Nähtisch herum, draussen tobte der Wind — wir sprachen kein Wort — alles war fleissig; aber eben um dieses häuslichen Abends willen waren wir glücklicher als irgend jemand in Mannheim.

D. 16ten. Diesen Morgen war Probe. Ich arbeitete vorher an meinem Stück und gien nachher mit jemand eine Rolle durch. Nach Tisch arbeitete ich wieder biss 4 Uhr. Um 4 Uhr tranken wir Thee an Becks Kamine, und er und ich giengen ¾ auf 6 Uhr in das Conzert. Sie blieb zu Hause — um seine Wäsche auszubessern. Wohl die erste schöne Acktrize von solchem Talent, die daran denkt. Wohl aber auch die erste von solchem Herzen und Bildung.

... Den 18ten. War Faust vom Stromberg. Im dritten Ackt verlohr ich an meinem griechischen Stiefel den Absatz und trat mir einen Nagel fast in den Fuss — ich spielte mit diesem ungeheuten Schmerz eine grosse, lange schwere Szene sehr gut. So wahr ist es, dass Schwierigkeiten zur Vollkommenheit die besste Stufe sind. Beck hatte unterdess einen Chirurgus holen lassen, es hatte aber nichts zu bedeuten, und ich spielte den vierten und fünften Ackt weiter.

D. 19t. Heut ist Becks Geburtstag. Ich habe ihr ein Band geschenkt, schlang es um uns dreie, und sagte, ich überliesse es ihr, wie sie diess Band in der W e l t halten wollte.

. . . Den 20ten. Zu Heidelberg steht der Neckar bis in die halbe Stadt, man hat gestern den ganzen Tag gestürmt. Die Leute wohnen auf den Boden und man bringt ihnen das Essen in Nachen dahin. Um eine schwangere Frau vor dem eindringenden Wasser zu retten musste man eine Wand einschlagen. Der ordinaire Weg dahin ist überschwemmt, man muss eine Stunde um — über Schwetzingen fahren.

Auch dieser Brief fesselt besonders durch die Erwähnung der Aufführung der „Louise Millerin", die ja von Schiller bekanntlich erst auf Dalbergs und Ifflands Anraten in „Kabale und Liebe" umbenannt wurde. Bei der Erstaufführung am 15. April spielte Boeck den Präsidenten, Iffland den Wurm.

Das eigene Stück, das Iffland in diesem Brief erwähnt, ist „Verbrechen aus Ehrsucht", das sein größter Erfolg war.

22. Febr.—9. März 1784.

den 22ten . . . Der neu umgearbeitete politische Kannengiesser ist heut. Ich spiele ihn. Ich denke aber, die Satyre ist aus der Mode, die andern glauben es nicht. Wollen sehen. Es geht einem Stück, wie dem Mädgen: Liebhaber bekommen ist so schwer nicht; aber sie zu erhalten desto mehr. Die armen Heiligen müssten in der Jesuitenkirche sich ganz jämmerlich ansingen, räuchern und paucken lassen. Es ist ein sonderbarer Anblick, wenn beym Seegensprechen oder der Wandlung alles was auf den Gassen ist, auf die Knie fällt, es sey rein oder nicht. Obschon die Faquins und petitmaitressen sich doch zu verwahren wissen, so dass unbeschadet ihres Putzes oft der Attitüde zu gefallen der Heilige seyn Opfer kriegt, wie etwa ein Kopfgeld. Da sieht man, was der Zufall tut. Ich hätte nimmer gedacht, dass eine Seite, die mit dem Polit. Kanng. sich anfieng, mit dem Hochaltare sich ende würde.

23. Richtig — Schändlich missfallen! Wenn doch die Herrschaften ein Exempel dran nähmen zu ewigen Tagen.

Das Thauwetter fällt stark ein, daher werde ich auch wieder China nehmen, um allem Uebel vorzubeugen. — Der H. von Knigge ist auf den Landtag dort hin. Hat ihn Niemand gesprochen? — Ich weiss nicht, ob ich Dir geschrieben habe, dass am 9ten März mein Stück schon gespielt wird. Dass ist nun ein ängstliches Ding um die Erwartung, um Hoffen und Zweifel und um dass, was unbeschadet meiner Arbeit von den Schauspielern g e s c h e h e n muss. Die Frage nun — o b es geschieht? und wenn es geschieht — die Frage, ob das Publikum leicht oder schwer gelaunt ist — Dinge, davon in dem Augenblicke alle meine Ehre abhängt. Kurz, Du siehst, dass der 9te März ein kritischer Tag ist. — Es darf Dir also den Tag von ½6 Uhr bis ¼ auf 9 Uhr immer ein bisgen bange ums Herz für mich seyn. Aber nur ein bisgen — denn warlich, das Stück ist nicht schlecht. Ich spiele selbst darinn. Adieu derweile. —

den 24ten. Umsonst plage ich seit gestern mein Gehirn, mir Plane für meine Arbeit zu geben. Die Wände sind mir verhasst, denn in meinen Wehen habe ich vergebens sie angesehen, und jede Ecke ruft mir iezt meine Schwäche entgegen. Es ist Fastnacht Abend, und die Stadt ist voll Besoffener, welches hier um die Zeit sehr gewönlich ist. Es thauet, und die Stadt ist vom Schneewasser arg mitgenommen worden.

Vormittag war Probe, H. Beil hat Schulden gemacht und H. v. Dalberg wollte in den Zeitungen den Schauspielern etwas zu borgen untersagen. Beck und ich giengen hin, uns diese Prostitution zu verbitten. Es wird auch hoffentlich nicht geschehen. Ferner habe ich einen grossen Theaterstreit verhütet. Im Louise Millerin wollte der Dichter Boeck eine kleinere, mir eine grössere Rolle geben — Boeck wollte bereits seine Kabale wieder anheben, und das Stück hätte gebüsst. Ich gien also zu Schiller (dem Verf.), entsagte freiwillig, spiele die kleinere und lasse dem Elenden die grössere. Aber das Spiel — dafür b ü r g e ich — soll m i c h zum Grösseren machen.

11 Uhr abends. Ich habe heut sehr gut gespielt. Beym abdancken konnte ich nach zwey langen tiefen Komplimenten nicht zum reden kommen vor allem Bravo Rufen und Applaudieren! — Etwas, dass mir Gott sei Dank oft wiederfährt. Gute Nacht, meine theure, einzige, liebe Louise. Ich bin begierig, ob Du oder Wilhelm mich nicht vergessen haben. Wollen sehen. — Diess „wollen sehen“ trifst Du oft in meinen Briefen. Liebe, es ist nur ein mechanischer Halt — ein Kniff zur Kontenance. Du must Dir zu den Buchstaben immer einen

gepressten Seufzer denken, wenn D u aus ihnen die Sprache meines Herzens in Leben übersetzen willst! — Noch einmahl, gute Nacht!

D. 27ten. Neckar und Rhein brechen auf. Eben war ich dort. Die berühmte Heidelberger Neckar Brücke, das Monument von Jahrhunderten ist eben weggeschwemt worden und ganz vernichtet.

Das Unglück an den Ufern beider Ströme in der Pfalz wird i e z t schon auf 2 Millionen fl. von der Hofkammer geschäzt. Unsere Felder liegen voll Hausgeräth g a n z weggeschwemter Dörfer. Jahrhunderte haben diese Verwüstung nicht erlebt noch werden sie eine solche erleben. Heut war Probe von meinem Stück, es scheint sich recht gut auszunehmen. Noch weiss man nichts davon in der Stadt; so geheim habe ich es gehalten. — Nun will ich noch lernen, gute Nacht, meine gute Louise. — Ich bin iezt so im Zuge Deiner Hausnachrichten, dass mich es die schreckliche Abwesenheit oft ganz erträglich macht. Was der Anblick eines Kouverts von dort auf mich wirkt, lässt sich nicht beschreiben. Gute Nacht, Louise, schlaf wohl, recht wohl.

den 8. Gestern ist mein Stück dem Publikum annoncirt. Es wurde sehr beklatscht beym Abdanken. Gott helfe mir. — Ich zittre —! — Ich bin wie im Fieber — meine Ehre steht natürlich mehr als jemals auf dem Spiel. Wollte Gott, es wäre nur erst morgen —. Dass ist eine odieuse Stimmung!

7 Uhr. Heut nachmittag war Probe, — es ging gut. Ich denke, ich darf mir etwas versprechen — Du sollst das Stück nun auch bald haben. Ich bin zwischen Arbeit, Zweifel und Hoffen so matt, dass ich heut schon zweimal schlief!

Er ist da, der entscheidende 9., — morgen sage ich D i r , dass mein Stück — — —!

Iffland.

Iffland war Monarchist durch und durch. Aus dieser Einstellung erklärt sich auch seine unbedingte Ablehnung der Französischen Revolution und sein kriechendes Benehmen gegen die Fürsten.

Dieser Brief ist ein beredtes Zeugnis für diesen Charakterzug. Wir verstehen zwar, daß er die Fülle der geschenkten Uhren seinen Verwandten berichtet, für die Art jedoch, wie er die kleinste Gemüts-

bewegung einer Fürstin zur Staatsaktion aufbauscht, fehlt uns das Verständnis.

Mannheim, den 9. Dez. 1785

An Eisendecher.

Die Kurfürstinn war beim Handkuss überaus gnädig. Der Herzog feierlich. Die Herzoginn von Z. diese liebe, liebe Dame, sprach viel mit mir. Der Erbprinz von Darmstadt, der sie führte, desgleichen. Die Erbprinzess ward vom Prinz Max geführt, und beide waren so gnädig mir zu sagen, sie hätten mich in Frankfurt erwartet vor 4 Wochen. Dann kam die neue Pfalzgräffinn, die Prinzessin Maximilian. Sie ist schön und wird angebetet vom Volck, die Prinzess George war auch äusserst gütig gegen mich.

Nun dachte ich — wenn ich auch morgen ein Opfer bin, so bin ich ein edles Opfer, denn ich spreche nur Volcks-Empfindung und nicht Schmeichelei.

Den 20. Novbr. Mir war unbeschreiblich bange, auch war ich besorgt, die Menge Volcks mögte Unverständlichkeit und folglich Langeweile machen. Herr Danzi hatte eine feierliche Symphonie zu dem Stück gemacht. Die Wagen kamen und von Verlegenheit ward mir die Zunge so trocken, dass ich trinken musste, ich war äusserst matt. Zu meinem grossen Vergnügen sezte sich der Herzog und Prinz Max in die Eckloge, obwohl diese Nähe auch meine Verlegenheit vermehrte, da ich die Namen Selbst zuerst zu nennen hatte.

Es war zum Brechen voll. 3 Uhr musten schon viele Hunderte umkehren, und um 4 Uhr ward für einen Plaz zwei Ldors geboten.

Sowie die Kurfürstinn in die Hauptloge trat, gieng der erste Riss der maiestätischen Symphonie an. Alles stand auf, und eine tiefe Stille herrschte unter diesen 1200 Menschen —. Es überläuft mich, wenn ich daran denke. Die Symphonie fiel bald in sanftes ländliches piano blasender Instrumente, — ach, ach, man hörte fast den Atemzug.

Der Vorhang ward aufgezogen, und es ward ganz Stille. Der Herzog sezte sich etwas zurück. Nach den ersten zwei Szenen — stille gierige Aufmercksamkeit. Als ich auftrat das leise Geräusch, dass das „Willkommen" eines gern gesehenen Menschen enthielt — wieder Stille.

Nun kam die Stelle, wo die beiden Prinzen genannt wurden —

Stille!

Der Herzog und der Prinz zogen sich zurück. — Mein Gott, dachte ich —

Dann komt die Stelle mit den Bäumen — —

Ja, lieber Gott, wo soll ich Sprache hernehmen.

„Iffland, Seufzer, Bravo Vivat und ein wiederholtes lautes tiefes: Ach Gott sie leben! Ach Gott!" war 2 Minuten lang die laute Stimme des Volcks! Alles schluchzte laut, laut. Der Herzog weinte, dass eine Träne die andere jagte, die beiden Brüder drückten sich unterwärts still die Hände, die Damen in der Hauptloge, alles war ausser sich, und nun gieng es so fort bei jedem Anlass, bis der Baum für die neue Prinzessin gepflanzt wurde, wo es wieder Grabesstille ward, von seegnenden Tränen durchbrochen.

Beim Schluss, wo ich die Stelle sagte —

„So erhalte uns Gott unser Fürstenhaus als Beschützer seines Volcks, B e s c h ü t z e r d e r F r e i h e i t v o n D e u t s c h l a n d."

schien der ganze österreichische Hass in dem Herzog aufzuwachen, er stand auf, gieng aus der Loge, griff Dalberg an beide Backen, umarmte ihn und sagte:

„Ich muss g l e i c h jemand haben, dem ich meine Gefühle mittheile."

Dann liess er seinen Bruder rufen, in der Logenthür umarmten sich Beide, und das Volck konte vor Freuden kaum ruffen. Arm in Arm giengen beide Brüder zu ihrer Tante und umhalsten sie, dann ihre Weiber. Das Volk schrie laut.

Unterdess stürzten Schauspieler und alle Leute, welche zu 30 in den Koulissen waren, auf mich, man riss sich um meine Umarmung.

Gott, Gott! Welch ein Tag. Alles auf dem Theater weinte, der Enthusiasmus führte uns himmelhoch.

Indem kam der Obriste von Essbeck und sagte

„Der Herzog, mein Herr, lässt Ihnen durch mich herzlichen Dank für die Rürung sagen und die süssen Tränen, welche Sie ihm haben weinen lassen."

und brachte mir 1100 Fl. oder 100 Karolin. Nun kleidete ich mich, und als das zweite Stück aus war, gieng ich in die Loge.

Zuerst sprach ich den Herzog, oder vielmehr ich konnte nicht sprechen. Ich blieb eine Sekunde auf seiner Hand ruhen.

„Niemals", sagte er, „hatt mir in meinem Leben etwas solche Herzensstösse gegeben." Der Prinz Max, alle, alle die Kurfürstinn — alle waren mehr als g u t ! Ich küsste jedem die Hand und erhielt bei jedem Audienz auf morgen und die Erlaubniss das Exemplar zu überreichen.

D. 21. um 11 Uhr Audienz bei dem Prinz May, der mir die Dose gab. Um 12 Uhr bei dem Herzoge und ½12 Uhr bei der Herzogin. Um 4 Uhr bei der Kurfürstinn um K a b i - n e t t a l l e i n , eine Gnade, deren sich fast noch niemand rühmen kann.

Diese Audienz wird mir ewig unvergesslich sein.

Es war 4 Uhr. Ich war in das Vorzimmer gebracht, bald darauf war geklingelt und der Kammerlaquai führte mich durch 2 Zimmer in das Kabinett der Kurfürstinn. Sie kam mit entgegen. Ich überreichte das Stück und empfahl mich ihrer Gnade.

„Wollte Gott", sagte sie, „ich hätte den Pfälzern sein k ö n n e n , was Sie gestern aus mir gemacht haben. (N. B. Mutter von Prinzen.) Es hat nicht sein sollen. Es ist denn doch ein Trost, zu sehen, dass man geliebt ist und nach meinem Herzen für die Pfälzer verdiene ich ihre gute Meinung."

„Gnädigste Frau", sagte ich, indem ich ihre Hand mit meinen beiden Händen hielt, „was ich sagte, war Sprache meines Herzens." Es fiel mir bei, dass ich mich in dieser herzlichen Stellung vergass. „Vergebung, aber ich glaube, ich spräche mit meiner Mutter."

Ich warf mich auf ein Knie, indem ich unwillkührlich noch immer ihre Hand behielt. Sie hob mich auf. „Da habe ich etwas für ihn. Kauffe er sich dafür, was ihm Freude macht." Hier gab sie mir eine Rolle von 1100 fl. Und „thue er mir die Liebe, gehe er nicht aus der Pfalz".

„Gnädigste Frau, dass ist mir ein heiliger Befehl."

„Wenigstens, so lang ich lebe, gehe er nicht weg, ich sehe ihn gern."

Die Tränen nahmen mir die Worte, ich küsste ihre Hand und verliess ohne Abschied das Zimmer. Wirklich hat dies mütterliche Betragen im Nachhausegehen mir noch Tränen gekostet.

D. 22. Audienz bei dem H. Erbprinz und d. Frau Erbprinzessinn von Darmstadt. Sie hatten die Gnade, mir zu befehlen, dass ich meinen Nahmen in Ihre Exemplare schreiben musste, und gaben mir die Uhr und die Kette.

Nachmittags schickte mir die Frau Herzogin die goldene Uhr und Kette.

D. 23. Audienz bei der Frau Pfalzgräfin und der Prinzess George von Darmstadt. Hier empfieng ich wieder eine prächtige goldene Uhr mit Kette von Gold. N. B. Diese ist noch nicht in der Zeitung.

Den 24. schickte mir die Prinzess George ein goldenes Etui, ist auch nicht in der Zeitung.

Ich würde nicht endigen, wenn ich alle die Gnade erzälen wollte, womit das Darmstädtische Haus mich so besonders geehrt hat. Ewig, ewig werden mir diese Schwestern unvergesslich sein.

Ein Beispiel für das gute Herz Ifflands ist der folgende Brief über eines seiner Lieblingsthemen: Jugenderziehung.

An Louisens Kinder. (Undatiert, sicher 1787)

Lieben Kinder!

Und zwar Ihr Aeltesten zuerst. Wo ihr sitzet sass ich — und verlohr meine Zeit. Ihr findet in Prima, am zweiten Pfeiler vom Eingange, in den Bänken meinen Namen. Dies schnitt ich am 21. Febr. 1777, den Tag vor meiner Abreise aus Hannover. Ich seufzte und weinte, indem ich das that. Denn ich gieng nun einen andern Weg. Gottlob iezt mit Ehre! Allein, wie Vieles dass ich nicht weiss, käme mir iezt zu statten? Warum war ich nachlässig? Aus Dummheit nicht, noch weniger aus Trägheit, sondern weil es mich küzzelte, wegen elender Possen von meinen Mitschülern gelobt zu werden! Traurige, schlechte Eitelkeit, die so manche Unwissenheit iezt theuer bezalt! Liebe Kinder, diess Geständniss wird mir etwas sauer, aber geht hin, seht den Nahmen an, und um Gotteswillen beschwöre ich Euch — handelt so, dass ihr nicht nach zehn Jahren dasselbe zu sagen Ursach haben mögtet. — Die Repetition der gehabten Stunden ist nicht ganz angenehm. Aber warlich, ihr könnet durchaus nichts nützlichers thun. Dann muss ich Euch noch bemerken, dass Ihr etwas mehr Fleiss auf der Schönheit der Kalligraphie verwenden mögtet. Nicht eben in den Brieffen an mich, denn wenn ich nur eure Ideen weiss, so ist mir das gnug. Aber es ziert die Arbeit. Und zudem urtheilen viele Leute nach dem ersten Anblick. Vergesst es nicht euch in Aufsätzen aus dem deutschen ins Latein zu üben. Es ist nichts dass euren Styl mehr bildet und Euch mehr Gelegenheit giebt, Regeln anzuwenden, als diess. Im Ganzen bitte ich euch auf das Angelegenste, es als eine ausgemachte Wahrheit anzunehmen, dass wer nach Göttingen nichts hinbringt durchaus nichts mit herbringt. Wie könnte auch auf Ausbildung denken, wo man keine Grundlage hat und entweder Zeit oder irriger Ehrgeiz auf der Universität hindern, d a n n etwa noch zu thun, was in euren Jahren vergessen worden ist?

Und nun ein Wort an Euch andern, die ihr mir seit einiger Zeit so fleissig geschrieben habt. Ich danke euch recht herzlich dafür. Mögtet ihr von der Freude überzeugt seyn, die ich jedesmal beym Empfang eines solchen Briefes habe. Ihr würdet Euch einigermasse für belohnt halten; denn das ist man immer, wenn man Jemand eine gute Stunde gegeben hat. Ihr seyd von euren neuen Lehrer sehr zufrieden? Darüber bin ich herzlich froh. Macht, dass er es ebenso von Euch sey. Schreibt mir bei Gelegenheit seinen Namen und wer er ist. Thut dasselbe von dem, der mit euren beiden ältesten Brüdern die Stunden repetirt. Die Zeit wo ihr in Prima gehen werdet eilt schneller heran wie ihr denkt. Zwei, drei Jahre vergehen Euch iezt sehr schnell. Ich bitte Euch darum, dass ihr ja nicht nachlässig seyd. Bringt nicht so viel Zeit beim Spielen zu. Ihr sollt nur spielen um wieder neue Kräfte zum Arbeiten zu haben. Gewönlich aber glaubt man, man arbeite um spielen zu können. Bittet und ängstigt eure gute Mutter um keine Freistunde. Wenn auch ihre Güte sie euch gewährt, so muss sie es doch immer mit einem Seufzer thun, weil eine gewisse Zeit damit verloren ist. Und lieben Kinder, wenn ihr die Stunde zu eurer Lehre schlagen hört — so denkt nicht ihr hättet etwas gewonnen, wenn ihr die Minuten die ihr möglich erhaschen könnt, noch für euch behieltet. Liebe Jungens thut das nicht, ihr begeht einen Diebstahl an der Ewigkeit und eine harte Kränkung an euren Eltern, die von jeder Minute der Lehre euren Wachsthum hoffen. Wolt ihr die Stunde recht geniessen, so geht früher hinauf, legt alles zurecht, was ihr braucht, sezt euch ruhig hin und erwartet euren Lehrer. So seid ihr nicht zerstreut und glaubt mir, ihr könnt zehnmal mehr in so einer Stunde ausrichten. Wer dies am öftersten und am gewissenhaftesten thut, der ist von Euch der Besste. Eure Mutter wird darauf achten, und ich werde, wenn ich komme, nur f ü r d e n etwas thun, der so gehandelt hat. Manche dieser Dinge glaube ich nicht recht gut befolgt zu haben, als ich in euren Jahren war, deshalb erinnere ich Euch daran; so wie man jemanden der hinter uns geht zuruft; er solle sich in acht nehmen wenn Löcher im Wege sind. lebt wohl und liebt mich wie ich euch.

Wilhelm Iffland.

Ein wichtiges Dokument für die richtige Erkenntnis des Ifflandschen Lebensschicksals ist der folgende Brief, der eine Generalbeichte über seine Gefühle und deren Zwiespalt zu den Anforderungen der Welt darstellt.

Man darf annehmen, daß Iffland das, was er hier schrieb, tatsächlich empfunden hatte, denn ihm waren solche Beichten geradezu ein Herzensbedürfnis.

An Louise. Mannheim, den 24. März 1787

— — — Von dem Jahre 85 an hat sich meine Art zu sehen durchaus geändert. Mich und die Welt sehe ich ganz anders. Eine ziemlich natürliche Folge des Eintritts in die männlicheren Jahre. O Louise! Ich habe es nun erfahren, was ich mir lange verbarg, — nach dem vier und zwanzigsten Jahre fällt fast von allen Freuden almälig der Reiz, den ihnen die Empfänglichkeit der Jugend lieh. Mehr oder weniger verlieren alle Gegenstände diese bezaubernde Rundung, an denen unsere Phantasie wollüstig vorübergleitet! Alle Gestalten — die Freude in allen Gestalten — wird im entgegengesetzten Bilde vor uns stehen. Ein Körper, eine schwere Masse, — was zuvor Lichtgestalt, ein Unnennbares Etwas war! Eckig, hart, langweilig, was Grazie, weich und sanft schien, dass auszugeniessen das Leben zu kurz dünkte! Ich suchte die Aenderung in der Freude selbst, strebte gewaltsam alles zu finden wie vordem — ach! Umsonst! Ich bin geändert! Ich! Die Sachen sind die nämlichen, die, denen die süsse Täuschung nicht genommen ist, berauschen sich noch aus diesem Becher — mir wiedersteht er!

Nun, meine liebe Louise! du, die du mich von meinen ersten entwickelten Empfindungen an kennst — muss ich dir es wohl erklären, dass es nicht Wollüste sind, denen ich etwa abgelebt wäre?

Nein! Es sind einfache, zum Theil einsame Freuden, deren Genuss ich eben so sehr — mehr ehre wie sonst; aber die mich nicht so stärken wie sonst. Ich ehre sie m e h r. Denn, was ehemals Hang, dunkeler Zug war, ist nun Ueberzeugung. Worin liegt es denn, dass sie mir nicht sind was sie waren?

Worin? —

(Es sind nur Fragmente, vergiss das nicht.) Als ich — vor drei Jahren etwa — nichts that als meine Geschäffte für die Bühne zu besorgen, zu lesen, Natur zu geniessen, so überliess ich mich ganz den Eingebungen meines Herzens. Ich war geizig zu sammlen — sehr geizig! Ehrgeizig auf meinen Vorrath, brennend ehrgeizig auf einen Namen. Ich samlete hastig, ohne zu ordnen.

Ach! ohne zu ordnen!

Ich hatte gar keinen Begriff von dem Wehrte der Zeit. Wer den nicht hat, der rühme sich nicht, dass er e i n e s D i n g e s Wehrt kenne.

Also Vorrath hatte ich und Ehrgeiz. Ich fühlte den Drang zu thun. Ich schrieb. Mein Herz, natürliche Gutmütigkeit würkte darinn. Man ehrte dies als K u n s t werk. Ich erhielt Namen, Aufforderung mehr zu thun. Mit Ehre, Namen, Gönnern, mit dem, dass ich gesucht ward, ward meine Zeit mehr besezt. Mit allem, was mich von aussen hob, erweiterte sich das Sehnen, andern mehr zu seyn.

Meine Plane, Wünsche und Unternehmungen wurden bedeutender, griffen mehr und entscheidender ein. Ich musste dem Bilde gemäss handeln, dass meine Arbeit von mir geben konnte.

Sieh Louise, da war ich auf einmal in den Trieb der grossen Welt geworfen. Ich, dessen Maschine fein, so sehr empfindlich ist, der ich Nichts von Natur, Hang und Erziehung habe, was mich in diesen angreifenden Trieb gern halten oder erhalten kann!

Meiner Arbeit nach nimmt man mich für einen gebildeten Kopf. So will man mich handeln sehen. Wärme des Herzens? Ich dürfte mich ohne Gelächter nicht darauf berufen, dass diess mein Talent sey. Das Herz bestimmt mich, mein Gefül leitet mich, ich behandle andre nach mir. Ich halte mich nicht für ein Muster. Gleichwohl wird jede meiner Handlungen, in dem grossen Triebe, von der Seite der Politick, der ausgemachten Menschenkenntniss betrachtet. Ich selbst muss, will ich nicht für zweideutig genommen seyn, will ich geachtet seyn — d e n Masstab schweigend anerkennen.

Nun denke dich mich, wie du mich kennest. Wieder mein Gefül will ich nicht handeln, nach meinem Gefül darf ich oft nicht handeln. Welch ein Mittelding scheine ich. Innerlich so w i r k l i c h s t a r k , von aussen so mutloss, so unentschlossen, oder, was böser ist, so verschlossen!

So stehe ich für die Menschen da! Ich habe ohne Ordnung gesammlet, sagte ich, und ohne Ordnung gegeben, setze ich noch hinzu. Unbekannt mit dem Wehrt der Zeit, musste ich von selbst ein unrichtiger Haushälter seyn. Zu edel, um auf meine moralischen und physischen Besitzungen den Wehrt eines Wucherers zu legen, zu lebhaft, zu flüchtig, zu kenntnissloss, um von der Weisheit, die wahre Mensur in Vertheilung beider mir geben zu lassen, fühlte ich mich gut, wenn ich mit vollen Händen weg gab.

Die grosse Welt ist mir geöfnet. Ich sehe diess brillante, erseufzte, beneidete Theater hinter den Koulissen. Das Leben des Adels ekelt mich an. Aber — ich bin — weniger als viele — dennoch aber im Trieb. Zeitl. Laune, Wünsche muss ich oft hingeben. Das Glück thut für mich, und ich muss ihm den Hof machen. Aber in diesem Umgange vergreift sich meine Präge. Konvenienz, Ton, alles mindert meinen Gehalt. Ich gewinne an Menschenkenntniss, aber das so oft zum Schweigen verurtheilte Herz geht leiser. Diese zurückgedrängte Freimüthigkeit verwandelt sich in Bitterkeit. Bitterkeit kann ich nicht beherbergen; daraus wird endlich eine Art von Indifferenz. Also musste ich nach und nach die Wärme meiner Empfindungen sich mindern und mit ihnen mein Schöpfungsvermögen! Jene Kenntniss, Politur, diese launigen Eroberungen meiner Muse müssen zum Theil verloren gehen. Denn sie ist nur der Schmuck vorhandner gründlicher Kenntnis, die ich nicht habe. Im Erwerbenwollen der Basis verliert sich der Geist der ersten Idee, sie erscheint nachher planmässig dekorirt und ist nichts.

Indess verlangt mein Name, mein Ehrgeiz und mein Vortheil, dass ich nicht still stehe. Und da sehe ich denn, ich habe gesammlet ohne Ordnung und davon genommen ohne Plan.

So muss es künftig nichtseyn und ich muss verbergen, dass es so war. Zweierlei trockne Stimmung! Diess Nachsinnen, Beachten, diese Vorsicht beschäftigt mich, die Arbeit selbst spannt mich ab.

Das war von Seiten meiner litterarischen Laufbahn. Nun lass uns das Bild von der Seite meiner Welterfahrung, und was sie auf mich würkte, ansehen.

Das Glück ist grossmüthig in Golde gegen mich — da ist also kein Gegenstand zur Jeremiade, wird man sagen? Nein! Ich räume es ein. Nun ist die Folge des Glücks ein Gemeinsatz. Wir kennen ihn. Aber lass mich sagen, dass es das Verdienst meiner Vorsicht, meines bescheidenen eingezogenen Lebens, meiner Pünktlichkeit im Geschäffte ist, wenn der Neid nur mit Staub mich beschüttet, statt mit Steinwürfen mich zu verwunden. Ich bin resignirt und einsam, nichts minder als eifersüchtig auf meine Rechte, ich weiche aus. — Mich dünkt, das heisst dem Glücke Weg ebnen? und etwas verdienen? Ich bin viel von Undanck misshandelt, ich habe die Triebfeder bedeutender Handlungen immer mehr in kleinen Schwächen gefunden. Ich sehe im ganzen auf der Welt wenig Andencken, keine Ausdauer, auch unter den bessten Menschen fast. Lossmachung von Versprechen und eigner Vorsatz unter Beschönigung von Sprache der herrschenden Leidenschaft!

Dadurch bin ich almälig erwacht und habe mich gefragt, was es mit mir ist und werden soll?

Da finde ich, gegen Dankbarkeit und Ausdauer, die ich habe, Empfindlichkeit und Eigensinn, die mich quälen. Diese Fehler ruhen auf Tugenden, im Streben nach der rechten Temperatur tritt Trockenheit ein für Geist!

Was ich von ganzer Seele ergriffen habe, davon scheidet mich nur der eiserne Tod. So fühle ich, Weltweissheit lehrt anders. Kenntniss ohne Reiz der Einbildungskraft ist ein dürres Feld. Einbildungskraft ist nur Werck der Jugend, eine Sonne, deren Abendroth im männlichen Alter bewundert wird, aber nicht erwärmt. Soll ich Kenntniss erwerben und den Reiz, sie wieder zu geben in der Taglohnarbeit verlieren? Ich muss weniger trauen — wer ist aber der Erste, wer soll es seyn, an dem ich mich versündige?

Ich habe für meine Freunde mehr gethan, als für meine Verwandte.

Sieh, liebe Louise, da stehe ich, das geht mit mir herum. Darüber will ich mich täglich entscheiden. Diess macht mich kalt für die Natur selbst, bitter gegen mich. Diess machte eine Krise in mir, eine Änderung in meinem Ton, meinem Rückhalt in meinem Briefe. Aber dass ich dich und meine Brüder ewig liebe, dass ist ungeändert. Gute Nacht!

W. Iffland

Wenn auch aus der im folgenden Brief erwähnten Reise nichts wurde, (die Aufforderung dazu soll vom König selbst gekommen sein), so ist es doch nicht unwichtig zu lesen, mit welchen Reformen Iffland die neue Aufgabe in Angriff nehmen wollte.

An Eisendecher. (11. März 1790.)

Lieber Bruder! Indem Gott Ihnen giebt — giebt er mir — vorher Philipp — durch S i e meinen guten Gottfried wenigstens R u h e ! Denn davon athmen seine Brieffe und von Dank für Sie und die immer gleiche Louise!

Was m i r Gott giebt? Die Berliner Sachen, davon Louise Ihnen nun gesprochen haben wird! Werde es, wie es wolle — so fühle ich die Hand der seegnenden Allmacht — und meine tieffe Unwürdigkeit. Gott demüthigt mich durch Glück! (Fromme Ausdrücke) . . . . .

Nun zu dem Geschäffte selbst! Alle meine Freunde und unter diesen ernste Männer, Greuhm, der alte Fürst rathen mir eine Reise nach Berlin an. Denn anders sehen die Dinge in der Beschreibung, anders in Natur, anders ist vermuthen als wissen. Mein Vortheil und meine Ehre scheinen gleich zu gehen. Die Erwartung von mir ist gross. Was werde ich leisten k ö n n e n ? Was, w i e v i e l wird man mir zu leisten z u l a s s e n ? Das i e z i g e Theater ist ein Greuel. Welche Lokalumstände sind da, um etwas ändern zu k ö n n e n , oder zu d ü r f e n ?

Der erste Fond zur Aederung ist Umwerfung der bisherigen sardanapalischen Theatralökonomie. Das zu können muss ich Kenntniss der Preise von den Lebensbedürfnissen dort haben: sonst lieffere ich einen Papierplan, keinen reellen.

Welches sind zufällige, welches fixe Einnahmen, welches der Durchschnitt in zehn Jahren?

Was fordert der König, der Hof, das Volk?

Was ist da? Was nicht?

Wie ist die Vereinigung der Oper mit dem Schauspiel und wie das Ballett? Was will mann e n t b e h r e n oder was will man m e h r haben?

Sind über gangbare Artickel als Beleuchtung u.s.w. Ackorde da oder nicht? Wobei, verglichen mit dem lauffenden Preise ist Gewinn? u.s.w.

Alle diese und noch unzäliche, die innere Fürung einer Bühne angehende Fragen, sind zu thun und B r i e f f e sagen mir nicht die Sache, wie s i e ist.

Da nun von einem äusserst v o r t e i l h a f t e n , e h r e n-v o l l e n Antrage dort oder, wenn ich dennoch vom Locale abgeschreckt diess vermiede — von einer hier dadurch zu erwerbenden Erhöhung die Rede ist — beides auf mein Schicksaal und Leben den bestimmten Einfluss hat, so ist des nöthig, dass ich iezt bei der Kaisetrauer wahrscheinlichen Theaterschliessung nach Berlin reise . . .

Ich habe übrigens das Vergnügen gehabt, ein neues Stück gemacht zu haben, darüber mir die Kenner viel Gutes sagen.

Ehegestern schickte mir die Stadt Saarbrücken das Bürgerrecht in ihrer Stadt . . .

Die freudige Erregung, die diesem Brief, der das Zusammentreffen mit Goethe schildert, eigen ist, spiegelt sich auch in der Unterschrift wider: es ist einer der wenigen Briefe, die Iffland nur mit seinem Rufnamen beschloß.

1799

An seinen Bruder Gottfried!

. . . . Den 21. Kamen Goethe und der Herzog von Weimar hier am . . . . Den 22. war Goethe zu Ehren freier Eintritt für jedermann und "Clavigo". Er liess um vier Uhr vor der Komödie mich zu sich bitten. Liegt Ihnen etwas daran, sagte er, so versichere ich Ihnen meine ganze Bewunderung. Mit soviel Wahrheit und Delikatesse sah ich seit Ekhof nicht spielen. Folgen Sie meinen Rat, spielen Sie entweder oder. Immer das Aeusserste. Das niedrigste Komische und höchste Tragische. Es ist ein odieuser Kerl, der niemals Zeug zu was Ausserordentlichem hat und bleibt im Mittel- Uff! und dabei spannte er jede Nerve hinauf! oder ganz im Drecke. Bei Gott, ich wundere mich, dass Sie so jung sind und Resignation genug haben, Alte zu spielen. Wenn ich vierzehn Tage da bliebe, so wollte ich "Cid" von Corneille umarbeiten, so gefallen Sie mir. Adieu, ich empfehle Ihnen den Carlos. Ich sprach ihn den andern Tag nach "Clavigo" bei Herrn von Dalberg und er war mit meinem Carlos sehr zufrieden. Ein bischen zu geschwinde wäre ich gewesen, meint er. Den 23. sah er den Baron Abslut in den Nebenbuhlern von mir. Nach der Vorstellung kamen der Herzog und Goethe auf das Theater, der Herzog sagte mir, sowie Goethe, viel Schönes. Gehen Sie straks fort in Ihrer Bahn, Sie sind den Beifall wert, den Sie überall erhalten müssen. Adieu, Adieu! Hier gab er mir die Hand. Leben Sie glücklich, denken Sie zuweilen an Goethe, er hat Sie lieb. Dass ich mir vor Freude hätte einen Rausch antrinken mögen, kannst Du denken. Goethe, Goethe sagt mir das! — Eine Anekdote! Es war eine Seitentür auf dem Theater, durch die der Herzog und sein Gefolge vom Theater ging. Goethe, als ob er mechanisch überall Original wäre, ging schnell hinein und kam eher wie der Herzog. In der Art, wie er es tat, steckte das Sonderbare. Addio.

Wilhelm!

Postscriptum am Rande: Werde nicht böse, daß ich so an die Ecken schmiere. Goethe hat einen Adlerblick, der nicht zu ertragen ist. Wenn er die Augenbrauen in die Höhe zieht, so ist, als ging der Hirnknochen mit.

In Ifflands Briefwechsel spielen die Briefe an seine Eltern kaum eine Rolle.

Briefe an die Mutter findet man selten und auch mit dem Vater wurden nur wenige Briefe gewechselt, da dieser schon in den ersten Mannheimer Jahren seines Sohnes starb.

Einer der wenigen Briefe an den Vater gibt ein interessantes Bild von den Verhältnissen an einem Hoftheater.

An Chr. R. Iffland. Mannheim, d. 31. 8tb. 1779.

Verehrungswürdigster Herr Vater!

Erlauben Sie mir, Sie zu benachrichtigen, dass ich den 29t. 7br Von Gotha ausreisete, über Fulda den 1.8br. in Frankfurt eintraf, den 2t. bey Oppenheim über den Rhein gieng, und den 3t. morgens 8 Uhr glücklich in Mannheim ankam.

Louise wird Ihnen eine Zeitung weisen, woraus Sie abnehmen werden, wie gut ich in Mannheim aufgenommen bin. Es wird nun von meinem Fleisse und meiner Aufführung ab-

Iffland als Herzog von Sully
in Heinrich IV.

Iffland als Shylock

Tafel 14

hängen, ob der Beifall und die Achtung welche man mir beweisst, dauerhaft seyn sollen. Die Gegend ist ungemein schön, vorzüglich die nach Heidelberg und Worms. Ich habe noch der Weinlese mit beigewohnt. Fünf Regimenter liegen hier in Garnison, deren Officiers auf Befehl des Kurfürsten alle abonnirt sind und die rechte Hälfte des Parterrs ausmachen. Die Komödie hat dem Kurfürst so gefallen, dass er noch 3000 Gulden zugelegt hat, also zahlt er jährlich für sich und seine Gemahlinn Loge 10000 Gulden. Er hat uns erlaubt, 4 Wochen auf Frankfurt nach der Messe zu reisen, für diese Reise bekömmt jeder ein Messpresent von ihm, freie Reise und freien Tisch in Frankfurt, auch werden die Logies in Mannheim unterdess von ihm bezahlt, der Überschuss wird dazu angewandt Schauspieler die sich zeigen, wenn sie von Ruf und Verdiensten sind, zu belohnen. Die Direktion hat Hr. Dalberg und Hr. Seiler, (der mit seiner Frau 2000, 800 Gulden Gage bekommt). Aber alle vier Wochen ist eine Zusammenkunft, wo von neuen Stücken und deren Besetzung die Rede ist. Diese Zusammenkunft besteht aus Hn. v. Dalberg, wo jeder über sein Spiel in der ganzen Woche beurtheilt wird. Die Garderobe ist fürtrefflich, und die Kleider zu den Hauptrollen sind jedem angemessen worden. Vergeben Sie mir meine Weitschweifigkeit. Gott erhalte uns Ihre theure Gesundheit. Ich bin meines verehrungswürdigsten Vaters

gehorsamer Sohn
Wilhelm August Iffland.

Der folgende Brief ist ein fertiger Liebesroman der gefühlsseligen Zeit um 1780. Zugleich aber ist er ein Beispiel für die Rührseligkeit Ifflands — die sich übrigens auch in seinen Stücken zeigt—, der beim kleinsten Anstoß, beim Mondschein, beim Empfang eines Briefes in Tränen auszubrechen vorgab.

Man geht jedoch ganz fehl, wenn man aus der Ausführlichkeit dieses Briefes schließt, es sei dies die einzige Liebschaft Ifflands gewesen. Er hat vielmehr in seiner Junggesellenzeit genug und durchaus nicht nur platonischen Verkehr mit dem schönen Geschlecht gehabt.

Mannheim den 8en November 1780

Liebe Louise.

Ich schreibe dieses in den nämlichen Gartenhause am Rheine, wo ich Dir vergangenen Sommer schrieb. Aber wie haben sich die Situationen verändert seit jenem Briefe und diesem — doch still davon, sonst wird das Ende meines Briefes der Anfang. Ich will Dir die Geschichte meiner unglücklichen Liebe erzählen. Ich will es — wenn ich es aushalten kann.

Ich wusste dass ich als Karlos im Clavigo einem hübschen Mädchen sehr gefallen hatte. Wer sie wäre, daraus machte man ein Geheimniss, und ich, ich weiss selbst nicht warum, drang nicht sehr auf die Entdeckung dieses Geheimnisses. So verstrichen ettliche Wochen, als ich auf den Weihnachtsmarkte, Abends, etwas hinter mir sagen hörte: dass ist er, dass ist er. Ich sahe mich um, als eben die Person, von welcher diese Worte gesagt waren, in ihren Kapichon verhüllt, dicht an mir hinstrich. Sie verlor sich im Gedränge, und mein Suchen war den Abend vergebens. Den 12. Jenner d. J. 18 Tage darauf erhielt ich durch einen Singmeister, mit dem ich Umgang hatte, eine Einladung von einem gewissen Hofkammerrathe Serarius. Ich hatte wenig Lust hinzugehen, denn ich habe mir das System gemacht, solche Invitationen ein für allemahl auszuschlagen. Man ist neugierig, einen beliebten Schauspieler ausser dem Theater zu sehen; hat man ihn etlichemahle gesehen, so fällt der Nimbus von Wunderbaren weg, man hat seine Neugierde befriedigt und lässt es oft dem Schauspieler merken: man habe ihm eine Ehre durch diese Invitation erzeigen wollen. Ein Mensch von edlem Muth, dem die offene weite Flur, oder sein Zimmer und er Unterhaltung genug ist, der verträgt so etwas nicht gern. Entweder es kömmt zu bitteren Erklärungen, oder man bricht geradezu ab, und das taugt nicht — wenigstens nicht für einen Schauspieler (bey diesem System hätte ich gewiss die Einladung höflich abgeschlagen, allein ich war für den Abend zu einem grossen Abendessen gebeten, war um 2 schon angezogen, die Zeit währte mir lang, also dachte ich, Langeweile bis Abends 6 Uhr — bey mir zu Hause, oder dort — Eins wie das andere. Ich gieng hin. Gieng mit dem Vorsatze hin, dass, wenn etwa die erste Sylbe seines Tittels über sein Gesicht bey meinem Empfange etwas verbreiten solte, dass eine demüthigende Herablassung anzeigte; so wollte ich, zwar unüberspannt, aber doch so lebhaft die Würde des Tittels Mensch, mir denken, und vermöge dieses billigen nothwendigen Gedankens, mich so benehmen, dass dem HofKammerrathe die Lust vergienge den Menschen wieder zu sehen, den er, wie einen Savojarden mit dem Murmelthiere, hinbestellt hatte. Auf dem ganzen langen Wege befestigte ich den Vorsaz bei mir. Ich freuete mich im voraus, das wieder gut zu machen was die kriechende Unterwürfigkeit französischer Schauspieler und die Schmarotzerei unserer deutscher Vorgänger verdorben haben konnten. Indem zeigte mir mein Führer das Haus. Ich klingelte. Der Bedienter, der uns (dem Singmeister und mir) aufmachte war so freundlich, verdoppelte bey dem Nahmen Iffland seine Freundlichkeit so sehr, dass mir dieses einen guten Begriff von seiner Herrschaft gab. Denn wahrhaftig ein Domnestique, der nur irgend eine Seite anzunehmen fähig ist, wird immer eine untergeordnete Kopie seines Herrn seyn. Die breiten Steinernen Treppen, die eisernen Geländer mit Messingernen Knöpfen, die reinlichen Vorplätze, der niedliche Hof, alles zeugte von dem edlem Geschmack des wohlhabenden Besitzers. "Sie werden so gütig seyn bey Mamsell abzutreten." Die Thüren offneten sich und zeigten mir ein junges Mädchen, dass mich auf den ersten Blick — interessirte. Einige Komplimente von ihrer Seite über mein Spiel — Danksagungen dafür von der meinigen, fädelten ein Gespräch ein, dass auf Schauspiele überhaupt, und Operetten, auf Musick, auf den Geschmack in der Musick hinauslief — mit einer bezaubernden Leichtigkeit brach Sie dieses Gespräch, dass anfing trocken zu werden ab, und forderte meine Erlaubniss ein rondeau spielen zu dürfen, welches sie heut ganz neu erhalten hätte. Wärendes Spiels hatte ich Zeit, sie genauer zu betrachten. Keine Schönheit, deren Regelmässigkeit wir bewundern — aber auch nur bewundern. Sittsamkeit und Grazie in jeder ihrer Bewegungen — blondes Haar sehr simpel frisiert. Ein blaues grosses Auge! eine Nase die nicht hübsch ist, beinahe eine Stumpfnase, ein fürtreflicher Mund, Grübchen in den Backen, ein fürtrefliches Kinn — Ein Lächeln — dass einen ausgehungerten Tiger seine Beute fahren lassen machen könnte. Eine Farbe wie Milch und Rosen — ein Hals so schön, der, obschon unter dem dichten schwarzen Schleier verborgen, doch den Busen einer Medizenischen(!) Venus vermuthen liess. Ein Arm, eine Hand — ein Fuss die — doch ich will ja nur erzählen, nicht zu mahlen suchen. Sie ist einige Jahre in Mez erzogen worden, dieses vereinigt die Leichtigkeit, die Annehmlichkeit, den Witz der Französinnen, mit dem fürtreflichsten Herzen, dass nur unter dem Busen eines guten deutschen Mädchens schlagen kann. Ihr Anzug bestand aus einer Cirkassiene von grauen Griset, mit eben dem Zeuge garnirt, dem man es an Alter und der Zusammenstückung ganz gut ansehe das er war von andern getragen worden, einer schwarztaffentnen Schürze, runden Silbernen Schnallen. — Als Sie gespielt hatte, kam der Bediente, den sie einige Befehle die Haushaltung betreffend ertheilte. Dieser Anzug — diese Wirtschaftlichkeit — erhöheten ihre wissenschaftlichen Gespräche. Sie sang eine französische Arie und accompagnirte sich selbst. Sie sang, ohne jene fürchterlichen — oder künstlichen — wie man will, Modulationen. Aber mit einem Ausdruck, einer Empfindung, einer Innigkeit — die sich nur fühlen lässt. Nach Endigung dieser Arie kam der Vater mich in sein Zimmer zu holen. Ich bemerkte, das ich ihren Arm nahm um sie hinüber zu führen, dass eine Feuer Röthe ihr ganzes Gesicht überzog. Wir kamen durch ein Vorzimmer in das Zimmer ihrer Mutter, die ganze Bekleidung dieser Zimmer war prächtig, und doch geschmackvoll. Der alte (ein 60jähriger, angenehmer, kluger Mann), und die Mutter, (eine drollichte, plaudernde 40jährige Frau) empfiengen mich sehr gut. Auch hätte ich es über die Tochter vergessen, wenn das nicht geschehen wäre! Und hier — erst hier — so war ich in Betrachtung der Reize dieses Mädchens versenkt — erst hier fiel mir es auf, dass ihre Stimme Ähnlichkeit mit der habe, die am Weihnachtsabend hinter mir rief, dass ist er, dass ist er. Erst um halb 7 Uhr, da gerade Spielgesellschaft kam, fiel mir es ein, dass ich um 6 Uhr in einer Gesellschaft hatte seyn sollen. Die Alten baten mich sehr bald wieder zu kommen. Die Tochter that das nemliche und mit einer Art — mit einem Erröthen — da ihre Augen den meinigen begegneten, das schweigend mich zu allen denen Wünschen, Hoffnungen, aufzumuntern zu berechtigen schien, die entweder iezt noch nicht entstanden, aber schon so überhand genommen hatten, augenblicks so zur Leidenschaft geworden waren, dass ich mitten im Labyrinth taumelte, ohne bey aller Sammlung finden zu können, wie ich, oder nur, dass ich hineingekommen war.

Sollte ich Dir nun meine Geschichte so umständlich fortbeschreiben, so würdest Du, so sehr Dich auch dass wass ich schreibe interessiren mag, (denn lässt mich dein Stillschweigen wohl etwas anderes hinsetzen, als eben dieses: mag) so würdest du doch, über der Langeweile des Mittleidens vergessen. Verliebten — pfui des hässlichen Worts! Liebenden — ist sonst jede Nuance, jede Träne, jedes Vergebliche Erwarten, jeder Muss bei der Trennung wichtiger, diese Dinge, und wenn sie sie von dem Pinsel des grössten Dichters gemahlt gesehen haben, so bald sie sie betreffen, scheinen sie ihnen neuer, trauriger, hoffnungsloser, süsser, und eben deswegen halten sie sich zu den umständlichsten Beschreibungen der gewöhnlichsten Dinge berechtigt. Ich bin krank, und glaube dass ich es bin — aber deswegen nicht minder heftig, weil ich es glaube. — Nachdem ich sie noch einigemahl gesehen hatte, glaubte ich bei einer Untersuchung meiner selbs, dass sie mir w e h r t sey. Ich Thor! Dass ich mir Unpartheilichkeit, Scharfsinn, und guten Willen genug zutrauete, mein Wesen untersuchen zu wollen — denn mein Wesen war Sie — ich wusste von keinem Ich. Man mag immer schreien, dass Leidenschaft eine Erniedrigung, eine Sklaverei sei, unter deren Druck die Würde des Menschen sich verliehrt. Es mag so seyn! Es mag in den Augen des kalten Verstandes — ein hässliches Ding seyn um diese Sklaverei, aber für das Gefühl? — Und was ist Verstand ohne dieses Gefühl? Was ein hübscher Körper ohne Beine ist! Doch — ich scheine zu vergessen — dass du nicht wissen willst, warum und womit ich meine Krankheit bey mir entschuldige.

Mit jedem der mich interessirt spreche ich mit Wärme — von Dir — nicht mit den übrigen: denn die Geschichte von einem guten Weibe — ist so sehr zur Fabel geworden, dass man sie nur guten Weibern wieder erzälen darf. Dass nun D i e s e r Deine Geschichte (ich weiss nicht wie ich zu dem pathetischen Wort, Geschichte? komme), das was ich ihr von Dir sagte, besonders interessirte, war kein geringer Grund, warum ich sie liebte (Du wirst von selbst die Worte War, liebte, in ist, liebe, verwandeln) Und eben um desswillen wirst Du gern ihre Geschichte hören — Ihr Vater hiess Byron, war Wundarzt und Kammerdiener des iezigen Kurfürsten, wurde von einem andern Wundarzt und Kammerdiener, Namens Bechtler, aus Eifersucht über die Gunst des Kurfürsten, ermordet. Die Witwe heirathete den Hofkammerrath Serrarius, der dieses Mädgen und ihren Bruder (der vorm Jahre starb) wie seine eignen Kinder liebet, und an ihrer Erziehung nichts erspart hat. Sie und ihre Mutter haben eine reiche Pension vom Kurfürsten, und von ihrem Stiefvater eine ansehnliche Erbschaft zu gewarten. In diesem Hause habe ich die gütigste Teilnahme, an meinen Schicksale bei dem Verlust unseres verewigten alten Vaters gefunden. Ich habe den alten vorgelesen. Sie erkundigten sich umständlich nach meinen Einrichtungen, nahmen Antheil an meinem Beifall. Sie thaten alles, was man nur um einen Menschen thun kann, dessen Glück man wünscht.

Bis Johannis hatt ich nie einen Schritt gethan um ihr zu sagen dass ich sie liebe. Sie eben so wenig. Um diese Zeit verreisete sie zu verschiedenen malen auf das Land. Nun sahe ich wie unaussprechlich gross das Elend war, worinn ich mich gestürzt hatte. Ich war unfähig zu allem. Ich suchte beständig Nebenursachen, wenn man mich deshalb zur Rede setzte, aber die wahre Ursache nagte tief an meinem Herzen, und liess keine Freude auf der Oberfläche haften. Ich war verschiedene Male auf das Land gereiset, um sie zu sehen, und verfehlte Ihren Aufenthalt, den sie oft veränderte. Endlich traf ich ihn. 5 Stunde von Mannheim, zu Freinsheim, auf einer Kirchweye, ich begegnete ihr an dem Arme eines Mannes, der mir missfiel — aus Ahndung vielleicht. Mir war, als stünde auf seiner Stirne "ich habe ein liebes Weib unter die Erde gebracht" als liesse sie sich, in allem betracht von ihm führen. — Die Röthe, die ihr ungewöhnlich bleiches Gesichte überzog — sagte mir dass ich sie in einer unangenehmen Situation angenehm überrascht habe. Sagen konnte sie mir nichts. Die Mutter redete mich an, mit vieler Freundlichkeit. Der Alte kam nach — aber ich war von so viel Schreckbildern die sich mir darstellten, bestimmt, wenn ich anders Etwas konnte oder wollte. Ich — kurz ich erfuhr in Mannheim, dass der Vater, aufgebracht, dass seine Tochter so manche Partie ausgeschlagen hatte, in sie drang den Menschen zu heirathen wovon ich sagte, der zwar von seiner vorigen Frau ettliche Kinder, aber vieles Vermögen hatte. Sie weigerte sich, die Mutter, Gott segne sie dafür, um das Glück dieses lieben Mädchens, unterstüzte diese Weigerung. Dadurch ward Uneinigkeit im ganzen Hause. Wenn ich auch nur die entfernteste Ursach dieser Uneinigkeit bin — so war es meine Schuldigkeit von dem Augenblicke aus dem Hause wegzubleiben. Das that ich — es kostete mich dass ich dass that! Wenn unglücklicherweise in der Komödie mein Blick auf ihre Loge fiel, so wars um meine Rolle gethan. Ich erfuhr, dass einige junge Herren, aufgebracht über den Vorzug, welchen sie mir vor ihnen gab, sich hinter einige Freunde des Alten gesteckt hatten um ihn zu hinterbringen, ich sey die Ursach dieser Unordnung in seinem Hause. Dieses bestätigte den Grundsatz, nicht hin zu gehen. Als ich in einen Galanterieladen gieng um die Kleinigkeit zu kaufen welche ich dir geschickt habe, steht ein Frauenzimmer in Kapichon verhüllt vor mir, nach der ich nicht aufsahe, bis ich eine mir zu bekannte Stimme sagen hörte: Ihre Dienerin H. Iffland — Sie kaufte eine Kleinigkeit, verneigte sich und ging am Arme ihre Freundin weiter. Ich war so erschrocken, dass ich lange nichts that, als ein Stück nach den andern in die Hand zu nehmen und weg zu legen. Endlich fasste ich mich — ich sah ihr nach und fand, dass sie sich am Ende der Strasse nach mir umsah. Dieser Unwille, dieses Umsehen, mein Wegbleiben — ich weiss dass Sie mich liebt — ob wir uns dass gleich nie sagten! Es war ein schrecklicher Tag für mich dieser 31. September. Ich war von Liebe — Möglichkeit, Unmöglichkeit, Furcht und Muth so herumgeworfen, hatte eine so elende Nacht, einen Schlaf der wirklich schrecklicher war als alles Wachen. Einige Tage nachher hörte ich, dass sie den Bitten der Ihrigen nachgegeben hat — und einen Kaufmann aus Frankfurt heirathet. Ich darf Dir wohl nicht beschreiben, we ich das auf nahm — ich würde tolles unsinniges Zeug erzählen — wenn ich alle die Dinger hier hinsetzen wollte, die ich im ersten Ausbruch meines Jammers begann. — Kann ich vermuthen, dass ich mich nicht bloss gebe, so will ich (denn die Hochzeit ist vor dem Advent) so will ich hingehen und Glückwünschen; kann ich nicht; so will ich, wenn sie fort seyn wird, die Alten besuchen — Ihnen gerade sagen, dass ich um m e i n e r Ruhe willen ihr Haus gemieden hätte, und dann will ich meine Besuche fortsetzen. ich will nicht auf eine zweideutige Art aus einem Hause wegbleiben, in welchem man mich so gütig aufnahm.

Das kannst Du glauben, dass mir diese Begebenheit bittere Tränen kostet. Ich habe niemand, dem ich mich hier anvertrauen mögte, Niemand, für den ich Achtung und Zutrauen zugleich hätte. Wenn ich es nicht mehr aushalten kann, so warte ich bis Mitternacht und geniesse des schwermüthigen Vergnügens — ihr unbewusst unter ihrem Fenster zu weinen. So ist meine Situation. Glaubst Du nun dass ein Brief von Dir mich beruhigen könnte? Trauriger kann ich in meinem Leben keine haben. Küsse meine Brüder und deinen Mann und deine Kinder. Behalt mich lieb — hörst Du?

August Wilhelm Iffland.

Weniger als Charakteristikum Ifflands, mehr als Schilderung eines Schicksals der Zeit wurde der folgende Brief hier aufgenommen.

An Louise Mannheim, d. 31. März 1782

Im Wendlingschen Hause, wo man, wie ich Dir sagte, auf Assietten Abends isst, wo der grösste Ton in Manheim ist; dort wissen mich zwei Mädgens, die mich gern sehen, aus und eingehen. Dem. Roden, eine Nichte von Stein. Die andere, Dem. Esslinger, eine Nichte von Schwan. Augusta Wendling war maitresse des Kurfürsten, ist 27 Jahre alt, schön wie ein Engel und singt göttlich, hat ein sehr gutes Herz und viel Verstand, wurde von ihrer Mutter zum Verbrechen gezwungen, damit jene grossen Hof halten und durch die Tochter an einen ungetreuen Liebhaber, Prinzen von Geblüt, sich rächen konnte; alles gelang, die Tochter sollte Gräfin deklarirt werden, als eben der Minister eine andere protegirte; die Gustel stürzte, welche mit einer Pension iezt bei ihrer Mutter lebt und wegen ihres fürtreflichen Herzens von jedermann geehrt wird. Dass ist meine Gesinnung für Mutter und Tochter, aber auf Ehre — ich liebe sie nicht — auf Ehre, diess Haus kostet mich nichts. Ich bin heut bei der Mutter gewesen, die Tochter lag in meiner Abwesenheit am Tode, izt bessert sie sich. Sie hat in der Phantasie beständig meinen Namen genannt, ich glaube dass sie sich für mich interessirt. Aber ich zeige bei jeder Gelegenheit, dass ich dass nicht erwiedern kann.

Dass ist — bei meiner Liebe zu Dir — Wahrheit —

Ewig der Deinige

August Wilhelm Iffland

Den folgenden Brief nur als Lokalchronik zu werten wäre falsch, abgesehen davon, daß Iffland hier manches dramatisiert hat, läßt dieser Brief auch manche Frage offen, so die, warum er mit keinem Satze vom Schicksal seines Gartenhauses und auch nicht von dem des Theaters spricht.

An Louise.

Mannheim den 28. Novbr. 1795 Abends 10 Uhr

Vergangenen Sonnabend, den 21. war das ärgste Feuer auf Mannheim. Der Rauch stieg am Tage dick auf, ich wagte nicht mehr hinzusehen, mein Herz schlug schmerzlich. Um halb 5 Uhr Nachmittags schoss es weniger — um 5 Uhr hörte es auf. Eine Viertelstunde nicht schiessen zu hören war seit acht Tagen ein Wunder. Mann trug sich auf frohem Angesicht einander Hoffnungen entgegen, die der Mund nicht auszusprechen wagte. Um 7 Uhr schoss es noch nicht. Nun sprachen einige laut, die Erlösungsstunde muss da sein. Um ½ 8 Uhr erfuhr man, es sei eine Deputation aus Mhm. mit Franzosen zu Seckenheim bei General Wummser, mann habe bis Nachts 1 Uhr Stillstand gemacht. Würde man um diese Stunde nicht übereingekommen sein, so solle alsdann das Feuer v e r d o p p e l t auf Mannheim gehen. Da kam eben eine Estaffette von Ladenburg aus über die Neckarbrücke, und rieff uns zu "Mannheim ist über, morgen 8 Uhr rücken die Deutschen ein" — Alles umarmte sich, weinte, dankte Gott und rannte zu Freunden und Bekannten aus Mannheim hin! Der Stein war vom Herzen, aber nun trat die Angst ein um die Menschen, die man todt oder verstümmelt finden würde! Des andern Morgens früh fuhr ich auf Manheim zu. Eben zogen die Kaiserlichen dahin, die Musick jubelte laut, die Fahnen wehten stolz der Stadt entgegen, die, nach der Seite zu, in tiefer Stille ihre Trümmer über die zerrissenen Wälle vorragen liess! 600 Schritt von der Barriere entliess mich der Hauptmann, dem Pflicht verbot, mich mitzunehmen. — Die Franzosen liessen uns mit ein und hinter uns schloss sich das Thor! Die zerschossenen Brücken trugen kaum die Pferde. Die Gräben lagen voll casquets, Gewehre, Patrontaschen pp. Die Bresche, welche der gesprungene Pulverthurm gemacht hatte, lag furchtbar da. Todte Körper, niedergeschmetterte Häuser, eine Kanone auf dem 2 Stock eines Hauses, Meublen, Hausthore, Schutthauffen — Gott welch ein Anblick. Todesstille umher. Bis mitten in die Stadt begegneten mir 6 Menschen. Ich sah auf meinem Wege das herzogl. Palais g a n z. Georg fand seiner Schwiegermutter Haus g a n z. Das Freudengeschrei der Seinen riss ihn von mir, scholl mir nach. Ich ging zu Becks — alle l e b e n d fielen um mich her, schrien laut — wir weinten, dankten Gott — umarmten uns — weinten laut, laut! Die Kinder waren — o weg mit der Feder, ich kann nicht mehr. Gute Nacht für heut, die Erinnerung macht mein Auge nass und meine Hand zitternd!

Die armen Mannheimer!

Gegen 4000 Seelen waren in den vesten Schlosskellern, gegen 1500 unter dem Schauspielhause, über 1000 in des Herzogs Keller.

Krancke, Kindbetterinnen, Todte, Niederkommende, Wahnsinnige, alles um und aufeinander, Elf Tage lang! So lange man von der Rheinseite nicht schoss, waren Becks unter dem Keller des grossen Opernhauses ruhig. Eine Haubitze zündete es — die Flamme brennt, ihnen unbewusst, es halb nieder! Sie stürzen mit den Kindern aus den Kellern! Es regnet Kugeln, sie müssen über den breiten Schlosshof durch den Flammendampf in einen andern Keller, das jüngste Kind ist verloren, sie müssen wieder zurück, finden es. Indess werden ihnen 350 Fl. baar Geld, Uhren, Silber und Spitzen aus dem Keller gestolen. Sie gehen zu H. Kellermeister in das andere Ende des Schlosses. Dort brechen die Franzosen ein und sauffen den Churfürstl. Wein. Man droht, die Bürger aus den Kellern zu treiben und die Franzosen wollen hinein. Die Bürger verzweiflen, wollen den Commandanten zur Uebergabe zwingen. Er lässt die Kanonen mit Kartetschen auf die Strassen der Stadt richten. Ein Bürger greift nach ihn, er befiehlt Peloton Feuer auf Weiber, Männer und Kinder zu geben. Der Rath besänftigt noch einmal die Bürger. Indess war nun kein Eck der Stadt mehr sicher, die Verwundeten zu verbergen. Die Stadt brannte an drei Ecken in lichten Flammen. Die Franzosen plünderten einzeln. Die Bürger fingen an, sie zu erschlagen, diess — war der Augenblick der Capitulation. d. 29 Selben Tages gieng ich auf Heidelberg zurück, um d. H. Herzog durch Estaffette die Rettung seines Palais zu sagen, welche er denn auch durch mich zuerst erfuhr. Montag war ich in Mhm, sah den Auszug der Franzosen, sah sie das Gewehr strecken und 9760 Mann in die Gefangenschaft wandern. Die Kaiserl. zogen ein. Hier schliesse ich — alle Kurfürstl. Vorräthe sind aufgenommen. Ich kenne nicht die Reichsverfassung, in wie fern das alles damit besteht. Aber ich denke — es führt mich hin, Euch alle bald zu umarmen. Iffland.

Von außerordentlicher theatergeschichtlicher Bedeutung sind die folgenden beiden Briefe an Dalberg, die aus den letzten Jahren von Ifflands Mannheimer Zeit stammen.

Dalberg, an den sie gerichtet waren, hat sie mit Randbemerkungen versehen und an Iffland zurückgeschickt.

Mannheim, 21. Mai 1796

... Und nun bitte ich um Erlaubniss, einige Fragen, die mann bei einem Examen der Lage dieses Theaters anstellen konte, zu t h u n , und zugleich nebenstehend zu beantworten.

Nr. 1 Warum ist das Mannheimer Theater nicht mehr, was es vor 4 Jahren war?

Ad. 1. Weil der Tod Lücken schlug, und das Publikum weder Geduld noch Muth genug hat, das, was diese Lücken ersetzen s o l l und k a n n , z e i t i g e n zu lassen. [1])

Nr. 2 Scheint das Theater nicht in Anarchie versunken?

Ad 2. Das Bestreben, d e n Zwang, welcher Intendanz und Schauspieler ehedem in lästige Verhältnisse setzte, aufzuheben, ist gelungen. Ob dabei in Fleiss vernachlässigt ist, [2]) besagt die Liste gegebener Stücke mit nein. [3])

Dass bei dieser Lage, und bei Rücksichten auf das Geschlecht, bei Krankheiten und den bekannten wiedrigsten Zufällen, bei Verarmung aller, die in kleinen Gagen stehen, bei dem Herunterkommen aller durch die unerschwingliche Theuerung — jeder Ernst, der nach Pedanterie aussah, vermieden werden musste, war und ist, in gegenwärtiger Lage, meine Ueberzeugung. [4])

(Die Anmerkungen sind die Randbemerkungen Dalbergs.)

[1]) Das Publikum will immer a l l e n t h a l b e n a u g e n b l i c k l i c h gleich geniessen und sezt vielleicht nicht ungegründetes Misstrauen in die Z e i t i g u n g der Früchte, welche die abgestorbenen Lücken ersetzen sollen.

[2]) Ganz gewiss durch etwas zu viel Güte und Nachsicht.

[3]) Seit 6 Wochen kein neues Stück! Seit so langen Monathen her keine Oper.

[4]) Alles wer nur will läuft auf das Theater, dass die spielenden Personen kaum stehen können.

Selten sind seit ein paar Monathen her die Rollen gut memoriert. Im ganzen des Spiels herrscht kein Ensemble mehr, wie vorhin, zum wenigsten selten.

Das Bestreben a l l e r , und eines jeden, dem Theater die vorige Würde zu geben, kann allein eine Extraausgabe vor den Augen des vernünftigen Publikums rechtfertigen.

Herrn Kochs Hierbleiben ist schädlich. Ich wiederspreche nich, dass das Ansehen[1]) der Intendanz es so erfordern mag, ihn, o h n e i h n z u v e r b e s s e r n , zu behalten. Nur muss dann der v e s t e Grundsatz aufgestellt sein, ihn zu behalten, ohne um die Folgen seines entschieden schädlichen Hierbleibens sich zu bekümmern. Armuth — ist die unläugbare Ursache manches Missbehagens. Die Besoldungen[2]) der Anfänger sind von jeher mit 100 oder 150, 200 oder 300 fl. zu niedrig gewesen. Sie nahmen von dieser Besoldung Schulden mit hinüber in ihre Zulagen und lasten ewig darann.

Mannheim hat weder Gastfreiheit noch wohlfeile Zerstreuungen. Die in besseren Besoldungen sind, haben Fremde auf ihrem Beutel liegen, die sie hier nicht, wie es auswärts möglich ist, in andre Cotterien mitnehmen können. Noch weniger können sie denen dann die Thür verschliessen, welche selbst ihre Kunst, oder der Ruff vom Theater und der Stadt selbst in ihre Zirkel gezogen hat. Sie können das um so weniger, da sie der Gesellschaft bedürfen, welche hier nun einmal nicht existirt. Diess brachte einen Theil in Hände der Wucherer, die hier fürchterlich sind. Diese Ursachen würken unangenehme Nebenursachen anderer Dinge.

Die Intendanz kann sich etwa nicht befugt finden, diesem Uebel abzuhelfen, oder es zu mildern, das räume ich ein. Sie kann es unmöglich finden, zu helfen, das gestehe ich zu. Aber

---

[1]) K o c h mus und soll (Es koste was es wolle) zu seiner Schuldigkeit angehalten werden. Es wäre ein weit schädlicheres Beyspiel, seinen Ränken nachzugeben, um dadurch für mehrere das Systeme de convenande einschleichen zu lassen. Ich baue auf Hrn. Ifflands Wachsamkeit und Fertigkeit, dies selbst zu verhindern, auch Koch durch Vernunftgründe zurückzuführen. So lang s e i n e Stelle nicht g u t besezt ist, ist an keine Entlassung zu denken, und in diesem Falle auch müste er sich erst abfinden.

[2]) Freylich sind manche Besoldungen zu gering, aber wie jezt gleich abhelfen? alle Staatskassen sind erschöpft, das äuserste ist, aus der Entree die Gagen noch bezahlen zu können. Gebe Ich jezt Gratificationen, so fällt die Möglichkeit hinweg, die Gagen bezahlen zu können. Noch etwas Geduld, das predigen Sie, und halten alle Mitglieder durch G ü t e m i t b i l l i g e r g e s e z l i c h e r S t r e n g e v e r b u n d e n an, ihre Schuldigkeit zu erfüllen, und dadurch Gratificationen z u v e r d i e n e n.

Uebrigens sehe ich nicht ein, warum der Schauspielerstand nicht auch auf bessere Oekonomie und häussliche Ordnung seine Glückseligkeit hier wie an anderen Orten gründen könnte und sollte.

Traurig ist es freylich, dass hier wo wenig Gesellschaft ist, eben so w e n i g gute Oekonomie und Ordnung unter den am besten bezahlten Mitgliedern herrscht, als an Orten, wo v i e l e Gesellschaften und Cercles sind. Doch da sehr g u t e Schauspieler an kleinen und grossen Orten das Beyspiel guter Oekonomie und häuslicher Ordnung mit ihrem Talente verbunden haben, und noch verbinden (wie Schröder, Marchand und viel mehr) so glaube ich nicht, dass Unordnung in die Natur des Schauspielerstandes verwebt seyn muss. In dermahligen Zeiten möge doch jeder denken, dass es unmöglich ist, g u t zu leben, sondern nur auszukommen, welches gewiss die meisten h i e r können, wenn sie nur wollen.

sie kann dieses Uebel, aus diesen Ursachen entstanden, weder befremdend, weder unwahr finden.

Somit ist weder Anarchie, weder Misswille, was traurige Folge trauriger Ursach ist.

Besonders, da auf meine wiederholte, zu Sechsmalen wiederholte, dringende, deutliche, umständliche Bitte, im Winter dieses Jahres, nicht hat erreicht werden können, dass durch einige Gratificationen den Leuten Muth zu arbeiten, Nahrung zu leben, erleichtert worden wäre.

Nr. 3. Was geschehen ist, ist Schuldigkeit und diese kann nicht extra belohnt werden.

Ad 3. Diess mögen nach der Liste und den Umständen des Geleisteten, Direktoren fremder Bühnen bemerken, da der Unterzeichnete partheiisch scheinen könnte.[1])

Nr. 4. Andere Churfürstl. Diener leben von ihrem Solde warum nicht die Schauspieler?

Ad 4. Ein Unterschied ist zwischen dem stündlich Sinne reizenden Beruf des Schauspielers und des Schreibtisch-arbeiters. Das Magazin unserer Kunst ist Nervenreizbarkeit, verfeinerte Sinnlichkeit, diess, mitten in Epidemie und Elend und Theuerung zu erhalten — und allen anderen ruhigen Prinzipen zu gehorchen — wer hat es noch vereinigt? Auch fände das obige Gleichniss mit den anderen Churfürstl. Dienern nicht statt, da bekanntlich zwischen deren stehenden Solde und deren Nebenquellen ein beträchtlicher Unterschied ist, wie der nicht unterbrochene Luxus von Mannheim beweiset.[2])

Nr. 5. Sie müssen sich die Theuerung, die sie nicht überstehen können, so gut gefallen lassen, wie andere Churfürstl. Diener, die keine Verbesserung fordern, noch erhalten.

Ad. 5. Warum jene sie nicht fordern, ist um so weniger fasslich, da in zwei zu Grunde gerichteten Churfürstenthümern die herrschaftl. Diener 5 quartale und die emigrirten Diäten er-

[1]) Ich glaube, bey anderen Bühnen ist bey geringeren Gagen und ohne jedesmahlige Gratificationen noch mehr geschehen — doch Ich kann irren.

[2]) Obige Bemerkungen wiederlegen diese Einwürfe. Sollten sie es nicht können, so bleibt nichts übrig, als dass Sie mir einen Vorschlag geben, auf welche Weise nach eingesammelten Wünschen des gesammten Theater personalis (!), man das hiesige Theater durch billige Entschädigungen der in Contracten stehenden, bis auf bessere Zeiten (welches Ich freylich sehr bedauern würde) aufheben könnte.

halten. Warum sie es nicht fordern, kann auch im Bewusstsein ihrer Nebenquellen liegen. [1])

Beim hiesigen Theater müssen einige sich die Theurung gefallen lassen, unter der sie erliegen, weil sie nicht auswärts Platz finden; andere tragen sie unmuthig, weil sie auswärts bessern Platz fänden, beide Theile m ü s s e n um so mehr traurig und missmuthig werden, als die Zukunft eines leidenden Staates ihnen keine bessere Aussicht zeigt, und als ein Beruff der Freude mit Mangel sich schlecht paart. Ist einer oder der andere besonders wenig wirtschaftlich gewesen, so erwähne ich nur, dass es zu Mannheim, wo fast gar keine Unterhaltung ist, leicht ist, ln den entgegengesezten Fehler zu verfallen!

Nr. 6. Was hat überhaupt das Mannheimer Theater für Rechte, so besonders für sich eine Rücksicht zu wünschen?

Ad. 6. Das billige Gefühl von seinem besseren Tone, von seiner Anhänglichkeit an den Chef, dessen P e r s o n a l l e i n das Ausharren in Jammer, Noth, Tod und dunkler Zukunft möglich machen konnte, und bis daher möglich gemacht hat!

Sein Nicht Neid auf Vielbesserbezahlte und dabéi noch gut gratificirte Nachbarn.[2])

Diess ist m e i n e Ueberzeugung. In wie fern sie die von Ihrer Excellenz ist, weiss ich nicht. [3])

Ich musste sie sagen, zum letztenmal sagen, um mein Gewissen frei zu machen.

Ausser denen Ihrer Excellenz im Winter bemerkten Personen bestürmen mich folgende Personen mit ihren Angelegenheiten stündlich.

1. Vogel wegen seines zu Ende gehenden Contraktes, dem ausserhalb Engagement angeboten ist.

2. Müller, um eine Gutsage der Theater Kasse von 600 fl.

---

[1]) Das alles muss nach und nach gebessert werden, welches jezt mein Bestreben ist, solang Ich am Ruder der Staatsgaleere sitze.

[2]) Was Ich noch m ö g l i c h thun kann, werde ich fort thun. Unterdessen wenn die Mitglieder sagen, dass sie wegen m i r a l l e i n u. d. m. nur hier bleiben, so ist das übertrieben, und ich fühle sehr wohl wie viel und was davon m i r gebühret.

[3]) Damit Sie nicht mit den b e s t ä n d i g e n Gesuchen behelligt werden, welche fordern und immer fordern, da man doch das ohnmögliche n i c h t gewehren kann, so bleiben wir bey der Ordnung, alle Supliquen müssen s c h r i f t l i c h an die Intendance von jedem wie s o n s t ergehen. Der Regie stelle ich solche zum gutachten zu. Hierauf entscheidet die Intendance und der Herr Regisseur ist nicht mehr gequält.

Hierüber ziemt mir nicht zu rathen. Dass sie aber nach s e i n e r allgemeinen Brauchbarkeit iezt zu wenig haben, scheint mir.

3. H. v. Beaunoir, wegen Aufführung seines Schauspiels „die Trauung".[1])

Ohne, bei dero Geschäften noch überhaupt eine Antwort auf meine Praemissen zu erwarten, bitte ich um eine Entschliessung in der Hauptsache.

Es lässt sich viel davon hin und herreden. Der Hauptgrund ist Wahrheit.

Von mir selbst zu reden, werde ich eine schicklichere Gelegenheit abwarten.

MhM, d. 21. Mai 1796.

Iffland.

Namentlich dieser zweite Brief an Dalberg ist eine schöne Illustration zu den in der Einleitung erwähnten wirtschaftlichen Mißständen an den Bühnen zur Zeit Ifflands.

An Dalberg. Mannheim 3. Juni 1796.

Dem Theater wurden bei Anwesenheit des Clairfaitschen Lagers auf der Schwetzinger Plaine, im Julius 1795, bei dessen Fleiss und Zufriedenheit von hoher Intendanz durch den Unterzeichneten eine Gratification versprochen.[2]) Diese wurde

---

[1]) Dafür Hat Beaunoir das Honorar vorschussweise erhalten. Nach Benjowsky kann es gegeben werden.

[2]) Dass Ich das alles versprochen und in bester Hoffnung versichert habe, weiss Ich mich wohl zu erinnern. Stürme des leidigen Schicksals, welche die Theaterökonomie, so wie den Zustand der Theater-Mitglieder immer wieder zerrüttet haben, vereitelten zugleich auch meinen besten Willen, meine zweckmässigsten Anstalten.

Was Sie in diesem Promemoria sagen, ist wahr und richtig, aber woher die Mittel zu diesen Gratificationen nehmen? wie abhelfen den Bedürfnissen der Mitglieder?

Die Theater-Cassa kann nur die Gagen und das täglich laufende bezahlen, mehr (so wahr Ich ein ehrlicher Mann bin) nicht; wenn nicht Zerrüttung der ganzen Oekonomie erfolgen soll.

Unterdessen hoffte ich mit Gewissheit, dass längstens in 6 Wochen die General-Cassa wieder im Stand seyn wird, die schuldigen Rückstände an die Theater-Cassa nach und nach zu entrichten.

Alsdann erst können möglich ein und andere Gratificationen nach Ihrem vorderen Vorschlag gegeben werden, früher n i c h t.

Die Kriegsumstände werden wieder s o sehr für Mannheim bedenklich (wie Sie es leider schon wissen werden), dass Sie, d o c h b l o s s f ü r s i c h , und o h n e A u f t r a g , s i c h mit allen Mitgliedern benehmen können, welche Entschädigungen gefordert werden wollen, falls die Truppe auseinander gehen, oder z u s a m m e n in eine andere grosse Stadt sich einsweilen begeben müste.

Ich nehme zum besten des Theaters und der Mitglieder meine Bitte an den Churfürsten (einen anderen Chef zu setzen) zurück; und will fortthun, was nur möglich ist, in so schönes Werk zusammen zu halten.

Bestreben S i e sich gleichfalls, das nähmliche Ziel zu erreichen.

Halten Sie doch Beck von seiner Spielwuth, ab, und dass Er nicht so hitzig schreibe — an der wohlverdienten Belohnung soll es Ihm (s o b a l d n u r m ö g l i c h) nicht fehlen D.

hernach wegen übler Kassenlage aufgeschoben, dann, Ende Decbr. 1795, auf gehorsamsten Antrag bei rastloser Anstrengung wiederholt. Bei dero Ankunft, Anfangs Februar 1796, wurde sie zweiffelhaft gemacht; aber auf meine öfteren wiederhohlten, mündlichen und schriftlichen Vorstellungen, mit dem Versprechen

„von dem Ertrage eines Abonnements suspendu,
nebst einem Kassenzuschuss zu ermeldeten Zwecke"

wiederholt.

Diese ist aber nun endlich ganz hinaus und abgewiesen. Hieraus entspringt, wie ich vorher in sieben schrifftlichen Vorstellungen darzuthun bemühet war, aller Missmuth des Theaters. Nicht aus Trotz, sondern aus unverkennbarem Bedürfniss!

Es wird also nichts gegeben, wohl aber wird statt dessen, trotz Krankheit, Lücken und Verlegenheit, im heissen Sommer selbst, die vierte Vorstellung als vorausgesezte unwiedersprechliche Schuldigkeit wöchentlich gegeben.

Die Theurung zu Mannheim stieg ins Ungeheuere und wird noch mehr steigen. Der Missmuth bei allen, die Hülflosigkeit bei Vielen ist nothwendige Folge davon.

Mancher dringendsten Noth hat der Unterzeichnete, vom Elend überzeugt, das er nicht mehr ansehen konnte, aus seinen eignen Einnahmen gesteuert. So zwar, dass es ihm notorisch und mit Quitungen erweisslich, seit Novbr. 1795, über fünfzehn Karolin kostet. Ein Beweiss des Elends, dem man die Augen nicht verschliessen kann.

Es ist zu erweisen, dass eine Gratification sogar Oekonomie gewesen seyn würde, denn in aufgemuntertem Fleiss hätte sie vielfache Früchte getragen.

Da ich denn aber nicht erreichen konnte, so schwieg ich. Ich thue meine Pflicht für das Ganze, im strengen Sinne. Ich muss sie aber auch nun für mich selbst thun, indem ich nicht mehr vest halten wollen kann, wozu meine Kräfte so wenig hinreichen, wie mein besster Wille.

Nach gethaner Pflicht sehe ich jedem Erfolge gelassen zu.

Das ist nach nicht geachteten Sorgen, Bitten, Vorstellungen, auch Aufopferungen, nun endlich mein unerschütterliches System geworden, bei dem ich den Ausgang mit tieffer Ruhe abwarte. Sollte er aber nahe sein müssen, dann dringt Sorge für alle mir den Wunsch ab, er möge dann lieber bald als später einfallen!

Dass, seit denen neulich angetretenen Staatsämtern, Ihro Excellenz für nöthig erachten würden, sich der Intendanz des Theaters zu entschlagen, schien mir, wie ich mit dem zeitherigen Gange bekannt bin, nicht absolut nothwendig zu seyn, allein aus mehreren Gründen ward es mir bald muthmasslich. Denenselben diesen Schritt nicht nothwendig zu machen, bot ich vorlängst nach München hin, so wie neuerlich hier, Ihnen bei diesem Geschäfte Erleichterungen jeder Art an.

Ihro Excellenz haben (wenn ich einen Augenblick mich im Fall der Kunstliebe, ohne Ihren Rang dabei zu bemessen, mich Ihnen vis a vis stellen darf) dem Theater viele Geduld geopfert — ich auch. Sie haben eigenen Vermögens vieles darauf verwendet. Ich habe dem Mannheimer Theater Jugendblüthe, frohe Gegenwart, Fleiss und manche Einnahme geopfert — sollte ich nicht glauben dürfen, ich habe das mit Bescheidenheit, mit Erkenntlichkeit für Sie gethan?

Wahr ist es, dass die Zudringlichkeiten belebt haben. Auch wohl mehr — wohl Unbescheidenheit aus Verirrung.

Aber auch einen Augenblick, wo Einzelne frölich ihr Leben für Sie aussezten — und einen anderen, der für eben so viel gelten kann. Grosse Sorgen haben Ihro Excellenz gehabt, aber auch Freude und Ehre, wie kein Intendant sie je erlebt hat.

Sie haben mit Muth in zwei Unglücksperioden dem Sturme abgewehrt, aber Sie sind auch dabey von einer Einmüthigkeit des Fleisses unterstüzt, der — Achtung verdient.

So weit das Apercü vom Mannheimer Theater, vor Empfang des gestrigen Schreibens.

Sie wollen mir erlauben über Herrn Becks Billet Nichts zu sagen.

Denn, wenn ich es tadeln muss, wenn Heftigkeit allemal ein Fehler ist — wie könnte ich Wirkungen tadeln und zugleich von den Ursachen der Wirkungen schweigen?

Eine gerechte Erwartung ist auf eine Zeit hingedeutet — die Gott weiss, wo wir sie erleben.

Man muss mit dem Staate leiden — Ja! — Ach wir thun es ja seit 1792 ohne Murren.

Dass aber Menschen, denen doch auswärts auch Vortheile offen stehen, sich einmal etwas unbequem regen, wenn sie täglich mehr verarmen, dass ist wohl, dünckt mich, eben so begreiflich, als ein jeder Mensch zu Mannheim nach den Marktpreisen die Unmöglichkeit.so mancher Existenz mathematisch gewiss erweisen kann.

Wer in vier Jahren durch die, ins Ueberschwengliche gehende Theurung ein Paar Tausend Gulden zusetzen muss — der hat wohl sein Pensionsdekret ausgelöset, wenn es gehalten wird.

Und sollten Umstände eintreten, wo man ihn nach dem Tenore Decreti, „zur Auszalung an die Theater-Kasse wiese" — wie steht er dann, wenn diese den Hofzuschuss für den Invaliden noch mehr entbehrt, als für den activen Schauspieler?

Gewiss ist diese Lage der Reflexion und hie und da des Lobes wehrt!

Die Menschen, die anderwärts wohlfeiler und besser leben könnten, und hier im halben Elend — viermal die Woche so lustig thun wie möglich — die sind wohl weder übermüthig noch verächtlich.

Nun zu der grossen Hauptsache.

Im December 1793 wurde das ganze Theater suspendirt. Im Februar 1794 mit dem Ausdruck „vor der Hand" restituirt. Julius 1794 hörte bis daher 1796 der Hofzuschuss auf. Im Oktober 1794 wurden auf unsere Vorstellungen, falls des Bombardements, Churfürstl. Versicherungen von M i l d e gegeben, auf nähere Vorstellung im Novbr. Kontrakthaltung versprochen.

Damit flüchteten wir, pakten ein, aus und wieder ein. Ein Theil liess sich beschiessen, ward halb geplündert, der andere, statt nach Geld und Ehre zu reisen, wartete treu seinem Worte auf den ersten Einlass.

Im December 1795 schrieben mir Ihro Excellenz von München, „alles ist vorbei, für das Theater ist keine Rettung mehr".

Sorgfältig verbarg ich diess dem Theater, muntere alles zum Fleiss auf. Im Jenner 1796 wiederholen Ihro Excellenz mir dieselben Worte.

Vor acht Tagen schreiben mir Dieselben, da ich denn endlich doch der Zukunft erwähne, „gegeben könne nichts werden, ich möge etwa die Mitglieder bewegen, wieviel sie Abstand verlangen, um das Theater auf sichere Zeiten aufzuheben".

So sehr dieser Weg in einem stürmischen Staate eigentlich

der sichere ist: so that ich dennoch, um Alles erfüllt zu haben, diesen Antrag Niemanden.

Nun nehmen Ihro Excellenz gestern, von Becks Billet die Veranlassung, mir zu erklären, — „dass Sie die Intendanz des Churfürstl. Theaters niederlegen, so wie einen andern Chef erwirken wollen."

Das habe ich zu bitten, dass mir nun, da es denn so weit gekommen sein soll, erlaubt sei, ganz zulezt ein Wort von mir zu reden.

Meiner höchst traurigen, von Niemand erkannten Regie, die wenn ich derselben zu liebe wie iezt in sechs Monathen keine Zeile arbeitete und dadurch gegen 1700 fl. verloren hatte, mir wegen jeder Kleinigkeit Collisionen und Bitterkeiten, nebst 300 fl. Gehalt zuzog, wäre ich gern loss gewesen und würde bei meiner Rückkunft darum gebeten haben. Allein, so bald ich die Ueberzeugung mir gegeben hatte, dass Ihro Excellenz der Intendanz sich entschlagen wollten, wollte ich meinerseits diesen Entschluss nicht befördert haben.

Deshalb schwieg ich bis daher und trug meine Stelle noch so fort (die ich, wie es auch noch kommen mögte, ohne Modificationen, die mein Künstler und Dichter Talent erheischen, so auf keine Weise behalten könnte) biss sich der nähere Gang des Mannheimer Theaters aufgeklärt haben würde!

Diess ist nun gestern geschehen.

Dabei ist längeres Schweigen Indolenz.

Nun mahnt mich die Pflicht der Selbsterhaltung, Ihro Excellenz auszufragen:

1. Ob es wirklich Ihr Befehl ist, wie Sie mir vor acht Tagen schrieben, dass ich nach Preisen von Kontraktabfindungen bei den Mitgliedern fragen soll.
2. Ob Ihro Excellenz entschieden die Intendanz niederlegen und einen andern Chef begehren wollen.

Zu Mannheim ist nun das Meinige ganz gethan. Ueber allen Erfolg kann ich vor dem grossen Publikum von Deutschland mich rechtfertigen.

Nun ist es einmal Zeit dass ich auch meine Rechnung mache und eine Summe ziehe.

Ich darf nicht mehr mich heute lau, morgen kalt anwehen lassen, heute hin, morgen her werfen lassen, wenn ich Selbstgefühl behalten will. Ich habe zu viel geduldet und zu wenig Preis auf mich gesezt.

Zu viel Demuth ist Knechtssinn, und eine dumpfe Dankbarkeit hat keinen Character, sie ist Leibeigenschafft der Seele.

Nach Dero Antwort werde ich wie ein selbständiger Mann soll, meine Partie nehmen.

Mein ganzes Kunstfeuer ist mit der Krafft eines jugendlichen Genius erwacht.

Ich fühle und weiss es, der iezige Augenblick ist mein Augenblick und ich will ihn geltend machen.

Lassen Sie mich immer mit der Arie in Diana sagen „Noch fühle ich meine Stärke“ und wenn ich auch wohl willig der Spannung eines ängstlichen Verhältnisses mich hingebe, doch auch den vesten Entschluss nehmen, dass es erkannt werden muss, oder dass es meine Pflicht wird, es nicht mehr zu thun.

M. d. 3. Juni 1796

Iffland.

Der Briefwechsel den Iffland mit den Dichtern seiner Zeit pflegte, zeigt, dass sich selbst Goethe und Schiller nicht scheuten, ihr dramatisches Schaffen durch die Ratschläge dieses Theaterpraktikers bühnengerecht zu formen.

Ein Antwortbrief Ifflands an Schiller zeigt das am Beispiel der „Jungfrau von Orleans“.

Berlin den 30. April 1803.

Gott hüte mich, ein Werk von Ihnen zu wünschen, wozu der Geist Sie nicht geführt hätte, der in Ihnen wohnt! — Nur denke ich, ehe man den Stoff erwählt, während der Geist über der Tiefe schwebt — sei eine unmerkliche Richtung, wo er sich niederlasse, noch möglich. Dann wäre es zu erreichen, das Interesse, welches für die Sinne eine gewisse äussere Herrlichkeit darbeut, wie Jeanne d'Arc, eher zu wählen, als ein anderes, welches abstrakte Kenntnis und einen feinen Geist fordert. Das Leidenschaftliche, das Romantische und Prächtige ergreift alle Teile, erhebt die Gefühle der Bessern und beschäftigt die Sinne des Haufens; da durch Schauspiele dieser Art die Kasse namhaft gewinnt, so kann sie für das Honorar der Dichter mehr tun, als sonst. Dies ist der Fall aller Bühnen, besonders aber der hiesigen. Die ungeheuren Ausgaben der Führung zwingen mich zu einem merkantilischen Antrage in geistigen Dingen. Ich weiss ihn nur damit zu entschuldigen, dass ich das Interesse der Dichter mit dem Interesse der Kasse vereine.

Ich rufe Ihre Verwendung auf, die „Eugenie" [1]) des Herrn v. Goethe bald, und wenn Abschrift davon da ist, mit nächstem Posttage zu erhalten. Ich bitte so dringend, wie möglich, um Ihre Stücke von Picard, da der Postenwechsel so langsam geht, und auf eine Antwort drittehalb Wochen hingehen, so wähle ich einen Boten, der mir, hoffe ich, die „Eugenia" mitbringen wird. Wollen Sie, falls kein Exemplar da wäre, mir das dortige vertrauen? Sie verbinden mich unendlich damit, noch mehr mit der Zugabe der — oder eines Picardschen Stückes. [2]) Mir ist an der Eile des Besitzes für die Tätigkeit des Sommers, für die Einrichtung v o r meiner Reise a l l e s gelegen. Da der Kassierer in seiner Abwesenheit das Honorar noch nicht abgesendet, lege ich es diesem Briefe bei. Sollten Sie abwesend sein, so habe ich den redlichen Kirms gebeten, diesen Brief zu öffnen. Ich werde übrigens alles in mir vergraben, was Sie von literarischer interessanter Neuheit mir gütig geschrieben.

Ihr Verehrer

Iffland.

Von der Art der damaligen Gastspiele gibt der folgende Brief an den Schauspieler Werdy, dem Iffland in Freundschaft zugetan war, einen Begriff.

Berlin, d. 31. Dezbr. 1803.

Ich setze v o r a u s , dass Sie bei mir wohnen. Wenn Sie Nachts in der Stadt sein wollen, biethet Herr Bethmann Ihnen ein Zimmer an. Für zweie z u g l e i c h , theilt sich das Honorar nicht vortheilhaft. Zu einer andern Zeit wird Hr. Müller mir recht angenehm sein. Da Sie iezt sich zuerst gemeldet, kann ich natürlich nur Ihnen nüzlich sein und nur wenn Sie iezt nicht können, Hr. Müller. So wie, wenn Herr Müller zuerst geschrieben hätte, ich ihm und nicht Ihnen iezt nützlich sein könnte. Ich weiss übrigens nur von I h n e n dass Herr Müller mitkommen will und vermuthlich würde er doch wenn er käme, spielen wollen. Als Gast würde er ein alter Bekannter, mir gewiss willkommen sein.

---

[1]) Eugenia — gemeint ist „Die natürliche Tochter". Goethe entwarf das Stück im Jahre 1799. Vollendet hat er es 1803.

[2]) Gemeint sind „Der Parasit" und „Der Neffe als Onkel".

Vor der Hand proponire ich Ihnen Sechs Rollen, jede zu 50 Preuss. Thalern.

Etwa, Kabale u. L., Stille Wasser, Maria Stuart, die Jäger, Menschenhass, Abällino.

Sie thun sehr Recht, nach Dresden u. Breslau zu gehen.

Weimar, ist nicht einträglich. Von Herzen der Ihre

Iffland.

Kleider bringen Sie mit.

Als das Königspaar aus Tilsit zurückkehrte, stattete der König an Iffland und an das Theater seinen Dank ab. Iffland hatte es verstanden, in der Besatzungszeit zu verhindern, daß eine französische Truppe dem deutschen Schauspiel Konkurrenz machen konnte.

Der König würdigte diese Verdienste durch die Erhebung der preußischen Theater zu öffentlichen Anstalten der Bildung, die allerdings bald wieder rückgängig gemacht wurde.

An Louise. Berlin den 30. Xbr. (1809)

... In diesem Monathe ist das Mühsamen und Guten Vieles gewesen. Der König ist liebenswürdig und fängt seine hiesige Regierung mit einem Ernst und einer Bestimmtheit an, denen Gott Beharren verliehe, so werden wir und Er sehr dabei gewinnen. Mögte doch das dortige Land einen Lichtblick gewinnen, dass es Euch nur erträglich würde.

Du, Du Geberinn, Pflegerinn alles Guten! In Deinem Andenken habe ich ja das Gute erhalten und gestärkt. Das Gefühl für Dich hat mich, der sich so oft aus sich verlohren, mir wiedergegeben. Da sprach ich mit Dir, sprach von 1759 bis 1809 mit Dir und meine Gedanken waren Gebet und Segenswünsche! ..

Ich weiss nicht, ob Dir Gottfried geschrieben, was mir der König gesagt, als er mich in die Loge zu Sich ruffen liess. Er trat mir entgegen und sprach:

„Ich habe Sie stets für einen grossen Künstler und wohldenkenden Mann gehalten; Sie haben sich in meiner Abwesenheit auf jede Weise als treuer Patriot bewiesen. Heute Abend geben Sie mir abermals einen Beweiss davon, der mir an das Herz greift; ich konnte mir das Vergnügen nicht versagen, Ihnen das Selbst zu sagen."

„Eure Majestät vergönnen mir die Freude, wonach ich drei Jahre mich gesehnt, Ihre Hand zu küssen!"

Er reichte mir seine Hand mit unbeschreiblichen Wohlwollen und Würde und ich konnte sie gar nicht fahren lassen.

Die Königinn sagte mir etwas überaus Gnädiges, das ich für Rührung nicht vernahm, ich küsste ihre Hand.

„So lange habe ich diese Stunde ersehnt und nun sie dann da ist, kann ich Euer Majestät nichts sagen."

Ich ward noch eben ihren Vater in Thränen gewahr und weiss nachher wahrlich nicht, wie ich mit nassen Augen und bebenden Knien die Treppe hinab und zurück gekommen bin! —

Gott sei gelobt, der mir so reich gelohnt hat!

Dein

A. W. Iffland.

Iffland, der dem Berliner Romantikerkreis nicht sonderlich zugetan war, hatte ohne nähere Begründung das von Kleist an ihn gesandte „Kätchen von Heilbronn" zurückgeschickt.

Daraufhin schrieb Kleist einen Iffland persönlich angreifenden Brief, den dieser jedoch mit einem Seitenhieb gut parierte.

Iffland an Kleist.

Hochwohlgeborner Herr!

Als Herr Major von Schenk mir Ihr Trauerspiel Kätchen von Heilbronn übergab, habe ich nach meiner Ueberzeugung und den Pflichten meiner Stelle erwidert — dass ich die bedeutenden dramatischen Anlagen ehre, welche die Arbeit dartut, dass aber das Stück in der Weise und Zusammenfügung wie auf der Bühne sich nicht halten könne.

Denn aus Wien erhalten wir die Nachrichten, dass in wenigen Vorstellungen des Stückes daselbst sich dieses auch also bestätigt hat. Neulich hat Frau von Berg über Ew. Hochwohlgeboren ausführlich zu mir gesprochen, und ich bin in das Interesse, wie Sie es dabei genommen, bereitwillig eingegangen. Herr Hofrat Römer hat das Trauerspiel Käthchen von Heilbronn bis jetzt mir noch nicht zustellen können, da ich ihm versichert habe, dass ich es nicht gleich wieder würde lesen können. Als Sie es zurück begehren liessen, und er mich eben besuchte, meldete ich es ihm und ersuchte denselben „Herrn von Kleist mündlich zu sagen, dass das Stück, dessen poetisches Verdienst ich erkenne, ohne gänzliche Umarbeitung auf der Bühne sich unmöglich halten könne."

Ich habe keineswegs, wie Sie mir schreiben, dem Herrn Hofrat Römer gesagt — „Es Ihnen mit der Aeusserung zurückzugeben, es gefiele mir nicht.“

Damit würde ich eine Gemeinheit begangen haben, die ich nicht erwidere, auch wenn solche gegen mich gebraucht werden sollte. Ich bin verpflichtet, Ihnen meine Herrn Hofrat Römer bei diesem Anlasse gegebene Antwort bekannt zu machen als Direktionsführer.

Ihr Schreiben an mich werde ich der Frau von Berg selbst vorlegen, um damit die Aufträge zu erledigen, welche Sie mir in Beziehung auf Sie erteilen zu wollen die Ehre erwiesen.

Mit gebührender Achtung

Ew. Hochwohlgeboren ergebenster

Iffland.

Berlin den 13. August 1810.

Über Ifflands Verhältnis zu dem besonderen Geist einer jeden Bühne, gibt ein Brief an den schon erwähnten Schauspieler Werdy Aufschluß.

Berlin, den 24. Novbr. 1810.

Mein sehr lieber Freund!

Was soll ich Ihnen sagen? —

Sie sind — wie ich, wenn es mir um Ihr Wohl zu thun ist — Sie nicht wünschen kann und wie sie selbst einst wünschen werden — dass Sie nicht gewesen sein mögten. Mein Wort kommt zu spät, da Sie es indess verlangt haben, so habe ich es geben müssen, wie die Erfahrung, die Weltkenntniss und meine Liebe für Sie, es verlangen.

Was Wien anlangt, so verkenne ich die Vorzüge dieser trefflichen Nation und dieses guten Publikums nicht. Dennoch habe ich so glänzende Vortheile ausgeschlagen, als jemals angeboten worden sein können — weil — ich glaube, man kann in jenem Wesen nur dann fortkommen, wenn man darin gebohren und aufgezogen ist.

Wien — ist ein unruhiger Boden und Sie? — sind nicht ruhig! — Nun haben Sie d o p p e l t e n Grund, sich zu verwickeln. Indess ist ja der Schritt nicht erst zu thun, er ist gethan und somit — kann ich nur meine redlichen Wünsche aussprechen, dass Sie wohin Sie kommen, die Dinge vest ins Auge fassen wollen, und nie schnell handeln!

— Druck? —
Wo ist denn der nicht!! —

Sie wissen ich bin ein Gewohnheitsthier und hänge an Orten und Stellen — so trage ich was ich kann und suche die Last da zu behalten, wo sie die Beule schon gedrückt hat.

Von Herzen

Ihr wahrer Freund

Iffland.

Werdy hat Iffland um ein Gastspiel gebeten, natürlich sagte er zu. Auf einem kleinen Zettel gibt er rasch das Programm seines Gastspiels an.

B. d. 3. Aug. 11.

Am Abreise Tage
Tausend Dank voraus! —
Im Fall man mehr will —
1 Geitzige
2 Pigmalion Stille Wasser
3 Benjowski
4 Essighändler
5 Amerikaner
6 Emilia

In Eile mit Dank und Liebe Ihr Iffland.

D 24 bin ich dort

In Klementine nicht streichen
— ja nicht — bitte!

machte sich bei seinen Zeitgenossen sowohl als Schauspieler wie auch als Dramatiker einen Namen.

1760 in Gotha geboren, begann er gemeinsam mit Iffland und Beil seine theatralische Laufbahn an der dortigen Hofbühne. Als 1779 diese Bühne aufgelöst wurde, ging er mit dem besten Teil des Ensembles zum Mannheimer Nationaltheater, das unter Dalberg zu einer der ersten Bühnen des Reiches aufgestiegen war. Hier nahm Beck auch an der Uraufführung der „Räuber" teil, in der er den Kosinsky spielte, bei der „Fiesco"-Premiere hatte er die Rolle des Bourgognino.

Unter Dalberg hatte Beck auch einen genaueren Einblick in das Wesen der Regie erhalten, so daß er guten Mutes 1799 einer Aufforderung des Kurfürsten von Bayern nachkommen konnte, als Regisseur in München tätig zu sein. Zwei Jahre später, 1807, kehrte er als Theaterdirektor nach Mannheim zurück.

Als Schauspieler vereinigte Beck neben einer guten äußerlichen Erscheinung ausgeglichenes Spiel mit gepflegter Stimme. An ein bestimmtes Fach war er kaum gebunden, mit gleicher Gewandtheit trat er im Trauer-, im Lust-, wie auch im Singspiel auf.

Becks erste Gattin, Karoline, geb. Ziegler, die sehr früh starb, war ebenfalls eine äußerst talentvolle Schauspielerin, der Schiller besondere Zuneigung bewies und der er die Rolle der Louise in „Kabale und Liebe" zugedacht hatte.

Heinrich Beck starb im Mai 1803 in Mannheim.

Beck an Iffland

Mannheim den 22. August 1785

Ich hätte wirklich erwartet am Freitag oder längstens am Sonntag Briefe von Dir zu erhalten. Obwohl ich nicht glauben konnte, daß zwischen Einbeck und Hannover sich ein Unglück könnte zugetragen haben, obwohl die Briefe der Deinigen an Dich eine Aufnahme versprachen, wie sie sich von solchen Geschwistern erhoffen ließe, so hätte ich doch gewünscht, etwas darüber zu lesen. Du weisst, die Einbildungskraft wird verabschiedet, sobald der wirkliche Genuss eintritt. Hätte ich heute morgen keine Briefe erhalten, so glaube ich, dieser Brief würde sich so endigen, wie ich jetzt anfange, aber so — Du weisst, man entschuldigt die gerne, die man liebt — ich höre auf, doch

Aus dem Gothaischen Theaterkalender

In allen Sätteln gerecht
Heinrich Beck (1760–1803)

Tafel 15

Kupferstich von Klauber

Nationaltheater in Mannheim 1782

Tafel 16

wundere ich mich, da Du unter allem, die ich genau kenne, am wenigsten in solchen Aufmerksamkeiten zu fehlen pflegst.

Ich freue mich herzlich und aberherzlich, daß all die Befürchtnisse von Unglück, Kälte usw. der Deinen gegen Dich nur Ausgüsse einer ungeduldigen Empfindlichkeit waren. Gott behüte Dich vor ähnlichem, denn nun sollst Du von ganzer Seele ausgelacht werden, von Deinem Freund

Beck

Theater

Die „Römer in Deutschland" übertrafen an allgemeiner Infamie alles, was bisher gesehen war. Infames Stück, infames Publikum, infame Schauspieler. Boeck spielte mit Willen so schlecht, dass ihn alle seine Freunde verliessen und den anderen Tag bitter über ihn los zogen.

Beil wollte mehr als er konnte — sans effect. Die Rennschüb tragerirte sans esprit, sans coeur et sans etc.

Ich — liess bei Zeiten nach, da es nicht gehen wollte — usw. aber Rennschüb verwandelte das Trauerspiel in ein Lustspiel. Zu Ende des vierten Ackts erschien er mit feierlichem Ernst an der Spitze von 20 herrlich gerüsteten Römern. Mir gegenüber mit aufgehobenem Schwert — den einen Fuß heroisch ausgestreckt, den ganzen Leib vorgelegt auf den Vorderfuß, den anderen mit der Spitze in der neunundzwanzigsten Position. Ausgerufen: „Ha! Verräter!" ging's ihm wie Jefferey Latimer, — das Blut erstickte das Gehirn: hm, hm Ver, Ver — ein schallendes Gelächter durchs ganze Haus, die Soldaten gingen fort, Beil und ich lachten heimlich mit und der Vorhang fiel. — Doch hat dieser Vorfall nicht gut getan, er ist wieder das Stadt- und Kaffeehausgespräch geworden und der alte Haß ist unter der Asche neu hervorgelodert.

Am Samstag kam ich auf die Probe Deiner Mündel und fand alles mit den Rollen in der Hand, der Vorwand war, weil Du so vieles geändert hättest im Gedruckten, aus welchem, da das Manuskript nach Berlin geschickt war, soufflíert werden mußte. Die Probe ging abscheulich. Ich trat auf und sagte: „Meine Herren und Damen! als Freund des Verfassers und auf sein Ersuchen, wünschte ich, daß sein Stück in seiner Abwesenheit nicht schlechter gehen möchte. Wir müssen morgen noch eine Probe ohne Rollen haben und ich wünschte, daß wir an einem guten Stück zeigen möchten, dass jenes, wo wir uns sämtlich prostituirt haben, ein schlechtes Stück war." Auf diese besten Worte bekam ich einen kleinen Disput mit der Rennschüb, wo ich Gelegenheit nahm, in aller Güte ihr einige Wahrheiten zu sagen.

Die Sonntagsprobe ging sehr gut. Nun zur Vorstellung. Außer Figaro habe ich noch niemals eine Vorstellung so vollkommen gehen sehen. Alles ging so richtig und rasch als möglich.

Von Seiten des Publikums volles Haus, Grabesstille, Wärme und äußerste Dankbarkeit.

Beck spielte weit besser als jemals, Beil den Eintritt der Rolle meisterhaft, — den 3. Akt gut, den 4. vortrefflich, ... Der Schluß des Akts, den ich fünf mal hatte probieren lassen, machte schreckliche Sensation, fast nicht weniger als derselbe im Verbrechen aus Ehrsucht ... — kurz es war einer der schönsten Abende seit ich Schauspieler bin.

„Die Mündel" haben gestern Deine übrigen Stücke verdrängt.

Menagerie.

Den 29. dieses früh starb mein Kanarienvogel an der Auszehrung, er war im Schlafe gestorben, ich fand ihn sitzend neben den Sauftrog. Ich war recht betrübt und lasse ihn jetzt ausstopfen, ...

... Gott erhalte Dich! Bringe Dich zufrieden von Hamburg noch einmal in die Arme der Deinigen und dann heiter und gesund in die Arme

Deines Freundes Beck

Beck an Schiller:

Mannheim den 27. Dec. 1801.

Ich grüße den innig geliebten Freund am Schluß des Jahres! Dein Brief hat mich über die Maaßen erfreut! Du stehst so fest mein edler Freund, und der Aufflug zum höheren und immer höheren, hat in den Empfindungen nichts geändert. Ich umfaße Deine warme Freundes Hand mit meinen beiden und drücke sie so fest an mein Herz! Dein Handeln reißt mich um so mächtiger in Dich hin, da — sogar Iffland — mit dem ich so viele Jahre länger — alle Schattirungen des Lebens durchwandelte — auf die unbegreiflichste Weise — kalt, trocken, herzlos abspringt. Mit Rührung gedenke ich an die Zeiten zurück, wo wir uns fanden; Du liebst mich noch, weil Du weist, das ich an Dir hieng, nicht an den hochstehenden Halm Deiner Größe. Jezt genieße ich erst — dann freue ich mich, — das Du es bist und kein anderer, der Da der Größte ist, wo ich verstehen kann.

Ich weiß noch recht gut, was Du nicht liebst; aber freuen darf ich mich doch, im Nahmen der Kunst der Du durch Deine Krafft wiedergiebst, was Kotz. und Schikaneder, ihr nahmen. Fast hatten wir gar keine Kunst mehr. Die gesund gebauten Friseurs und muskulösen Barbiergesellen, konnten gar waker in die Rollas hineinschiken; es ist kaum glaublich, wie dumm das südliche Publikum geworden ist. Wir haben auch eine hohe Schule in unserer Nähe; aber wie ist diese beschaffen! Ich machte indeßen den Versuch, durch das popularste Deiner Stücke, die Maßen heranzureißen. Ich brachte nach 11 jährigem Schlummer, die Räuber wieder auf die Bühne. Welch ein gewaltiges Herzudrängen! welch ein Staunen, ein Jubel! Das Stück gieng im Ganzen sehr gut; wenn gleich statt Iffland — ein Müller — den Franz spielte; Carl setzte der guten Meinung von mir, ein vieles zu. Jetzt werde ich bestürmt um Schillersche Stücke! Dahin wollt ich es! Carlos wird studiert, ich muß jezt den Posa versuchen. Von da meine ich zur Marie Stuart steigen zu dürfen? Dieß herrliche Werk giebt mir besondere Empfindungen! Leider fordert die Bühne, daß nicht alles darf gegeben werden, in diesem schönen Stück! und doch sinds gerade die vorzüglichsten Schönheiten dieses Stückes, welche man opfern müsste; das ist entsetzlich! Ich hörte du hättest es für das Leipziger Theater geändert? ist dem so, so bitte ich, du wollest mir durch 2 Zeilen die Erlaubnis ertheilen, Opitz um eine Copie ersuchen zu dürfen.

Eine gleiche Bitte hätte ich wegen der Jungfrau von Orleans! diesem unerreichbaren Ideal von Dichterischer Größe! wenn auch 1000 Schönheiten verdeckt versudelt werden, durch die Ohnmacht der Schauspieler; so treten noch 10000 heraus um den Zuhörer zu bezaubern! die Ehrfurcht — weicht — der brennenden Begierde! auch dieß ist, von Dir verändert, zu Leipzig — eingesogen worden; ich bitte Dich so dringend als möglich! erlaube mir eine Abschrift!!!

Der Leicester in Maria Stuart ist eine schwere Aufgabe; ich

erschrecke vor dem Beginnen! Die Extremen der Mimik lassen sich in Karakteren wie Franz Moor ergrinzen, kein Zuschauer kan nachfliegen um gehörig zu prüfen; aber wer darf es wagen: die Hölle in dem Busen dieses so hochfeinen Weltmannes, individualisiren zu wollen?

Wenn Dein Geist mir einige Funken leihen möchte! Wenn Deine Freundeshand sich hülfreich zu mir her wendet! so hoffe ich die contre revolution des Geschmaks hier — beginnen zu dürfen.

Kann Dich denn gar nichts bewegen den schönen Rhein wiederzusehen? O, wenn Du das wolltest!!! wie glücklich! Komme — wohne bey mir! ich habe Platz genug, Du genirst mich gar nicht. Hilf mir eines Deiner lezten Meisterwerke einrichten! Der Churf. komm im nächsten Frühjahr, die Churfürstin ist die feinste Kennerin! eine über alle Beschreibung liebenswürdige Fürstin! eine enthusiastische Verehrerin von Dir! es wird dann lebhaft werden; manches Vergnügen; mancher Genuß für Geist und Sinn! o komme, ich beschwöre Dich, es wird Dich nicht gereuen.

Mein Leben hier ist eine Kette von Thätigkeit. Ich lebe zufrieden und werde sehr beneidet und angefeindet — von — Kleinen — die man Große — zu nennen pflegt; diess soll beweisen, das man mich für gefeiert — folglich glücklich hält.

Mein Reichthum besteht in Kindern, die mir viel Freude machen! Mein Umgang ist äusserst beschränkt.

Deine zunehmende Gesundheit entzükt mich! ich habe noch ein Recht mehr zur Freude, als die ganze übrige Welt die in Deinem Geiste schwelgt. Schreibst Du noch — oder vollendest Du? und welchen Gegenstand? Charlotte hat sich der epicur. Philosophie geweiht; sie hat Recht; ihr Geist ist nicht zerrüttet — nur zersprengt; ich meine sie könnte wieder sammeln — aber es ist ihr besser, so (Ende abgerissen).

Noch ein mahl an mein Herz! ewig von ganzer Seele

Dein H. Beck.

An Regierungsrath Streit,
Direktor des Theaters in
Breslau

Mannheim den 18. Febr. 1802

Verehrungswürdiger Freund!

Mit der Drucke der innigsten Wärme fasse ich die Hand des

von allen gleich geehrten und geliebten Mannes! Möge doch irgend ein günstiger Zufall meine besten Gefühle und Wünsche zur realitaet erhöhen!

Ihre gütigen freundschaftlichen Wünsche werden leider nie erfüllt werden! Unsere Publikums sind ganz verschieden. Das hiesige ist eins der u n gebildetsten und zugleich e i n gebildetsten in Deutschland. Das erstemahl trieb mich die Flucht vor den Franzosen 8 Monate weg; in dieser Zwischenzeit riss die zügelloseste Unordnung ein; man empfieng mich mit enthusiasmus bey der Rückkehr; ich brachte gute subjecte — Stücke — stellte Ordnung und Fügsamkeit her. Man erkannte, lobte, — nicht lange. Dann wirkten die Klagen der unersättlichen Egoisten: man hasste und tadelte —?

Das 2te mahl zog mich der Churfürst nach München — dort musst ich $^{7}/_{4}$tel Jahr bleiben; das Theater hier stand am Abgrund der gänzlichen Auflösung.

Ich kam abermahls zurück, meine Thätigkeit verdoppelte sich in dem Grade, wie ich es schlechter fand. Ich reussirte wie zuvor; den Erfolg beweisst die Einnahme, welche in den ersten 6 Monaten meiner Direction um 5447 fl. stärker war als im vorigen Jahre. (NB. bey einer Einrichtung wo alle Logen, bis auf 3 und eine große Zahl Menschen im vordern Parterre abonnirt sind). Demohngeachtet ist die Nichtswürdigkeit der Schauspieler und die Protektions-Wuth der Innwohner so gross, dass ich vielleicht der u n g e l i e b t e s t e Mann hier bin. Die Beweisse der A c h t u n g , die gute Meinung E i n i g e r , und das Bewusstseyn — heben mich über die unangenehme Empfindung der gemeinen Ungerechtigkeit. Was die Natur den Menschen nahm gab sie dem L a n d e! Ich würde mich nicht mehr an ein rauheres Clima gewöhnen können. Diese Betrachtung — 23jährige Dienstzeit — Versorgung für den ganzen Rest meines Lebens, ketten mich. Ich habe schon öfters den Wunsch gewaltsam unterdrückt, jene aufgeklärten, biedern Nationen des westl. und nördlichen Deutschlands zu besuchen; weil ich besorgte, das Bedürffniss des Herzens, des Umgangs, würde zu mächtig auf mich wirken.

Ihrem Vorhaben: einen Regisseur von Aussen herbey zu rufen, erlauben Sie einige Bemerkungen entgegen zu setzen. Würde ein solcher, in dem Mangel an local Kenntnissen, in der

Jalousie und dem bösen Willen der Mitglieder nicht unüberwindliche Schwierigkeiten finden? Frankfurt hat einen sehr bornirten, einseitigen, egoistischen Regisseur. Endlich erwachte man, wollte ändern, man both grosse Vortheile! nichts entsprach. Der Preuss. Hofrath und Banq. Willemer — der Hannövrische Minister v. Sch. reieseten hierher; ich schlug Herrn Vogel vor. Er ward von den Directoren und Actionärs angenommen — die Schauspieler rotteten sich gegen ihn zusammen — erklärten abgehen zu wollen — man gab nach — man both mir die Direktion mit 4000 fl. Gehalt an — ich hätte mich nicht entschliessen können, auch wenn ich weniger verwöhnte Schauspieler und consequentere Vorstände gefunden hätte. Man lud mich ein — ich sah — und fand r e d l i c h e r W e i s e keinen bessern Rath, als den a l t e n R e g i s s e u r w i e d e r a n z u s t e l l e n. Diess ist nun geschehen.

I h n e n würde ich rathen: e i n e n z u b i l d e n. Ihre Kenntnisse und Karakter brauchen nur einen fähigen Kopf; zur Erfahrung würden Sie ihn leiten. Geduld und Streben müsste er schöpfen aus dem Brunnen der Weisheit.

Erhielten Sie durch Iffland meine Kleinigkeit „Das Neujahrsgeschenk?" Ich setze keinen Werth darauf. Mein unermüdet auch für den kleinsten Vortheil besorgter Freund verdient meinen Dank. Lange harre ich auf Briefe von ihm; s e i n e Geschäfte sind noch weit unermesslicher als die meinigen. Und auch Er hat Neider und Feinde! In Breslau sind die Menschen besser (1802)

Schwer wird mir's Zeit und Laune zu erschwingen. Sollte ich etwas zu Stande bringen welches mir würdig schiene, so erhalten Sie es aus m e i n e r Hand für den Preiss den Sie selbst bestimmen werden.

Was halten Sie von Kotzebues neuesten Arbeiten?

Von ganzem Herzer der

Ihrige Beck.

An denselben

Mannheim den 16ten Oct. 1802

Edler, trefflicher Mann!

An Ihnen habe ich nie gezweifelt; und mein Ausdruck sollte sagen: „Ihre Verhältnisse leiden nicht, dass Sie thätig für das hiesige Theater auf Kosten des dortigen handeln können." Indess bin ich von Ihrer freundschaftlichen Theilnahme vollkommen überzeugt. Um Ihretwillen unterdrückte ich Wünsche, entzog dem hiesigen Theater Acquisitionen, die ich nun mit leichtem Muthe machen kan. Ich bin nun ausgesöhnt mit Herrn Julius und überzeugt, daß er nicht anders handeln konnte. Die unselige Epoche der Ungewißheit und meine überspannte Bedenklichkeit rauben mir nun ein paar in jeder Hinsicht sehr gute Subjecte: so kenne ich Herrn u. Mad. J. nur durch S i e ; aber daß sie das sind, dafür schwöre ich.

Ich muß mir nun zu helfen suchen so gut ich kan. Ich habe abermahls an Mad. Stollmers geschrieben. Sie wird in Hamburg angebethet, hat großes Gehalt, und ist wohl noch zu jung und leichtsinnig um eine Versorgung auf Lebenszeit dem geräuschvollen Leben in Hamburg vorziehen zu mögen? Ich erwarte nichts. Ich habe auch an Dem. Cassini geschrieben. Sie hat große Sensation in Leipzig gemacht. Es möchte wohl auch ihr hier zu still zugehen? Im Vertrauen: ich höre ihr moralischer Karakter ist so schlecht, als ihr Talent groß?? Wäre dem so; wäre sie nicht imstande auf ihrer Hut zu sein; dann würde sie nicht in die erhabenen Absichten des trefflichen neuen Regenten einpassen, welche ich nach allen Kräften zu befördern suchen werde.

Herr Leissring ist nun engagirt und ich habe große Erwartung von ihm. Wie verhält sich sein Gesang zu Eunicke, Ambrosch etc.? Werde ich ihn wirklich als e r s t e n Tenoristen anstellen können? Der Geschmack für Gesang ist hier äußerst difficil. Gestalt und Spiel dürfen wohl in einigen Rollen Hauptsache seyn; in vielen aber verzeiht man Steifheit um der schönen Stimme und des glänzenden Vortrags willen. Haben Sie die Güte mir diese Zweifel zu lösen, und ganz im Stillen! so wie den folgenden:

Herr und Mad. Gehlhaar wünschen hierher. S i e soll sehr schön seyn und Talent haben; E r — eine gute Baßstimme, aber wenig Kunst und Spiel. Ich möchte wohl Rücksicht nehmen; aber zuvor bitte ich auf das Dringendste um I h r e mir alles erschöpfende Schilderung.

Ueber die neue Einrichtung und die Fortschritte unseres Theaters melde ich Ihnen zu seiner Zeit das ausführliche. Es muß einen so großen warmen edlen Kunstfreund interessiren!

und kömmt das zu Stande was im Werk ist, so wird die Kunst in Mannheim was sie noch nirgend war, und wird Nachahmung finden.

Bald wieder ein kluges und herzliches Wort

Ihrem
von ganzer Seele ergebenem Beck.

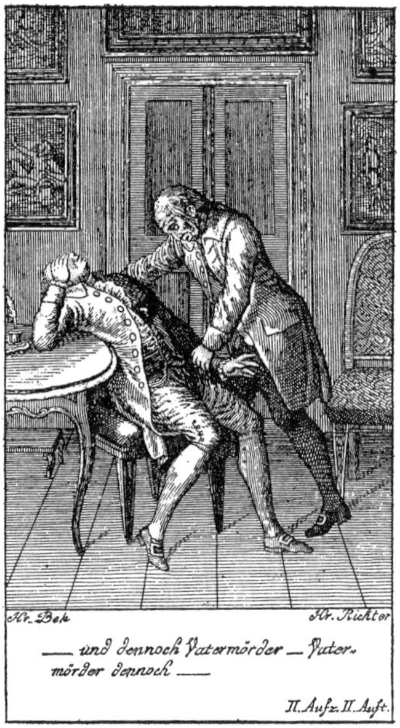

FRIEDERIKE KRICKEBERG, GEBORENE KOCH

ist die Tochter des bekannten Theaterprinzipals Heinrich Gottfried Koch, den Lessing sehr schätzte. Er führte 1756 „Miß Sarah Sampson" als Erster auf und übernahm später die Hamburger Truppe mit Ekhof im Ensemble.

Friederike Koch ist kaum mehr als die Tochter eines berühmten Vaters. Sie wurde am 24. 12. 1770 in Hannover geboren und war von Kind auf für die Theaterlaufbahn bestimmt. Bereits mit fünf Jahren stand sie — mit Ekhof — auf der Bühne. Sie gehörte dem Schweriner, Dresdener und Berliner Theater an. Mehr als ihre schauspielerischen Leistung begründeten Umarbeitungen französischer Stücke ihren Ruf.

Die Briefe zeugen von Ihrem Naturtalent, wenn sie einmal ihren Sohn zum Schauspieler bestimmt und zum anderen, wenn sie berichtet, wie sie mit 71 Jahren noch Rollen für erkrankte Kollegen übernimmt.

Im ganzen hat sie jedoch die Hoffnungen, die sie als Anfängerin gab, nicht erfüllt. Am 17. Mai 1842 ist sie in Berlin gestorben.

Friederike Krickeberg an Schiller:

Cassel den 8ten November 1800.

Durch Ihre außerordentliche Güte für uns kühn gemacht, wage ich es, Ihnen selbst meinen Dank dafür zu bringen. Ich bin um Worte verlegen, aber das kann ich Ihnen sagen, daß die Hoffnung Maria Stuart zu besitzen, einer kleinen Familie, die Sie verehrt, und die Werke mit Enthusiasmus studiert, die nur Ihre Feder darstellen konnte, einen höchst glücklichen Tag gewährten. Daß wir das vortreffliche mir so sehr willkommene Geschenk wie ein Heiligthum bewahren werden, darf ich Sie nicht erst versichern. Mein Mann und ich wollen die Rollen selbst ausschreiben, damit es in keine andre Hände kömmt und da wir beyde, und vielleicht auch meine Schwester Rollen darinn haben werden, so ist auch von der Seite nichts zu befürchten. Sie können uns diesen Schatz sicher anvertrauen. Dieselbe Versicherung gilt auch von allem was Ihre Güte uns ferner zukommen lassen wird.

Ich hoffe Sie einmal in Seebad Dobberan bey uns zu sehen; möchten Sie dann aus unserem Bestreben das Ideal der Kunst zu erreichen sehen, daß wir nicht ganz unwürdig waren die Zierde der deutschen Bühne: Maria Stuart, darzustellen. Mein

Mann empfiehlt sich Ihrem Wohlwollen, und wenn Sie der Menschen denken die Sie verehren, so erinnern sich unsrer Namen, den niemand kann es mehr als Ihre

ergebene Fr. Krickeberg, geb. Koch.

An Ludwig Tieck.

Berlin, den 6ten Aug. 1823

Es würde eitler seyn, als erlaubt ist, wenn ich mir schmeicheln wollte, der Name am Ende des Blattes hätte jemals so viel Interesse für Sie gehabt, um Ihrer Erinnerung einmal wieder vorzuschweben, und Vermessenheit darauf einen Empfehlungsbrief zu bauen. Mein Name indess gehört zu Ihrer Jugend und wer möchte sich dessen erinnern wollen, wenn Sie der Morgenröthe nicht gern gedächten, die solch einem Tage voranging? Die Liebe einer Mutter zu dem Sohne liess mich die Furcht überwinden, dass Sie Blatt und Ueberbringer unwillig bey Seite werfen möchten, und so steht denn, wenn Sie diese Zeilen lesen, ein junger Mensch vor Ihnen, dem das Glück Sie von Angesicht zu sehen, wie der Stern geleuchtet hat, der einst die Hirten führte.

Er hatte sich zum Juristen bestimmt und zwey Jahre studirt; aber der poetische Anklang in seiner Seele, liess dem Kopfe keinen Raum für die trockene Wissenschaft, und er hat eine Künstlerlaufbahn eingeschlagen, auf der ich ihn nicht ganz ohne Sorgen wandeln sehe.

Er kömmt nach Dresden, um sich von den Italienern ein Urtheil über seine Stimme zu holen, so will es seine Lehrerin, Mad. Fischer. Mit Freuden habe ich diese Reise veranstaltet, sie wird ihm in jedem Falle von großem Nutzen seyn. Erlauben Sie ihm, Sie zuweilen zu sehen; schicken Sie ihn fort, wenn er Sie stört, aber vergönnen Sie ihm das Glück, wornach er strebt. Er wird Ihnen sagen, mit welcher Freude wir Ihre belehrenden Kritiken studirt haben; wie uns die Kunst neu belebt erscheint, wenn solche Männer uns mit ihrem Urtheil zur Wahrheit führen.

Mein Wirkungskreis ist beschränkt, nicht dankbar, aber ich wollte ums Brot stricken, wenn der arme Eifer für die gute Sache in mir erhalten konnte. Ich höre auf, um Sie nicht zu ermüden.

Frau von Varnhagen wollte selbst schreiben und das wäre ein ganz andrer Schutzbrief für meinen Sohn gewesen. — Sie sollten nur sehen und hören, wie oft, mit welcher Verehrung Ihr theurer Name in diesem achtbaren Kreise tönt, gewiß Sie würden schon um dessenwillen, den armen kleinen Brief nicht unfreundlich ansehen, den ich so gern selbst gebracht hätte.

Ist mirs doch als könnte ich nicht enden! Der Himmel erhalte Ihre, der Welt so theure, unschätzbare Gesundheit, damit sie nicht den hellen Geist trübe, der sie erleuchtet durch seinen Genius verklärt.

Mit der innigsten Verehrung empfiehlt sich Ihrer Güte

Ihre
ergebenste
Fr. Krickeberg
geb. Koch

An Ludwig Tieck.

Berlin, d. 9ten May 1841

Sie würden, mein sehr verehrter, nimmer vergessner Freund, es gewiss nicht bereuen, ein paar Minuten an mich verschwendet zu haben, wenn Sie Zeuge der Freude gewesen wären, die mir Ihr theurer lieber Brief brachte. Aus der Kirche zurückkehrend, wo ich das Abendmahl empfangen, fand ich ihn, den beglückenden Gruss aus der Ferne, und mit zehnfachen Willkommen ward er von mir gegrüsst. Recht herzlichen Dank dafür! Und welche schöne Hoffnung enthält er außerdem noch! Sie werden zu uns kommen, Sie werden Ihre Vaterstadt wiedersehen, die so viele, so sehr viele Ihrer Verehrer in sich fasst, wie werden wir alle uns Ihrer Anwesenheit freuen! Und ich — vielleicht die einzige noch lebende aus dem jugendfrohen Kreise — ich werde wieder jung werden.

Ja, mein theurer Freund, noch jetzt im 71ten Jahre bewahre ich lebhaft und treu die Erinnerungen aus jener schönen Zeit — aber sie ist vorüber! Nicht für mich allein — für Alle! Es ist nicht das Alter, was mich so sprechen lässt, Sie selbst werden es finden. Welch ein geistreiches Treiben war damals unter der jungen Welt; welch ein Kreis junger Männer reihte sich um sie her; welche Blüthen entfalteten sich da, und welche Früchte reiften der literarischen Welt entgegen! Es mag seyn, dass ich nicht mehr in diese Welt komme, aber ich höre auch nichts davon. Ihre Anwesenheit bey uns möchte vielleicht zeigen, was hier noch zu finden ist, denn um Sie wird sich gewiss

Alles drängen, was fähig ist, Sie zu begreifen, zu verehren! Aber wo gerathe ich hin! Wollten Sie denn das von mir wissen?

Sie sprachen von einer vergangenen schönen, sehr schmerzhaft theuer bezahlten Zeit.

Sie wünschen Briefe von Gentz an mich, um sie der heutigen krittlichen Welt zu übergeben? fordern Sie das nicht von mir! Ihnen durfte ich Sie damals anvertrauen, Sie würden sie noch heute fühlen — aber wer sonst? Auch diese Zeit ist vorüber; die Liebe hat ein anderes Gewand umgehänget; die zarten Stoffe sind verweht, und ich glaube, ein junger Mann, der jetzt solche Briefe schrieb, würde sich nicht mehr männlich erhaben vorkommen. Diese Briefe würden durch den Namen Interesse vielleicht erregen, aber kein ehrenvolles für ihn; ich habe den lebenden geschont, wenn er auch das ganze Leben mir zerstört, und sollte nun des Todten Asche stören? Zudem, wer würde es beachten, dass ein Mann, der die geheimen Fäden der Staatsgeheimnisse ent- und verwirren konnte, das Herz eines armen Mädchens durch seine hinreissende Beredtsamkeit entzückte, bethörte und — brach? Nein mein Freund — wie ich mit Todesschmerzen sagte: Vergebung dem Lebenden, so sagt heute die alte Frau mit gefalteten Händen: Friede dem Todten! Er soll nicht, wenn er mir auf einem andern Sterne einmal begegnete, sagen: — „Auch du?" —

Seyn Sie mir nicht böse, dass ich Ihnen abschlage, was Sie wünschen; gewiss ich vermag es nicht. Auch nach meinem Tode soll Niemand finden, was mir so nahe war!

Ich will aufhören, sonst muss ich befürchten, Sie geben mir nie wieder die Erlaubniss mich mit Ihnen zu unterhalten. Wie viel hätte ich Ihnen zu sagen, über unser künstlerisches Treiben! Aber nur Ihnen; hier spreche ich nie darüber.

Kommen Sie nur, Sie finden mich noch in voller Aktivität; zwar bey der Invalidenkompagnie; aber noch kann ich wenn eine meiner Colleginnen plötzlich heiser wird, eine Rolle vom Tage vorher, auch noch denselben übernehmen, und das will doch etwas sagen, wenn man 66 Jahre auf dem Comödienzettel steht. Wie freue ich mich Ihnen eine Reliquie zu zeigen, einen Comödienzettel worauf Ekhof und ich stehen.

Legen Sie das Blatt nicht weg, ich schreibe kein Wort mehr!

Nur meinen nochmaligen innigen Dank für Ihren Brief, und die Bitte auch ferner noch meiner zu gedenken; gewiß Sie würden es, wenn Sie wüßten, wie sehr, wie über Alles Sie dadurch beglücken und ehren Ihre

alte treue Verehrerin und Freundin

Fr. Krickeberg geb. Koch

Nach J.F. Matthaei

Szene aus Schillers »Braut von Messina«

FERDINAND ESSLAIR

wurde am 2. Februar 1772 zu Essek in Slawonien geboren. Er war entschlossen, Soldat zu werden und schlug auch die militärische Karriere ein. Bald jedoch erwachte in ihm eine solche Lust am Spiel, an der Verwandlung, daß er kurzentschlossen die Soldaten-Laufbahn an den Nagel hängte und 1795 seine Bühnenlaufbahn am Innsbrucker Theater begann. Nach einem kurzen Zwischenspiel in Passau wechselt er 1797 nach München über und im folgenden Jahr nach Prag. Allein, auch hier hält es ihn nicht lange, Stuttgart, Augsburg, Straßburg und Salzburg sind seine nächsten Etappen. Von 1801 bis 06 spielt er in Nürnberg, wo er eine Zeit lang auch die Direktion inne hat. In Stuttgart, wo er seit 1807 engagiert war, heiratet er die Schauspielerin Elise Müller und unterschreibt gemeinsam mit ihr einen Vertrag für das Mannheimer Hoftheater. 1812 geht er von dort zum Hoftheater in Karlsruhe. 1815 kehrte er als Regisseur nach Stuttgart zurück und ging 1820 in ebendieser Eigenschaft nach München, an dessen Hoftheater er lange Zeit d e r Schauspieler war.

Schon rein figürlich war er zum Heldendarsteller geboren, von hünenhafter Gestalt, der ein Paar sprechende Augen etwas außerordentlich Ausdrucksvolles gaben, hatte er außerdem seine klangvolle Stimme zu einem gut geschulten, biegsamen Organ gemacht, das er durch ein lebhaftes Mienenspiel zu ergänzen wußte. Bei der Rollengestaltung traf er instinktiv — ohne gedankliche Zergliederung — das Richtige, eine reiche Phantasie und eine feinfühlige Empfindung befähigten ihn dazu. Seine Darstellung hatte durchaus naturalistische Züge und nur später verleidete ihn Beifallssucht zu Effekthascherei und routiniertem Spiel. Seine besten Rollen waren: Franz Moor, Wallenstein, Tell, Macbeth, Lear.

Nach seiner erfolgreichen Tätigkeit in München ließ er sich von der dortigen Bühne pensionieren und ging quer durch Deutschland auf Gastspielreisen. Auf einer solchen Kunstreise starb er am 10. November 1840 in Mühlau bei Innsbruck.

An Frau Charlotte Birch-Pfeiffer
in W i e n.

München, d. 13. May 1829

Meine verehrte Freundin!

Ich bringe Ihnen wiederholt meinen herzlichsten Dank liebe

Von der Uniform zum Kostüm
Ferdinand Esslair (1772–1840)
als Wallenstein

Ferdinand Esslair
als Dominique in »Der Essighändler«

Tafel 18

Birch, für Ihre Bemühungen, die Sie sich so theilnehmend für mich gaben.

Gestern Dienstag den 12. May Abends halb acht Uhr kam der König aus Italien hier an. Er soll, wie ich von mehreren hörte, sehr übel gestimmt, fast mürrisch seyn: die Ursache weiss niemand.

Ich trat gestern zum erstenmale wieder als Metell im „Regulus" auf, und denken Sie, liebe Freundin, ich bin dem Publikum in diesen sechs Wochen ganz und gar aus dem Gedächtniss gekommen. Denn als Heigel hinaustrat, welcher den Appius gab, fiengen einige die Begrüßung an laut werden zu lassen. Doch schnell ward Stille geboten, als der Irrthum bemerkt wurde. Endlich kam ich wirklich. Die Plebejer riefen mir Heil zu, unser Publikum blieb stille, und erst als ich zu sprechen anfieng: „Weib, sag' an, wem rufst du weh?" wurde ich erkannt, und die Versammelten platzten los, wie aus einem Bombenkessel. Während des Empfanges machte ich schnell Bemerkungen. Entweder, dachte ich, ist die schlechte Beleuchtung schuld, oder der Umriß meiner Figur ist ihrem Gedächtnis ganz entschlüpft, vielleicht haben sie den Zettel nicht gelesen, was für ein Stück gegeben wird, oder sie kannten den Metell gar nicht, was das für ein Bursch in dem Trauerspiel „Regulus" von Collin ist? Kurz es war schnurrig, und recht lebhaft standen die heissglühenden Wiener vor mir; ein Publikum, welches sich in Deutschland nicht zum zweitenmale finden läßt.

Empfehlen Sie mich Herrn Carl und seiner Familie auf das freundschaftlichste. Der kugelrunden Frau C. lasse ich rathen täglich sechs und eine halbe Stunde auf den Gebeinerchen recht lebhaft zu bleiben, sonst hat es mit der unglückseligen Wassermaschinbelästigung seine Richtigkeit. Sagen Sie ihr, die Geschenke haben großen Eindruck gemacht, und alle freuten sich, daß sich die gute Großmutter gesund und wohl findet. Bringen Sie gefälligst Herrn und Frau von Scheidlin meine herzliche Begrüssung. Dickwanst Haag grüsse ich, mein Auftrag ist feierlichst bestellt.

Und nun leben Sie wohl Freundin, und denken Sie manchmal Dessen, der sich mit wahrer Verehrung und Achtung nennt Ihren

redlich ergebenen Freund

Esslair.

HENRIETTE HENDEL-SCHÜTZ, GEB. SCHÜLER

wurde am 13. Februar 1772 zu Döbeln in Sachsen geboren und stand bereits mit zwei Jahren auf den Brettern, die für sie die Welt bedeuteten. Eine Breslauer Theatertruppe kann diesen Ruhm für sich in Anspruch nehmen. Von 1781—1785 spielte sie Kinderrollen im Ballett am Berliner Nationaltheater und übernahm dann — ebenfalls noch in ihrer frühen Jugend — naive Rollen im Schauspiel und Soubrettenrollen in der Oper am fürstlichen Theater zu Schwedt an der Oder, wo sie 1788 den Tenoristen Eunike heiratete. Die nächsten Etappen ihrer Bühnenlaufbahn waren Mainz, Bonn und Amsterdam. Als sie 1796 nach Berlin zurückkehrt, begeistert die frühere Naive in sentimentalen und tragischen Rollen. Bis 1806 blieb sie dieser Bühne treu, dann zog sie nach Stettin. Nach einem ungeordneten Privatleben, sie hatte in kurzer Zeit drei Gatten hintereinander, heiratete sie 1811 zum vierten Male und zwar den Professor K. J. Schütz, in dessen Begleitung sie auf Kunstreisen durch ganz Deutschland, Dänemark, Schweden, Holland, Rußland und Frankreich ihr hervorragendes Talent für mimisch-plastische Darstellungen entfaltete. 1820 trat sie endgültig von der Bühne zurück, trennte sich 1824 auch von diesem, ihrem vierten Gatten, und starb am 4. März 1849 ganz zurückgezogen in Köslin.

An Frau Amalie Neumann,
(Haizinger) *Halle* — ohne Datum

Mein herzliebstes Malchen!

Ich musste gestern den ganzen Tag bei den Bauleuten in einem alten unterirdischen Gange in unserem Garten zubringen, und hatte mir dadurch eine heftige Kolik zugezogen. Mit Erstaunen und Rührung erfahr ich heut Morgen, daß Sie mein süsses Kind, sich selbst gestern Abend nach so anstrengenden Rollen, noch zu mir bemüht haben. Gott wird Ihnen lohnen, mein guter Engel, dass Sie auf der Sonnenhöhe des Glücks, der Jugend, der Schönheit und der Kunst sich so herzlich um eine alte Frau bemühn, die mit ihren Glückgütern die Bedeutung in der Welt verloren hat. Ich habe sehr herbe Erfahrungen der Art gemacht. Gott lasse Ihnen noch lange so süss duftende Blumen blühn, wie Ihre Güte mir geschenkt hat.

Nun eine Frage, liebstes Malchen: wollen Sie den beifolgenden echt-altdeutschen Gürtel kaufen? Er ist nicht nachgemacht, sondern wirklich aus dem 16ten Jahrhundert. Zum Egmont, zum Kätchen von Heilbronn etc. passt er ganz vortrefflich. Wenn Sie ihn kaufen wollen, bekommen Sie ihn für 5 Thaler. Mir hat er fast noch einmal so viel gekostet. Aber um Gotteswillen bitt ich Sie, kaufen Sie ihn ja nicht, wenn Sie ihn nicht mögen. Nehmen Sie nicht die allergeringste Rücksicht darauf weil ich es bin. Denn das fehlte noch, daß ich denen die mir wohlwollen lästig fiele.

Wenn es Ihnen recht ist, komm ich heute Abend zu Ihnen, und nehme ihn ohne Umstände wieder mit, und die ganze Sache ist abgethan. Ihre Sie herzlich liebende

und dankbare Henr. Hendel-Schütz.

FRIEDRICH LUDWIG SCHMIDT

Friedrich Ludwig Schmidt wird uns als ein etwas pedantischer, übergenauer Mensch geschildert, der 34 Jahre lang als Schauspieler dem Hamburger Theater angehörte.

Nachdem Schröder durch nie abreißende Schikanen der französischen Besatzungsbehörden, die in Hamburg strenger als in anderen Städten vorgingen, in seiner Energie gebrochen war und die Direktion niedergelegt hatte, übernahm neben Jacob Herzfeld, Friedrich Ludwig Schmidt diesen Posten, zu dem ihn seine Genauigkeit unbedingt befähigte.

Als Lehrmeister junger Talente schuf Schmidt sich in jener Schaffenszeit einen guten Namen und aus diesem Arbeitsgebiet heraus prägte er auch jenen Satz, in dem er die damaligen Nachwuchsverhältnisse charakterisiert:

„Herrliche Fortschritte! Meister wohin man spuckt, aber brauchbare Lehrlinge sind mit der Laterne zu suchen!"

Von den Schülern Schmidts ist wohl Heinrich Marr, der erste Mephisto am bekanntesten geworden, er hat seinen Lehrer an dramatischer Ausdruckskraft bei weitem übertroffen.

Friedrich Ludwig Schmidt wurde am 5. August 1772 zu Hannover als Sohn eines Zolleinnehmers geboren. Er besucht die Schule bis Tertia, wird dann Kreisphysikus, was soviel wie Landarzt war, und zeichnet sich schon damals durch ein gutes Gedächtnis aus.

Sein Debüt als Schauspieler hatte er am 22. Januar 1792 in Braunschweig bei der Tillyschen Truppe. Im gleichen Jahre am 15. August heiratet er die Schauspielerin Caroline Löwe. 1796 übernimmt er die Stelle eines Regisseurs in Magdeburg. 1815 nach Hamburg berufen, an dessen Stadttheater er 26 Jahre Direktor war, läuft er sich allmählich in seiner Entwicklung fest und läßt in seinen Rollengestaltungen nach. Am 13. April 1841 ist er in Hamburg gestorben.

An Ludwig Tieck. Hamburg, d. 24ten April 1824

Wohlgeborner
Hochgeehrtester Herr Doktor!

Es war schon lange mein innigster Wunsch, mich dem Manne einmal brieflich zu nähern, dessen geistreichen Schriften ich so viel verdanke. Ich wähle dazu einen Augenblick, wo ein Bändchen meiner Lustspiele erschienen ist und würde mich geehrt fühlen, wenn Sie dasselbe einer critischen Beleuchtung werth achteten.

Ich weiss nicht, ob meine Kürzungen des zerbrochenen Krugs Ihre Billigung erhalten werden; doch ich darf sagen, dass ich um jede Strophe einen Kampf gekämpft habe, ehe ich mich daran vergriff; aber meine Vorliebe für den herrlichen Dichter musste ich verläugnen, wenn es mir einigermassen gelingen sollte, die Dichtung bühnengerecht zu machen. Traurig genug, daß man so herrliches Gut gleichsam einschmuggeln muß! Es gehört dies zu der Tirannei, der man sich, wie Sie kürzlich so treffend bemerkten, leider zu fügen hat.

Verleiht Ihnen jedoch der Himmel noch recht lange Lust und Humor für die Critik der Bühne: so dürfte doch über kurz oder lang eine bessere Aera anbrechen. Wie erfreut mich Ihre öftere Erinnerung an Schröder! Ich war so glücklich in den letzten 15 Jahren seines Lebens sein täglicher Hausgenoss zu seyn und darf mich seines wahren Vertrauens rühmen. Einen Schatz von Bemerkungen hab ich aus jenen Zeiten aufbewahrt, aber eingezwängt in das Directoratsjoch, bleibt mir nur zu wenig Zeit, mich in dem Rosengarten der Erinnerung zu ergehen.

Herzlichen Dank für den 1ten Band Ihrer Shakespeareschen Vorschule! Wer durch Sie diesen poetischen Löwen nicht kennen lernt, gebe die Hoffnung auf, ihn je kennen zu lernen.

Leben Sie wohl, mein Hochverehrter! Möchte es Ihnen gefallen, noch einmal einen kleinen Ausflug zu unserm Elbgestade zu machen. Wir Hamburger würden uns bemühen, Ihren Aufenthalt in so viel Festtage zu verwandeln. Bis dahin lassen Sie sich einiger Zeilen Antwort nicht gereuen, womit Sie gar hoch erfreuen würden

Ihren höchsten Verehrer

F. L. Schmidt

KAROLINE JAGEMANN

wurde am 5. Januar 1778 zu Weimar als Tochter des Privatbibliothekars Christian Joseph Jagemann, der sich um die Verbreitung der italienischen Literatur in Deutschland verdient gemacht hat, geboren.

Die Ausbildung für ihre Bühnenlaufbahn erhielt sie in Mannheim von Iffland und Josepha Beck. In der Zeit von 1792—1796 war sie Mitglied des dortigen Nationaltheaters. Den Durchbruch zu wahrhaften Darstellungen von Format erreichte sie jedoch erst 1797 an der Weimarer Hofbühne. Sowohl als Darstellerin als auch als Sängerin wurde sie hier zu einer der hervorragendsten Vertreterinnen der damaligen Bühne.

Großherzog Karl August von Weimar schenkte ihr seine Gunst und erhob sie als Karoline von Heigendorf in den Adelsstand, gleichzeitig vermachte er ihr das gleichnamige Rittergut.

Durch ihre Beziehungen zum Großherzog gewann Karoline Jagemann bald sehr starken Einfluß auf die Weimaer Bühne, sie überwarf sich mit Goethe, was diesen veranlaßte, sich von der Theaterleitung zurückzuziehen.

Nach dem Tode des Großherzogs zog sich die Jagemann von der Bühne zurück. In Dresden ist sie am 10. Juli 1848 gestorben.

Die Bemerkung in ihrem Briefe über die schnelle Zurichtung eines jungen Mädchens zur „Schauspielerin" ist typisch für das Verhältnis der damaligen Zeit zur Schauspielkunst.

An Ludwig Tieck

Brückenau, d. 25. Juli 24

Theuerster Herr Hofrath!

Schon längst wollte ich mir die Freude machen, Ihnen zu schreiben, indem ich glaubte auf Ihre Verzeyhung rechnen zu dürfen, die Sie sich mir immer so gütig und freundlich bewiesen haben und es sogar meine Pflicht ist, Ihnen für die menschenfreundliche Aufnahme, welche die Schwabhaussen von Ihnen erfahren, meinen wärmsten Dank auszusprechen. Nehmen Sie ihn Liebster Herr Hofrat gütig auf und erlauben mir über dieselbe meine Ideen und Ansichten Ihnen mitzutheilen. Sie kam neml. zu mir und indem sie mir ihre traurige Lage schilderte — (sie hat eine kränkliche Mutter und die kleine Stadt bietet nur spärliche Erwerbsmittel), bat sie mich so dringend, ich möchte versuchen, ob sie nicht vielleicht so viel Talent hätte, um dadurch auf dem Theater ihr Fortkommen finden zu können; dass ich es für Härte gehalten haben würde, sie zurückzuweisen und ohne Prüfung ihre Hoffnungen zu vernichten. Sie lass mir die Leonore in dem Stück gleichen Namens, und ich fand, sie lass mit Ausdruck und Verstand. Ob mehr aus ihr hervorzubringen seyn würde, musste ich versuchen, indem ich ihr die Iphigenie in meiner Weise vorlass, und sie nun in der gehörigen Deutlichkeit, in steigen und Fallen der Töne mich imitiren musste. Es gieng über Erwartung gut für eine s o l c h e Anfängerin. Sie hatte mich neml. verstanden. Hieraus schöpfte ich die Hoffnung oder vielmehr den Schluss, es fehle ihr nicht an Auffassungsgabe, und da ich mir vorgenommen hatte, keine Mühe zu sparen, sie sich auch unverdrossen zeigte hundertmahl Wiederholungen diesser oder jener Stelle; so zweifelte ich nicht, es werde ein Resultat herauskommen was meinen Wünschen und meinen Bemühungen entspräche.

Weimar, d. 1ten Aug.

So lange musste ich die Fortsetzung dieser Zeilen verschieben. Die Aufforderungen, die herrliche frische Luft zu geniessen in dem wunderschönen Brückenau waren zu mächtig. Doch vorgestern hier angekommen, will ich vollenden, was ich vielleicht zum Besten meiner bisherigen Schützlingin unternommen, und hoffe Liebster Herr Hofrath auf Ihre gütige Verzeyhung.

Die Schwabh. konnte nicht stehn, vielweniger gehn. Ihr ganzes Wesen hat nicht eine Spur von der Leichtigkeit und Elegance die das Lustspiel erfordert. Ich machte also nur im Tragischen Versuche mit ihr, Studirte ihr die Tecla ein und musste ihr zugleich die Füsse setzen zu jedem Schritt und jedem Abgang. Es gelang aber zu meiner besonderen Zufriedenheit, und gab mir den Muth gleich auf Maria Stuart überzugehen, eine Rolle in welcher sie mich nicht nur nach Verhältniss zufrieden stellte; sondern in einzelnen Stellungen in Ausdruck des Gesichts oft überraschte, und ich bin überzeugt, würde sie diese Rolle so spielen, wie sie hier bey mir gethan; sie würde auf jedem Theater Glück damit machen. Eben so mit Griseldis, welches die dritte Rolle war, die sie bey mir einstudirt: Sie hatte noch die Chatarine in Guttenberg gelernt, indess diesse Rolle verlangt schon mehr Gewandtheit als die hochtragischen, und ich war mit ihr einverstanden, dass sie diesselbe erst besser würde spielen können, wenn sie etwas festen Fuss auf der Bühne würde gefaßt haben. Die Jungf. v. Orleans kann im Zimmer gar nicht einstudirt werden, denn immer tritt einem der Mangel an der Scenerie störend in den Weg, und selbst die größeren Reden und Monologe gelingen vielleicht nur einer geübten Künstlerinn im Zimmer ohne die gehörigen Umgebungen einzulernen und auf die unbekannten Verhältnisse der Bühne zu übertragen. Die Jeanne d'arc ist die einzige Rolle, in die auch ich mich niemals habe finden können. Es ist zu wenig darinnen Künstlerisches zu leisten. Warum aber die Schwabh. niemals hat erlangen können, sich wenigstens durch kleine Rollen auf der hiessigen Bühne einige Routine zu verschaffen, das hat verschiedne Ursachen, die ich Ihnen mündlich lieber erzählen möchte. Ich bin billig genug zu vermuthen, dass H. v. Spiegel gefürchtet hat, sich durch die Protection theils der meinigen, theils derer des Publicums eine Last aufzuladen, wenn er die Schwabhaussen auch nur in kleinen Rollen hätte auftreten lassen, diess ist gewiss e i n s der Dinge, die sie des Glücks sich auf der Bühne bewegen zu können, nicht teilhaft werden liessen. Nun aber geht sie nach Dresden, und anstatt sich in den Rollen zu zeigen, in denen sie z u m w e n i g s t e n Aufmerksamkeit erregen musste; stellt sie sich dar in denen von denen sie selber weiss sie gelingen ihr für iezt noch nicht. — Ich konnte nun weiter nichts für sie thun, als Ihnen theuerster Herr Hoffrath meine Meynung über ihre Fähigkeiten mittheilen, im Fall dass diess ihr von Nutzen seyn könnte. Meine Meynung aber ist, dass sie nur für das hochtragische sich eignet. Ich würde eine gute Iphigenie, 1. Macbeth, Sappho auch Elisabeth aus ihr zu machen mich getrauen. — Noch einmal bitte ich Sie liebster Herr Hoffrath mir meinen langen langen Brief zu verzeyhen. Sie selbst aber sind so gut, dass Sie zum besten andrer, wohl auch etwas wagen würden. In dieser Zuversicht hoffe Sie erhalten mir Ihr Wohlwollen; und nehmen die Versicherung gütig auf das ich mit grösster Hochachtung bin

Ihre

Ergebenste Dienerin

C. v. Heygendorf

JOHANN REINHOLD LENZ

Inwieweit zwischen dem „Sturm und Drang"-Dichter Lenz und dem hier zu Worte kommenden Schauspieler Lenz verwandtschaftliche Beziehungen bestehen, konnte bisher noch nicht geklärt werden, wie überhaupt die Laufbahn des Schauspielers Lenz eine genaue Erforschung verdiente.

Lenz war für den Soldatenstand bestimmt, den er jedoch, seiner Neigung folgend, verließ, um Schauspieler zu werden. Als Schauspieler nahm er damals den Namen Kühne an. Das Breslauer Publikum schätzte ihn als Darsteller idealistischer Charaktere.

Aber auch in Stücken, die lediglich Tagesware waren, und von denen einige im Briefe erwähnt sind, war er ein guter Darsteller, da er solchen Rollen immer einen liebenswürdigen, humoristischen Zug abzugewinnen wußte.

Seine eigentliche Glanzzeit hatte Lenz in Hamburg, wo er als ein hervorragender Verkörperer bürgerlicher Väter hoch geschätzt war.

Lenz wurde am 14. November 1778 zu Pernau geboren. Er besuchte das Collegium Friedericianum in Königsberg, meldet sich freiwillig in russische Dienste und wird mit 16 Jahren Soldat. Nach seiner Entlassung übernimmt er den Posten eines Sekretärs bei einem Grafen, doch dann lockt ihn die Bühne und 1801 debütiert der 23jährige in Petersburg. 1811 kommt er an das Stadttheater zu Hamburg, dessen Ensemble er 33 Jahre bis 1844 angehört, in diesem Jahre zwingt ihn ein altes, sich immer mehr verschlimmerndes Augenleiden von der Bühne abzutreten. Als Privatmann lebte er noch bis zum 7. Februar 1854 in Hamburg.

An Ludwig Tieck:

Hamburg, d. 25t. Juni 1844

Hochgeehrter Herr!

Ich kann mein Versprechen, die gewünschten Bücher betreffend, leider nur zur Hälfte erfüllen, denn trotz aller angewendeten Mühe ist es mir nicht gelungen die Schrödersche Bearbeitung des „Hoffmeisters", von Lenz aufzufinden. In der Theaterbibliothek — auch im Kataloge — fehlt sie. Wahrscheinlich hat Schröder sie in seinen Privatbesitz genommen, und von dem Schicksal seiner hinterlassenen Manuskripte kann ich nichts und von Niemand etwas erfahren. Lebte der Professor Mayer in Bramstädt noch, der Depositair seiner geheimsten Papiere — wüsste ich mir wohl Raths zu holen. Auch in dem Lustspiel „Der Schmuck", das ich das Vergnügen habe Ihnen zu übersenden, werden Sie auf einige Verstümmelung stossen, doch sind sie nicht so arg, dass der Zusammenhang unerrathbar zerrissen wäre; wenigstens ist die Rolle Wegforts ganz erhalten. Schröder hat — wie sichtbar — auch dieses Stück verkürzt und bearbeitet, und die statt der gestrichenen und veränderten Stellen hinein befestigt gewesenen Zettelchen sind leider verloren gegangen. Ich habe indess nicht Anstand genommen selbst dies etwas entstellte Exemplar Ihnen zuzusenden. Sie lernen mindestens daraus die Rolle des Wegfort kennen, und werden an meinem Eifer, Ihren Wunsch nach Kräften zu erfüllen, nicht zweifeln. Dass diesem Wunsch nur zur Hälfte Genüge geschieht, bedaure ich unendlich.

Mich Ihrem ferneren Wohlwollen empfehlend, habe ich die Ehre zu seyn

Hochgeehrter Herr

Ihr
ergebenster
J. R. v. Lenz

Leidenschaft –
im Leben und auf der Bühne
Sophie Schröder (1781–1868)

Tafel 19

Gemälde von Josef Krafft

Sophie Schröder
in Grillparzers »Medea«

Tafel 20

SOPHIE SCHRÖDER

„Sophie Schröders Kunst war im vollsten Sinne großartig zu nennen. Der Ton ihrer Stimme war voll Schmerz; sie konnte wahrhaft flöten, wahrhaft donnern und blieb sich während der stärksten Rolle von Anfang bis zu Ende gleich. Sie besaß die Kunst, ihre Kraft zu berechnen und ihre Lunge nie übermäßig anzustrengen. Sie wußte vortrefflich zu artikulieren. Sie arbeitete geschickt mit den eigentlichen Sprechwerkzeugen, schonte dadurch ihre Respiration. Daraus entstand nun freilich in ihrer späteren Zeit eine eigentümliche Bewegung der Muskeln um den Mund, welche fast zu gewaltsam schien. In der ruhigen Rezitation war sie manchmal zu feierlich und deklamatorisch; wenn aber die Leidenschaft hervorbrach, dann erhob sie sich zum höchsten, hinreißenden Ausdruck derselben. Sie war rührend und erschütternd, letzteres bis zum Schreckhaften. Ihre Stellungen beherrschte sie mit schöner Berechnung; auch in der gewagtesten überschritt sie nie die Grenzlinie des Schönen. Stets waren sie malerisch; das Mantelspiel und den Faltenwurf hatte sie gründlich studiert. Die Fürstin in der Braut von Messina, Antonia im Belisar konnten in dieser Beziehung als höchstes Muster gelten. Dabei zeichnete sie nicht bloß ins Große; sie begnügte sich nicht bloß mit Flaxmannschen Konturen, sondern alle ihre Leistungen waren ausgeführte Gemälde voll feinster Züge, die ebenso überraschten als entzückten!“

Diese ausführliche Würdigung des Darstellungsstils der Schröder stammt von dem Herausgeber der „Europa“, alle Mittel ihres Stils sind in ihm zusammengefaßt. Nur hätte vielleicht die Leidenschaftlichkeit, die das besondere Merkmal der Schröder sowohl im Leben als auch auf der Bühne war, noch stärker betont werden können.

Sophie Schröder ist ein Schauspielerkind, ihre Mutter hatte sich, als sie bereits einem anderen Manne bestimmt war, in den jungen Kandidaten der Theologie Gottfried Bürger verliebt und da beide mittellos waren, sahen sie im Schauspielerstand die einzige Lebensmöglichkeit. Am 1. März 1781 wurde ihnen in Paderborn Antoinette Sophie Bürger geboren. Nachdem sie die ersten Kinderjahre bei einer Tante verlebt hatte, übernahm sie 1791 in der Truppe ihrer Eltern bereits Kinderrollen und ging mit der Tillyschen Gesellschaft nach Rußland, wo sie, als die jugendliche Liebhaberin starb, mit zwölf Jahren deren Fach übernehmen mußte. Der Direktor Johann Smets, der sich Stollmers nannte, findet Gefallen an ihr und sie heiraten 1795. Als die Truppe in Reval spielt, wird Kotzebue auf das Ehepaar aufmerksam und empfiehlt beide an das

Burgtheater. Für diesen Sprung ist Sophie Schröder jedoch noch nicht reif, ihr Spiel sagt nicht zu und sie geht nach Breslau ins Engagement, wo sie in Opernrollen das Publikum gewinnt. 1799 läßt sie sich scheiden und unterschreibt einen Vertrag nach Hamburg, das zur Stätte ihres künstlerischen Durchbruchs werden sollte. Knapp 22 Jahre alt, wird sie hier in tragischen Rollen eingesetzt, die sie überaus stark erfühlt und erfüllt. Kotzebues „Johanna von Montfaucont" ist einer ihrer ersten Erfolge. Ohne Vorbilder, nur vom Text her, gestaltet sie hier auch als erste die Schillerschen Heldinnen und wird damit richtungweisend für Jahrzehnte. 1804 verheiratet sie sich mit dem Bariton Friedrich Schröder.

Anfang 1813 geht sie auf Gastspielreisen, auf denen sie das in Hamburg Gelernte befestigt. Nach einem Engagement in Prag folgt sie im Jahre 1815 einem Rufe nach Wien, wo sie — 34jährig — dem Burgtheater ihren Stil aufprägt und die Grillparzerschen Frauengestalten wie einst die Schillerschen vom Papier zum Leben erweckt. Namentlich die Sappho wird ihre große Rolle, mit der sie immer wieder die Wiener begeistert.

Inzwischen war jedoch die Leidenschaftlichkeit, die sie zu ihren Leistungen auf der Bühne befähigte, ihr zum bürgerlichen Verhängnis geworden: zahlreiche Liebesaffairen und ein leichtsinniges Leben hatten sie um die Gunst des Wiener Publikums jener bürgerlichen Epoche gebracht. Sie verließ Wien, ging auf Gastspielreise nach Petersburg und, als man ihr in Berlin ein Engagement abgeschlagen hatte, 1830 nach München, wo sie Ludwig I., einer ihrer glühendsten Verehrer, mit offenen Armen aufnahm.

Doch noch einmal kehrte sie nach Wien zurück, von 1836 bis 39 gehört sie dem Burgtheater an, allein, hier ist ihr in Julie Rettich eine begabte Konkurrentin entstanden und Sophie Schröder zieht es vor, ihre Bühnenlaufbahn zu beenden, sich ins Privatleben zurückzuziehen und nur noch gelegentlich Rezitationsabende zu geben. Am 25. Februar 1868 ist diese leidenschaftliche Schauspielerin, deren größter Wunsch es war, Richard III. zu spielen und die den Dolch mehr liebte als die Myrthe, gestorben.

S o p h i e S c h r ö d e r s K o r r e s p o n d e n z war während ihres künstlerischen Schaffens nicht sehr umfangreich.

Zu sehr war die vielbeschäftigte Künstlerin von ihrer Arbeit in Anspruch genommen, als daß sie genügend Zeit gehabt hätte, neben ihren Pflichten als kinderreiche Familienmutter einen umfangreichen Briefwechsel zu pflegen. Erst in ihren letzten Jahren findet sie die Muße, eingehend mit ihr lieben Menschen zu korrespondieren.

Unsere Auswahl der Briefe wird mit einem der wenigen Schreiben aus ihrer größten Schaffensperiode eingeleitet, er ist über seine biographische Bedeutung hinaus zugleich ein schönes Beispiel der Gesinnung und der Herzensbildung der Frauen der Romantik.

Sophie Schröders Andeutungen über die Trennung von ihrem Gatten beziehen sich auf ihre zweite Ehe mit dem 22 Jahre älteren Bariton Ernst Friedrich Ludwig Schröder, aus der ihr Lieblingssohn Alexander stammt. Schröder, nicht nur auf der Bühne sondern auch im Leben ein Don Juan, starb 1818.

Trost für die erwähnten häuslichen Wirren suchte sie damals bei dem beliebtesten Portraitmaler Wiens, Moritz Daffinger, doch bald wurde sie von dessen unmöglichem Betragen abgestoßen.

An Rahel von Varnhagen in Berlin.

Wien, 19. Januar 1817.

Beste verehrte Frau!

Welche unaussprechliche Freude, aber auch welche Beschämung mich übergoss, als ich in dem Briefe der Madame Brede die geliebten Züge ihrer Handschrift sah, würde ich Ihnen wohl schwerlich beschreiben können. Einen so lieben freundschaftlichen Brief, worin sich so ganz die Vortrefflichkeit der Schreiberin aussprach, nicht zu beantworten — o, ich weiss, es ist kaum zu beschreiben — und dennoch kommen S i e mir wieder zuvor. Ja, ja! Sie sind s e h r gut — aber eben weil Sie so gut sind, werden Sie mir auch erlauben, mich zu verteidigen — das heisst — so viel ich es kann — denn es g a n z verteidigen zu wollen, würde nur meine Unart verdoppeln. Hören Sie also, dass ich gleich nach Empfang Ihres so lieben Briefes wirklich schon die Antwort angefangen hatte, als das Schicksal es wollte, dass grad in dieser Zeit meine häuslichen unglücklichen Verhältnisse den höchsten Gipfel erreicht hatten. Ich liess also die schon angefangene Antwort von Tag zu Tag, von Woche zu Woche liegen, weil ich Ihnen so gern, wenn auch nichts Angenehmes, doch etwas Gewisses darüber sagen wollte. Ueber alles dies waren nun aus den Wochen Monate, bald ein Jahr geworden und nun gesellte, wie das meistens geschieht, die falsche Scham, auch wohl die Furcht, Sie möchten meinen Brief nicht gütig aufnehmen, (welches ich Ihnen hiermit von Herzen abbitte), sich dazu, und so unterblieb es bis jetzt ganz. Doch dass ich immer gekämpft habe mit Scham, Angst und meiner herzlichen

Anhänglichkeit für Sie, dass ich jeden Tag von Ihnen spreche und noch recht oft Ihren lieben Brief lese, darüber könnte ich, wenn Sie mir nicht glauben wollten, Zeugen stellen. Und nun welche Freude, für mich, als das Blättchen von Ihnen mich aller Zweifel und Angst enthoben und es mir vergönnt ist, Ihnen, verehrte Frau, etwas über mein Leiden und Schicksal mitzuteilen. Also, wie schon gesagt, gerade in der Zeit, als ich Ihren Brief erhielt, vollzog sich die Krisis, worin sich das schon sehr lockere Band meiner Ehe gänzlich löste. Zwar nicht gerichtlich, weil ich alle diese gerichtlichen Sachen bis in den Tod hasse, aber durch eine beiderseitige mündliche und schriftliche Uebereinkunft, haben wir uns, obzwar wir noch in einem Hause wohnen, von Tisch und Bett geschieden. Die Erziehung, Kleidung, kurz jedes Lebensbedürfnis der Kinder habe ich übernommen, Wohnung, Holz, Licht und Wäsche bezahle ich auch für ihn, er hat für nichts zu sorgen als für seinen Tisch und Garderobe, er kann also sehr gut und ohne alle Nahrungssorgen von seinem Gehalt leben. In diesem Punkte hat mein Leben nun sehr durch diesen Schritt an Ruhe gewonnen. Ich gehe aus, ich komme nach Hause so oft und wann ich will. Ich lege mich schlafen, stehe auf, wenn es mir gefällt, ich kleide mich, esse und trinke, wie es mich freut, nehme Besuche an, die mich vergnügen und verscheuche alle, die mir nicht gefallen — alles dies d a r f und k a n n ich jetzt, alles das habe ich dadurch gewonnen, und dennoch bleibt es immer ein zerrissenes, nicht ganz glückliches Leben — ach, wie gerne wollte ich alle obengenannten Vorzüge fahren lassen, wenn ich ein stilles häusliches Glück an der Seite eines mir g a n z g l e i c h g e s i n n t e n, g l e i c h f ü h l e n d e n Wesens verleben könnte — so nur, in jedem Atom meines Gedankens, sich gleich begegnen, gleich zu fühlen — o ja, dann glaube ich wohl, dass es schön in der Welt sein müsste — Ich will es Ihnen nicht leugnen, dass ich in diesem Augenblick in einem Verhältnis stehe, wo ich mich bemühe, dieses Glück aufzufinden — aber gelingen, ach, gelingen wird es, glaube ich, kaum. — Ein junger, guter, hübscher, für alles Gute und Schöne empfänglicher Mann hat sich mit vieler herzlicher Innigkeit an mich geschlossen — er sucht alles auf, mich davon zu überzeugen, er sieht meinen Augen meine Wünsche ab und erfüllt sie, soviel in seinen Kräften ist — das alles ist gut, s e h r gut — aber dennoch, dennoch stosse ich, zuweilen auf Härten in diesem wirklich vortrefflichen Gemüt, die mich verwundern, die mich immer fester überzeugen — es gibt kein g a n z v o l l-kommenes Glück zwischen Mann und Weib. — Doch gesetzt auch, ich irrte, gesetzt auch, es gelänge mir, was bei einem g u-t e n, g e f ü h l v o l l e n Menschen vielleicht nicht ganz unmöglich ist, diese Härten durch Beharrlichkeit und Sanftmut auszugleichen und mich so dem Ziel meiner Wünsche zu nähern, würde ich auch verhindern können, dass ein U n g e-h e u e r, welches jetzt die Welt beherrscht — U n b e s t a n d — sich zwischen mich und mein Glück stellt? Und wenn es auch nur Furcht davor ist — so ist auch d i e s e schon nicht geeignet, ganz glücklich in diesem Punkt sein zu können. Wer kann sich wähnen, das grosse Los so gewonnen zu haben, als meine verehrte Freundin, aber von ganzem Herzen rufe ich auch aus: „Wer verdient es auch so, wie sie". Der einzige bis jetzt doch ungetrübte Sonnenblick meines Lebens ist das Gedeihen meiner Kinder, es sind alles liebe, gute, wohlgebildete Geschöpfe, die mich herzlich lieben. Alexander ist noch immer ein kleiner lieber Bub, in den ich verliebt bin — er will aber nichts als Soldat werden und geht den ganzen Tag mit Flinte und Säbel herum — aber trotz diesem Heroismus weint er gleich bitterlich, wenn die Schwestern ihm sagen, heute ersticht sich die Mutter im Theater. Die beiden ältesten machen recht schöne Fortschritte in der Musik, mit den fremden Sprachen will es aber weniger gehen, indes denke ich, das sie Talent haben, dass es doch auch dann mit der Zeit gehen wird. — Vom Tanz und den sogenannten Kinderballetten habe ich sie aus zwei Ursachen weggenommen, erstlich konnten (besonders meine Betty) sie es nicht recht wegen ihrer Gesundheit vertragen und zweitens verloren diese Ballette den Charakter der Kindlichkeit — ach und diese möchte ich ihnen doch gern so lange als möglich erhalten. —

Was meine Künstlerbahn hier betrifft, so ist es noch immer das Alte — Neid und Bosheit der Theatermenschen — mit einigen Ausnahmen — verfolgen mich, aber die grosse Gunst des Publikums, worin ich noch immer stehe, wird es ihnen unmöglich machen, ihren Zweck, mich zu stürzen, zu erreichen, und wenn es ihnen auch wirklich gelänge — nicht wahr, so darf ich ja wohl so viel Selbstgefühl haben, um sagen zu können: ist es nicht hier, so ist es an einem andern Ort — Wenn nur die

Zeiten in betreff des Geldes wieder besser werden wollten — es ist jetzt eine Teurung, kaum zum Bestehen — und so glänzend damals nach allem Anschein mein abgeschlossenes Engagement war, so reicht es doch in ökonomischer Hinsicht kaum hin — nur eine sehr sparsame, kluge, häusliche Einrichtung kann einen vor dem grossen Uebel, Schulden zu machen, schützen, aber wo ist es jetzt in diesem Punkt besser? In Gesellschaft gehe ich jetzt wenig — ich ziehe meinen häuslichen Zirkel allen Gesellschaften vor. Zirkel, wo der Geist Nahrung findet — aufrichtig, aber unter uns gesagt, gibt es hier nicht viele — ach, mit welchem innigen Vergnügen erinnere ich mich noch jener kleinen lehrreichen Abendzirkel bei Ihnen — und konnte mein Verstand auch oft nicht nachfolgen, so entstand doch das Bestreben zu denken — nachfolgen zu wollen, und wieviel ist schon damit gewonnen. — Nun, beste, verehrte Freundin, wissen Sie so ziemlich alles, was mich und meine Existenz betrifft, und nun schliess ich mit der Bitte, ihren werten Herrn Gemahl recht viel von mir zu grüssen — nicht Böses mit Bösem zu vergelten und mich so glücklich zu machen, mir einmal wieder zu schreiben. Glauben Sie mir, es kann Sie gewiss niemand mehr verehren und achten als Ihre ergebenste Freundin

Sophie Schröder.

An Wenzel Lembert (K. K. Burgtheater in Wien).

Ich bin im Jahre 1781 in Paderborn geboren. Mein Vater hiess Bürger und war Schauspieler. Meine Mutter, deren zweiter Gatte Keilholz hiess und als ein sehr braver Schauspieler unter diesem Namen beim Theater eine bedeutende Karriere machte, ging, als ich 12 Jahre alt war, mit der Theaterunternehmerin Madame Tilly nach Petersburg.

Sie hatte mich, obgleich ich schon als Kind in einigen kleinen Rollen Talent bewiesen, nicht für das Theater bestimmt. Da aber das Personal sehr klein war, und Madame Stollmers (erste Gattin meines nachherigen Mannes) starb, und dadurch das jugendliche Fach sowohl in der Oper als Schauspiel unbesetzt war, drang Madame Tilly in meine Mutter, dass sie mich möchte einen Versuch auf dem Theater machen lassen, worauf ich dann auch bald in der Oper „Das rote Käppchen" als Fräulein Lina zum ersten Mal in P e t e r s b u r g d i e Bühne betrat. Meine zweite Rolle war Margarete in den H a g e s t o l -

z e n. Nach einem Jahr ging Madame Tilly mit der Gesellschaft nach Reval, wo ich das Glück hatte Herrn von Kotzebue kennen zu lernen, welcher Talent an mir wahrnahm, sich deshalb für mich interessierte, mehrere Rollen im n a i v e n Fach, worin ich mich nun hauptsächlich bewegte, für mich schrieb und dadurch meine Karriere beförderte.

Nach einem dreijährigen Aufenthalte in Reval, während dieser Zeit ich als ein 14jähriges Mädchen Stollmers heiratete, wurden wir von dem Herrn Baron von Braun, auf Anempfehlung des Herrn von Kotzebue, welcher ein Jahr früher als Theaterdichter nach Wien ging, auch für das k.k. Hoftheater dorthin berufen, wo ich als Margarete in den H a g e s t o l z e n, Gretchen in den V e r w a n d t s c h a f t e n und Röschen in den C o r s e n debütierte. Ueber den Erfolg hat Kotzebue in den Kritiken über das k.k. Hoftheater, welche er damals schrieb, manches gesagt.

Nach einem Jahr gingen wir nach B r e s l a u , wo ich weniger für Schauspiel als für Oper und kleine Partien im Ballet engagiert wurde. Die D o n a u w e i b c h e n waren damals gerade an der Tagesordnung, wo ich in der Hauptrolle einiges Aufsehen machte.

Im Jahre 1801 wurde ich unter sehr vorteilhaften Bedingungen nach H a m b u r g engagiert. Ungefähr nach einem Jahr neigte mein Geist sich durchaus zum tragischen Fach, zu welcher Richtung wohl auch viele Leiden in meinem häuslichen Leben mit Ursache gewesen sein mögen.

Die erste Rolle in diesem Fach war, die Zimmermann Tochter S p i n d l e r in dem Trauerspiel J u l i u s v o n S a c h s e n. Dieses gelang über Erwartung, und von diesem Augenblicke an, war es das Ziel meiner Wünsche, weitere Fortschritte zu machen und mich einmal ausschliessend diesem Fache widmen zu können.

Im Jahre 1804 heiratete ich meinen zweiten Mann S c h r ö d e r , und lebte unter den günstigsten Theaterverhältnissen 12 Jahre in H a m b u r g , welches ich aber 1813 wegen der Kriegsunruhen und der K o k a r d e n — Geschichte verlassen musste, und eine Kunstreise unternahm.

In F r a n k f u r t a m M a i n, trug uns der alte Graf von P a v h t a (?) aus P r a g an, weil er von mir hörte, dass ich meinen Weg nach W i e n nehmen wollte, ich möchte, indem er alles dazu vorbereiten wollte, erst Gastrollen in P r a g geben.

Ich ging es ein und kam im Dezember 1813 in Prag an, wo ich dann unter der Direktion des Herrn L i e b i c h ein und einhalb Jahr blieb. Im April 1815 ging ich, um Gastrollen zu spielen, nach W i e n , wo ich mich, nachdem bereits mein Kontrakt in P r a g zu Ende war, ausschliessend für das hochtragische Rollenfach engagierte und somit mein größter Wunsch erfüllt war.

Hier mein lieber L e m b e r t , haben Sie das Verlangte s e h r oberflächlich und ganz entsetzlich geschmiert.

Hätte ich noch ein paar Tage Zeit gehabt, so wäre es besser geworden; indes, was Sie nicht lesen können, oder sonst noch zu wissen wünschen, kann ich Ihnen ja mündlich sagen.

Nur bitte ich Sie, lieber L e m b e r t, wenn Sie mich besuchen wollen, kommen Sie, wenn es anders Ihre Geschäfte erlauben, nachmittags zwischen 6 und 7 Uhr, indem die Morgenstunden der Turturell jetzt gehören.

Ihre ergebenste
Sophie Schröder

An den Schauspieler Georg Winterberg in Wien ist der folgende Brief gerichtet. Dieser Mann war in einer Liebesaffaire für Sophie Schröder ein treuer Freund und Ratgeber, der ihr mit viel Takt über diese schwere Enttäuschung hinweghalf.

Königsberg, den 27. Juli 1824.

Mein guter Winterberg! Herzlich habe ich mich gefreut, dass mir Ihr Brief zeigte, die Entfernung habe noch keinen nachteiligen Einfluss auf Ihre Freundschaft für mich gehabt. Seien Sie versichert, dass ich das anerkenne und zu würdigen weiss. Die treue, freundschaftliche Anhänglichkeit eines guten Menschen ist ja von jeher als das höchste Gut erkannt, und mir vielleicht vor tausend andern zu wünschen, indem der andere Genius, welcher uns den dunkeln Pfad des Lebens erhellen soll, nämlich der Genius der Liebe, mir immer und unter jedem Verhältnis so abhold gewesen ist. Nun habe ich nur noch eins vor Augen, meine Kinder. Diese zu versorgen, für sie zu arbeiten, dass ich doch mit dem Gedanken hinüber gehen kann: sie werden sich als ehrliche Menschen, die mir im Grabe keine Schande machen, durch die Welt helfen. Diesen Zweck b a l d zu erreichen, ist mein einziges und s c h n e l l e s Streben. Denn glauben Sie mir, guter Winterberg, ich bin vom Schicksal müde gemacht und sehne mich herzlich zu d e r Ruhe, wo man nur einzig Ruhe findet. Dass diese Stimmung mein Ernst ist, mögen Sie daraus ersehen, dass ich das in einem Augenblick niederschreibe, wo mich mein Volk zur Vergötterung erhebt. Ja, mein Freund, man vergöttert mich, nicht wie ein irdisches Wesen werde ich hier behandelt. — Doch alles dies kann mein Herz nicht befriedigen. Warum, wenn ich dazu bestimmt war, dass ich kein Wesen finden sollte, das mich und mein Herz verstehen konnte — oder durfte, ward mir nicht mehr Stolz und Ehrfurcht in die Brust gelegt. Dann wäre ich ja jetzt überglücklich. — Nein, nur immer strebe ich nach einem Herzen, an dem ich, nach den Stürmen, nach den Freuden und Leiden, die der Ruhm immer mit sich bringt ausruhen könnte, und — vergeblich. — Doch jetzt genug mit Klagen — nur dem teilnehmenden Freunde konnte ich solange, damit zur Last fallen, indem ich hoffte, er würde sie solange mit Geduld anhören. Ich drücke Ihnen herzlich die Hand und nenne mich mit wahrem aufrichtigem Herzen Ihre Freundin

Sophie Schröder

Am 28. Februar 1828 war Grillparzers Drama „Ein treuer Diener seines Herrn" mit der Schröder als Gertrud zum ersten Male im Burgtheater aufgeführt worden. Das Stück fand eine gute Aufnahme beim Publikum, mußte aber wegen Zensurschwierigkeiten und auf persönlichen Wunsch des Kaisers wieder vom Spielplan abgesetzt werden.

An Grillparzer. Wien, den 23. März 1828.

Bester Freund!

Dienstag abend habe ich eine kleine Teegesellschaft bei mir, und frage Sie, ob Sie so liebenswürdig sein wollen, diesen kleinen Zirkel durch Ihre Gegenwart zu verherrlichen. Die Stunde der Versammlung ist zwischen 6 und 7 Uhr nachmittags. Kommen Sie, wann Sie k ö n n e n und gehen Sie, wann Sie w o l l e n., Zwang soll Ihnen durchaus nicht auferlegt werden aber ein Stündchen könnten Sie Ihrer V e r f e c h t e r i n wohl gönnen. Ja, tapfer habe ich für Sie gefochten, einer ist auch schon gänzlich besiegt, aber der andere ist wie man bei uns sagt, noch etwas hartmänlig, aber es wird mir doch gelingen, auch ihn noch zur Vernunft zu bringen. Auch ist mir noch etwas eingefallen, wodurch mein lieber Grillparzer seine kleine Unvorsichtigkeit wieder gut machen kann.

In der angenehmen Hoffnung, Sie gewiss Dienstag zu sehen, bin ich wie immer

Ihre aufrichtige Freundin
Sophie Schröder

Einen besonderen Platz in Sophie Schröders Briefwechsel nehmen die Briefe an ihren Lieblingssohn Alexander ein. Ihre täglichen Briefe an ihn sollten die Gespräche ersetzen, die durch Alexanders Militärdienst abgebrochen worden waren. Da er selbst Schauspieler gewesen war, konnte sie ihm ihre Auffassung über Stücke und Spieler bis ins kleinste schildern, so daß diese Briefe nicht selten wie Tagebuchblätter eines Dramaturgen anmuten. —

München, den 17. November 1839.

In der „Braut von Messina" habe ich wieder mit ganz ausgezeichnetem Beifall gespielt, bin während des Stückes mit Applaus überschüttet und am Schluss mit Hurra gerufen worden, wo ich den Dahn und seine Frau mit herausnahm. Forst spielte nicht, denn er war krank, d. h. er soll wirklich ein Fieber gehabt haben, weil er sich tags vorher in Neunaagen überfressen hatte. Nun, es war mir ebenso lieb und noch lieber, als wenn er gespielt hätte, obgleich der die Rolle spielte — ein Herr Schenk —, unter dem Hund schlecht war und eher einem Bräuknecht als dem sanften Don Manuel ähnlich war. Als ich mich über ihn warf, wie er als Leiche liegt, rief er ganz laut, so dass alles es auf dem Theater hörten: „Ach, Herr Jesus meine Perücke!" Da er nur wenig und beinahe rötliches Haar hatte, so hatte er sich eine schwarze, ruppige Perücke aufgesetzt, die ihm nicht recht passte. Alles um und neben mir verzog das Gesicht zum Lachen und ich selbst musste alle Fassung zusammennehmen, um nicht mit einzustimmen.

Gestern hatte ich einen sauern, aber auch einen freudigen Tag. Ich war nämlich beim Herrn Baron Elsholtz, dessen Du Dich wohl noch aus Berlin erinnern wirst, zum Essen eingeladen. Als wir anfingen, recht lustig bei Tisch zu werden, mussten wir, ich und Dahns, aufbrechen; ich zur regierenden Königin, bei der ich um 6 Uhr Aufwartung hatte, Dahns nach Hause, weil der König kam, den sie empfangen mussten und ihm zu sagen, dass ich etwas später kommen würde, weil ich bei der Königin sei. Die König war s e h r gnädig gegen mich, unterhielt sich beinahe eine halbe Stund mit mir, und als ich sie um einen Brief an die Königin von Sachsen bat, sagte sie sehr freundlich: „Ich tue es sonst wohl nie, aber bei Ihnen mache ich mit Vergnügen eine Ausnahme." — Von der Königin ging's im Galopp zum König, dem ich dann mehrere von seinen Gedichten aus dem dritten Bande, der wirklich recht schöne Sachen hat, vorlesen musste. Er war ausser sich vor Freude, er hüpfte wie ein Kind auf dem Sofa hin und her und sagte ein übers andere Mal: „Ja, so muss man seine Sachen vorlesen hören, wenn sie etwas sein sollen". Um ½8 Uhr ging er fort, und indem er sich dazu anschickte, zog er ein rotes Futteral aus seiner Tasche und bat mich, es als kleines Andenken anzunehmen. Ich war wirklich von Herzen gerührt, dankte und bat zugleich, mich und Dich in der Gnade zu erhalten. Noch in der Haustür rief er mir zu, ich solle doch bald wiederkommen. Das Futteral enthielt eine Brosche mit Kette und ein paar Ohrringe, beides sehr schön, ganz modern, von Gold, mit echten Perlen und gelben Steinen, die ich aber nicht kenne, und mag wohl ein paar hundert Gulden gekostet haben. Ich habe mich kindisch gefreut, um so mehr, da der König sonst nie etwas schenkt und auch nicht schenken kann. Das wird wieder Wermut für die Wiener Bagage sein! . . .

Vom Jahre 1839 an ist der Briefwechsel mit Alexander die ergiebigste Quelle für Sophie Schröders künstlerische Entwicklung. Denn von ihrem „Herzensalex" weiss sie genau, daß er sie versteht, ihm schreibt sie alles, was sie bewegt, von der Krankheit ihres Hundes bis zur tiefsten Erschütterung, die eine gelungene Aufführung in ihr auslöst.

Dresden, den 3. Dezember 1839

Guten Morgen, mein guter alter Junge! Gestern habe ich wirklich durch unsere Minna als Iphigenie, in der Gluckschen Oper, einen grossen Genuss gehabt — sie war wirklich herrlich, besonders im zweiten Akt, wo sie das schwere Schicksal ihres Hauses erfährt; ihre Hingebung, ihr tiefer Schmerz war so herzerschneidend, dass man nicht umhin konnte, ihn ganz und gar mitzufühlen. Dabei ihre Schönheit, ihre klassischen Stellungen, sie ist wirklich eine ausserordentliche Erscheinung. An einer Stelle habe ich an ihr etwas ausgesetzt, was sie auch mit der liebenswürdigsten Bescheidenheit aufnahm, nämlich, dass ihre Empfindung, als sie erfährt, dass es ihr Bruder ist, der in wenigen Augenblicken unter ihrem Messer geblutet hätte, mir zu kalt geschienen — worauf sie mir erwiderte, dass ich ganz recht und sie das selbst wohl gefühlt hätte, dass aber daran der Komponist schuld wäre, indem er nur mit ein paar Noten diese Ueberraschung angedeutet, und daher dem Gefühl nicht die Zeit gelassen, sich auszubilden. Das ist nun freilich für den Künstler hart, wenn er in so enge Formen gezwungen wird; da haben wir Nicht-Sänger es doch besser, dass wir unser Gefühl können frei walten lassen, obgleich auch wir zuweilen den Gefühlen Fesseln anlegen müssen, damit es nicht unschön und übertrieben wird, und was so viele nicht in ihrer Gewalt haben und darum so leicht in Kulissenreisserei ausartet. Es ist freilich das Schwerste, aber auch Beste eines Künstlers, das rechte Mass zu treffen, und bezeichnet wohl vor allem den wahren Künstler.

den 4ten.

Gestern, mein guter Herzensjunge, als mir der Tag schon trübe vorübergegangen, denn die Hoffnung, einen Brief von dir zu bekommen, war wieder verschwunden, und ich mich eben fertig machte, ins Theater zu gehen, wo „Emilia Galotti" gegeben wurde, trat der Bediente mit Deinem Brief herein. Welche Freude ich darüber empfand, könnte ich Dir wohl schwer beschreiben. Darauf gingen wir ins Theater und sahen eine halb gute, halb schlechte Vorstellung, das heisst, die Männer waren beinahe alle gut — nur Herr Pauli als Angelo machte einen pedantischen Salbaderer aus diesem italienischen Räuber, der nur erkenntlich an seinem roten Mantel und Gesicht war und nur noch höchstens dadurch, dass er in seinem Pedantismus seine Stimme so erhob, dass unfehlbar der alte Galotti, der im Nebenzimmer war, hätte herausstürzen müssen, ihn niederstossen und so allem Unglück vorgebeugt hätte. Nein, so brav er neulich den Essex gespielt, so ganz verfehlt war diese Rolle. Wie meisterhaft spielt Wilhelmi in Wien diese Rolle; in seinem roten Mantel dicht eingewickelt, schleicht er gebückt ins Zimmer, seine Augen scheu in jeden Winkel des Zimmers herumwerfend, immer auf dem Sprung stehend, zu entfliehen, ich möchte sagen, zu enthuschen, alles, was er sagt, mit leiser, heiserer, so recht durch Wind und Wetter ausgewetteter Stimme gesprochen, und bei seinen Drohungen nur durch den Blick des Auges die Gewissheit ergebend, dass er sie erfüllen wird. — Der Prinz wurde von einem ganz jungen, zarten Manne gespielt namens Hellwig, und war wohl eigentlich für diese Rolle zu schwach — aber doch genierte er nicht, und seine zarte, jugendliche Gestalt rechtfertigte seine gehaltlosen Handlungen; übrigens ist dieser Prinz für jeden Schauspieler eine fatale Rolle — eben weil der Charakter so gehaltlos ist, und ich habe noch keinen gesehen, der ganz darin genügt hätte. Ganz vortrefflich war Emil Devrient als Appiani, schon sein Auftreten, seine schöne Gestalt, von dem eleganten schwarzen Festkleide umschlossen — und von der ahnungsvollen Melancholie übergossen, machten einen tiefen Eindruck, und die regste Teilnahme erhob sich und erhielt sich bis zum Schluss der Rolle. Diese Ruhe, dieser Adel und Würde lassen einem die Freveltat, die an diesem Manne verübt wird, doppelt und dreifach empfinden. Da soll der Herr Löwe, der auch aus d i e s e r Rolle einen Ritter aus dem Mittelalter machte, lernen, wie man einen Appiani spielen muss. Marinelli, Herr Porth, war auch s e h r brav — und dass ich das empfand, will viel sagen, da Korn in dieser Rolle mein Ideal war. Auch er vergass nie den Kavalier, hing nicht das Bösewichtsschild vor die Stirne, sondern spielte leicht mit dem schwachen Prinzen — nicht sowohl um ihm zu dienen, sondern sich selbst, und brauchte nur das Mittel zum Zweck, indem er den Prinzen Emilie zuführen wollte, nur um sich an dem Grafen Appiani, den er hasst, zu rächen, wahrhaftig, man hätte zuweilen irregeführt werden und glauben können, dass ihm der Prinz und auch die Weiber zu viel täten — wenn sie ihm eine Sottise über die andere sagen — und er alles mit einer, ich möchte beinahe sagen, — liebenswürdigen Ruhe hinnimmt. Nur, wie er a l l e i n war, liess er, nachdem er von Angelo den Tod des Grafen erfahren, die ganze schadenfrohe Hölle seines Busens erblicken. Odoardo war Herr Schötze als letzte Gastrolle. Obgleich er wohl noch zu jung für diese Rolle ist und man die Haltung dieses alten eisenfesten Haudegens an ihm vermisste, so hatte er doch wieder herrliche Momente, die mir bezeugten, dass meine erste Meinung, dass er ein schönes Talent ist, und dass er vielleicht in 10 Jahren ein ganz vortrefflicher Odoardo werden wird, die richtige war.

Ganz vortrefflich und herzergreifend war der Moment, wo er von Orsina erfährt, dass Appiani tot ist, und dann die letzte Szene, wo er seine Tochter ersticht. Es heisst, er ist bereits engagiert, woran der Intendant sehr gescheut getan, sonst hätte ich ihn an Küstner empfohlen. Nun zu den Frauenzimmern, wo ich mich aber kurz fassen werde — denn denen ihr Gastspiel auseinander zu setzen, würde mir nicht gelingen und mich krank machen, das heisst, was Orsina und Claudia betrifft. Die erste war Mlle Bauer, die berühmte Mlle Bauer. Binde ihr eine Schürze vor ihr schönes Atlaskleid — und sie ist die beste Köchin der Welt —; welche noch obenein Unsinn schwatzt. — Setze die andere, Mad. Möller, hinter einen Grünzeugkorb, so hast du die schönste Hökerin, der nur noch obenein die Luft fehlte, ihre Gemeinheiten recht zutage zu fördern. Gott! Was sind das für Schauspielerinnen! und doch war mir diese noch lieber als die andere, sie hat doch nur mehr gewusst, was sie spricht. Und solche Leute haben noch sogar einen künstlerischen Ruf. — Ganz allerliebst war Auguste Anschütz als Emilie. — In dem Mädchen ist gewiss ein schönes Talent verborgen — sie ist gewiss nicht nur berufen, sondern auch auserwählt. Gebe nur der Himmel, dass sie auf dem Wege ihres richtigen Gefühles bleibt und sich nicht der neuen grimassierenden Schule anschliesst, es wäre ja jammerschade; sie hat mich in der letzten Szene wirklich bis zu Tränen gerührt — was bei mir, wo die Kritik eine mächtige Stimme hat, viel sagen will. Ich bin auch gleich nach der Vorstellung zu ihr in die Garderobe gegangen, um es ihr zu sagen, worüber sie eine so unsinnige Freude hatte, dass sie mir zu Füssen fiel und Hände und Füsse küsste. Auch dem Publikum hat sie sehr gefallen, ihr oft applaudiert und sie zuletzt mit Herrn Schöze herausgerufen.

den 5ten.

Guten Morgen, mein Herzens-Alex. Soeben habe ich das gestern Geschriebene durchgelesen und gesehen, dass ich Dir von nichts als Theater und Schauspielern erzählt habe und es Dir gewiss lieber wäre, etwas, was Dich mehr interessiert, zu hören, etwas Militärisches — aber ich kann Dich versichern, dass das Theater der einzige Ort ist, wohin ich, ausser meinen kleinen Spaziergängen, komme —

(Fragment)

Stich von Neumayr

Sophie Schröder als »Medea«

Tafel 21

Sophie Schröder

Tafel 22

Ludwig von Bayern stand mit Sophie Schröder in herzlichen Beziehungen. Sie wurde von ihm ins Schloß eingeladen oder man traf sich zum Tee bei Bekannten. Auch seine Gedichte mußte sie ihm oft vortragen.

München, 15. März 1840.

Gerade war ich heute früh beim Ankleiden, um in der Residenz anzufragen, ob ich die Gnade haben könnte, seiner Majestät meine Aufwartung zu machen, als der Kellner mir den von Dir gesandten Brief brachte. Dass er vom König war, hast Du wohl gleich am Siegel und an der Handschrift gesehen, denn alles ist eigenhändig geschrieben, und ihn mir darum so eilig geschickt, was recht liebenswürdig von Dir war. Ich erkannte aber im ersten Augenblick beides nicht, öffnete ihn schnell und fand ein Gedicht. Noch wusste ich nicht, dass ich daraus machen sollte, als ich rasch nach der Unterschrift sah und Ludwig darunter stand. Nun fielen mir die Schuppen von den Augen, und ich kann Dir sagen, dass ich vor Zittern und Freude, denn gefreut und erhoben hat es mich sehr und viele erduldete Kränkungen aus meinem Leben verwischt, vor der ersten Viertelstunde nichts lesen konnte. Als ich mich gesammelt, las ich folgendes und halte es für eine seiner besten Sachen, die er gemacht hat:

1.

Teutschlands, grösste, herrlichste Tragödin,
Unvergleichliche, Erhabne Du!
Gleich der Iris eine Götterbötin,
Trugest Du das Himmlische uns zu.

2.

Hehre, sel'ge Wonnen uns umwehen,
In den Adern bald erstarrt das Blut,
Wenn wir Dich vernehmen, wir Dich sehen,
Deine Glut durchdringet uns mit Glut.

3.

Nur die Mutter kann die Mutter fühlen,
Fühlest sie mit namenloser Kraft,
Und die Zeit, sie kann in Dir nicht kühlen
Höchster Liebe höchste Leidenschaft.

4.

Müssen uns dem Irdischen entwinden,
Von Entzücken sind, von Schmerz durchwühlt,
Ja, wir müssen, was Du willst empfinden,
Weil von Dir es selbst auch wird gefühlt.

5.

All die Grossen sind ins Grab gesunken,
Teutscher Bühne der Heroenzeit;
Wahre Kunst war da kein leeres Prunken,
In der leuchtenden Vergangenheit.

6.

Letzte Du vom herrlichen Geschlechte,
Schröder, Thaliens grosse Priesterin,
Stehn mit Dir im Bunde höh're Mächte?
Für das Grosse wecktest Du den Sinn.

7.

Aus der Erde niedren Regionen,
Aus dem Leben, welches immer kreist,
Hin, wo edlere Gefühle thronen,
Schwinget zu dem Geist Dein hehrer Geist.

Ludewig.

München, 11. März 1840.

Nun, in unserem Jahrhundert bin ich, glaube ich, die einzige, welche ein König als Künstlerin besungen — es war auch noch immer etwas anderes dabei —, und so kann ich denn doch ein wenig stolz darauf sein.

Diese norddeutschen Theatereindrücke machte Sophie Schröder bei einem Besuch ihrer in Hamburg verheirateten Tochter Betty. Nestroy gastierte damals 1842-47 auch außerhalb Wiens, der Titel des erwähnten Stückes lautet richtig: „Glück, Mißbrauch und Rückkehr“.

„. . . Im Theater wurde zum erstenmal „Glück, Torheit und Undank“, Posse von Nestroy, gegeben, worin er selbst zum erstenmal in der Hauptrolle als Gast auftrat. Er gefiel sehr, obgleich die Hamburger wenig verstanden, trotzdem er wienerisch-hochdeutsch sprach und nur mitunter einen rechten Wiener Brocken mit einfliessen liess. Er ist aber allerdings drollig anzusehen, und nur die Wiener Komiker können solchen schrecklichen Unsinn, wie nun dieses Stück wieder ist, geniessbar machen; besonders waren seine Lieder, Duette, Quod-libets sehr hübsch und erheiternd, und nur der eingefleischte Menschenhasser könnte nicht lachen, das hat sich auch bei Philipp und Betty bewährt, denn die haben beide so gelacht, besonders Betty, dass das Publikum darauf aufmerksam wurde. Ueberhaupt scheinen diese Menschen doch hie und da in meinem und Minnas Umgang etwas aufzutauen. Nach dem dritten Akt ging ich fort, um mit Minnas Gesellschafterin in die Festhalle, wohin uns Minna Billette besorgt hatte, zu gehen, aber ich muss Dir sagen, dass meine Erwartung sehr getäuscht wurde, denn da war weder Eleganz, Pracht noch Geschmack. Die Damen hatten nicht einmal schöne Toilette gemacht, und unsere Minna war obgleich ganz einfach, doch die geschmackvollste und schönste unter all den hundert und mehr Frauen . . .“

Bereits 62jährig ist die Schröder doch noch immer von einer erstaunlichen Rüstigkeit, sie reist quer durch Deutschland um alte Bekannte zu besuchen, gibt Rezitationsabende und zeigt für alles reges Interesse. Nicht zum ersten Male findet sich in diesem Brief aus Dresden die Bemerkung, daß es mit der Kunst bergab gänge. Eine Meinung, die wohl zu allen Zeiten von den älteren Künstlern vertreten wird, weil sie spüren, daß sie eine Lücke hinterlassen werden, die erst allmählich sich schließt.

Dresden, 8. Oktober 1848.

. . . Im Schauspiel sah ich die „Räuber“, worin Döring den Franz als Gast spielte, und „Hamlet“, worin Emil Devrient die Hauptrolle gab. Was soll ich Dir darüber schreiben? Ich kann weiter nichts sagen, als dass ich den einen unsinniger als den andern gefunden habe, und dass sie sehr gut als ein Gespann passten, um Melpomene, die Maske und Dolch mit der Schellenkappe und Pritsche vertauscht und die Hanswurstjacke angezogen hat, im Triumph davonzuziehen. Was soll man von der Kunst sagen, wenn ein Schauspieler wie Döring, der jetzt einen ungeheuren Ruf in der Kunstwelt hat, den Zuschauer, statt ihn zu erschüttern, zu zermalmen, zum Lachen reizt? — Was soll man von einem Schauspieler wie Emil Devrient sagen, der denn doch nun einmal als der erste in seinem Fache erkannt ist, wenn er den Hamlet, der vom Dichter als durchaus indolent bezeichnet ist, — denn was tut er eigentlich, um seinen Vater zu rächen? — und der sich nur bis zur Ironie heraufschwingen kann, als einen rasenden Roland herunterschreit und bei den einfachsten Redensarten Seiltänzersprünge macht; z. B. hat Hamlet zu sagen: „Es ist nichts Gutes und kann nichts Gutes werden", was Devrient folgendermassen sagt: „Es ist nichts Gutes (in sehr hohem Ton gesprochen) und kann nichts Gutes — — — — — werden (in sehr tiefem Ton gesprochen, und hinter dem zweiten „nichts Gutes" eine Pause, dass man sehr gut 6 zählen und ziemlich langsam zählen kann). Was heisst das? Was soll das heissen? Wenn ich bei solchen Gelegenheiten nur gleich so einen Menschen vor mich hinstellen und ihn fragen könnte: „Was hast Du damit gemeint?" Aber ich glaube immer, sie wissen es selbst nicht. Nein, nein, mein guter Junge, dahinein passe ich nicht mehr, und ich danke Gott täglich, dass er es meinem guten Geist eingab, mich davon abzubringen. Die Kunst muss auf Natur und Wahrheit begründet sein; will man diesen Grund aus bunt zusammengesuchten Steinchen zusammentragen und künsteln, so muss das Gebäude zusammenstürzen und wird stürzen, denn es wankt gewaltig, und wohl mir, dass ich die Trümmer, wenn auch mit Wehmut, doch ruhig überschauen kann und nicht selbst unter ihnen begraben werde. Gestern wurden wieder die „Hugenotten" zur Vorfeier der Ueberreichung des Hosenbandordens gegeben, den die Königin Viktoria dem König von Sachsen geschenkt hat; warum, weiss ich nicht. Es war viel englisch Beefsteak im Theater, und sie hielten die Oper wahrscheinlich auch für Oastbeef, denn sie lachten, wo die andern vor Rührung zerflossen.

Als das Burgtheater sich nicht entschließen konnte, Sophie Schröder, die wieder einmal in Wien weilte, Rollen zu übergeben, diese aber Geld zum Lebensunterhalt brauchte, bot sich ihr die Möglichkeit, im Theater i. d. Josephstadt zu spielen. Ihre Bedenken spiegeln sich in dem Brief an Alexander wider.

Wien, den 4. Mai 1844.

Ein Mittel, hier Geld zu verdienen, wäre allenfalls noch, das ich aber einesteils nicht anwenden darf und, wenn es sich auch wirklich so gestaltete und so gekartet würde, dass ich es dürfte, (andernteils) nicht wohl könnte, nämlich in der Josephstadt spielen. Pokorny leckt alle Finger danach, und da er soviel bei Hof und besonders bei der Kaiserinmutter gilt, so würde er die Erlaubnis schon für mich herausbekommen, aber, aufrichtig gesagt, mein Künstlerstolz sträubt sich ein wenig gegen dieses Mittel, und ohne vorher auf der Hofbühne gespielt zu haben, könnte ich mich kaum dazu entschliessen. Du lieber Gott, man hat von der Kunst, die ewig nach Brot geht, ja nichts weiter als das bisschen Ehre, und die kann man doch nicht so leicht in die Schanze schlagen.

Der Brief vom 2. September ist wieder ein Beispiel dafür, daß für den Briefwechsel mit Alexander das dramaturgische Gebiet den eigentlichen Stoff lieferte. Mit „Rezensentenschärfe" wird hier über die Dresdner Theatereindrücke berichtet.

Dresden, den 2. September 1844.

Gestern ging ich ins Theater und sah ein Schauspiel von Madame Birch-Pfeiffer, betitelt, „Die Marquise von Villette", ohne Zweifel das Beste, was sie gemacht. Das Stück wurde an diesem Abend in allen Teilen vortrefflich gegeben. Emil Devrient, der in diesem würdigen, ruhigen Charakter des Lord Bolingbroke ganz an seinem Platze ist, war vortrefflich, so auch Mlle. Berg als Maintenon, die von Anfang bis zu Ende den einmal erfassten Charakter mit Konsequenz durchführte, wie auch Herr Quanter, der den Herzog von Maine, und Herr Kramer, der den Herzog von Orleans spielte, ihm würdig zur Seite standen. Mademoiselle Bayer spielte die Marquise Villette mit liebenswürdiger Innigkeit, und auch alle andern, sogar jede kleine Nebenrolle, wurden mit Fleiss und gut gegeben. Dabei nun die herrliche Garderobe, die prächtigen Dekorationen, man glaubte sich wirklich zu Versailles in den Gemächern Ludwigs XIV. zu befinden. Da sind keine störenden Pausen, die entweder aus Unachtsamkeit oder (durch) Gedächtnisfehler entstehen. Da ist kein willkürliches Hervortreten eines einzelnen, um seinen Mitspieler zu unterdrücken, jeder tut, was er muss, und darum kommt dann eben ein so schönes Ganzes heraus. Ich habe wieder einen sehr vergnügten Abend durch diese Darstellung erlebt und bedaure nichts, als dass Du, mein Herzensalex, nicht neben mir sassest und ich gleich meine Gefühle mit Dir austauschen konnte, was mir den Genuss noch verdoppeln würde.

Aber ich sitze immer unter hundert, mir unbekannten Gesichtern ganz allein, denn Minna geht selten oder nie ins Theater, wenn sie nichts darin zu tun hat. Heute wird mir nun die Freude werden, sie singen zu hören, indem „Oberon" gegeben wird, und freue mich auch darauf wieder sehr, sowie ich denn die Theater recht mitnehmen will, denn wer weiss, wann ich wieder ein ordentliches Theater zu sehen bekomme, und in Augsburg wird es mich nicht hineinziehen . . .

Den 3. . . . Gestern sah ich „Oberon", welche Vorstellung mich im ganzen nicht befriedigte. Minna und Tichatschek waren vortrefflich wie immer, besonders sang Minna eine Kavatine wunderschön, aber die ganze Musik, welche mich von jeher nicht besonders angesprochen, und der man es anhört, dass Maria von Weber schon sehr krank war und die wirklich schönen Gedanken nicht festhalten und ordnen konnte, als er sie komponierte, weshalb es mir denn auch vorkommt, als ob sie aus lauter Bruchstücken bestände, ist mit seinem „Freischütz" nicht zu vergleichen. Und nun noch der fürchterlich misshandelte Text: wie man aus diesem himmlischen Gedicht nichts Besseres hat machen können, begreife ich nicht, und nur einem Engländer war es vorbehalten, aus diesem Gewebe von Kraft und Zartheit einen Plumpudding zu machen. Nächstdem ich verstehe freilich nichts von Musik, scheint es mir, als ob die Sänger fürchterlich zu tun hätten, sich diese in Unordnung herumgeworfenen Töne kehlgerecht zu machen und sie festzuhalhalten, damit sie rein klingen.

Den 4. . . . Gestern wurde im Hoftheater nicht gespielt, sondern auf dem Linkischen Bade, was so viel wie ein Vorstadttheater bedeutet, wo nur lauter Possen und Bluthunde gegeben werden. Es wurde ein Stück von Nestroy, betitelt „Unverhofft", gegeben, das dümmste, geschmackloseste Zeug, das sich nur in einem verdrehten Kopf gestalten kann, und wo man, wenn die Schauspieler nicht den ungeheuersten Fleiss darauf verwendet hätten, gleich in den ersten Szenen hätte davon laufen müssen. Die Couplets, welche Räder, der erste Komiker hier, mit vieler Gewandtheit vortrug, waren noch das einzige, wo hie und da ein Witzfunke hervorleuchtete. Was ist auch jetzt aus den Volkstheatern geworden, wo den Menschen auf eine heitere Weise ein Spiegel vorgehalten wurde, um ihre Schwächen und Fehler zu sehen, und eine ebenso heitere moralische Tendenz ihnen den Weg zeigte, wie sie es besser machen könnten! Da werden sie jetzt in die Kloake der Sittenlosigkeit und Dummheit geführt und, wo es möglich ist, auch etwas Freiheitssinn und allen Glücks, mit eingeflochten — , „denn wehe denen, die dem ewig Blinden des Lichtes Himmelsfackel leihen, sie strahlt ihm nicht, sie kann nur zünden —“

Den 5. . . . Die gestrige Oper im Hoftheater, „Euryanthe“, bot wieder viel Schönes dar, und besonders hat Minna viel herrliche Momente gehabt und sehr schön ausgesehen. Minnas einziger Fehler war, dass sie zu lange hier gesessen ist, was für keinen dramatischen Künstler gut ist, indem man ihm zu sehr nachrechnen kann und dann immer auf sein Alter hinweist; das ist auch bei Minna der Fall; sie führen ihr immer vor wie lange sie hier und wie alt sie ist, ohne zu bedenken, dass es keine jüngere gibt, die es besser macht. Zehn Jahre höchstens sollte man an einem Orte sein, sich die zehn Jahre so bezahlen lassen und in betreff der Pension so stellen, dass man schon dann gesichert wäre, und dann wieder an einen andern Ort gehen und es ebenso machen, dann würde man wenigstens zwanzig Jahre länger in der Meinung der Menschen jung bleiben. Tichatschek war auch wieder herrlich.

. . . Nächstens wird nun auch Mademoiselle Lind, die den Deutschen die Köpfe verrückt, weil sie eine Ausländerin ist, hier gastieren. Ich werde sie aber wahrscheinlich nicht mehr hören, was mir auch einesteils lieb ist, denn es würde mich doch nicht angenehm berühren, wenn das Publikum, das überall gleich und der grosse Ochse ist, Minnas Verdienst vergessen könnte und ihre Feinde Gelegenheit hätten, aufs neue über sie herzufallen und vielleicht ihre Zukunft dadurch gefährdet werden könnte. Uebrigens glaube ich nicht, dass die Lind sich fest engagieren wird, sie wird den dummen Enthusiasmus der Deutschen benutzen und dann, wenn es schon abwärts mit ihr geht, sich allenfalls für 5000 Taler engagieren lassen, und für diese Gnade wird ihr dann noch sehr gedankt werden, und man diese Rudera noch für etwas halten. Der Deutsche läßt sich nun einmal gern ausländischen Sand in die Augen streuen . . .

„Die Kunst, die große, die wahre Kunst ist tot!“ Diese Feststellung ist das Grundmotiv dieses Briefes vom 6. Oktober an Alexander.

Hamburg, 6. Oktober 1845.

. . . Ohne zu prahlen, kann ich sagen, dass die Aufnahme und der Beifall weit stürmischer waren, als es in inliegenden Zeilen (der Rezension) ausgedrückt ist. Schon der Empfang war so, dass ich beinahe 5 Minuten mich verbeugen musste, ehe ich mein Gedicht anfangen konnte, und wurde gleich bei den ersten Versen mit Applaus unterbrochen und so bei allen Gedichten war ein immerwährender Applaus und nach jedem Gedicht ein stürmisches Herausrufen wie aus einem Munde und einem Herzen und Sinn. Mehr konnte und kann keinem Künstler geschehen, und meine Künstlerehre, mein Künstlerstolz können ganz und gar befriedigt sein und sind es auch, aber nun kommt der hinkende Bote — — es war sehr leer, selbst die Abonnenten, die Honoratioren der Stadt, die also nichts zu bezahlen brauchen, sind nicht einmal gekommen, und ich bekam auf meinen dritten Teil 106 Mark, also ungefähr 43 Taler. Es hat nun freilich eine ungeheure Sensation in der Stadt gemacht, indem die, die darin waren, in die Trompete gestossen haben, dass sich die Hamburger mit Scham die Haare ausraufen, nicht dabei gewesen zu sein, und dadurch die Direktion sich veranlasst sah, mich um eine zweite und vielleicht dritte Vorstellung zu ersuchen . . .

Du wirst nun wohl und mit Recht fragen, wie ist es möglich, dass die Hamburger nicht mehr teil an meiner Vorstellung genommen? — Die Hauptsache liegt wohl im unseligen Geist der Zeit, in dem jungen Deutschland, das vielleicht nicht einmal weiss, wer Sophie Schröder gewesen ist, und — auch in dem neuen Hamburg, das sehr viel kostete und wo jetzt mehr denn je gerechnet wird, um Geld zu verdienen, aber womöglich keins auszugeben; sehr viel liegt auch wohl an dem gänzlichen Verfall unserer Kunst, der mit wenigen Ausnahmen und besonders beim hiesigen, sonst so berühmten Theater sehr fühlbar wird; denn ich kann es den Leuten nicht verdenken, wenn sie kein Vertrauen mehr zu einem deutschen Schauspieler haben, wenn sie alle Teilnahme für diese Kunst verlieren, wenn man dergleichen Komödienspielen sieht wie hier. Nicht das erste Bedürfnis, mit ein paar Ausnahmen, welche noch mit mir zugleich hier waren, wie der alte Schäfer und Gloy, haben diese Menschen, deutlich zu sprechen. Es ist so arg, dass ich geglaubt habe, ich habe an meinem Gehör gelitten, so welschen diese Leute; dann, wie gebärden sie sich, wie zerreissen sie alle Gefühle in Fetzen! nur eins ist, worin sie Meister sind, im Schreien, was denn auch gewöhnlich seine Wirkung nicht verfehlt, denn das Publikum muss sich doch am Ende an etwas halten, um seinen Preis herauszubekommen. Aber das hält nur leider nicht an, und bei allem Schreien, wenn es auch die Hände in Bewegung setzt, bleibt doch Geist und Herz unbefriedigt, und wer kann es den Menschen übelnehmen, wenn sie lieber ihr Auge und Ohr ergötzen und es in Opern und Balletten zum Erdrücken voll ist. Dass man auch noch Sinn für das Wahre und Gute hat, wenn es den Leuten geboten wird, hat sich neulich bei mir gezeigt und wird sich hoffentlich noch mehr zeigen — ich möchte aber doch mit Schmerz ausrufen wie Hamlet: „Wehe, dass die Zeit aus ihren Fugen gekommen und dass ich geboren wurde, um sie wieder einzurichten!" Schwerlich würde es mir auch gelingen, und der Himmel möge mich davor bewahren, diesen Augias-Stall auszumisten: mögen sie in ihrem Mist fortwühlen, bis Harlekin, der schon hie und da, nur in einem anderen Gewande, aus jeder Kulisse herausschaut, sie ablöst. Weiter wird doch nichts mehr danach kommen, was denn auch allerdings zu unserm Zeitgeist recht gut passt, denn im ganzen ist doch nicht mehr als lauter Hanswurstiaderei in der Welt, nur nicht mehr so harmlos grob und gutmütig, es ist alles mit einem glatten, bunten Firnis, gleicher einer Schlangenhaut, überzogen, aber der plumpe Narr guckt doch überall heraus . . .

Noch immer ist das Theater der große Magnet in Sophie Schröders Leben, um die Bühne kreisten die Gedanken, sie ist der Mittelpunkt ihrer Korrespondenz. Auch an Alexander wird sie nicht müde, vom Theater zu berichten.

Hamburg, den 25. Juli 1847.

Den 27. Heute wurde im Theater eine neue Oper von Lortzing „Der Waffenschmied", gegeben. Das Sujet des Textes ist aus dem guten alten Lustspiel „Liebhaber und Nebenbuhler in einer Person" von Ziegler genommen. Die Musik hat einige recht hübsche Sachen, doch scheint er sich mit „Zar und Zimmermann" ausgeschrieben zu haben. Die Oper würde aber gewiss mehr gefallen haben, als sie gefallen hat, wenn er, wie es in dem ersten Akt der Fall war und der auch am meisten gefallen hat, dem einfachen, launigen Gang des Stückes treu geblieben wäre. So aber musste dem verschrobenen und verschobenen Zeitgeist gehuldigt werden, Chöre, Tänze und Aufzüge usw. dem Publikum vorgeführt und das Ganze dadurch gehemmt und langweilig werden, und ich habe daraus wieder gesehen, dass der Haufe am Ende doch noch einen richtigeren Takt hat, als die, welche den Haufen leiten und bilden sollen. In den ersten Akten, wo alles einfach heiter war, amüsierte sich das Volk, als das vermeintliche Amüsement losging, langweilte es sich, und man ging unbefriedigt fort, gewiss mit dem Vorsatz, nicht wieder zu kommen, und Mühe und Arbeit der Darstellenden war umsonst . . .

Den 28. Als wir zur Stadt zurückgingen, war das Theater noch nicht aus, wo die „Karlsschüler" gegeben wurden und Herr Hintz aus Coburg den Herzog als Gast gab. Wir gingen hinein, wo der 4. Akt schon begonnen hatte. Er hat meine Erwartung getäuscht; denn gut, richtig und deutlich reden, ist allein auch nicht genug, das Wie macht alles aus, und das war durchaus verfehlt, denn er riss jedes Wort auf eine gewaltsame Art von dem andern los, so dass seine Rede förmlich frikassiert wurde und einem mehr angst als irgend etwas anderes machte. Dabei sah man es ihm deutlich an, dass er seit 16 Jahren auf einem kleinen Theater gespielt hatte, denn seine Schritte waren so klein und ängstlich abgemessen in dem grossen Raum, als wenn es noch nicht lange her, dass er gehen gelernt. Ja, der Mann hat nun 16 Jahre geglaubt, er sei ein guter Schauspieler, und sein Publikum ebenfalls; darum muss der Schauspieler heraus, um seine Fähigkeit vor dem ganzen Volke zu prüfen, und nicht nur einzelne Spiessbürger, mit denen er gut Freund und Duzbruder ist, über sich richten lassen. Es tut mir leid, dass ich bis jetzt kein anderes Urteil über ihn fällen kann, denn er ist ein recht gescheiter, liebenswürdiger Mann, aber das ist alles nicht genug, um ein guter Schauspieler zu sein. Auch glaube ich, dass seine Wahl, als erste Rolle den Herzog zu spielen, nicht die beste war; denn dieses Stück bleibt immer ein grässliches Stück Arbeit, was auch hier nicht gerade die allgemeine Stimmung für sich hat. Als der vierte Akt aus war, gingen wir nach Hause, und spurlos muss alles vorübergegangen sein, denn wir haben nichts weiter davon gehört . . .

Den 29. Ein junges Mädchen mit ihrer Grossmutter kam, die mich schon vor einigen Wochen schriftlich bat, ihre Enkeltochter einmal zu prüfen; sie hätte einen unüberwindlichen Hang zum Theater, ob sie dazu tauge. Du lieber Gott, wieder eine von den tausend, die sich etwas berufen wähnen und so durchaus nicht dazu auserwählt sind. Ich musste sie mit Tränen entlassen, indem ich ihr sagte, und das war noch sehr glimpflich, dass sie auf einem ganz falschen Wege sei, ihre bisherigen Studien über Bord werfen und ganz von vorne anfangen müsste, und wenn ich recht ehrlich hätte sein wollen, so hätte ich ihr sagen müssen, dass sie lieber ein tüchtiges Kammermädchen werden soll, denn da fehlte nicht mehr als alles. Uebrigens bin ich überzeugt, dass sie mir nicht gänzlich Glauben schenken werden, denn die Art Leute kommt nicht deshalb, um wirklich Wahrheit, sondern Lob zu hören. Ich kenne das. Dazu bin ich aber zu ehrlich, denn es gibt schlechte und unglückliche Schauspieler genug; warum diese Heuschrecken, die an dem Marke der Kunst zehren, noch durch unzeitige Gutmütigkeit oder Falschheit vermehren?! . . .

Im Theater wurde „Don Juan“ von Mozart recht gut gegeben, denn die Sänger waren alle bei Stimme, und herrliche Stimmen haben sie hier, und schienen alle gut aufgelegt. Noch eine sehr schöne Dekoration muss ich erwähnen, nämlich in der Szene, wo der Komtur zu Pferde sitzt. Es war so herrlich, dass das Publikum in lauten Beifall ausbrach; auch mir gefiel es sehr, aber besser wäre es immer, wenn man in diesem Punkt mehr Einfachheit behauptete, denn die Zuschauer werden doch mehr oder weniger von der Hauptsache abgezogen, und das Begehren nach solchen Aeusserlichkeiten wird immer ärger, so dass einer Direktion am Ende nichts übrig bleibt, als die Hauptsache wegen der Nebensache aus den Augen zu lassen. „Schlimm, dass es so ist, aber es ist so!“, sagt Grillparzer, uud da ist auch nicht mehr zu helfen . . .

Auch in dem Brief vom 8. August an Alexander finden wir eine Fülle von dramaturgischen Anregungen, Bemerkungen und Maximen, wie überhaupt Sophie Schröders Briefwechsel mit ihrem Sohn von Jahr zu Jahr mehr wie ein in Briefform geschriebener Bericht über die Theaterereignisse dieser Zeit anmutet.

Hamburg, 8. August 1847.

... Gestern abend, wo ich die Isabella in der „Braut von Messina" gab, ist alles glücklich vorübergegangen. Das Haus war voller als seit langer Zeit beim Schauspiel, man empfing mich mit anhaltendem, rauschendem Applaus und rief mich viermal heraus, und heute ist die Stadt voll Jubel und Zufriedenheit. Die Vorstellung ging auch im ganzen sehr gut zusammen und man hat wieder deutlich gesehen, dass das Publikum schon noch empfänglich für Trauerspiele ist, wenn sie nur gut gegeben werden. Uebrigens war es in dieser einen Vorstellung voller als bei Anschütz in fünf ...

Heute morgen besuchte mich Laroche, um Abschied von mir zu nehmen, denn er spielt heute zum letzten Mal und reist morgen früh nach Wien ab. Auch er ergoss sich in Lob über meine Isabella und meinte, wenn er etwas zu sagen gehabt, so wäre ich nie von Wien weggekommen. Ob er es nun so gemeint? — Indessen denke ich, dass ein wahrer Künstler, worunter Laroche gewiss zu zählen ist, es nicht bös mit einem andern wahren Künstler, es klingt freilich etwas stolz, meinen und sich nur daran freuen kann, ich wenigstens freue mich herzlich, wenn ich etwas Ausgezeichnetes in einer Kunst sehe, die ich so liebe. Leider wird einem aber diese Freude selten oder beinahe nie mehr zuteil.

„Emilia Galotti" ist wieder für mich sehr glorreich ausgefallen. Ich wurde wieder rauschend empfangen, nach dem dritten Akt und zuletzt gerufen, und ein Kranz wurde mir auf die Bühne geworfen. Auch war es für den ausgezeichnet schönen und übernatürlich heissen Tag wieder ein recht schönes Haus, was denn auch die Direktion bewog, mich zu bitten, noch einmal in „Maria Stuart" als Elisabeth aufzutreten ...

Von einem Ausflug nach Klein-Flottbek zurückgekehrt, gingen wir, da das Theater noch nicht aus war, hinein und sahen noch den letzten Akt von „Lucretia Borgia". Dieses Schauspiel wollte uns jedoch nach dem, welches wir eben verlassen hatten, nicht schmecken, und ich machte wieder die Bemerkung, dass im Sommer eigentlich nie, ausser bei ganz schlechtem Wetter, Theater sein sollte. Es kann der Kunst nur Schaden bringen, wenn man aus der göttlichen Natur plötzlich vor die Lampen und den gemalten Himmel, Wasser und Bäume kommt und am Ende das, was man sieht, noch mittelmässig ist, wie es denn wirklich der Fall war . . .

Den 16. Wir hörten noch zwei Akte von Mozarts „Figaros Hochzeit“, recht gut ausgeführt. Mozart bleibt doch, wie Schiller, ewig unerreicht; da ist in jedem Ton wie in jedem Vers Geist, Seele, Begeisterung, Phantasie und Herz; das kommt in unserer elenden praktischen Dampf-, Rauch-, Schwindel- und Klingelzeit nicht wieder . . .

An den ältesten Sohn von Karl Devrient und ihrer Tochter Wilhelmine ist der folgende Brief gerichtet, der wie ein — immer gültiges — Vermächtnis für einen jungen Schauspieler wirkt.

Augsburg, den 25. Januar 1849.

Mein lieber Fritz!

Also Du bist ein hübscher, gebildeter und talentvoller und dabei herzensguter Junge, wie Du es an Deiner armen alten Grosstante, wofür ich Dir aufs herzlichste danke, beweisest. Nun diese Eigenschaften sind in unserem Zeitalter für e i n e n Menschen sehr viel und herrliche Gaben, und nichts kann ich für Dein dauerndes Glück tun, als Gott und Dich bitten, Dir diese Gaben zu erhalten. Behalte ein offenes Herz für alles Gute und Schöne. Bleibe in Deiner Kunst immer der Natur treu und lasse sie Deine Hauptleiterin bei derselben sein; hasche nie nach f a l s c h e m Beifall, indem Du Dich durch Falschheit an Deiner Kunst versündigst — und vor allen Dingen, bleibe so lange als irgend möglich in Deinem Herzen und Sein j u n g , mache Dich um Gotteswillen nicht vor der Zeit in Deinen Ansichten und Gesinnung a l t , das verträgt sich nicht mit der Kunst, und wird nicht selten ihr frühes Grab. Recht lieb wäre es von Dir, wenn Du Deiner alten Grossmutter, die am Ende auch nicht viel Freude mehr in der Welt hat, als sich mit den Ihrigen zu unterhalten und von ihnen zu hören, zuweilen über Deine Kunstleistungen und überhaupt über Dich selbst schriebest. Was spielst Du für ein Fach? wozu neigst Du Dich am liebsten? wie bist Du beschäftigt? — Lassen die Alten von den jungen Rollen los? Viel Freude würdest Du mir machen, wenn Du mir überhaupt so vom Theater recht viel erzähltest, denn wenn ich auch nicht mehr mittue und weit davon entfernt bin, es zu wollen, so interessiert mich's doch, wenn ich davon höre, besonders vom Burgtheater, wo ich ja meine schönste künstlerische Zeit verlebte. — Nicht wahr, Du schreibst mir recht bald? Für heute lebe wohl, Dein Onkel Alex lässt Deine Grüsse aufs herzlichste erwidern und nimmt den innigsten Anteil an allem Guten, was Deine Familie, also auch Dich betrifft. Grüsse Deine Grosstante Brose von mir und Alexander herzlich und sei versichert, dass ich mit Liebe bin Deine Grossmutter

Sophie Schröder

Im Jahre 1849 ging durch die Presse die Nachricht, daß Sophie Schröder 83jährig (!) gestorben sei. An diesen Versuch, die Künstlerin um 15 Jahre älter zu machen und gleichzeitig tot zu sagen, knüpft die Schröder in einem Briefe an die erfolgreiche Burgschauspielerin Luise Neumann an.

Augsburg, den 11. Oktober 1849.

Meine liebenswürdige, freundliche Luise!

Wie soll ich Ihnen, wie soll ich Ihrer guten Mutter, wie all meinen wackern Kollegen danken für die wirklich herzliche Teilnahme, die sich bei der Nachricht meines Todes kundgab? Worte würde ich schwer dafür finden — aber mein Herz, das noch immer frisch und empfänglich für alles Gute und Schöne ist, hat es freudig und tief empfunden. Würde ich hundert Jahre alt, so würde der Gedanke, dass Ihr mir doch im Grunde alle gut gewesen, dass ich keine Feinde habe, unauslöschbar in diesem Herzen fortleben. Wahrlich, so zu sterben, ist das schönste, reichste Leben! —

Diese Liebe und Teilnahme war ein süsser Tropfen in den bittern Kelch, den ich habe leeren müssen. Mein guter, vortrefflicher Sohn Alexander musste sich aus meinen Armen, aus meinem Herzen reissen und seiner Pflicht folgen. Mir wurde somit die letzte Stütze, der letzte Trost meines Alters geraubt, dass ich mich nun sehr allein und verlassen fühle.

Nun möge der Allmächtige, auf den man doch bauen und vertrauen muss, die Herzen der Fürsten und Völker lenken, dass sich alles zum Guten wenden und Millionen Tränen getrocknet werden!

Die Nachricht, welche Sie mir über meinen Enkel Fritz mitgeteilt, hat mich erfreut und verdient gleichfalls meinen innigsten Dank. Möchte er bei diesen guten Vorsätzen beharren und für jetzt noch die Kunst seine einzige beste Geliebte sein. Er wird sehen, wie dankbar dieselbe ist und wieviel Ersatz sie gibt, wenn man sich für sie opfert. Sie gewährt dann Trost für viele, viele Leiden, Kränkungen, Verrat, Täuschungen und Verirrungen!!, die auch er, wie beinahe jeder Mensch, wird durchmachen müssen. Was wäre ich ohne diese Göttliche gewesen? wohin hätte es mich führen können, wenn ich mich nicht an ihrem tröstenden Busen wieder aufgerichtet und erhoben?

Darum soll auch er sie fest umklammern. Und wenn Revolution und Kriegsgeschrei sie augenblicklich einschüchtern und in den Hintergrund treten lassen ... es kommen auch wieder andere Zeiten, die er bei seiner Jugend gewiss noch erleben wird. Und dann ist es gut und nützlich, eine so treue Freundin in der Zeit des Unglücks nicht vernachlässigt zu haben.

Dass der arme Junge sich über die dumme, boshafte Todesanzeige in der Zeitung so alteriert hat, dass er, wie mir der gute Herzfeld schreibt, krank davon geworden, hat mir wahrhaft leid getan, mir doch aber auch gezeigt, dass er das gute Schrödersche Herz im Busen trägt, worauf sich viel bauen lässt. Grüssen und küssen Sie ihn herzlich von mir — (nun, nun, einen Kuss in Ehren ... Sie kennen ja das alte Sprichwort!). Auch wird der Kuss von einem so edlen Mädchen, im Namen der Grossmutter gegeben, ihm ja nur als Weihe zu allem Guten gelten, und er wird ihn mit Ehrfurcht empfangen. Sollte künftiges Frühjahr wieder alles ruhiger geworden und ins alte Geleise zurückgekehrt sein ... wenn ich noch lebe und gesund bin, dann will ich es gar nicht verreden, dass ich Euch noch einmal besuche, um meinen Dank mündlich zu wiederholen, wo mir dann auch die Freude zuteil werden würde, meinen Enkel näher kennen zu lernen. Für heute leben Sie wohl, meine liebenswürdigste Luise, Sie reizende, liebliche Künstlerin.

Grüssen Sie alle, alle, vor allen Ihre gute Mutter und meinen redlichen Freund Herzfeld und seine Familie. Mit nächstem werde ich ihm auch wieder schreiben.

Unter Versicherung herzlichster Freundschaft und Hochachtung nenne ich mich Ihre

Sophie Schröder

In mancher Hinsicht aufschlußreich ist der Brief an Gustav Gaul, einem geschätzten Wiener Porträtisten, der für das Burgtheater mehrere Schauspielerbilder — u. a. auch das der Schröder — malte.

Das Bedenken gegen das Brautnachtmotiv in den Nibelungen hat seinen Ursprung wohl in der Tatsache, daß die Schröder in Raupachs „Nibelungenhort" — wo diese Szene breit ausgemalt wird — die Brunhild spielte. Übrigens hat auch Hebbel mit diesen Bedenken gerechnet. (Vgl. seinen Brief an Dingelstedt v. 31. 3. 1860).

Die königstreue 82jährige hatte aus ihrer politischen Einstellung heraus von vornherein eine Abneigung gegen den „Demokraten und Revolutionär" Wagner. Gleichzeitig ist dieser Brief ein Beispiel dafür, wie in der Münchener Gesellschaft gegen Wagner Stimmung gemacht wurde.

Die Pariser „Lohengrin"-Aufführung ist eine Verwechslung mit der bekannten Erstaufführung des „Tannhäuser".

München, den 6. Januar 1863.

Lieber Herr Gaul!

Nehmen Sie meinen und meines Sohnes herzlichen Dank für die guten Wünsche zum neuen Jahre, welche Sie und Ihre werte Familie uns gesandt, und seien Sie versichert, dass es uns gewiss sehr freuen würde, wenn Sie uns einmal wieder in München besuchen würden. — Was Sie mir über die zu erwartenden neuen demokratischen Produkte schreiben, so begreife ich die Dichter nicht, dass sie sich diesen Gegenstand zum Vorwurf nehmen, der durchaus nicht dramatisch und, wenn wir es bei Licht besehen, eigentlich ein schmutziger Gegenstand ist, der selbst durch die kleinlichen, klatschhaften Charaktere nicht veredelt werden kann, — denn hätte Siegfried nicht geklatscht, so wäre all das Unheil nicht entstanden. Als Gedicht, wo das Ende den Anfang rechtfertigt und wieder beweist, dass aus kleinlichen Ursachen grosse Taten und Ereignisse hervorgehen können, ist das etwas anderes — aber als Drama, wo schon die Ausdehnung nicht stattfinden und uns die grossartigen Dinge vor die Augen führen kann, behält die schmutzige Geschichte die Oberhand und endigt und kann nicht anders enden als durch kleinliche Rache. Denn Siegfrieds Tod ist doch ein gelinder oder vielmehr ein derber Mord. So sehr ich von dem Gedicht entzückt worden bin, so sehr hat mich das Drama über diesen Gegenstand angewidert — besonders, wenn ich mir der armen Mütter Verlegenheit denke, die ihre jungen Töchter vielleicht mit sich haben, wenn sie von diesen um Aufschluss, was die Grundursache all dieses Spektakels ist, gebeten werden. Nun, vielleicht ist Herr Dr. Hebbel so glücklich, all diese Klippen zu umschiffen, auch kann mein Urteil, da ich ja keine Dichterin bin und nicht weiss, was sich eine solche herausnehmen und nicht herausnehmen darf, gar nichts gelten, und bescheide ich mich um so mehr, weil ich nur immer meinem Gefühl gefolgt bin. Von den Nibelungen des Herrn Wagner habe ich schon vor mehreren Jahren Wunderdinge an Verrücktheit gehört, die ganz eines verrückten Genies, wofür ich ihn immer gehalten habe, würdig sind und d r e i v o l l e A b e n d e ausfüllen sollen. Dieser Herr Demokrat von reinstem Wasser macht sich ja in den monarchischen Staaten wieder ungeheuer mausig. Schade, dass ich nichts in der Welt zu sagen habe, ich wollte ihm einen Platz, wo weder Sonne noch Mond hineinscheint, anweisen, wo er seine verrückte Musik aufführen könnte. Denn ein undankbarer Mensch kann kein guter Mensch und sonach kein grosser Künstler sein, und undankbar hat er sich auf eine perfide Weise gegen seinen König, bei der Mai-Geschichte in Dresden, benommen. Indessen hat ihn die Humanität wieder flott gemacht, und so wird er die Welt mit seiner Musik und seinen Gesinnungen bald wieder überfluten, und was er nicht tut, das werden seine Gesinnungsgenossen und Deutschtümler, die es nicht verwinden können, dass sein „Longrien“(sic!) in Paris mit Pauken und Trompeten durchgefallen ist, tun, und ihn, soviel es in ihrer Macht ist, über Wasser halten. — Nun, meinetwegen, wenn ich nur nichts davon hören und sehen muss. —

Und nun, mein lieber Gaul, sage ich Ihnen für heute Lebewohl und bitte Sie, was ich Ihnen in diesem Brief über die verschiedenen Gegenstände geschrieben habe, es unter uns bleiben zu lassen, denn ich mag keiner Art in irgendeinen Konflikt mit irgend jemand kommen und will nichts als Ruhe in dieser unruhigen Welt haben; doch drängt es mich bisweilen, mein Herz über alle diese tollen Sachen etwas auszuschütten. — Viele herzliche Grüße Ihren Eltern und liebenswürdigen Schwestern — und wer sich vielleicht sonst noch meiner erinnert.

Mein guter Sohn schliesst sich für Sie und alle die Ihren von Herzen an, und ich nenne mich mit Achtung und Freundschaft

Ihre ergebene

Sophie Schröder.

Meine Augen sind etwas leidend, darum bitte ich, das Gekritzel zu entschuldigen.

In einem späteren Brief an Gaul macht die Schröder sich wieder einmal in Bemerkungen über den Tiefstand der Kunst Luft. Aber auch die Trauer um das jahrelange „Untätig zusehen müssen" klingt stärker als sonst durch die Zeilen.

München, den 14. Januar 1864.

Recht viel Freude haben Sie mir durch Ihren Brief gemacht, der mir Ihre guten Wünsche zum neuen Jahr und die Gewissheit brachte, dass Sie und Ihre liebe Familie noch freundschaftlich und mit Wohlwollen meiner und meines guten Sohnes Alex denken und Sie und die Ihrigen sich wohl befinden. Sehr haben mich die Nachrichten über das Theater interessiert, und mich besonders gefreut, dass wir mit unserem Urteil in betreff des verrückten Genies, Richard Wagner, so ganz übereinstimmen. Was nun die dramatische Kunst anbelangt, so liegt sie überall im Argen, und diese herrliche Kunst wird, fürchte ich, bald unserer Erde überdrüssig, und gänzlich verlassen und zum Himmel fliegen, wo sie nur noch eine Heimat finden kann. — Ich bin wohl über Jahr und Tag in kein Theater gekommen; doch habe ich immer noch viel Liebe für diese Kunst, die das Glück meines Lebens ausgemacht, dass ich doch gerne noch oft, wenn auch vielleicht nicht immer ganz befriedigt, mich an ihr erfreuen möchte — aber leider fehlen mir, um das zu können, zwei Haupteigenschaften, das Hören und Sehen, denn so rüstig ich im Ganzen für meine baldigen 83 Jahre noch bin, so haben diese beiden Hauptsinne, besonders in den letzten paar Jahren s e h r nachgelassen, was freilich traurig ist, indem mein Geist und Herz noch frisch sind und gern noch an allem, was gut und schön ist, teilnehmen möchten, doch unter diesen Umständen mich immer mehr und beinah gänzlich von der Welt zurückziehen muss, was ich denn auch tue — es aber vor vielen Anderen leichter tun kann, weil mir ein guter treuer Sohn zur Seite steht. Briefe von meinen Kindern und Freunden machen mir daher recht viel Freude und ganz besonders von Wien, wo ich besonders als Künstlerin meine schönste und glücklichste Zeit verlebte, die selbst viel böse Zeit im bürgerlichen Leben mich leicht ertragen half und mich in ihrer Ausübung bald diese Leiden vergessen und überwinden liess. Da meine Augen mich nun mahnen, obgleich das Schreiben immer noch am besten und viel besser als das Lesen geht, so will ich Ihnen für heute mit meinem nochmaligen Dank für Ihre Freundschaft und mit der Bitte, einmal wieder zu schreiben, Lebewohl sagen. Mein Sohn lässt sich Ihnen und auch den Ihrigen auf das Beste empfehlen und indem ich bitte, mich auch den Ihrigen bestens zu empfehlen, nenne ich mich mit Achtung und Freundschaft

Ihre ergebene
Sophie Schröder.

im Alter

PIUS ALEXANDER WOLFF

wurde am 3. Mai 1782 zu Augsburg geboren. Er stammt aus gutbürgerlichen Kreisen, und sein Vater bestimmte ihn von Kind auf zum Geistlichen. Da der Sohn hierzu jedoch wenig Neigung zeigt, wird er in die Lehre zu einem Berliner Kaufmann geschickt, um diesen Beruf zu lernen. Hier erwacht, durch eifrige Theaterbesuche angefacht, seine Theaterleidenschaft, der er anfangs seine Freizeit und endlich sein Leben widmet. 1803 erhält er dann ein Engagement als Hofschauspieler nach Weimar. An dem hier herrschenden Stil fand er das rechte Spalier für seine Darstellungsart, bemühte er sich doch immer, seinen Rollen eine ideelle Auffassung zu geben und dadurch das Höchste zu erreichen. Jugendliche Helden waren seine Anfangsaufgaben, doch Goethe setzte ihn später auch gern für tiefere und ernstere Charaktere, ja mitunter auch im Lustspiel ein. In jedem dieser Fächer muß er festgeprägte Leistungen geboten haben, wozu ihm besonders eine feine Beobachtungsgabe befähigte. Goethe, dessen Lieblingsschüler Wolff war, sah in ihm den einzigen Schauspieler, der sich ganz von Grund auf nach seinem Sinn gebildet hatte.

1816 verließ er wegen kleinlicher Streitigkeiten Weimar und folgte einem Ruf nach Berlin an das königliche Theater. Auf der Rückreise von Bad Ems, wo er zur Kur weilte, ist Wolff am 28. August 1828 in der Stadt seines erfolgreichsten Wirkens, in Weimar, gestorben.

An Goethe. Weimar, den 28. September 1815.

Ew. Excellenz Hoch- und Wohlgeboren!

Mit schwerem Herzen schreibe ich diese Zeilen nieder, die, von einem Tage zum andern verschoben, nun nicht länger verzögert werden dürfen, und mit einem wahrhaft wehmütigen Gefühl sehen wir uns gezwungen, eines Schrittes zu erwähnen, den wir nun bald zu thun genöthigt sind.

Es ist in den letzten Jahren unserer beinahe verstrichenen Kontraktzeit so manches eingetreten, was uns zwang uns mit einem Gedanken bekannt zu machen, der uns früher ganz entfernt lag, ja, der uns nie würde beigekommen sein, wenn uns die Ueberzeugung geworden wäre, dass man es der Mühe werth gehalten, unseren Beschwerden abzuhelfen, ja, wenn uns nicht selbst die Unmöglichkeit davon wahrscheinlich geworden wäre, indem man unsere Klagen, ohne ihnen abzuhelfen,

Goethes Lieblingsschauspieler
Pius Alexander Wolf (1782–1828)
als Don Fernando in dem Schauspiel
»Der standhafte Prinz von Calderon«

Tafel 23

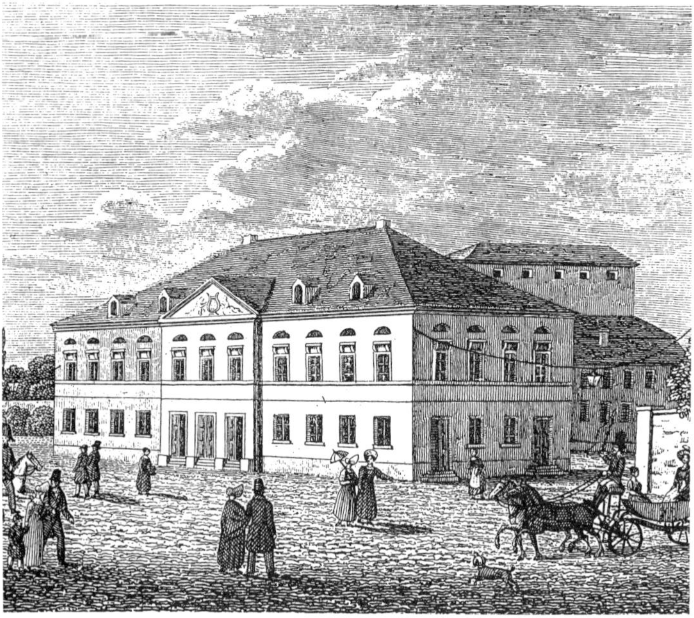

Kupferstich von L. Hess

Das Hoftheater in Weimar
zur Goethe-Zeit

Tafel 24

nicht missbilligte. So hat sich denn nach und nach bei uns ein Entschluss gebildet, der, wir sagen es gerade, uns manche Ueberwindung kostete, zu dessen Ausführung wir noch manchem Kampf entgegensehen, und von dem wir gegenwärtig pflichtschuldigst Anzeige thun, nämlich: künftige Ostern als dem Ende unserer Kontraktzeit die Grossherzogliche Bühne und Weimar zu verlassen.

Möchten wir die Ueberzeugung mit uns nehmen dürfen, dass wir nicht als Undankbare angesehen werden! Mit dem tiefsten Dankgefühl erkennen wir die Nachsicht und den unschätzbaren Beifall der Höchsten Herrschaften, die Gewährung mancher Gunst von Ew. Excellenz Hoch- und Wohlgeboren; und mit gerechtem Stolz empfinden wir das Glück, dass unsere Anlagen sich dazu eigneten, dass unser grosser und ewig verehrter Meister und Lehrer seine höhern Ansichten und Erfahrungen über unsere Kunst vorzugsweise in uns niederzulegen sich veranlasst fühlte, und uns einer höhern, nähern und liebevollen Ausbildung würdigte.

Wir bewahren diesen aufmerksam gesammelten Schatz als ein heiliges Eigenthum; möge sein gefeiertes Genie darin einige Freude finden, dass Deutschland, so weit wir ihm bekannt sind, uns stets mit würdiger Anerkennung als seine Schüler auszeichnete; möge unsere Dankbarkeit sich darin aussprechen, dass wir nach jeder gelungenen Leistung die Blüthen des Beifalls an seinem Altare niederlegen; möge selbst die Empfindlichkeit, mit der wir jede Geringschätzung in den hiesigen Verhältnissen unerträglich fanden, als ein Beweis gelten, wie sehr wir ihn hochschätzten.

Trauernd scheiden wir von der Weimar'schen Bühne, der Wiege, der Schule, dem Ehrenfelde unseres Strebens, ihr Andenken wird uns ewig theuer, jede Rückerinnerung heilig sein. Gönnen Ew. Excellenz Hoch- und Wohlgeboren uns noch während unseres Hierseins gnädigen Schutz, und genehmigen Hochdieselben die Versicherung, dass wir Zeitlebens mit tiefer Hochachtung verharren werden

Ew. Excellenz Hoch- und Wohlgeboren
gehorsamste
Wolff.
Amalie Wolff."

An Ludwig T i e c k. Berlin, d. 16ten Nov. 1820.

Mein hochverehrter vielgeliebter Freund!

Ich wage es, Ihnen diesen Titel zu geben und hoffe, dass Sie mir deshalb nicht zürnen werden, denn warum hätten Sie mir, während meines Aufenthaltes in Dresden, ein so schätzbares Wohlwollen gezeigt, mich Ihren lehrreichen Umgang so freundlich geniessen lassen, die Aeusserungen meines Gemüths, das sich durch Ihren Geist und Ihre Persönlichkeit so sehr angezogen fühlte, so liebreich aufgenommen? Ich verdanke Ihnen die genussreichsten Stunden, die ich seit langer Zeit erlebt habe, in deren Erinnerung mir unauslöschliche Erinnerungen bewahrt bleiben. Warum ist es mir nicht vergönnt, in Ihrer Nähe zu leben! Wie freue ich mich darauf, Sie wieder zu sehen, meine Darstellungen Ihrer Prüfung zu übergeben und Ihr Urtheil darüber zu empfangen; aber leider kann ich noch nicht sagen, wann. Die Einweihung des neuen Schauspielhauses ist noch immer unbestimmt, es war jetzt wieder davon die Rede, dass sie zum Carneval stattfinden dürfte, es ist aber in allen diesen Angelegenheiten kein rechter Ernst. Die Sache wird als ein Amusement angesehen und so behandelt; eröffnen wir zum Frühjahr die Bühne, so kann ich an keine Reise denken vor dem Herbst; auf alle Fälle wird man zu Neujahr sehen und schliessen können, wie es wird. Die Paar Wochen Ruhe in Dresden, wo ich Gelegenheit hatte, über unser Treiben und Thun hier etwas nachzudenken, haben meinen Missmuth in dem hiesigen Theaterwesen nur vermehrt, und so wie ich die Sache gefunden habe, auch die Stimmung des Publikums, dem die Ohren noch von dem Gebrüll der × × × ausgeweitet sind; so könnte es wohl kommen, dass ich mich nach einem andern Wirkungskreis umsehe. Das Trauerspiel hat keine Aussicht, aus dem jetzigen gedrückten Zustand herauszukommen, die Oper breitet sich immer mehr aus, und es mag wohl auch eine Folge der Trompeten und Pauken sein, dass man hier das Beste der Schauspielkunst in derben Lungenflügeln sucht. Auf Lebensgenuss muss man ganz verzichten, es ist kein Ruhepunkt in unserer Theatermaschine; von Vergangenem nie die Rede, eine ewige Sorge für den anderen Tag, so peitscht man das Leben vor sich her, als ob man es nicht erwarten könnte, damit zum Schluss zu kommen.

Verzeihen Sie, ich klage Ihnen über Dinge vor, die Ihnen vielleicht längst gleichgültig geworden sind, weil Sie einsahen, dass da keine Hülfe ist, wo man sie nicht anwenden kann oder darf.

Das beste Theater in Deutschland ist jetzt in Ihrem Zimmer, vor Ihrem runden Tische, bei 2 Lichtern, das dritte ist noch zu viel. Da ist Ensemble, Styl, Harmonie, Inspiration, Humor und alles was wir nur wünschen können; dabei machen die Schauspieler dem Director keine Noth, und er hat ein dankbares Publikum. —

An den König Johann habe ich noch nicht kommen können, obgleich ich bereits alles vorbereitet habe. Da ist noch so viel bestellte Arbeit, die ich erst vom Halse schaffen muss; ich habe indessen den Spieler von Iffland einstudiren müssen und den Leuchtthurm in Scene gesetzt, der getheilten Beyfall fand; das ist hier zwar bei Allem in der Welt der Fall; aber ich meine hier, die Aeusserungen darüber waren getheilt. — Mit Ihrer Ansicht von dem Hamlet-Monolog kann ich mich noch immer nicht befreunden. Wenn seine Reflectionen nicht auf den Selbstmord gerichtet sind, wie erklären Sie die Worte: „Wer trüge Lasten und stöhnte unter Lebensmüh, wenn er sich selbst in Ruhstand setzen könnte etc.?“

Vorige Woche hatte ich Maria Stuart und Wallenstein, diese Woche: Kaufmann von Venedig, Yngurd und Lear; Sie können daraus sehen, wie ich den Congress in Troppau zu benutzen verstehe, dabei fahre ich noch einen Tag in dieser Woche nach Potsdam und lasse dort die Sappho ins Wasser springen; die Armen sehnen sich lange darnach, etwas Aehnliches fällt dort das ganze Jahr nicht vor, als wenn sie ihre Katzen ersäufen.

Angeschlossen folgt denn auch das Schauspiel von Ihrem ergebensten Diener (Preciosa. Anm. d. Her.), es ist mit Gesang und Tanz, denn es ist in Berlin gedichtet. Halten Sie es würdig in dem geistreichen Kreise vorzutragen, der Sie umgiebt, so möge es mein Andenken auf eine freundliche Weise hervorrufen, und meine schönsten Grüsse in die Mitte einer Versammlung bringen, deren ich mit Dankbarkeit und herzlicher Zuneigung gedenke. Das Manuscript bitte ich dann an den dortigen Theaterintendanten Herrn von Könneritz abzugeben, der für eine sächsische Preciosa zu sorgen für mich die Gefälligkeit haben wird.

Wie gern setzte ich diesen Brief fort, könnte ich mich überzeugen, dass meine Aeusserungen einiges Interesse für Sie haben dürften. Wie nützlich und erfreulich würde es mir sein, wenn ich in der Folge meine Zweifel dem Meister schriftlich mittheilen, und seinen Rath erbitten dürfte, doch darüber erwarte ich erst Erlaubniss. Ihre Zeit ist kostbar, sie sei Ihrer Erholung oder dem Ruhme der Nation ferner geweiht, ich habe Ihnen während meines Aufenthaltes schon viel davon entwendet; aber das sage ich Ihnen von Herzen, dass mich dieser Raub recht glücklich mache. Es ist etwas Unschätzbares um die persönliche Bekanntschaft eines Dichters, den man durch seine Werke liebgewonnen; ich fange von vorn an Sie wieder zu lesen mit neuem doppelten Genusse. —

Für heute wie für immer bitte ich um Entschuldigung und Nachsicht, wenn meine Briefe abgerissen und verwirrt scheinen, dies ist eine Folge meines metiers, es giebt der ruhigen Augenblicke so wenige, und man muss sich den Kopf auf so mancherlei Weise füllen. Die Iffland'sche Prosa muss auf derselben Stelle Platz nehmen, wo zuerst der Shakespeare noch nicht schweigen will, das macht denn manchmal Unordnung im Gehirn, und so muss ein tüchtiger Schauspieler, wenn auch nicht verrückt, doch eigentlich immer ein wenig verwirrt erscheinen.

Ich bitte den Damen meine Verehrung zu bezeigen und meine neuen Bekannten vielmal zu begrüssen; Ihnen mein lieber herrlicher Freund und Meister meine unwandelbare Ergebenheit und Hochachtung.

Wolff.

An Ludwig Tieck. Berlin, d. 5t. Dez. 1824.

Mit dem grössten Danke erkenne ich die freundschaftliche Theilnahme, die Sie mir in Ihren Briefen darlegen, innigst geliebter verehrter Freund, und glauben Sie mir, ich habe in Gedanken schon manche Lese- und Theaterprobe mit Ihnen durchgemacht, Hamlet und König Johann vor Ihnen dargestellt, und hin und wieder auch eine meiner Ansichten verfochten, die Sie nicht billigten. Wäre Graf Brühl hier, so würde sich auch alles viel schneller lösen, aber der Geschäftsgang kehrt sich nicht an unsere poetischen Wünsche, und ich würde mir mit Ungestüm nur den Kopf einstossen. — Der Gang der Sache ist folgender:

Meine Entlassung überlegt sich die General-Intendanz und trifft Massregeln unsere Plätze auszufüllen, denn sie muss mit Vorschlägen damit an den Minister Fürst Wittgenstein gehen, sonst rückt die Sache gar nicht, und hat dieser die Sache untersucht, so geschieht dem König darüber der Vortrag. Umgehe ich Alles und schreibe an den König, was mir einen Monatsgehalt Strafe kostet, so geht mein Schreiben an den Grafen zurück, und beginnt den alten Weg. Indessen wenn die Rückkehr des Grafen Brühl sich verzögert, so schreibe ich doch an den König, denn ich habe durch seine Abwesenheit eine Entschuldigung, da die interimistische Verwaltung sich nicht damit befassen will. — Obgleich mein Weggehen viel Aufsehen machen und mancher es missbilligen wird, so zweifele ich nicht die Entlassung zu erhalten, ich habe mir neuerdings einige Feinde gemacht, die bei unserem Abschiede kräftig mitwirken werden.

Glauben Sie nur, dass ich das Angenehme und Vortheilhafte unserer Lage in Dresden vollkommen einsehe. Dass ich den Nutzen für meine Kunst, der mir in Ihrer Nähe erwächst, längst überlegt habe, dass es keiner Aufforderung bedarf, einem schönen poetischen heitern in jeder Hinsicht vielversprechenden Leben entgegenzugehen, und dass ich nichts versäumen werde, was dazu wirken kann, aber an Neujahr glaube ich nicht. Bedenken Sie nur ein so ungeheueres Institut wie das hiesige Theater, und zwey Mitglieder, die so einstudirt sind wie wir. Indessen gerade bey solchen Gelegenheiten zeigt man Menschen, die man einmal aufgiebt, gern eine Art Geringschätzung, und so wäre es möglich, dass sich die General-Intendanz vor der Hand mit Gastrollen hilft, bis sie unsere Plätze besetzen kann, aber auch dazu muss sie Zeit zu Massregeln haben.

Denken Sie sich meine Lage, der ich gerade jetzt in dieser Ungewissheit und mit einem Bein im Bügel, mehr als je auftreten muss, und eine neue Rolle nach der andern zu memoiren habe. Mir vergehen manchmal die Gedanken. Ein Paar hübsche neue komische Rollen habe ich dieser Zeit geliefert, worüber Sie recht ordentlich lachen sollen, wenn ich sie Ihnen vorspiele. Es ist mitunter für den Künstler recht gut, wenn er von allen Seiten gedrängt, gepufft und gezwickt wird, die Funken leuchten um so heller, wenn es mit Gewalt Feuer geben muss.

Leben Sie wohl, mein Freund, und wenn unsre Sache gut

ausgeht, wollen wir dem alten Shakespeare noch viel anhaben, und uns in mancher heiteren Stunde berathschlagen, wie wir unser Feuerwerk auf dem Dresdener Theater losbrennen. Es soll schon gut werden!

Tausend Empfehlungen von meiner Frau, und von uns beyden allen den Ihren

Mit treuer Freundschaft Ihr

P. A. Wolff.

An Ludwig Tieck.

Berlin den 16ten Jan. 1825.

Wenn ich so lange zögerte, Ihnen wieder zu schreiben, mein theurer Freund, so war es um meinen Unmuth zu bekämpfen, mit dem mich das endliche Resultat meiner Engagementsangelegenheit in Dresden erfüllte. Herr v. Lüttichau wird Ihnen den Inhalt meines Briefes mitgetheilt haben, ich habe alle Unterhandlungen abbrechen müssen. Graf Brühl hat sich gleich nachdem er in Dresden von Herrn v. Lüttichau das Geheimniss erfahren, nach allem erkundigt und von Seifersdorf aus einen Bericht an den König abgeschickt; ich habe diesen Bericht nach Empfang der abschläglichen Antwort vor mehreren Tagen gelesen. Ich kann nichts anders sagen, als dass der Graf, die Vortheile des ihm zur Verwaltung anvertrauten Instituts im Auge behaltend, sehr wohlwollend gegen mich gehandelt hat, er machte dem König den Vorschlag unsere hiesige Existenz zu verbessern, oder uns die Entlassung zu gewähren. Gleich nach der Rückkehr des Grafen Brühl äusserte der König gegen ihn, dass er uns unter keiner Bedingung entlassen werde. Dies wurde mir unter der Hand notifizirt, ich nahm aber darauf keine Rücksicht und betrieb mein Entlassungsgesuch, bis denn endlich die Cabinetsordre erschien, die in schmeichelhaften Ausdrücken uns den Abschied und jede Verbesserung verweigert.

Noch blieb mir übrig, mich zum zweiten Male an den König zu wenden, und ich machte bereits die erforderlichen Schritte, als mir angezeigt wurde, das jedes neue Gesuch an die General-Intendanz übergeben würde, die mich nicht verabschieden dürfe, und ich mich der Ungnade des Königs aussetzen würde. Damit war die Sache abgemacht. Wollte ich mir meine hiesige Existenz nicht verderben, da ich mich auf keine Weise meiner Kontraktsverbindungen erledigen konnte, so musste ich mich ruhig verhalten. Es sollte mich wirklich recht schmerzlich bekümmern, wenn Sie glauben könnten, dass ich nicht mit der tiefsten Wehmuth von dem Gedanken scheide, mit Ihnen vereint zu leben und zu wirken; ich hatte mich mit dieser Hoffnung schon so vertraut gemacht, dass ich mit der bittersten Empfindung mein Luftschloss zusammenstürzen sah. Aber was konnte ich weiter thun? Die Bequemlichkeit des Dienstes in Dresden gegen den hiesigen, alle Kräfte in Anspruch nehmenden, der Reiz der Natur in der schönen Umgebung Ihres Orts, vor Allem aber die Gelegenheit mit Ihnen vereint ein tüchtiges, auf wahre Kunst gegründetes Theater, wie wir bis jetzt nur in Gedanken hatten, in der Wirklichkeit zu bilden, sind zu lockende, zu wünschenswerthe Hoffnungen für mich gewesen, als dass ich den Schmerz über den Verlust aller dieser Aussichten so bald werde verwinden können. Habe ich je das Handwerk in meiner Kunst, das Pflichtmässige in meinem Dienste gefühlt, so ist es jetzt in dieser Zeit des Unmuths, wo mir der Plan zu einem tüchtigen Kunstverein, das Bild eines angenehmen Künstlerlebens noch so nahe vor Augen liegt. Sie werden vollenden, was ich zu schaffen träumte, ich bin für Ihre grossen Hoffnungen gestorben. Möchte ich mir bey dem Fehlschlagen meiner Wünsche nicht auch noch die Ungnade Ihres Hofes zugezogen haben, und mir doch wenigstens die Aussicht bleiben, vor Ihnen noch einmal mich als Künstler zu versuchen. —

Auch habe ich auf meiner Reise vergangenen Sommer ein Lustspiel entworfen, und in der Zeit, wo mir Zerstreuung nothwendig war, ausgearbeitet, das ich Ihnen mittheilen möchte. Geben Sie mir die Erlaubnis, so sende ich es zuerst an Sie und es gehe durch Ihre Hand an die Intendanz.

Leben Sie wohl mein Freund. Bin ich durch die Verhältnisse aus Ihrer Nähe auf's Neue verbannt, so haben die glänzenden Aussichten, ob sie auch verschwunden, mein Herz und meinen Geist noch enger an Sie gefesselt, und ich verbleibe mit ewiger Anhänglichkeit

Ihr treu ergebener

P. A. Wolff.

An Gubitz.

Meinen herzlichsten Dank, verehrter lieber Freund, für Ihre freundlichen Zeilen von 12ten d. Monats. Wie freue ich mich darauf, Ihnen von meiner Reise erzählen zu können, und Alles mündlich zu berichtigen, was Ihnen in Hübners Staats- und Zeitungslexicon zweifelhaft vorkommt; aber diese Freude ist noch sehr in die Ferne gerückt, denn so bald sehen wir uns nicht wieder. Die Verordnung meiner Aerzte ist Entfernung von Berlin und von der Bühne, und erst nach dem nochmaligen Gebrauch des Emser Brunnens, den ich aber, so bald es nur angeht, im Frühling besuchen will, darf ich aus meiner Verbannung wiederkehren. Die vier Monate in Italien und Frankreich haben, wie Sie wohl von unsern beiderseitigen Freunden werden gehört haben, nicht die wohlthätigste Wirkung für mich gehabt, welche ich erwartete. Auf deutschem Boden geht es mir nicht besser. Ist es die Folge der Reise, ist es die reine, stärkende Luft, die ich hier einathme, ich fühle mich wohler als unter dem südlichen Himmel. Man tut jenen Himmelsstrichen in der Ferne viel zu viel Ehre an, man glaubt Wunder, wie weit man in den Mittag hineingereist sey, wenn man sich in Nizza oder der Provence befindet, und das Ganze ist am Ende doch nur lauwarmes Wasser. In gewissen Jahren lobt man sich das Entschiedene, was so zwischendrin liegt, ist matt; so ging es mir mit jener Luft: sie hat mich noch mehr abgespannt, ich wäre elend geworden, wenn ich mich nicht rasch entschlossen hätte, in unse'rn deutschen charakteristischen Winter zurückzukehren. — In Berlin drängen sich theatralische Begebenheiten, von denen die Briefe, die ich in letzter Zeit erhalten, angefüllt sind; ich ärgere mich manchmal über mich selbst, dass sie mir nicht mehr Theilnahme abgewinnen, und ich bewundere Bethmann, dass er sich auf's Neue an die Spitze eines Geschäftes stellt, welches mir wie ein saurer Apfel vorkommt: er wird sich die Zähne auch stumpf beissen.

Von der hiesigen Bühne kann ich Ihnen nichts melden, denn ich gehe Abends selten aus, und vermeide den Zug in dem Karlsruher Theater; aber der Sänger Haizinger, der mir manchmal im Zimmer vorsingt, und ein ganz ausgezeichneter Gesangskünstler ist, hat mir schon viele genussreiche Stunden verschafft. Er wird wahrscheinlich im April nach Berlin kommen und ich empfehle Ihnen diesen Sänger auf's Angelegentlichste; versäumen Sie es nicht, ihn zu hören: es ist etwas Ausserordentliches. Schade, dass er als Darsteller noch nicht mehr Fortschritte gemacht hat, indessen hält man ihm gern etwas zu gut, wenn man seine rührende Stimme, seinen seelenvollen Vortrag, seine vortreffliche Methode vernimmt.

Meine Beschäftigung (die geistige nähmlich) besteht im Lesen; wenn man so viele Jahre hintereinander thätig gewesen ist, sieht man bei eintretender Muße mit Schrecken, wie viel man Rechts und Links hat liegen lassen.

Meine Frau empfiehlt sich Ihnen tausendmal, und wir Beide bitten Sie, Ihrer Frau Gemahlin die schönsten Grüsse darzubringen. Behalten Sie mich in gutem Andenken und fortdauernder Freundschaft, und genehmigen Sie die Versicherung meiner wahren Hochachtung und Anhänglichkeit.

Karlsruhe, den 31. Januar 1826. P. A. Wolff.

An
Herrn Grafen von Brühl,
General-Intendanten der
K. Schauspiele in Berlin

Berlin d. 3ten Januar 1827

Hochgeborner Herr Graf!

Da ich und meine Frau nicht so glücklich waren Ew. Hochgeboren am Neujahrstage zu Hause zu treffen, und Ihro-Gnaden die Frau Gräfin sich nicht wohl befanden, erlaube ich mir hiermit unsere besten Wünsche für Ihr beyderseitiges Wohlergehen darzubringen, und uns fernerer Gnade bestens zu empfehlen.

Antwortlich auf Ew. Hochgeboren Zeilen vom 31t. Dec. versichere ich, dass ich mit Vergnügen Herrn Hartmann bey der Rolle des Königs im Standhaften Prinzen an die Hand gehen, und ihm darüber meine Ansichten mittheilen werde. —

In einem Jahre wäre ich mit einer Masse Nebenrollen überhäuft, und wo bleiben die Aufgaben, zu denen ich mich 22 Jahre gebildet habe? Fast alle meine tragischen Rollen habe ich noch in Weimar studirt, aus den 11 Jahren hier bleiben mir kaum 3 oder 4. — Liegt obengenannten Herren so viel daran mich in Ihren Stücken zu haben, was hält sie ab, würdige Rollen für mich zu schreiben? Blosse Aushülfe aber muss ich künftig Allen verweigern, um keinen Einzelnen zu beleidigen. — Wie gern würde ich an der Stelle französischer Lustspielchen einen Jago, Wolsey, Brutus, Weisslingen und der gleichen einstudiren!

Wenn ich aber den Cyklus meiner Rollen im Trauerspiel nicht würdig erweitern kann, will ich ihn wenigstens rein erhalten, und diesen Zeitpunkt ahnend, bestand ich für mich und meine Frau auf dem Paragraphen in unserem Kontrakte: nur e r s t e Rollen zur Darstellung anzunehmen.

Wollen Ew. Hochgeboren wohl die Gnade haben, mich wissen zu lassen, w i e Sie wünschen, dass der Lord in dem morgenden Schauspiele „Der Vormund“, den Orden der Maltheserritter trage, und ob überhaupt die Engländer im gewöhnlichen Leben Ordenszeichen tragen? Ich kleide mich schwarz, und der Lord ist in seinem Hause.

Mit Hochachtung und Verehrung verharrend

Ew. Hochgeboren
ganz ergebenster Diener

P. A. Wolff.

Szene aus Fiesko

LUDWIG DEVRIENT

ist der erste und gleichzeitig bedeutendste Angehörige der Schauspielerdynastie der Devrients, einem flämischen Geschlecht, das zur Zeit der Hugenottenverfolgungen nach Deutschland kam und sich ursprünglich De Vrient schrieb. Diese Abstammung beweist auch die Richtigkeit der buchstäblichen Aussprache dieses Namens und macht einer alten Streitfrage den Garaus.

Man hat Ludwig Devrient das einzige Genie unter den deutschen Schauspielern genannt, das stimmt auch, wenn man nämlich diesen Begriff ganz absolut versteht und damit die Fähigkeit, eine Rolle Abend für Abend aufs neue mit glühendem Leben zu füllen, ohne sich zu wiederholen, bezeichnen will, wenn man damit die Selbstentäußerung, die Entrücktheit und die Erhabenheit — wie es Wagner einmal nennt — meint.

Ludwig Devrient war der große Empörer, im Leben und auf der Bühne, jede althergebrachte Form war für ihn eine Zwangsjacke, derer er sich entäußern mußte, als Schauspieler durch den Rausch der Verwandlung und als Mensch durch den Rausch des Weins—, niemals aber war Ludwig Devrient das, wozu ihn billige Histörchenmacherei stempeln möchte: ein dumpfer Säufer.

Sein Lebensweg ist ein einziges „Sich-Aufbäumen" gegen die Konvention, ein Aufbäumen, das bei ihm nicht aus der Überlegung, sondern aus dem naiven Gefühl herkam. In den Dingen des alltäglichen Lebens blieb Ludwig Devrient bis ins Alter ein naives Kind.

Als Sohn des Seidenhändlers Daniel Devrient wurde Ludwig am 15. Dezember 1784 in Berlin geboren. Er stammte aus der zweiten Ehe seines Vaters und hatte eine lieblose Erziehung durch eine Gouvernante, der er sich durch die Flucht, die ihn jedoch nur bis Charlottenburg brachte, zu entziehen hoffte. Sein Vater erkannte, daß das Gymnasium nichts für diesen temperamentvollen, phantastischen Jungen sei, und nahm ihn zu sich ins Geschäft. Da er sich jedoch auch hier nicht bewährte, steckt man ihn zu einem Posamentier nach Potsdam, dessen lockerer Hand er sich durch eine Flucht nach Wittenberg entzieht, wo er von einer Marktfrau als Hanswurst zum Anlocken von Kunden benutzt wird. Aber auch hier findet ihn die Familie, holt ihn zurück und steckt ihn wieder hinter den Ladentisch. Um dieser Beschäftigung zu entrinnen, wird er freiwillig Soldat. Der Stiefbruder Emanuel kauft ihn frei und nimmt ihn mit in die Filiale nach Brody, wo er — man läßt ihm größte Freiheit — sich anfangs auch bewährt, dann jedoch bei einer

Reise das einkassierte Geld mit Offizieren verjubelt. Nach dieser Entgleisung muß er nach Deutschland zurück.

In Leipzig hat er dann 1804 das Erlebnis, das ihn seine Berufung bewußt werden läßt: er sieht auf dem dortigen Theater Ferdinand Ochsenheimer, dessen Spiel in manchem eine Vorahnung des von Ludwig Devrient war. Den Entschluß, Schauspieler werden zu wollen, setzt er rasch in die Tat um, und am 18. Mai 1804 steht er in Naumburg bei Friedrich Wilhelm Lange in der „Braut von Messina" zum ersten Male auf der Bühne. Er hatte sich den Namen Herzberg zugelegt und spielte einen Boten. Er selbst schildert sein Debüt mit den Worten: „Ich hatte an dem Abend meines ersten Auftretens offenbar zwei Beine und einen Arm zuviel!" Schon damals erkennen die Regisseure, daß dieser Feuerkopf mit den brennenden Augen und den schwarzen Locken kein Liebhaber, sondern ein Darsteller für Charakterrollen und Empörer ist. Ludwig jedoch möchte noch nicht auf Liebhaberrollen verzichten. Seine erste, ihn ganz erfüllende Rolle war der Rudenz im „Tell", den er ganz als Aufrührer, man hatte die Berta v. Bruneck-Szenen gestrichen, spielte. Am Dessauer Hoftheater findet er dann eine feste Stellung, wo er auch 1807 Margarete Neefe, die Tochter des bekannten Kapellmeisters, heiratete. Er verlor jedoch kaum ein Jahr später seine Gattin, die im Wochenbett starb.

Als er an Direktor Streit nach Breslau empfohlen wird, hält er es für das einfachste, seine Dessauer Verbindungen durch eine offene Flucht zu lösen und begann Ende 1809 ein Engagement in Breslau. Hier in Breslau steht er auf der Höhe seines Könnens, die ihn lange Zeit peinigenden Zweifel an der eigenen Begabung sind überwunden, in einem ausgezeichneten Ensemble, das die Hendel-Schütz und Heinrich Anschütz (in vielem der Gegenpol zu seinem Freund Devrient), zu seinen Mitgliedern zählen konnte, hat er Gelegenheit, sich ganz auszuspielen — und doch finden sich schon die ersten Zeichen des physischen Verfalls: der Lear, diese königliche Rolle für Könige der Bühne wird zum immer wieder berannten Hindernis seiner künstlerischen Entwicklung, nicht selten bricht er nach dem zweiten Akt zusammen und muß in seine Wohnung getragen werden.

Als Iffland Devrient in einem Gastspiel gesehen hatte, faßte er seine Bewunderung in dem Wort „ein Menschendarsteller" zusammen. Auf Ifflands Vermittlung wurde Devrient 1815 für das Berliner Theater gewonnen. Allein Devrients Kraft war damals bereits gebrochen, nur hin und wieder glimmte der alte Funken in seinem Spiel auf. In Berlin krönte er auch seine literarischen Freundschaften — in Leipzig hatte er den Literaten August Mahlmann und in Breslau Karl Schall seinen Freund genannt — durch die treue Freundschaft mit dem romantisch-phantastischen Dichter E. T. A. Hoffmann.

Ludwig Devrients Mittel der Darstellung waren nie grell und markschreierisch, ja, eigentlich hatte er gar keine einzelnen Mittel, sondern schaffte mit seinem ganzen Selbst, täglich war er neu, mit vollkommener Umänderung der Maske und des Tons, alles schien bei ihm Natur, nichts gewollt. Seinen sehnlichsten Wunseh, Mephisto und Jago zu spielen, hat er jedoch nicht erreicht, sein frühzeitiger Verfall ließ ihn nicht dazu kommen. Seinem Wesen entsprechend war er auch im Spiel mehr Dionysos als Apoll, seine ganze Auffassungsweise, seine Mimik und Deklamation waren mehr charakteristisch ergreifend als schön zu nennen. Am gewaltigsten muß die Wirkung seiner Stimme gewesen sein.

Von Fieberanfällen geschwächt, starb er am 30. Dezember 1832.

An
den Hofrath Teichmann Königsberg, d. 15. Oct. 18

Lieber Theurer Freund!

Die viele Güte und Freundschaft die Sie mir bereits erwiesen, macht mich so kühn Sie, mein werthgeschätzter Freund, noch mit zwei Bitten zu belästigen. Die erste geht dahinnaus, den Herrn Grafen v. Brühl um gütige Verlängerung meines Urlaubs auf ein paar Wochen zu ersuchen, indem Döbblin eine zusammengewürfelte Horde Nord östlich und Süd westlicher Schauspieler zusammentreiben müssen ehe er im Stande war meine Gastdarstellungen zu eröffnen; obgedachte Leute mussten erst mit allem Fleiss exerziert probiert u. gemustert werden, um nur einige erträgliche Vorstellungen zu Stande zu bringen. Der Zweck, Geld zu verdienen, war ja der einzige, der mich nach dem kalten Norden hintrieb, erlange ich vom Hrn. Grafen Brühl diese Frist nicht, so ist er verlohren, und ich habe alle Aufopferung u. Mühseligkeit umsonst getragen. Darum ersuche ich Sie theurer Freund den Herrn Grafen v. Brühl, der so oft sehr gütig gegen mich war, dahin zu bewegen mier den vermehrten Urlaub im nächsten Jahre abzuziehen welches Ihm vielleicht auch zu statten kömmt. Mein zweites Gesuch lieber Freund, ist etwas schwieriger es geht nähmlich dahinnaus, mier die Stundung des Vorschusses, welcher am 1ten Xbr. a. c. mit 50 rf von Seiten der Hauptstaatskasse beginnt wo möglich um

6 Monath oder noch besser um ein Jahr hinaus zu schieben indem ich im Verlauf des Winters diesen Abzug sehr drückend empfinden würde und doch so sehnlichst wünschte im Jahre 1819 auf Schuldenfreien Fuss gesetzt zu seyn. Ich habe zu diesem Behuf ein Blanquette dabey gelegt; Schreiben Sie an wem Sie es für nöthig halten und seyn Sie fest überzeugt dass ich Ihre Güte u. Freundschaft für mich stets im Gedächtniss trage und gleich dem Tardieu in Bayard manchmal wünsche „soltest Du nur recht ins Gedränge kommen so hundert gegen einen und Du allein und ich dabey wie wolt ich Dich heraushauen“. Nun theurer Freund leben Sie wohl, ich umarme Sie recht von Herzen im Gedanken u. freue mich der Stunde es in der That zu können. Von hier gehe ich in ein paar Tagen nach Danzig. Huray bezahlt gut und hat ein braves Theater. Allen die meiner im Guten gedenken meine herzlichsten Crüsse.

Ihr aufrichtiger Freund

L. Devrient.

nach einem Stich von Kriehuber, Wien

König Lear – mit 39 Jahren
Heinrich Anschütz (1785–1865)

Gemälde im Burgtheater

Heinrich Anschütz
als Wallenstein

Tafel 26

HEINRICH ANSCHÜTZ

Das Geschlecht der Anschütz hatte im Mittelalter manchen angesehenen Ritter aus den thüringischen Gauen unter seinen Ahnen, später jedoch war es so verarmt, daß mancher Vorfahr sein Leben als Tagelöhner fristen mußte, bis sich die neue Generation wieder zum ehrsamen Bürgerstande emporgearbeitet hatte. Dieses Erbgut einer guten Bürgertradition ist nicht nur für Heinrich Anschützens Leben, sondern auch für seine künstlerische Entwicklung von entscheidender Bedeutung geworden.

Als Sohn eines kunstaufgeschlossenen Beamten wurde Heinrich Anschütz am 8. Februar 1785 in Luckau in der Niederlausitz geboren. Er besucht die Fürstenschule zu Grimma, die durch ihre klassische Erziehungsmethode berühmt war und zeichnet sich schon hier als ein überdurchschnittlicher Redner aus, er hofft, diese Redegewandtheit als Pfarrer recht anwenden zu können. Nach seiner Schulzeit läßt er sich als stud. jur. an der Leipziger Universität immatrikulieren und lebt ein Studentenleben wie Hundert andere auch. Anschütz ist kein Feuerkopf gewesen, weder auf der Bühne, noch im Leben, ja, die Wiener hatten manche Anekdote über seine ruhige, pathetische Sprechweise im Umlauf; auch der Entschluß, Schauspieler zu werden, ist bei ihm keine plötzliche Eingebung, ganz allmählich wird durch die Begeisterung am Spiel Ifflands, Esslairs und Wolffs in ihren Leipziger Gastspielen in ihm der Wunsch wach, ähnliches zu leisten. Und 1807 steht er dann zweiundzwanzigjährig in Nürnberg in der ersten großen Rolle in Kotzebues „Die beiden Klingbergs" auf der Bühne. Königsberg, Danzig und Breslau folgen in kurzen Abständen und hier in Breslau findet er in dem Theaterschriftsteller und Kritiker Kart Schall einen Freund, der ihm die Richtschnur für seine weitere Entwicklung gibt. Nächtelang wird über Shakespeare gesprochen und zäh und fleißig wird an der Vervollkommnung der Sprache gearbeitet. Noch spielt Anschütz die schweren Helden, für die er schon durch seine Gestalt wie geschaffen erscheint, doch noch ist die letzte Steigerung nicht erreicht, sie bleibt für Wien vorbehalten.

Als Schreyvogel, einer der besten Intendanten des Burgtheaters, sich in Deutschland nach einem Liebhaber für das klassische Repertoire umsieht, bekommt auch Anschütz durch ein Gastspiel an der Burg die Chance und gewinnt sie. Ab 1821 bis an sein Lebensende gehört er dem Ensemble des Burgtheaters an. Das Jahr 1821 sollte aber auch für Anschützens künstlerische Entwicklung entscheidend werden, denn Schreyvogel fordert von dem 36jährigen den Lear, die tiefste Rolle der Theaterliteratur. Anschütz sträubt sich, als er sie dann doch spielt, wird diese Rolle zum Erlebnis seines Lebens. Der Eindruck auf die Zuschauer ist so stark, daß der Lear nie wieder aus Anschützens Repertoire verschwindet und allmählich wird er auch als Mensch eine bürgerliche, eine verkleinerte Ausgabe des Bühnen-Lear. Er spielte ihn nicht als Herrscher und Despoten, nicht die Wahnsinnsausbrüche waren seine stärksten Stellen, sondern die der Milde, des Verzeihens. Er spielte nicht den König Lear, sondern den Vater Lear. Kaum ein klassischer Held und Heldenvater steht nicht in seinem Repertoire, da ist Odoardo, Attinghausen, Götz, Wallenstein, der Erbförster und Meister Anton. Seine Rollen sind bürgerlich, leicht pathetisch, nicht ohne deklamatorischen Reiz gewesen, ein poetischer Hauch fehlte ihnen und doch hat er auch in Shakespeareschen Lustspielen, als Falstaff beispielsweise, Ausgezeichnetes geleistet. Noch mit 79 Jahren spielte er den Musikus Miller. 44 Jahre hatte er dem Burgtheater angehört, als er am 29. Dezember 1865 als kaiserlich-königlicher Hofschauspieler und Regisseur in Wien starb.

An
den dramaturg. Direktor
des Leipziger Theaters
Herrn Heinr. Marr. Wien den 29. März 47.

Mein verehrter Freund!

Ich hätte Ihnen gern auch sogleich das hiesige Buch von König Lear mit einhändigen lassen, wenn ich es nicht erst kopiren lassen müsste; Sie sollen es aber gewiss recht bald erhalten. Ich schicke Ihnen dann auch zugleich meine Rolle von Nathan mit, damit sie dieselbe im dortigen Buche darnach einrichten können, was nur in einigen unbedeutenden Kürzungen bestehen kann. Wenn Sie die Güte haben wollen, Mir Ihre Rolle vom Wallenstein zu senden, so werden Sie mich recht sehr dadurch verbinden, indem ich mich ganz Ihrer Einrichtung anzuschmiegen wünsche. Wie man mir gesagt hat, so sollen die Jäger von Iffland ein beliebtes Stück bei Ihnen seyn; wenn Sie derselben Meinung sind, so wäre ich mit dieser Vorstellung ganz einverstanden; glauben Sie aber, dass Tell mehr Theilnahme erwecken würde, so ist mir diese Rolle auch recht, und ich bitte nur mir Ihre Entscheidung, der ich mich bei Ihrer genauern Kenntniss des Ortes und der Verhältnisse sehr gern unterwerfe, gefälligst zukommen zu lassen.

Was Heinrich IV betrifft, so glaube ich, dass derselbe für das Gesammtpublikum, auf diese Weise, wie es im beifolgenden Buche eingerichtet, am geniessbarsten ist; sollten Sie aber glauben, dass wir uns eines kritischen Verweises von dem kritischen Leipzig zu versehen hätten, wenn sie die Scene der Ländervertheilung weglassen, so schalten Sie dieselbe ein. Sie werden am besten wissen, was Sie dort wagen dürfen, ohne auf ein Glatteis zu gerathen. Sie wissen, welchen Respekt ich von jeher für Shakespeare gehabt habe, und dass ich jede Bearbeitung oder Veränderung desselben für einen Frevel halte, der sich immer selbst bestraft; aber Abkürzungen verträgt er, und sie werden für unsere Zeit sogar oft nothwendig. Die letzten beiden Akte werden sich daher gewiss in der übersendeten Form ganz gut machen, denn der häufige Wechsel der Schlachtscenen gegen das Ende wird, wie Sie aus Erfahrung wissen werden, sehr oft gefährlich. Hier handelt es sich hauptsächlich um die Scenen mit Glendower, und finden Sie es zu gewagt und zu gefährlich sie wegzulassen, so fügen Sie dieselben, wie gesagt, noch hinzu. Meine Rolle ist dabei nicht betheiligt und ich überlasse das ganz Ihrem Urtheil; ich weiss ja, dass ich es einem Manne überlasse, welcher wohl weiss was er thut.

Was die Reihenfolge der Vorstellungen betrifft, so wäre mir es lieb, wenn ich mit dem Nathan anfangen könnte; auch wünschte ich, dass die beiden Vorstellungen von Wallenstein und Lear nicht unmittelbar hintereinander folgten, so wie ich nicht gern mit dem Falstaff, wenn es noch dazu kommen sollte, schliessen möchte.

Indem ich mich herzlich freue, Sie persönlich wieder zu sehen, bringe ich Ihnen noch viele herzliche Grüsse von meiner Familie dar; und um eine baldige Entscheidung über die besprochenen Punkte nochmals ersuchend, bin ich, wie immer unverändert

der Ihrige

H. Anschütz.

Einen interessanten Blick in die Vorarbeiten, die einer Rollenauffassung bis zu deren Bühnenreife vorangehen müssen, gibt die folgende Stelle aus Anschützens Biographie:

„Jeder Schauspieler wird natürlich das System verfolgen, eine Rolle zuerst nach den äusseren Umrissen zu beurtheilen und anzulegen. Wenn man eine neue Rolle die ersten Male durchliest, hält man sich selten bei Einzelstellen auf, um erst das Bild des Ganzen in sich festzustellen. Dann erst fängt man an, dem Einzelnen Aufmerksamkeit zu schenken und Stellen von Bedeutung in Harmonie mit dem Gesamtbilde auszuarbeiten. Nie aber konnte ich mich entschliessen, bei grossen Vorwürfen mich in eine kleinliche Detailmalerei zu verlieren. Sobald mein Bild im Ganzen fertig war, bewirkte das ruhige Urtheil und der innere Funke wie von selbst die Anordnung der einzelnen Theile und das Grübeln nach Wirkungen und Schlaglichtern hat mir keine meiner bedeutenden Rollen verunziert.

Namentlich bei Shakespeare'schen Rollen habe ich vermieden, mich in solches Grübeln zu verlieren. Was mir während des Studiums auf eine vernünftige und logische Art erklärbar war, das suchte ich niemals künstlich zu erklären und das Nächstliegende behielt ich gewöhnlich bei. Shakesbeare hat es selbst nicht anders gemacht. In späteren Jahren hat es mich oft lächeln gemacht, welchen tiefen Sinn so mancher spitzfindige Forscher dieser oder jener Stelle Shakespeare's beilegen zu müssen glaubte, um das Genie noch genialer und den Unsterblichen noch unsterblicher zu machen."

Als Anschütz von einem jungen Manne, der seinen bisherigen Beruf mit dem Schauspielerstand vertauschen wollte, um eine Anleitung für die Entwicklung des künstlerischen Talents gefragt wurde, antwortete er ihm:

„Lieber junger Mann, die Schauspielkunst lässt sich nicht lehren, sie lässt sich bei angeborenem Talent durch unermüdliche Beobachtung und Übung nur erlernen. Ich wenigstens habe diesen Weg eingeschlagen und halte ihn für den einzig richtigen. Jeder, der sich zum Lehrer oder Professor der Declamations- oder Schauspielkunst aufwirft, betrügt sich und Andere um die Zeit und wenn er sich den Unterricht bezahlen lässt, nimmt er dem Schüler nur das Geld ab. Was ist die Folge eines solchen Unterrichts? Dass der Schüler ein halb Dutzend Rollen hersagen kann; dass er unwillkürlich die Äusserlichkeiten seines Vorbildes abmerkt, den Tonfall und gewisse Accentuirungen nachmacht. Den Geist des Lehrers saugt er nicht ein, sondern wie er sich räuspert und wie er spuckt, das heisst seine Manier oder Unmanier. Hierdurch muss er einseitig werden, während er im Theater Gesamtdarstellungen beobachten, und prüfen kann, was Diesem und Jenem Geltung schafft, was man an Jenem schätzt und verwirft. Die Eleven der sogenannten dramatischen Lehrer werden selten mehr als abgerichtete Dilettanten, und haben, wenn sie vor die Öffentlichkeit treten, nichts Dringenderes zu thun, als sich von den eingesogenen Manieren wieder frei zu machen."

Steinzeichnung von Josef Kriehuber

FRIEDERIKE UNZELMANN, GEB. PETERSILIE

ist die erste Gattin des Weimaer Schauspielers Wolfgang Unzelmann, der unter besonderer Obhut Goethes herangebildet wurde und als dessen eigenster Schüler angesehen werden darf. Mehr durch den Ruhm ihres Gatten als durch ihr Können ist Friederike Unzelmann in die Geschichte der deutschen Theaterentwicklung eingegangen.

Geboren wurde Friederike Petersilie am 24. 5. 1785. Im März 1802 war sie nach Weimar gekommen und ab 1803 taucht sie in den Programmzetteln als Demoiselle Silie — unter Weglassung des Peter — auf. Hier lernt sie auch ihren Gatten kennen und die Heirat findet im November 1808 statt, doch die Scheidung folgt ihr sozusagen auf dem Fuße, denn bereits 1809 gehen sie wieder auseinander. Am 19. November 1855 ist Friederike Unzelmann gestorben.

Friederike Unzelmann an Schiller:

(Berlin 25. Oktober 1801.)

Es ist mir ohnmöglich, nachdem ich so glücklich war Ihre Bekanntschaft zu machen so ganz den Wunsch zu unterdrücken, dann und wann zu Ihnen zu sprechen, nehmen Sie es gütig auf, das eine Person, die so ganz von Ihnen durchdrungen ist, es wagt, an Sie zu schreiben. Ich erfülle dadurch den Drang meines Herzens und auch zugleich die Pflicht der Dankbarkeit, die Sie mir dadurch auferlegt, das Sie mir die Jungfrau von Orleans zugetheilt, allein nehmen Sie nun auch Theil an meinem gerechten Unwillen, und Vertrus, das demohngeachtet doch Madame Meyer die Rolle spielen soll, aus der erbärmlichen Uhrsache, weil sie so lange keine Rolle bekommen.

Ich bin so unglücklich über diesen Verlust, das es mir ohnmöglich ist Ihnen meinen gerechden Kummer und Unwillen darüber zu verschweigen, und Sie Fussfällig zu bitten, mir doch Hoffnung zu machen das ich einmal in Weimar die Rolle unter Ihrer Anleitung spielen kann, Sie dürfen mir nur einen Wink geben, so bin ich bei Ihnen, und werde mich glücklich schätzen den Mann wieder zu sehen, der mir die tiefste Ehrerbiedung und Bewunderung eingeflöst hatt.

Friderike Unzelmann.

Demoiselle Silie
Friederike Unzelmann, geb. Petersilie
(1785–1855)

Tafel 27

Friederike Unzelmann
als Lady Macbeth

Tafel 28

FERDINAND RAIMUND

hieß eigentlich Reimann und wurde am 1. Juni 1790 zu Wien geboren. Er verlor seine Eltern bereits sehr früh und beschließt, allein auf sich gestellt, Schauspieler zu werden. Fürs erste jedoch hat er keine Möglichkeit, diesen Plan Wirklichkeit werden zu lassen, denn er muß, um Geld zu verdienen, zu einem Zuckerbäcker in die Lehre gehen. Bei dieser Tätigkeit hat er jedoch Gelegenheit, Abend für Abend ins Theater zu gehen, da er dort seine Zuckerwaren verkaufte. Diese regelmäßigen Theaterbesuche waren für den aufgeweckten Jungen anschaulichster Unterricht für seine spätere schauspielerische und literarische Menschengestaltung.

Sein erstes Engagement begann er 1808 am Preßburger Theater. 1813 gelang ihm der Sprung nach Wien ans Theater in der Josephstadt. Hier, wie auch im Theater an der Leopoldstadt, spielt er ausschließlich lokalkomische Rollen. Ab 1828 übernahm er auch die technische Leitung dieser Bühne, die er jedoch im Herbst 1830 verließ, um mit seinen eigenen Stücken auf Gastspielreisen an die deutschen Bühnen zu gehen.

Als Schauspieler zeichnete er sich durch seine gemütvollen Charakteristiken aus. Er hatte Temperament und seine Komik war eine wehmütige Selbstironie. Er war der erste Schauspieler, der das Tragische im Komischen entdeckte. Nie blieb er in seiner Darstellung beim bloßen Witzigen stecken, sondern verinnerlichte den Witz zum Humor.

Man hat nicht zu Unrecht Raimunds literarische Entwicklung eine verkleinerte Ausgabe der Shakespeareschen genannt, denn wie bei diesen, so wurde auch bei Raimund der Dichter durch den Schauspieler geweckt. Seine dichterische Produktion begann er mit Einlagen zu fremden Stücken, die jene nicht selten überhaupt erst spielfähig machten.

Allmählich jedoch wurde sein Stern und sein Ruhm durch die Erfolge Nestroys verdunkelt, eine Tatsache, die ihn sehr bedrückte. Wahrscheinlich war sie auch nicht ganz gewichtlos bei seinem Freitod am 5. September 1836. Er selbst jedoch gibt als Grund für diese Tat die Angst an, durch den Biß eines tollen Hundes selbst toll zu werden.

Vorstadtztg. 1879, Okt. 25.

Abdankung
nach „Das Mädchen aus der Feenwelt".

Verehrungswürdigste! Die heutige Darstellung ist der Schlusspunkt meiner geringen Leistungen; die Spieluhr meiner Gastrollen ist abgelaufen, und der Zeiger weiset betrübt auf Abschied hin. — Ihre Gnade hat sie ohnehin so huldreich aufgezogen, dass sie durch vierzig Abende unermüdet gegangen ist, und alle Stückeln, die sie gespielt hat, haben Sie Ihres Beifalls würdig gefunden.

Ich habe nicht ohne Absicht zur letzten Rolle den Wurzel gewählt, weil ich glaube, dass er einige Schuld daran trägt, dass ich so glücklich war, in Ihrer Gunst so feste Wurzel zu fassen, und weil der alte Aschenmann sich auch nicht wollte abhalten lassen, seinen hohen Gönnern noch einmal ein dankbares Lebewohl zuzurufen. — Denn, sagt er, dass das verehrungswürdige Publikum an der Jugend so großes Wohlgefallen findet, das ist recht schön, denn die Jugend und besonders die weibliche Jugend macht überall ihr Glück — aber daß das verehrte Publikum auch den alten Aschenmann mit so vieler Gnade überhäuft, der Ihnen doch keine ungetrübte Lust zu verschaffen imstande war, zeigt von seinem edlen und uneigennützigen Herzen. —

Und weil der alte Mann auch mit auf die Reise muss und alte Leute ängstlich sind, so fürchtet er sich, Ihre Liebe zu ihm möchte unterdessen zu Aschen werden, und er wollte noch einmal an Ihren Augen dankbar vorüber wallen. — Kräftiger als seines ist mein Gemüt, es gibt keinen Endpunkt, um den nicht eine Hoffnungssonne strahlt, die meinige heisst Wiedersehen! Sie wird mir einen neuen goldenen Tag gebären, wenn auch sein Abend früher erfolgt, als der meines ersten Künstlerlebens in meiner ewig teuren Vaterstadt!

Ferdinand Raimund

Der Alpenkönig und der Menschenfeind

KARL AUGUST LEBRUN

wurde am 8. Oktober 1792 in Halberstadt geboren und sollte nach dem Wunsch der Eltern Kaufmann werden, folgte jedoch seiner Neigung und stand bereits mit 17 Jahren — 1809 — in Dessau zum ersten Male auf der Bühne. Seine ausgeprägte Darstellung von Charakterrollen sicherte ihn einen ständigen Aufstieg über Engagements in Memel, Triest, Liebau und Würzburg, wo er von 1812-15 spielte, Mainz und Düsseldorf. 1817 wurde er für das in Hamburg geplante Apollotheater gewonnen, von dem aus er im Jahre 1818 zum Stadttheater überwechselte. 10 Jahre lang führte er von 1827-37 gemeinsam mit Friedrich Ludwig Schmidt die Direktion dieser Bühne. Lebrun gehört unbedingt zu den fähigen Darstellern der Klassischen Schule und leistete namentlich in differenzierten, komischen Charakterrollen Ausgezeichnetes. Er war der anerkannte Liebling des Publikums, das es ihm in seinen späteren Jahren auch verzieh, daß er oft im Rausch spielte. Doch als er einmal so betrunken war, daß er das gesamte Spiel störte, forderten die Hamburger, daß er sich am nächsten Tag entschuldigen sollte. Lebrun wollte diesem Wunsch nachkommen, allein, als er vor den Vorhang trat, wurde er von einem Beifallssturm empfangen: die Hamburger hatten ihm schon verziehen. Er hat sich in seiner Zeit sowohl als Dramatiker wie auch als Übersetzer einen Namen geschaffen, doch gerieten seine Stücke bald in Vergessenheit. Am 25. Juli 1842 ist er zu Hamburg gestorben.

An
Herrn Dr. K. G. Praetzel

Hamburg d. 4ten Juny 20.

Mein guter Praetzel!

Meines Versprechens eingedenk theile ich Ihnen einige Notizen mit, betreffend was sich seit Ihrer Abreise nach Dänemark in der freien und reichen Hansestadt curieuses zugetragen, imgleichen welche Sonderbarkeiten und Novitäten sich auf der gnädigl. tolerirten Kunstbude ergeben. Da finden wir denn ein Schäferspiel: „Nachtigall und Rabe“ in 2 Akten von Weigel. Allerliebste Musik — gute Ausführung, und auch reichlicher Beifall, wenn gleich spärlicher Besuch. Der Dialog ist versifizirt, wodurch Donna Braun und Potz-Sapperlot (Reithmeyer) reichliche Gelegenheit zum Hervorthun fanden. Hin und wieder sprachen sie algierisch. — Eine dramatisirte Anekdote: „Czar

Jwan" von Castelli ist schwach. Mehr gefielen „Die armen Maler" von Karl Stein; sind übrigens auch mehr werth. Knotenbonheur („Bürgerglück" von Babo) gefiel. Zu manchen zu langen Stücken springen wieder einige Fusskünstler. Herr Br. ??? pantomimisirt nach wie vor alte Weiber.

Der Erlösungstag wurde mit dem „Tag der Erlösung" bezeichnet. W i r , auf den Brettern, waren sehr enthusiasmirt, aber die Publikümmer lachten uns aus. Auch die falsche Catalani lockte gestern einige Lachlustige. Gloy wurde hervorgerufen und sagte:

Wem solche Güten nicht erfreun
Verdienet nicht Hanns Gloy zu sein.

In unserem Gehege hat sich nichts geändert, als dass der Plafond nun gemalt ist, und dass einige Zuschauende plötzlich eingebrochen und auf die Nasen gefallen sind. Es ist doch ein ehrwürdiges Gebäude — zu grosser Beifall droht aber baldigen Einfall. Es wäre ein Heldentod in der Kunst, von den Mauern erschlagen zu werden, die Ekhofs, Schröder's und Ackermann's Kunstgebilde einschlossen. — Herr Klengel ist angekommen, und schiesst morgen als Arsir los. Einstudirt werden: „Die beiden Gutsherrn" von Jul. v. Voss. Sehr gelungene Arbeit, doch mehr für den Grosstädter. Ferner: „Agnes Bernauerin" oder „Liebe, Leiden und Tod einer Barbierstochter". Dann wird bald erscheinen „Pommerische Intriguen" oder: „Das Stelldichein", von einem gewissen Menschendarsteller Lebrün, nebst einem „Mohren", von einem unbekannten Autoren! Besagter Mohr musste liegen bleiben, der Krankheiten Carolinens und der Reinhold wegen. Vorgestern trat Liene zum erstenmal wieder auf. Je später die Stücke übrigens gegeben werden, je besser ist es für uns.

Im litt. Wochenblatt steht eine Recension der Erzählungen, wobei Ihrer „Feldrosen" gedacht wird. Sie hebt damit an, jene Gattung im Allgemeinen zu verwerfen, und zieht die Ihrigen zur Prosa hinab, sie allen empfehlend, die in dem Kreise häuslicher Familienscenen sich gern herumtummeln. Man sieht es dieser Zeitung übrigens an, dass sie bald einen neuen Verleger erhält; der Neigen werden zu k a m i c h e gespendet.

Im sechsten Band von Weissers „Prosaischen Schriften„ steht eine lange Vertheidigung des Nachdrucks! Was der Patriotismus nicht thut. Auch werden einige Unrichtigkeiten im Brockhausischen „Speculationslexicon“ (wie es genannt ist) angegeben, und als grosse Sünde angerechnet. Wahrscheinlich um den Stuttgarter Nachdruck zu heben? Lesen Sie es doch, ehe Sie „Phalänen“ herausgeben.

Ihr Freund und Br.

C. Lebrün.

An Ludwig Tieck.

Hamburg, d. 3t. De. 40

Hochgeehrter Herr Hofrath.

Sie sind schon daran gewöhnt, unreife Producte zugesandt zu erhalten, mithin kommt es Ihnen auf das plus on moins nicht mehr an. Der Arbeit, die ich Ihrem Wohlwollen empfehle, habe ich mit grosser Liebe unterzogen, und kann ihr nur insofern das Wort reden, als ich Ihre Nothwendigkeit erkannte. Der einzige, zu einer Fortsetzung der Schütze'schen Geschichte befähigte, unser S c h m i d t , erliegt fast der Last der Tagesgeschäfte und Hand musste einmal angelegt werden. So machte ich mich daran. Ich habe schon in der Vorrede gesagt, wie ich wünsche verbessert zu werden. Mein Bemühen, die neuere Zeit der älteren gegenüber zu stellen war ein gewagtes, aber ein nothwendiges. Ob meine Ansichten Eingang finden werden und können, muss ich dahingestellt sein lassen. Mindestens habe ich ehrlich ausgesprochen, wie sich mir das deutsche Theater jetzt darstellt, und von woher ich glaube, dass ich irre, dann möge, der guten Absicht wegen, das errare humanum est auch m i r zu Gute kommen. Haben Sie, hochgeehrter Herr Hofrath, einmal Zeit und Lust, einen Blick in mein Büchlein zu thun, so danke ich Ihnen im Voraus, und ersuche Sie nur, mir die Zumuthung zu vergeben.

Indem ich mich den lieben Ihren und der Frau Gräfin hochachtungsvoll empfehle, verbleibe ich mit unwandelbarer Verehrung

Ihr dankbarer und ergebner

C. Lebrün.

KARL SEYDELMANN

wurde am 24. April 1793 zu Glatz in Oberschlesien als Sohn eines Kaufmanns geboren. Nach einer Jugend in geordneten, bürgerlichen Verhältnissen meldet er sich freiwillig als Soldat und wendet sich erst nach seiner Entlassung der Bühne zu. In Breslau hat er sein erstes Engagement für 10 Taler in der Woche, einem Hungergeld. Er wird hier als Liebhaber eingesetzt und hinterläßt einen unbefriedigenden Eindruck. Erst als er 1820 nach Prag umwechselt, bringt man ihn ins richtige Rollenfach, nämlich ins Charakterfach. Seine Weiterentwicklung führt ihn 1822 nach Kassel, 1828 nach Darmstadt, 1829 nach Stuttgart und 1838 nach Berlin, wo er die Rollen übernahm, die vor ihm Ludwig Devrient inne gehabt hatte.

Seydelmanns Wirkung beruhte auf einer Mischung von Geist und Selbstzucht. Eine Synthese, die sein Spiel auszeichnete. Doch war er ein ausgesprochener Solospieler, der sich nur schwer in ein Ensemble einordnen konnte. Seine zahlreichen Gastspielreisen hatten dieses Übel verstärkt und um ein weiteres, noch unangenehmeres, die Effekthascherei, vermehrt.

Er war von mittelgroßer Gestalt, schlank, hatte rotes Haar und blaue, schlaue Augen. Seine Stimme war nicht schön, aber charakteristisch. Am sichersten und überzeugendsten gelangten ihm negative Charaktere, wie Shylock, Mephisto, Jago, aber auch zu Schillerschen Rollen hatte er ein gutes Verhältnis. Bei seinen Darstellungen benutzte er nicht selten falsche Nasen und ähnliche körperliche Veränderungsmöglichkeiten. Als Mensch war schwer mit ihm auszukommen und seine Freunde konnten sich nur wenige nennen. Nach langer, schwerer Krankheit ist er am 17. März 1843 zu Berlin gestorben.

An Glasbrenner.

Halle, den 26. October 1839.

Mein geliebter Freund!

Täglich gedenk' ich Ihrer, aber Zeit, einige Zeilen zu schreiben, gewinn' ich erst jetzt. Acht Tage bin ich hier, habe neun Proben mitgemacht und viermal gespielt. Gute Theaterwirthschaft, das da! Erträglich allein durch den guten Willen der meisten Mitglieder. O Ihr stolzen Hofschauspieler, kommt hieher und lernt einsehen, was man auswendig lernen kann — im Handumdrehen! Der Principal kriegt, meist aus Geldverlegenheit, ein Gelüsten, den Kaufmann von Venedig z. B. zu geben.

Aber er hat weder Buch noch Rollen und „seine Leute“ haben „zufälligerweise“ keine weitere Kenntniss vom Stück, als dass ein Jude darin das Messer wetzt. So 'was verspricht Einnahme und da sich die armen Schlucker fast immer in sehr ausgegebenem Zustande befinden, beschliesst man Mord, mit freudigem Muthe; Mord an Shakespeare (der ohnehin wie ein altes Nadelkissen aussieht). Der Leihbibliothekar schickt das Buch, ein vom Hunger angebissener Schreiber zieht in freudegrimmiger Hast unleserliche Zeilen, noch ungetrocknet fallen sie den harrenden Künstlern in die Hände, zwei Stunden später versammeln sich sämtliche Hexenmeister zur ersten Probe und wenn der Gast — der Jude — nicht an hypochondrischen Grillen leidet, so spielt der Souffleur das gefolterte Stück schon am nächsten Abend zu Tode. Jeder hilft, und jede Silbe zerbricht einen Knochen am Dichter, der nun von unten hinauf und von oben herunter gerädert wird. Humor füllt die langen Zwischenakte, denn die Bänke des sonst leeren Theaters knarren und knacken unter der ungewohnten Last neugieriger Zuschauer, die Kasse riecht bereits nach Braten und die Gläubiger auf der Gallerie schlagen hoffnungsvoll und verrückt in die leeren Fäuste. Am nächsten Morgen sieht man den jungen Prinzipal mit Glacé-Handschuhen und tombakbeschlagenem falschen Bambus auf dem Platze vor dem (Galgen hätt' ich bald gesagt) — vor dem Schauspielhause; halbgesättigte Mitglieder seiner kunstmörderischen Rotte erwarten vertrauensvoll und in demüthigem Schweigen seinen Wink zu neuem Gemetzel und kaum lässt sich die angeregte Thatenlust bezähmen. Mit stolzem Bewusstsein und ziemlich kühl wird der erwartete Gast — der gestrige Jude — begrüsst und benickt, denn der Schwächling zeigte Bangen beim Morde, aber ein Mörder war er doch auch — „Wermuth! Wermuth!“

Habe ich Ihnen nun ungefähr gesagt, wie es hier — (und an hundert Theaterorten) und wie es mir geht? Aber unbegreiflich, welchen Zauber die Schauspielerei in sich trägt! Trotz dieses unseligen Treibens in der Kunstküche drängen und stossen und zanken sich die Leute, von der verheissenen Schüssel mit zu naschen. Das hiesige Theater, freilich kein so grosses Gebäude — aber doch gross genug um zu Zeiten die schrecklichste Leere darin wahrzunehmen — ist jetzt immer gefüllt; trotz der erhöhten Preise. Und der Zudrang wächst. Vorgestern mussten in aller Eile, zwei Stunden vor Beginn der Vorstellung, aus vier Parterrebänken einige funfzig Sperrsitze gemacht werden und der Prinzipal mit ein Paar Augen, aus denen das schönste bengalische Feuer strahlt, mit einer Beugung des Nackens, die die achtungsvollste Rührung und Bescheidenheit mir zu Füßen legte, sprach: O wäre das Haus doch noch einmal so gross gewesen; wir hätten dann mit Einem Schlage zwei Fliegen geschlagen; so aber müssen wir nun für die fortgeschickte Massen eine zweite Anstrengung riskiren. Nicht wahr, Verehrtester (das bin ich, pour le moment!) Sie spielen mir noch öfter? — Ich muss nachgeben; mir geht's zu Herzen, (Andere werden sagen: zu Verstande, Herr Seydelmann!) dem Jammer der Theaterkasse abhelfen und — meine eigene mehr anfüllen zu können. — D'rum werd' ich morgen den Shylok, Montag den Carlos, Dienstag den alten Fritz und Mittwoch den Papa Klingsberg und den Magister Quadrat spielen. Abgelegt habe ich bereits den Cromwell, den Franz Moor, den Mephisto und den Scarabäus mit dem Polterer.

Ihr Seydelmann.

An Glasbrenner. Berlin, am 5. Januar 1843.

Ein glückliches Neujahr;
(von 1843 bis 1900!)

Was sagen Sie zum Verbote unsers Königs gegen die Leipziger ‚Allgemeine? B. . . . . . . war hier, er klagt über einen Schaden von mehr als 20,000 Thalern jährlich, wenn es bei dem Interdict bleibt. Man sagt, er habe Himmel und Hölle in Bewegung gesetzt, dass sich der Zorn des Herrn lege. Ist das männlich? — Wenn die drei Minister des preuss. Staates in Ihrer Beschwerdeschrift gegen die Redaction der Allgemeinen Recht haben — warum wurden die erhaltenen Warnungen so gar nicht geachtet? Unbekümmert um sie schritt man dem entschiedensten Missfallen entgegen, forderte es, dem Scheine nach, sogar heraus und nun kutschirt man in Berlin herum und klagt und supplicirt! — Erst liberal thun, dass selbst unserm Herrgott, diesem alten Practicus, bange wird auf seinem Eichensessel und, sowie es an den Fleischtopf geht, heulen, dass die Freiheitsschminke sich in Thränenwasser auflöst! — Jetzt schiebt es Einer auf den Andern, der Principal auf seinen Knecht. Reformiren müssen Männer! Und giebt es deren in

Deutschland, so würgt sie nicht der Feind, nein: die Dummheit, die Gemeinheit, die sich ihnen anhängt, als ihr Tross. Und die Erfahrung hat man jenseits, und benutzt sie. Recht! Sehr recht! O man kann über die in toller Eitelkeit herumrasenden Beförderer des Fortschritts in die vollkommenste Wuth gerathen und sich an die Seite der Verfinsterer und Hemmschuhfabrikanten stellen, um jenes Unkraut im Garten der Freiheit ausreissen zu helfen. Dann aber: — Rechts um kehrt!

Fräulein Löwe, die Tochter des Wiener Burglöwen ist angekommen. Man spricht von ihrer Schönheit, ihrem heißen Blut und tüchtigem Talent. Donna Diana, Julia, Parthenia werden ihre ersten Rollen sein. Da ich unpässlich bin, hab' ich sie noch nicht gesehn. Ihr Vater gab ihr einen Zettel an mich mit, dessen erste Worte sind: „Mein lieber, guter Karl! Ich liebe Dich, als Mensch; verehre Dich, als Künstler; und bin mit ganzer Seele Dein Freund!"

Ich leide seit einiger Zeit an Schwindel. Diese Zeilen haben ihn vermehrt. Ich bin diesen Schneesturz der Verehrung nicht gewohnt. Unterleibskrank seh' ich eine Larve, kein Gesicht. Was sehen denn Sie? Ich habe Löwe lieb und möchte ihm nicht unrecht thun. Er ist ein Theilchen meiner Jugend und die schmücken wir uns gern im Winter aus. Es giebt Menschen, die wir in Bausch und Bogen nehmen müssen, wenn wir sie nicht aufgeben wollen und eine kleine Kluft von mir zum Löwen sah ich immer. Aber die Liebe für sein T a l e n t half mir hinüber und eine Weichheit, die tief auf dem Grunde meines Wesens wohnt. Sie kennen mich, wie Wenige. D'rum werden Sie auch diese vertrauensvolle Mitteilung zu deuten wissen; sonst dürfte Löwe sehr im Vortheil sein, wir im Verlust! —

Laube's „Rokoko" wird endlich ausgetheilt werden. „Und wann gespielt?" Frevelhafte Frage! Ist es nicht abscheulich: Die Kunst zu gefallen; das liederliche „Menschenhass und Reue" studirt man über Hals und Kopf ein, und offenbar befähigte Dichter der Zeit lässt man betteln und betteln, ehe man einen Schritt für sie thut, der, matt gethan, meist ohne gute Folgen bleibt. — Thäte es nicht Noth, die dramatischen Talente unsers theuern Vaterlandes gewönnen sich irgendwo ein honnettes Privattheater, das ihre Stücke zur Aufführung brächte und die Herren reisten ab und zu, gleich wie zu einer halböffentlichen Prüfung? Oder, sie errichteten etwa im Hannöverschen eine eigene Bühne und spielten selbst, was sie geschrieben? Ohne Gerichtshof würden sie nicht bleiben und sie hätten eine sichere Zukunft. Wie jetzt die Sachen stehen, stirbt alles, kaum geboren, wieder ab.

Das Geschrei des ersten Anlaufs wird sich legen und selbst die wunden Lippen der enragirtesten Posaunenbläser werden sich im Hause schlichter Wahrheit wieder kühlen. Der Wahrheit war mein Streben stets gewidmet und man wird es gelten lassen, wie sie selbst. Ich bedaure die furchtsamen, wie die stolzen, unfehlbaren Schauspieler gleich sehr. Angst oder Eitelkeit treiben sie stets aus dem Kerne ihrer Kraft hinaus; entweder stehn sie kaum, oder narrenhaft gestreckt. Sie schachern mit dem Heiligsten und lieben nur Sich selbst. Mit Göttinnen ist aber auf die Dauer nicht zu scherzen: zum Schluss erhalten wir den Lohn, der uns gebührt.

Ich habe seit Weihnachten ein frühlingsschönes, wonnigwarmes vis-a-vis! Und ich geniess' es ungestört vom wachen Auge meiner Frau. Wilhelm steht vor mir, im wohlgetroffenen Konterfei. Da er uns zum heiligen Abend nicht besuchen durfte (die Direction schrieb mir, sie könne ihn nicht entbehren), liess er sich zeichnen und machte uns, auf solche Art, einen so unverhofften als erfreulichen Besuch. Man kann kaum ein gelungeneres Porträt sehen! Ich hab' es schön einrahmen lassen und wenn ich vom Schreibtische aufblicke, hab' ich meines Wilhelms guten, treuen Blick. —

Die „deutschen Jahrbücher" sind also verboten. Selbst der sächsischen Censur erschienen sie zu kühn. Vielleicht nimmt der „Schweitzerbote" die Vertriebenen auf und Herwegh stellt sie unter die Ägide seiner Braut. Deutscher Bund, gieb Acht, die Demokraten legen Schwefel unter deinen Sessel!

Kennen Sie einen Dr. C. T—s? Vor einigen Wochen machte er mich mit sich bekannt. Ein kleines Viertelstündchen sprach er mich überschwenglich herzlich an, dann lief er fort und schrieb mir schon am nächsten Morgen, dass ich ihn „so wunderbar berührt"; mein ganzes Seyn zöge ihn so übermässig an. Ich hatte trüb und krank und still vor ihm gesessen, war im Schlafrock, unbarbirt und keinesweges warm. Aber es war, wie er betheuerte: ich hatte ihn gewonnen; zwei, drei, Briefe, brennend heiss, beweisen es. Ich Schrecklicher wies ihn zurück, mit einer Antwort — ach, Sie kennen mich, ich kann abscheulich offenherzig sein! Und T—s schreibt in allen Blätter, wie er schlau (vielleicht auch hungrig) merken liess.

Adieu, Freund! Grüssen Sie Ihrer liebe Frau von uns und schreiben Sie bald

Ihrem
verlornen
Seydelmann.

Als Carlos in Clavigo

LUDWIG LÖWE

gehört einer vielverzweigten Schauspielerfamilie an, deren Stammvater Johann Karl 1731 in Dresden geboren wurde und der mit seiner Frau Katharina Magdalena Ling den verschiedensten Truppen seiner Zeit angehörte. Dieser Johann Karl ist der Urgroßvater des Schreibers dieses Briefes. Alle Generationen dieser Familie waren mit der Bühne, dem Dramas oder der Oper verbunden.

Johann Daniel Ludwig Löwe ist der berühmteste unter den männlichen Sprossen dieser Künstlerfamilie. Am 29. Januar 1795 wurde er zu Rinteln geboren, trat 1808 in die Kindergesellschaft des Direktors Nuth ein, ging als Komiker nach Prag, wo er von 1811—19 blieb. Allmählich erwirbt er sich auch in Liebhaber- und Heldenrollen einen Namen. Seine nächste Etappe ist das Hoftheater zu Kassel, wohin er 1821 überwechselt, um es allerdings bereits 1826 mit dem Burgtheater zu vertauschen. Der Stil dieser Bühne ist für ihn das rechte Fluidum, um seine Rollen zu psychiologischen Kabinettstückchen auszubauen, da von je die verstandesmäßige Zergliederung der Rolle die Voraussetzung seiner Darstellung war. Im Lustspiel begeisterte er durch einen liebenswürdigen Ton und in Gesellschaftsstücken machte ihm die Sicherheit, mit der er den gesellschaftlichen Anstand wahrte, zum Schwarm der jungen Wienerinnen. Seit 1838 blieb er dem Burgtheater auch als Regisseur verpflichtet und wurde, wenig später, zum Ehrenmitglied ernannt. Er starb am 7. März 1871 in Wien.

Der im Brief als sein Lehrer genannte Liebisch war ein von Tieck sehr geschätzter Schauspieler.

An Ludwig Tieck:

Wien, den 11ten Mai 1836.

Höchgeehrter Herr Hofrath!

Ihre gütigen Zeilen, welche ich durch Fräulein Bauer erhielt, haben mich unendlich glücklich gemacht, und ich bringe Ihnen meinen innigsten herzlichen Dank dafür. Es war mir eine grosse Freude durch jenes liebe Blatt die Ueberzeugung zu erhalten, dass Sie sich meiner noch aus jener Zeit erinnern, in der ich als Anfänger den Unterricht meines unvergesslichen Liebich's genoss. — Ist als Schauspieler etwas aus mir geworden, so danke ich es nur diesem vortrefflichen Manne, der auch noch bey Ihnen in ehrenvollen Andenken ist. Mich führt in diesem Sommer nach Leipzig eine Einladung auf Gastrollen, vielleicht werde ich bey meiner Rückreise über Dresden auch auf Ihrem Theater mein Glück versuchen; die Freundlichkeit des Herrn Emil Devrient forderte mich dazu auf, und ich ergriff gerne die Gelegenheit, um einige Zeit in Ihrer Nähe verweilen zu können, und Ihnen, Hochverehrter Herr Hofrath! meine Verehrung und Bewunderung persönlich darzubringen, die mich stets für Sie durchglüht hat.

— In der Hoffnung, dass ich bey der Aufwartung, die ich Ihnen bald zu machen gedenke, als eine Erscheinung aus längst vergangner Zeit, — nicht unangenehm sein werde, schliesse ich diese Zeilen, und verharre mit der grössten Hochachtung und Verehrung als Ihr

ergebenster

Ludwig Löwe,

K. K. Hofschauspieler.

KARL AUGUST DEVRIENT

ist der Neffe Ludwig Devrients und der älteste des brüderlichen Dreigestirns Karl, Eduard und Emil. Er wurde am 5. April 1797 zu Berlin geboren und war von vornherein für den väterlichen Kaufmannsstand bestimmt. Das unruhige Blut seines Oheims, von dem ohne Zweifel etwas auch in ihm kreiste, ließ ihn jedoch die Kontorluft nicht behagen und er entzog sich diesem Zwang, indem er sich freiwillig zu Colombs Husarenregiment meldete. Als Angehöriger dieses Regimentes nahm er auch an der Schlacht von Waterloo teil. Nach seiner Entlassung widmet er sich, von dem Vorbild seines großen Oheims angeregt, ebenfalls der Bühne und debütierte am 28. Juli 1819 in Braunschweig. Da sich seine natürliche Anlage mit außerordentlicher Strebsamkeit paarte, blieb ihm auch der Erfolg nicht versagt: binnen kurzem wurde er der erklärte Liebling des Braunschweiger Publikums. Bereits zwei Jahre später — 1821 — unterschreibt er einen Vertrag mit der Dresdner Hofbühne. Zu seinem Repertoire gehörten hier die ersten Helden und Liebhaber. 1823 heiratete er die nachmals so berühmt gewordene Wilhelmine Schröder (siehe dort!), doch wurde die Ehe schon 1828 nach vielen Mißhelligkeiten wieder gelöst.

Der anfängliche Eifer, mit dem Karl Devrient sein Talent auszubilden bemüht war, ließ jedoch bald nach, so daß ihm — der unbedingt der begabteste der drei Brüder war — eine völlig abgerundete Leistung selten gelang. Oft glückten ihm Teile einer Darstellung erstaunlich gut, während sich der Rest verflachte oder in der Routine erstarrte. Allmählich war er in das Fach der älteren Charakterrollen hineingewachsen. Auf seinen Kunstreisen waren es namentlich Wallenstein und Lear, bei denen er sein Können zeigte. 1835 ging er in ein Engagement nach Karlsruhe, von wo er 1839 nach Hannover übersiedelte. Er starb am 3. August 1872 in Lauternberg im Harz.

Sein Sohn Friedrich, am 31. Januar 1827 zu Dresden geboren, war ebenfalls ein geachteter Schauspieler, der von 1848—52 dem Ensemble des Burgtheaters angehörte, 1865 eine Anstellung an das Deutsche Theater zu Petersburg erhielt und dort am 19. November 1871 starb.

An Ludwig Tieck:

Baden-Baden, d. 16. Aug. 44

Verehrter Herr Geheimrath!

Vor mehr als zwanzig Jahren, als ich, ein unbedeutender junger Mensch, aufs Geradewohl nach Dresden kam, waren Sie es, Herr Geheimrath, durch dessen Verwendung ich meine Anstellung dort erhielt. Stets zeigten Sie mir damals durch freund liche Zurechtweisung und wohl gemeinten Rath den wahren Weg der Kunst, und wenn ich auch zuweilen Ihre Ansichten nicht begreifend, mich gegen Ihre väterliche Leitung sträubte, so erkannte ich doch später, als ich nicht mehr in Ihrer Nähe weilen durfte, wie tief sich Ihre unschätzbaren Lehren mir eingeprägt hatten, und ich strebte nun mit redlichem Eifer sie auszuüben. Oft hat es mich nachher gefreut, wenn Kenner an meinen Darstellungen meinen ersten Meister erkannten. — Jetzt ist ein Zeitpunkt gekommen, wo ich zeigen möchte, was ich grossentheils Ihnen zu verdanken habe. In meiner Vaterstadt ist jetzt das Terrain, wo ich meine Fähigkeiten geltend machen müsste, wenn überhaupt meine Laufbahn noch eine neue günstige Wendung nehmen soll. Darum mein innigverehrter Gönner, wenn Sie glauben es noch einmal mit mir wagen zu können, so bitte ich Sie dringend, legen Sie ein kräftiges Fürwort für mich ein, damit mir die Gelegenheit gegeben werde, auf der Berliner Bühne einige Proben meines Talentes zu liefern, und an der Concurrenz um eine dort freigewordene ehrenvolle Stelle Theil zu nehmen. Meine Verbindlichkeiten in Hannover kann ich zu jeder Stunde lösen. Ich werde in 12 Tagen wieder in Berlin sein, und ein gewichtiges Wort von Ihnen zu meinen Gunsten ausgesprochen ist es, wovon ich eine gastliche Aufnahme bey Herrn von Küstner erwarten darf.

Ich hoffe Sie im besten Wohlsein zu finden, doch wenn die sogenannte schöne Jahreszeit auch dort so rauh und unfreundlich ist, wie hier in dem sonst so lieblichen Baden, so wird der Genuss der freien Luft leider nicht sehr wohlthätig auf Ihre theure Gesundheit wirken können. Meinen ehrerbietigen Respekt bitte ich der Frau Gräfin von Finkenstein zu vermelden, und nenne mich mit nie ersterbender Dankbarkeit und Verehrung

Ew. Hochwohlgeboren
innigst ergebener
Carl Devrient.

An Ludwig Tieck: Hannover, d. 3t. April 45.

Hochgeehrter Herr Geheimrath!

Absichtlich habe ich es unterlassen Sie mit der Mittheilung meiner unerfreulichen Unterhandlungen mit dem Herrn Geheimrath v. Küstner über mein Gastspiel zu behelligen, doch nun, da dasselbe endlich zu Stande gekommen ist, nehme ich meine Zuflucht wieder zu Ihnen verehrter Gönner, und bitte Sie um Ihren gütigen Rath und Beistand. Die Aussichten auf einen glänzenden Erfolg meiner Darstellungen sind nur sehr schwach, weil die Zahl der mir bewilligten Rollen auf sechs beschränkt ist, und ich nicht Gelegenheit haben werde, meine Fähigkeiten im ganzen Umfang meines Wirkungskreises zu zeigen. Mein erstes Auftreten in „die Wahnsinnige" und „der Diplomat" hat nur den Zweck mich in zwey ganz verschiedenen Gattungen bey dem Publikum vortheilhaft einzuführen, doch wird gleich darauf als ernstere Prüfung der Hamlet folgen, und hierin habe ich von Ihrem strengen Urtheil alles zu fürchten und zu hoffen. Die beiden nächsten Rollen in „das Glas Wasser" und „der Sohn der Wildniss" sind wegen der Bequemlichkeit, mit welcher Sie auf das Repertoir zu bringen waren, gewählt, sowie ich mich denn nicht rühmen kann, dass meinetwegen länger ruhende Stücke studirt wurden. Eine Väterrolle muss ich aber in jedem Falle spielen, entweder den Wallenstein oder König Lear, wenn mein Vossischer Text mit der Kaufmannschen Uebersetzung zu vereinbaren ist. Vielleicht rathen Sie Herr Geheimrath auch zu dem Faust, vorausgesetzt dass ich dann schon wagen kann, eine blos schwierige aber nicht dankbare Rolle zu spielen. Die Weigerung des Herrn Hendrichs mich während meiner Abwesenheit hier als Gast zu ersetzen, ist auch der Grund, weshalb mein Urlaub nur sehr beschränkt ausgefallen ist, und dennoch werde ich auch dort diesen Herren sehr vermissen, weil ohne ihn weder „Donna Diana", worin ich den Perin spiele, noch Kaiser „Friedrich und sein Sohn", worin ich eine mir sehr zusagende Väterrolle hätte, aufgeführt werden kann.

Am 10t. werde ich mir sogleich die Ehre geben Ihnen meinen Besuch zu machen, und will nur wünschen dass Ihre Gesundheit Ihnen verstatten wird meinen Vorstellungen beizuwohnen.

Erhalten Sie mir nur Ihre wohlwollenden Gesinnungen und seien Sie meines unvergänglichen Dankes gewiss.

Mit inniger Verehrung und Hochachtung bin ich

Ew. Hochwohlgeboren
aufrichtig ergebener
Carl Devrient.

Carl Devrient an seinen Sohn Friedrich.

Hannover d. 23ten 54.

Mein lieber Fritz!

Ich höre von allen Seiten nur Liebes und Gutes von Dir und kann mich nicht länger enthalten Dir meine herzliche Freude darüber zu erkennen zu geben. Ich weiss, Du bemühst Dich jetzt ernstlich, Deine Finanzen zu arrangieren, und Hoffmann soll Dich, wie mein Bruder Eduard mir schreibt, darin so redlich unterstützen, dass Deine Lage im gegenwärtigen Augenblick nicht allzu drückend ist. Deine Fortschritte in der Kunst sollen sehr bedeutend sein, und würden Dich berechtigen eine der ersten Stellungen in Anspruch zu nehmen, wenn Deine Schulden Dich nicht hinderten frey und selbständig über Deine Person zu verfügen. Jedermann erwähnt Dein liebenswürdiges Betragen und die grade Offenheit Deines Charakters. Mit den Rezensenten scheinst Du Dir nichts zu schaffen zu machen, denn die Zeitungen spenden Dir bei Weitem nicht so viel Lob, als Deine Leistungen verdienen sollen. Das gefällt mir an Dir, aber ausgemacht ist es, dass Du auf diese Weise bey allem Verdienst doch nie grosses Aufsehen machen, nie eine allgemein verbreitete Berühmtheit erlangen wirst. Wenn Du den heutzutage leider allgemein gebräuchlichen Unfug mitmachtest, Deinem Renommee selber nachhülfest und überhaupt die Industrie unseres Standes triebest, wie die meisten Anderen, warlich ich könnte es Dir nicht verargen; denn ich selbst, wenn ich einmal meine Carriere wieder beginnen könnte, wer weiss ob ich mich nicht bequemen würde meine strengen Grundsätze beiseite zu setzen, und mit den Wölfen zu heulen, anstatt dass ich jetzt auf der bisher verfolgten Bahn mit Genügsamkeit fortgehe. Kannst auch Du es über Dich gewinnen die Vortheile zu verschmähen, welche alle jene Talentlosen mit ihrem fabrizierten Ruhm über Dich davontragen, so werde ich Dich deshalb um so höher schätzen, dass Dein Bewusstsein und die Achtung weniger Edler Dir hinreicht um Dich zu entschädigen. Alles was ich in Wien über Dich gehört habe, hat mir wahrhaft wohlgethan, und war mir ein rechter Trost, denn jedermann dort schien Dir noch gut zu sein, entschuldigte und bedauerte Dich. Du hast nur, so lautete es überall, aus Unbesonnenheit, aus Mangel an Erfahrung und ganz gewöhnlichem Leichtsinn gefehlt. Andere haben Deine Gutmüthigkeit schändlich gemissbraucht, und Du hast, als die Katastrophe kam, keinen aufrichtigen und energischen Beschützer gefunden. Als Künstler hattest Du gerechten Grund zur Unzufriedenheit, denn sowohl der alberne Holbein, als Graf Lanskoronsky liessen Dich auf unverantwortliche Weise fallen, und auch Laube hat nicht gethan, was er für Dich vermochte und was, wie es sich jetzt herausstellt, nur der eigene Vortheil des Burgtheaters gewesen wäre. Jetzt möchten Sie es wieder gut machen, und würden gerne für Dich bezahlen, aber Du musst Deine Verpflichtungen gegen Hoffmann erfüllen und darüber vergeht die Zeit. Um Gotteswillen lieber Fritz, denke nur nicht wieder an Kontraktbruch. Kannst Du in Güte von Hoffmann loskommen, so mag es sein, aber lass Dich in Wien nicht prellen. Du kannst und musst dort jetzt gleich 5000 Gulden verlangen und auf der Stelle das Dekret erhalten, sonst unterbleibe es lieber. Für die Hälfte des Betrages können sie mit baarem Gelde Deine Schulden tilgen, aber die Abzüge zur Wiedererstattung müssten auf zehn Jahre vertheilt werden.

Mit Deiner Gesundheit steht es ja, wie ich höre, vortrefflich. Du bist blühend und kräftig, aber Du wirst vor der Zeit korpulent und dadurch schon jetzt in ein Fach gedrängt, das Dir in späterer Zeit noch offen stände. . . . .

Ich möchte Dich wohl einmal wiedersehen. Willst Du hier ein paar Gastrollen geben? Graf Platen bewilligt es mir gewiss und Urlaub erhälst Du wohl. Es wird Dir schon hier gefallen, denn es hat sich alles verändert und verbessert, und es würde für mich in jedem Fall ein froheres Wiedersehen sein, als wenn ich Dich im vorigen Frühjahr in Altona getroffen hätte. Wenn ich daran denke! Es war entsetzlich . . . . Traurige Erfahrungen hast Du jetzt genug gemacht, es ist Zeit, dass Dir jetzt ein dauerhaftes Glück erblüht.

Meine Gesundheit scheint sich jetzt etwas mehr zu befestigen und demnach auch mein Gemüth zu beruhigen. Ich spiele zum Theil immer noch dasselbe Fach, weil Jüngere nicht tüchtig genug erfunden wurden um mich abzulösen. Nächstens wird meine Wirtschafterin, welche 11 Jahre in meinem Dienste war mich verlassen, weil sie heirathet. Es ist dieselbe Hanna welche Du noch kennst, und welche Sophien bis ans Ende gepflegt hat.

Jetzt muss ich ein Wirtshausleben beginnen, denn solche häusliche Pflege finde ich nicht wieder. Ich gehe am 7ten July nach Gratz, und würde mich sehr freuen wenn Du mir vorher noch ein paar Zeilen schreiben wolltest.

Mit herzlicher Liebe
umarmt Dich
Dein Vater.

Karl August Devrient als Wallenstein und als Shylock

begründete seinen künstlerischen Ruf sowohl als Darsteller von Heldenrollen als auch durch eine gute Baritonstimme.

Genast wurde als Sohn des Weimarer Hofschauspielers Anton Genast am 15. Juli 1797 zu Weimar geboren. Seine schon früh entdeckte kräftige Stimme brachte ihm schon mit 17 Jahren die Rolle des Osmin in Mozarts „Entführung aus dem Serail" ein. Bereits sein erstes Auftreten auf dem Weimarer Hoftheater brachte ihm volle Anerkennung. 1817 hat er bereits ein Engagement für die Dresdner Bühne in der Tasche, die er 1818 mit der Leipziger vertauscht. Zehn Jahre später übernahm er die Leitung des Magdeburger Theaters, das er jedoch nur ein Jahr leitete, da ihn Goethe 1829 lebenslänglich für seine Bühne engagierte.

War er als Sänger zur Bühne gekommen, hatte er in seiner Anfangszeit mit Opern- und dramatischen Rollen abgewechselt, so entschied er sich mit zunehmender künstlerischer Reife in immer stärkerem Maße für das Schauspiel. In der Auffassung seiner Rollen blieb er den Vorbildern der klassischen Bühnenzeit treu.

Genast hat später die eigene künstlerische Entwicklung und die der Zeit unter dem Titel „Aus dem Tagebuch eines alten Schauspielers" in Buchform herausgegeben, dessen erster Teil interessante Beiträge zur Schiller-Goethe-Periode in Weimar enthält.

Am 3. August 1866 ist er in Wiesbaden gestorben.

An Ludwig Tieck:

Hochverehrter Herr!

Ihre vor zwey Jahren mir bewiesene Güte giebt mir den Muth einen, seit länger Zeit schon gehegten Wunsch vor Ihnen auszusprechen. Ich war so glücklich mich Ihres Rathes bey dem Einstudiren des Wallensteins zu erfreuen. Was ich in dieser Rolle leiste haben Männer, deren Urtheil ich achte, zum Beyspiel Rochlitz, wenn auch noch nicht vollkommen, doch nicht misslungen genannt. Meine Darstellung dieses Charakters auf der von Ihnen gegebenen Ansicht beruhend, von Ihnen selbst geprüft und beurtheilt zu wissen ist der Wunsch, den ich, nicht ohne die Furcht Ihnen lästig zu werden, Ihnen vortragen möchte: — Der Gesundheitszustand eines meiner beyden Kinder macht mir im Frühjahr dieses Jahres, in welchem ohnehin unser Theater wegen nöthiger Baureparaturen geschlossen wird, eine Reise nach Töplitz zur Pflicht, diese führt uns durch

Dresden, wo wir auf jeden Fall uns einige Tage verweilen werden, um uns des Glückes Ihrer Nähe nach einer Entbehrung von 2 Jahren wiederum zu erfreuen, und wäre es den Verhältnissen Ihrer Bühne anpassend, so wünschten wir, meine Frau und ich auf derselben nur einige Gastrollen und unter diesen Wallenstein und Thekla vor Ihren Augen zu spielen.

Ich hoffe Verzeihung für mein Anliegen, auch wenn Sie es mir versagen, indem ich mich dankbar der Zeit erinnere, wo Sie mir vergönnten in Ihrem Familienzirkel die schönsten und genussreichsten Stunden meines Lebens zu verbringen. — Meine Frau empfiehlt sich Ihnen und den verehrten Ihrigen, und ich bin mit ausgezeichneter und wahrer Verehrung

Euer Wohlgeboren

ergebenster Ed. Genast

PHILIPP EDUARD DEVRIENT

Er war der erste der drei Brüder, der als Sänger die Künstlerlaufbahn einschlug. Durch seine Erfolge versöhnte er die Eltern mit dieser Berufswahl und ermöglichte es somit seinen Brüdern, ebenfalls sich in dieser Richtung zu entwickeln.

Am 11. August 1801 wurde er zu Berlin geboren und wuchs unter einer gut bürgerlichen Erziehung auf. Seit 1819 gehörte er der Berliner Bühne an, wo ihm seine schöne Baritonstimme und gründliche, unter Zelter erworbene, musikalische Bildung eine Stelle bei der königlichen Oper verschafften. Von starkem Ehrgeiz beseelt, wollte er es auch auf schauspielerischem Gebiet zu etwas bringen und wandte sich vorerst dem rezitierenden Fach zu, worin er tatsächlich ein beachtliches Niveau erreichte, was er jedoch ausschließlich seinem Streben und dem anerlernten Können verdankte, vom natürlichen Feuer der Begeisterung, wie es sein Oheim besaß, hatte er nichts.

Im Jahre 1844 übernahm Eduard Devrient die Oberregie des Hoftheaters in Dresden, legte sie jedoch 1846 wieder nieder, beendete 1852 seine Schauspielerlaufbahn und folgte im Herbst desselben Jahres einem Ruf als Direktor des Hoftheaters nach Karlsruhe, zu dessen Generaldirektor er später ernannt wurde. An jener Bühne hatte er für Jahrzehnte Arbeit genug, mußte er doch das äußerlich wie innerlich zerrüttete Hoftheater von Grund auf reorganisieren. Tatsächlich gelang ihm nicht nur dieses Werk, sondern er konnte in einer mehr als siebenzehnjährigen Leitung den Nachweis erbringen, daß die Forderungen, die er in seinen dramaturgischen Schriften erhoben hatte, nicht nur graue Theorie für ihn waren, sondern, daß er diese durchaus auch in die Praxis umzusetzen verstand. So machte z. B. die Zusammenstellung seines Spielplans eine rühmliche Ausnahme unter allen Theatern Deutschlands. Auch für eine korrekte und lebendige Totalwirkung der Inszenierungen setzte er sich lebhaft ein. Durch öfteres Proben brachte er das Ensemble zu einem harmonischen Zusammenspiel und auch seine schon in Berlin, Dresden, Karlsruhe und Mannheim bewährte Kunst des dramatischen Vorlesens, setzte er für die Entwicklung seiner Bühne ein.

Von seinen dramaturgischen Schriften haben heute die Reformschrift „Das Nationaltheater des neuen Deutschland" und sein Hauptwerk, die fünfbändige „Geschichte der deutschen Schauspielkunst" noch Interesse.

Nachdem Eduard Devrient 1869 sein fünfzigjähriges Künstlerjubiläum gefeiert hatte, legte er die Direktion aus Gesundheitsrücksichten nieder. Am 4. Oktober 1877 ist er in Karlsruhe gestorben.

Zeichnung Wilhelm Hensel

Theorie – praktisch bewiesen
Philipp Eduard Devrient
(1801–1877)

Tafel 29

Zeichnung Wilhelm Hensel

Eduards Frau Therese, geb. Schlesinger

Tafel 30

An Ludwig Tieck:

Berlin, den 31. Mai 1835.

Schon längst, verehrter Mann, habe ich dem Drange, auch in der Ferne in lebendiger Beziehung zu Ihnen zu bleiben, durch mittelbare Mittheilungen an meinen Bruder zu genügen gesucht, ohne dass sie mir eigentlich Befriedigung gebracht hätten; dennoch glaubte ich bisher durch directe Zuschrift Sie nicht belästigen zu dürfen. Heut nun giebt eine Art von geschäftlichem Anlass mir einen Vorwand an Sie zu schreiben und ich ergreife ihn mit Begierde.

Es ist ein Auftrag des Vereins dramatischer Künstler — welcher mich zu Ihnen führt. Vom Anfange seines Bestehens an, haben wir nämlich Redeübungen vorgenommen, haben gesucht die störenden Ungleichheiten und Unregelmässigkeiten in der Aussprache abzustellen, was uns auch in vielen Stücken leicht gelungen ist, da nämlich, wo wir uns schnell über die Regel vereinigten und die Unrichtigkeit der Aussprache nur von übler Angewöhnung oder ererbtem Idiom herrührte. Nicht zu erledigen ist uns dagegen bis jetzt die Feststellung der Aussprache des Consonanten g geblieben.

Der Antheil, den Sie der dramatischen Kunst und jeder redlichen Bestrebung für sie schenken, lässt uns hoffen, dass Sie uns Ihre Hülfe in unsren Nöthen nicht versagen werden. Da wir es nicht wagen, unsre Wünsche bis zu einer directen schriftlichen Antwort auszudehnen, so geht meine Bitte dahin, dass Sie vielleicht die Güte hätten, meinem Bruder, welcher wol von Wien zurückgekehrt sein wird, die Regel, das Gesetz, welches Sie selbst Sich über die Aussprache des g gebildet haben, in die Feder zu sagen. Leider habe ich mein Gedächtniss vergebens durchstört, um die Erinnerung von der Art und Weise aufzufinden, wie Sie das g bei Ihren Vorlesungen aussprechen; meine Aufmerksamkeit war auf diesen Gegenstand früher nicht so scharf gerichtet. Um den Antheil, den Sie unsrem Vereine hoffentlich schenken, zu unterhalten, berichte ich, dass derselbe den besten Fortgang hat, dass er bereits die Früchte hervorbringt, welche man bei seiner Jugend irgend erwarten darf. Es bildet sich eine edlere, freundliche Gesinnung unter den Künstlern, eine Art von künstlerischer Verbrüderung, ein Bewusstsein von gegenseitiger Abhängigkeit und Zusammengehörigkeit. Es ist eine lebhafte Anregung für alle Gegenstände der Kunst, ein Streben nach gemeinsamer Forthülfe, nach einer Einheit des Handelns entstanden, welche das Beste verspricht. Noch hat die freimüthige gegenseitige Beurtheilung der Darstellungen keinen Anlass zu Empfindlichkeiten oder persönlichen üblen Vernehmen gegeben, im Gegentheile haben wir an uns Allen schon die grossen Vortheile solcher offnen Besprechungen deutlich erfahren und somit hoffe ich, von diesem Vereine in der Zukunft für uns die schönste Wirkung zu erleben; ja, wenn unser Beispiel an allen grösseren Bühnen Nachahmung findet, so könnte sich die dramatische Kunst dadurch überhaupt aus ihrem Kern heraus wiederbeleben. Mögen diese Hoffnungen Ihnen, verehrter Mann, auch allzu sanguinisch erscheinen, so werden Sie sie doch nicht schelten, da sie aus einer warmen, eifrigen Liebe für unsre Kunst hervorgehn.

Ich kann nicht schliessen ohne die Gelegenheit wahrzunehmen, auch Ihren wohlwollenden Antheil für meine Person und mein künstlerisches Fortschreiten, durch einige Notizen anzufrischen. Seit einem Jahre etwa habe ich, wozu Sie mich längst aufgefordert, wichtige Rollen im Schauspiele übernommen und mein Studium besonders darauf gewendet. Die Darstellung des standhaften Prinzen, des Ludwig XII. und des jungen Königs in „Die Schule des Lebens" von Raupach, haben durch ihr Gelingen mir Vertrauen für die höchsten Aufgaben erworben und so will ich nun mit Freudigkeit auf dieser Bahn weiterstreben, auf welcher die Erinnerungen an jene Stunden, die ich in Ihrer Nähe gelebt, mir zur wichtigsten Förderung gedeihen. Raupach, dessen Zutrauen und lehrreicher Anregung ich sehr viel verdanke, könnte bei seiner Anwesenheit in Dresden, Ihnen von mir Ausführlicheres sagen, wenn es Ihr Interesse irgend erregen dürfte. Möchte es mein gutes Glück noch einmal fügen, dass ich vor Ihnen die Resultate meines Strebens darlegen könnte. Vielleicht schenken Sie doch noch Berlin den längst verheissenen Besuch, es würde mir zur süssesten Genugthuung gereichen, wenn Sie in meinen Darstellungen erkennten, dass meine innige Verehrung für Ihre Worte und Werke an meiner künstlerischen Richtung wesentlichen Antheil gehabt. Indem ich nun herzlich wünsche, dass meine Dreistigkeit: Sie mit einem so langen Briefe belästigt zu haben, Sie nicht von mir abwenden möge, bitte ich recht sehr, mich der Gräfin von

Finkenstein und Ihrem ganzen liebenswürdigen Hause angelegentlich zu empfehlen und die Versicherung der innigsten Verehrung und Ergebenheit anzunehmen, welche ich für alle Zeiten für Sie hege.

Eduard Devrient.

An Ludwig Tieck:

Berlin, 6. 4. 38.

Hochgeehrter Herr Hofrath!

Die innigste Freude hat mir Ihr Schreiben erregt, das mir einen so wohlwollenden Antheil für mein Stück, eine so tröstliche und ermuthigende Billigung meiner Intentionen bekundete. Ich weiss sehr wohl, dass Sie das bürgerliche Drama nicht verwerfen, aber ich fürchtete: die Tendenz meines Stückes möchte Ihnen nicht bestimmt genug ausgedrückt erscheinen, freilich hätte ich Ihrem ebenso scharfen, feinen als wohlwollenden Blicke mehr vertrauen sollen, aber ich war durch manches Missverstehen von einigen Seiten her zaghaft gemacht worden. Man erkannte nicht, oder wollte nicht erkennen, dass ich die Kleinigkeit und misere unsrer Zustände nicht um ihrer selbst willen habe schildern wollen, sondern um sie vor unsren Augen in ihrer Nichtigkeit zerbröckeln zu lassen und uns an einer idealen Anschauung, an einer Tüchtigkeit der Gesinnung aufzurichten. Ich habe eben zeigen wollen, dass wer Gesetze von unsrer socialen Elendigkeit annimmt, ebenso verloren ist, als wer alle Bande und Schranken phantastisch überfliegt, dass aber das Verfolgen eines höheren, geistigen Zieles, das Masshalten in der Forderung an das Leben, zuletzt auch in allen Beziehungen das Leben bezwingen muss. Darum konnte ich auch alles mögliche Geld verloren gehn lassen und die Hauptfiguren zuletzt glücklich machen, ohne dies in den meisten bürgerlichen Stücken nöthige Hülfsmittel. Dies ist wol eine Art von Rechenprobe über die geistige Bedeutung des Stückes, aber nur die Wohlwollenden nehmen sie an.

Ihr Beifall hat nun all den Genuss gekrönt, den mir die Aufführung dieses Stückes bereitet, das Publikum hat durch sechs gefüllte Häuser und den lebhaftesten Beifall seine Theilnahme ausgesprochen, die Schauspieler sind mit Lust bei der Darstellung, viele gute und tüchtige Menschen habe ich gerührt und erfreut, Sie billigen, was ich gethan — welch menschliches

Unternehmen könnte einen schöneren Erfolg haben? Gespannt bin ich auf die Wirkung, welche das Stück von andren Bühnen herab machen wird; einige der gezeichneten Zustände sind ganz lokal. Ein rasches, lebhaftes Zusammenspiel ist hier Hauptbedingung, das Stück empfängt auf der Bühne ein ganz neues Leben und ich möchte Sie, verehrter Herr, bitten, die beabsichtigten Abkürzungen noch bis zu den Theaterproben aufzuschieben und erst darüber zu entscheiden, wenn das Spiel schon im Zuge ist.

Der Beifall der Menge ist freilich ein gefährlich Ding, und ich fühle zu genau, wie der Schauspieler alltäglich sich die eigentliche Würde und Höhe seines Berufes vor's Auge halten muss, um sich nicht der weichen Beifallswoge zu überlassen, die, wie Sie nur zu richtig sagen, durch so kleine Künste zu erreichen ist. So unähnlich der Künstler dem Prediger sein soll, darin muss er ihm gleich stehen, dass er den Leuten zeige, was sie erfahren s o l l e n , nicht was sie erfahren w o l l e n. Ueberhaupt giebt es vielleicht keinen Stand, von dem so sehr eine Fülle der Tugenden gefordert wird, als der unserige. Selbstverläugnend sollen wir sein, beim grössten Anreiz zur Eitelkeit und Selbstsucht, uns aufgegeben an das Total einer Darstellung, wo es so leicht ist sich abgesonderten Vortheil und Beifall zu verdienen, das Höchste und Vergeistigte immerfort anbieten, wo es wenig geschätzt, dagegen das Geringe und Gemeine begierig verlangt wird und reichlich gelohnt. — In der That, das Abweichen von den Berufstugenden rächt sich in jedem Stande auch äusserlich, beim Schauspieler wird es belohnt und gefeiert, dennoch soll er getreu bleiben — wahrlich um der Grösse der Aufgabe willen ist es fast zu verzeihen, dass wir sie so miserabel lösen. Und das ist es doch überhaupt, woran die ganze Bühne krankt und ehe der Staat ihr nicht eine strenge Forderung stellt, ehe die Gesellschaft nicht anfängt Ernst und Bedeutsamkeit vom Theater zu verlangen, wird der bessere oder schlechtere Zustand, wie die Wellen des Meeres, immer von den zufälligen Winden abhängen. . . Die herrschende aria cattiva hat auch den Schauspielerverein, den ich mit einigen erfrischenden Hoffnungen gestiftet, bis auf 3 Mitglieder heruntergebracht, und keine Wirksamkeit für das Ganze ist mehr von ihm zu hoffen. Ich dachte, dieser Verein sollte eine G e s i n n u n g unter uns erwecken, vergass aber, dass sie für das Bestehen des Vereines schon vorhanden sein müsste. Jetzt sehe ich ein, diese Gesinnung muss, mit der Bildung zugleich, in Schauspielerschulen gepflanzt werden, die es aber nicht giebt. Im allgemeinen haben die Schauspieler keinen Respect vor ihrem Berufe und daher missbrauchen sie ihn. Es scheint, der Mensch achtet nur, was ihm sauer wird; wenn die jungen Schauspieler arbeiten müssten, bevor sie zur Production zugelassen würden, wie alle andren Künstler, so würden sie mit mehr Ernst und Achtung daran gehn, sie würden beim Studiren gelernt haben, wie himmelweit wir immer von dem Ideale unsres Berufs entfernt bleiben.

Entschuldigen Sie meine Redseligkeit, es giebt ja nicht viele Orte, wo ich meinem Kummer Luft machen kann. Mit meiner persönlichen Stellung hier, nach der Sie so freundlich fragen, könnte ich sehr wohl zufrieden sein, ich fühle mich oft beschämt vor den Beweisen der Achtung, die mir von Tüchtigen entgegenkommt, auch lässt sich hin und wieder etwas Gutes und Rechtes bei uns hindurch bugsiren, aber der Durst nach der tief ins Leben greifenden Wirksamkeit, welche die Bühne haben könnte und sollte, der Durst brennt immer ungestillt in der Seele. Es soll auch wol so sein und bleiben. Wie unendlich werth würde es mir sein, mich einmal wieder mündlich gegen Sie verehrter Mann aussprechen, vielleicht Ihnen etwas von dem zeigen zu können, was ich seit 4 Jahren gelernt; vor dem nächsten Jahre habe ich aber dazu keine Aussicht. In diesem Sommer muss ich hier bleiben, mein neues Haus ausbauen und damit die Ruhe und Arbeitsgemächlichkeit für mein häusliches Leben ein für allemal fest stellen. Erhalten Sie mir Ihr unschätzbares Wohlwollen, ich bleibe mit unveränderlicher Verehrung und Anhänglichkeit

der Ihrige
Eduard Devrient.

An Ludwig Tieck: Berlin, 29. Oktbr. 1838.

Mein hochverehrter Freund!

Das Gefühl der Angehörigkeit, das Sie mir vor 16 Jahren einflössten, als ich bei meinem ersten Ausfluge in die Welt in Ihre Nähe kam, hat im Verlaufe der Jahre eine fortdauernde Bestätigung gefunden. Theils in dem Antheil, der mir bei meinen Arbeiten für die Bühne von Ihnen zu Theil wurde, dann in den geistigen Beziehungen, welche Ihre Schriften mir fortdauernd eröffneten — wie ich denn kürzlich eine Fülle eigener Wahrnehmungen und Erfahrungen bestätigt und gesichert gefunden — und nun hat in der neuesten Zeit Ihr rührender Antheil für mein Stück mich so reich gemacht, dass ich in diesem Bewusstsein: Ihnen zuzugehören, recht beruhigt und erquickt mich fühle in all den Wirbeln der trübseligsten Erfahrungen, die das heutige Kunstleben bewegen. Ich mag Ihnen deshalb auch gar keinen Dank sagen, erstens weil ich ihn doch nicht auszudrücken wüsste, dann weil ich weiss, dass, da sie meine Arbeit Ihres Antheils werth gefunden, Ihnen alles was Sie gethan, selbst ein Genuss Ihres Liebesschatzes war. Es ist eben so süss: Wohlwollen und Freundlichkeit bezeugen, als sie empfangen. Aber die Theilnahme und Ermunterung, die ich von Ihnen erfahren, auch die welche ich von Immermann erhalten, das sind die eigentlichen Trophäen, die ich mir aus dem übergünstigen Erfolge des Stückes davon trage und worauf ich mir in der Stille meines Herzens wahrhaft etwas zu gute thue. Möge der Himmel mir nun Musse schenken und gute Einfälle dazu, damit ich Ihrem Vertrauen ferner entsprechen könne. Jetzt ist es das Studium wichtiger Rollen, das mich, nach überstandener mühsamer Einrichtung in meinem neuen Hause, ganz in Anspruch nimmt. Besonders ist es der Hamlet, der sich meiner ganzen Seele bemeistert hat, die Beschäftigung mit diesem tiefbedeutsamen Charakter hat sogar, das fühle ich lebhaft, einen grossen Einfluss auf meine Lebensanschauung ausgeübt, und ich wollte oft, ich könnte mich retten aus dem Gefühle: wie ekel schaal und unerquicklich das ganze Treiben dieser Welt ist. Wie gern möchte ich mich über diese Gestalt des Hamlet einmal mit Ihnen aussprechen. Es müsste ja dabei Alles zur Sprache kommen, was den Menschen Weh bereitet, alles was dem Schauspieler Lust an der Höhe seines Berufes geben kann. Mir ist es wunderlich mit diesem Charakter ergangen. Immerdar hat mich die volle Gewalt des poetischen Lebens im ersten Akte erschüttert, aber Hamlet hat im Verfolg des Stückes mich kalt gelassen, die Entwicklung erschien mir willkührlich, grillig, der Hamlet selbst der unleidlichste Gesell von der Welt, ich konnte es zu keiner Theilnahme bringen, so oft ich ansetzte, so aufmerksam ich Alles las, was darüber geschrieben war; ja dies machte mich nur verwirrter.

Ich begann das Studium der Rolle im Frühjahre, wie eine Verpflichtung, aber da ich nun in alle Lebensfasern eindrang, entdeckte ich bald die Wahrheit einzelner Zustände, Stimmungen und Geistesrichtungen und wie durch einen Zauber schossen die einzelnen Strahlen zum Sterne zusammen, ich sah Licht wie nach langer Blendung, fühlte auf einmal den glühend warmen Lebenspuls in der Gestalt, die bisher nur wie ein flacher Schatten vor meinem Auge stand. Da sahe ich denn, dass durch Alles was über den Charakter geschrieben worden war, er mir nicht zugänglicher wurde, sein Mangel an Thatkraft war immer ein zu willkührlicher Grund seines Thuns, jetzt erkannte ich, dass dieser Mangel nur ein Ergebniss der Ueberfülle der Anschauung in ihm ist. — Doch ich mache mich wohl schlecht verständlich. — In Hamlet finde ich den grossen Erdenschmerz; sein Ideal niemals erfüllen zu können, den ewigen Zwiespalt, in den der Mensch gesetzt ist, begabt mit aller Befähigung das Höchste zu erkennen, zu wollen, es aber an sich und Andren nie darstellen zu können; woraus zuletzt die tiefste Verachtung der Welt hervorgehn kann. Alles widerstrebt hier dem reinen Seelendrange, überall stört die Nichtigkeit und Elendigkeit, die eigne Mangelhaftigkeit und Gebrechlichkeit lässt den Geist in einem Kerker sich fühlen, er isolirt sich immer mehr, dieser höheren Selbstsucht fehlen dann, vermöge seiner irdischen Natur, alle Kleinlichkeiten der Eitelkeit nicht und je mehr der Mensch sich nun vertieft in geistiges Leben, in höhere Reflection im Umfassen des Universums, je untüchtiger wird er, seine Thätigkeit auf irgend einen kleinen Kreis, auf irgend eine Arbeit oder eine That beschränken und fesseln zu können. Dies, meine ich, hat Shakespeare im Hamlet zeigen wollen, man könnte aus diesem ewigen Weh des Lebens noch 100 vortreffliche Stücke machen, so reich und mannichfaltig erscheinen einem von diesem Standpunkte aus die Conflicte der Dinge. Der grosse Dichter hat nun in seinem unvergleichlichen Gedichte den Menschen einem furchtbaren Verbrechen gegenübergestellt, einer That, welche die grösste menschliche Verderblichkeit bezeugt und das entschiedenste Entgegenhandeln fordert. So ist Alles hier auf das Schärfste gestellt und muss die schlagendsten Wirkungen hervorbringen. Ein einfacher Mensch wäre schnell fertig mit dem, was zu thun ist, aber der so geistig Gesteigerte hat einen viel grösseren

Drang, sich die ganze Fülle des Vorganges allseitig zum Bewusstsein zu bringen, er muss alles daran durchdenken, mit bittren Schmerzen durchempfinden, die äussere That bleibt, als das Geringere immer zurück und dadurch zerfällt er völlig mit sich selbst. Ich weiss nicht, ob ich das ganz gesagt habe, was ich meine, ich bin wenig geschickt etwas zu deduciren, was mir überzeugend lebendig in der Seele brennt, ich wäre glückselig, wenn meine Darstellung es zur vollen Anschauung brächte.

Aus dieser Erkenntniss des Hamlet erklären sich mir nun alle Widersprüche und Uebertreibungen seines Benehmens. Die an Vergötterung streifende Liebe zu seinem Vater, die rührende Liebe zu seiner Mutter, die überall durch den Abscheu gegen ihre Handlungen hervorbricht, die Härte gegen Ophelia, in welcher er seine eigne Liebe misshandelt. Wie schön ist das „ich liebte Euch nicht" d. h. „so wie ich Euch lieben sollte, das was man nur Liebe nennen sollte, das fühlte ich nicht, dazu bin ich, wie alle Menschen zu elend." Dies Ungenügen seiner selbst, der Höhe seines Ideales gegenüber, scheint so sehr zu contrastiren mit der Selbstgefälligkeit, in der er sich gegen die Höflinge überhebt und wie erschreckend wahr ist dies Alles? Das sind die Kleinlichkeiten der grossen Menschen; der Hamlet ist dafür ein treuer Spiegel auf jedem Blatte. Er sagt „Sie narren mich, dass mir die Geduld fasst reisst" und doch ist er es, der die unbedeutenden Menschen fortdauernd reitzt, ihre Streiche vor ihm zu machen. Die Sehnsucht nach dem Tode und dies Schaudern vor der Verwesung, dann der verstellte Wahnsinn, wie ist er doch nur eine Zuflucht für den übermannten Geist, keine besonnene, kluge Wahl — doch ich langweile Sie mit dem Auseinanderschälen einer Frucht, deren Gehalt Sie so genau kennen. Wollte ich Alles sagen, was ich beim Studium dieser Rolle erfahren, ich müsste jede Rede commentiren, ein Buch darüber schreiben. Wüsste ich doch, was Sie zu meiner Ansicht sagen? Wie sehr habe ich bedauert in Ihren Schriften nichts Ausführliches über den Hamlet selbst zu finden, was Sie in den dramaturgischen Blättern andeuten genügte meinem Durste nicht, so vertraut mir Manches erschien. Was im Wilhelm Meister steht, hat mir bis jetzt gar nichts geholfen. Sein Sie mir nur nicht böse, dass ich so schwatzhaft bin und mich klüger als die Klügsten anstelle, meine Seele ist voll von dieser Arbeit und es mag wol ein Beweis prägnanten Lebens am Hamlet sein, dass ein Jeder, der sich ernstlich mit ihm beschäftigt, eine eigne und besondre Anschauung will gefunden haben; so ist's ja mit allen Grossen und Bedeutenden, man ist nie ganz in Uebereinstimmung darüber. So kann ich auch nicht begreifen, wie bedeutende Schauspieler haben den Hamlet besonnen oder sentimental darstellen können, beides liegt ihm, meine ich, ganz fern; eine leidenschaftliche Bitterkeit, lebhafte Erregbarkeit und ein sich ganz Verlieren in Stimmungen und Vorstellungen, das scheinen mir seine Grundzüge zu sein. Doch genug des Raisonnirens, die Aufführung ist vor der Thür. Könnte ich Sie nur dazu hieher bannen und hernach von Ihnen hören, wie viel oder wie wenig ich von meinen eignen Ansichten getroffen und wo sie sich bewährt, wo nicht. Es bedarf Ihrer freundlichen Aufforderung sicher nicht, um mich zu treiben, einmal wieder Dresden und Ihr Gespräch zu suchen und wenn die Umstände mich begünstigen, so wird ein Reiseplan zum nächsten Frühjahre ausgeführt, dessen route quer durch ihr Zimmer führt. Welche Erwartungen und Wünsche knüpfe ich schon längst daran! Seit meiner letzten Anwesenheit in Dresden hat sich der Kreis meiner künstlerischen Wirksamkeit so verändert und mit ihm meine Erfahrungen und Wahrnehmungen. Wie gern zeigte ich mich Ihnen nun einmal in Allem, was ich kann und weiss; ich bin gewiss von Ihnen das Lösungswort für manches Dunkle und Unverstandene in mir zu hören. Nun ich will mich der Hoffnung hingeben, es ist so süss, sich mit der Erwartung grosser Erfrischungen durch das Jammerthal unsres Bühnenlebens hindurchzuschlagen. Erhalten Sie mir Ihr Wohlwollen, es ist mein Sporn und Stolz in meinen Bestrebungen.

Ganz der Ihre

Eduard Devrient.

An Ludwig Tieck: Berlin, d. 31t. Januar 1839.

Mein hochverehrter Freund!

Ein junger dänischer Componist, Baron von Löwenscīold und der Coppenhagener Theaterdichter Borgaard, welche auf ihrer Reise durch Deutschland, Italien und Frankreich begriffen sind, wünschen sehnlichst, bei ihrem Aufenthalte in

Dresden in Ihre Nähe zu kommen. Es ist der nächste Zweck dieser Zeilen, Sie verehrter Mann, um die Erlaubniss zu bitten, dass diese Herren Sie besuchen dürfen, vielleicht einer Ihrer Vorlesungen beiwohnen.

Ich habe nun in den letzten Monaten erst den Hamlet, dann den Tasso gespielt, und zu meiner innigsten Freude durch beide Rollen, nicht nur einen äusserlichen Erfolg errungen, sondern einen wahrhaften Eindruck bei vielen guten und tüchtigen Menschen hervorgebracht. Im Hamlet habe ich vieles wieder hergestellt, was meine Vorgänger seit Wolf unterschlagen hatten, wobei z. B. zuerst Opheliens Begräbniss beseitigt worden, zuletzt sogar die ganze Kirchhoffscene. Ich habe es sogar durchgesetzt, die Theaterscene nach Ihrem Vorschlage in den dramaturg. Blättern einzurichten und die Wirkung hat es vollständig gerechtfertigt. Die ganze Scene gewinnt unendlich an Sammlung und rückt ihr Hauptinteresse eigentlich erst dadurch dem Beschauer vor die Augen. Am Tasso habe ich im Verfolge des Studiums viel grössere Freude gehabt, als ich anfangs glaubte. Im Allgemeinen legt man dieser Rolle hauptsächlich ein rhetorisches Interesse bei, ich habe gefunden, dass dies sehr untergeordnet ist, der Charakter ist mit der äussersten Sorgfalt ausgeführt und jedes Wort daran ist charakteristisch. Im Grunde ist es ein unleidlicher Gesell, in Selbstsucht vollgenährt, die überall, selbst in seiner Liebe zur Prinzessin ihn bestimmt und umherwirft, der Reichthum seiner Fantasie allein lässt ihn liebenswürdig erscheinen und bei aller Zweideutigkeit seines Wesens, die uns stets verletzt, müssen wir ihn wieder gelten lassen, weil er so durchaus naiv sich auslebt; es fällt ihm niemals ein, dass er auch nur im Entferntesten Unrecht habe, wenn er sich noch so abscheulich zeigt. Es ist eigentlich ein pathologisches Interesse, was uns an ihn fesselt. Ich habe mit rechter Lust daran gearbeitet und freue mich, bei ferneren Wiederholungen alle Farben recht sicher zu stellen. Das Publikum, wir hatten freilich ein ganz auserlesenes, ging ganz auf meine Zeichnung ein, es war ein Abend, der viele Schock andrer, die man mit schaler Brodarbeit hinbringen muss, überhalten kann.

Meine Reisepläne, die ich im Herbst bildete, und worin ein Besuch bei Ihnen meine Hauptrolle spielte, habe ich verworfen, und hoffe Ihnen auch im nächsten Jahre noch willkommen zu sein. Ich muss und will nach Paris reisen; ich bin gewiss, dass vor den französischen Bühnen noch viel zu lernen ist. Die frappante Auffassung, die grosse Rührigkeit des Lebens überhaupt, das sind Dinge, die einem Deutschen treffliche Anregungen geben können. Ich halte mich für sicher genug, mir keine Art der Nachahmung aufpacken zu lassen, nur frische, neue, fremde Anregungen suche ich und bin gewiss, sie zu meinem Nutzen zu finden. Ich denke, Sie billigen mein Unternehmen; ausserdem ist Paris so reich an geistigen und sinnlichem Leben, dass seine Kenntniss eine Art von unentbehrlichem Bildungsmittel ist. Ich denke mich in 4—6 Wochen dahin aufzumachen, vielleicht erlebe ich Manches, was Sie interessieren dürfte, dann nehmen Sie meine Mittheilung wol freundlich auf.

Ganz der Ihrige

Eduard Devrient.

An Ludwig Tieck: Dresden, d. 24t. März 1847

Ich habe mich und den Blaubart auf das zweite Gebiet zurückgezogen, welches ich als die Erbschaft Ihres Wirkens in Dresden mir angeeignet. Aus der von Ihnen eingeschlagenen dramaturgischen Bahn verdrängt, habe ich versucht Ihren Platz als Vorleser einzunehmen, so wenigstens, dass Ihr Gedächtniss bei Ihren Freunden und Anhängern durch mich immer wieder angefrischt werde. So habe ich denn in diesem Winter eine Reihe guter Stücke vor empfänglichen und reifen Zuhörern von einem Lesepulte aus in Scene gesetzt und dargestellt und zweimal den Blaubart zum Ergötzen und zu wahrhafter Erschütterung zahlreicher Zuhörer vorgetragen. Dieser Erfolg ist nun freilich nicht so umfassend als ein theatralischer, aber er ist sichrer und hat tiefer ergriffen. So habe ich die Genugthuung, dass Ihr Geist hier immer gegenwärtig wirkend fortlebt. Freilich ist er mir auch gerade jetzt unausgesetzter nahe als jemals. Die Geschichte der deutschen Schauspielkunst, welche ich zu bearbeiten unternommen habe, bringt, je weiter und tiefer ich forsche, alles was ich von Ihnen je über das Wesen unsrer Kunst vernommen habe, mir wieder frisch in die Gedanken und lässt so Vieles, was mir sonst Zweifel machte, zu völliger Ueberzeugung werden. Mit dem was Sie über die

Entwicklung der deutschen Bühne hier und da in Ihren Werken ausgesprochen — leider ist es nur viel zu wenig für mein Bedürfniss — fühle ich mich immer mehr und mehr in Uebereinstimmung gerathen, so dass ich Ihre Anschauungen als die allerunfehlbarsten habe erkennen lernen. Ein Jeder, der gewissenhaft forscht, wird Ihre Ansichten als die einzig passenden Schlüssel erkennen, durch welche man zu der einfachsten und natürlichsten Erkenntniss der Dinge gelangt. Durch meine geschichtlichen Forschungen bin ich erst in vollständige Uebereinstimmung mit Ihnen gekommen, jetzt erst habe ich verstehen gelernt, was ich seit 1822 aus Ihrem Munde gehört. Es ist alles so wie Sie es gesagt haben und Keiner hat die Dinge mit so deutschem Herzen für die deutsche Kunst empfunden wie Sie. Ungeblendet von literarischen Glorien haben Sie immer dem Gedeihen der Kunst nachgefragt, Sie haben die Sache der deutschen Schauspielkunst im Herzen getragen, an die doch das Gedeihen des Theaters geknüpft ist, Sie haben auf nur gesunde und naturgemässe Entwicklung gedrungen. Jetzt wo ich die Ueberfülle des geschichtlichen Stoffes von den geistlichen Spielen an bis in die Göthe-Schillersche Schule zu Weimar durchgearbeitet habe, jetzt ist es mir klar geworden, wie ungeheuer Recht Sie mit so Vielem hatten, wovor ich oft gestutzt. Ich weiss, es freut Sie, dass mir die vollständige Erkenntnis davon aufgegangen und dass ich sie als meinen Dank Ihnen ausspreche, — darum halte ich nicht zurück. Ich hoffe Sie sollen mit meinem Buche nicht unzufrieden sein, denn wenn Sie auch viel daran vermissen werden, den guten Willen und getreuen Sinn für die Sache für welche ich arbeite, wird niemand besser würdigen können, als Sie.

Wie oft sehne ich mich nach Ihrem Rathe, Ihren Nachweisungen, aus dem Schatze Ihrer Kenntnisse auf diesem Gebiete, wie viel vollständiger würde mein Buch in Ihrer Nähe werden. Darauf muss ich nun freilich verzichten. Mich tröstet es, dass ich der erste bin, der einen Weg durch die Ruinenwüste bahnt, so wird von mir auch fürs erste nur die gangbare Strasse gefordert werden können.

Den Nachrichten zufolge, welche wir zuletzt von Ihrem Befinden erhalten haben, trifft dieses Blatt Sie in leidlichem Wohlsein. Hoffentlich wird der Sommer und Ihr Aufenthalt in Potsdam Sie wieder vollständig erfrischen. Vielleicht kann ich mich doch so einrichten, bevor ich meinen ersten Band drucken lassen, zu Ihnen zu kommen und Ihren Rath über Einiges zu erbitten. Möchte es mir schon deshalb vergönnt sein, um mich von Ihrem Wohlergehen überzeugen zu können.

Leben Sie wohl, hochverehrter Mann, und gedenken Sie meiner mit dem alten Wohlwollen

ganz der Ihrige

Eduard Devrient.

Karlsruh 20/8. 72

Meinen Herzensdank, Du lieber alter Freund! für Deine Lebens- und Liebesäusserung; sie hat mich sogleich wieder in den grünen Saal in der Markgrafenstrasse versetzt, den Schauplatz einer goldenen Jugendzeit. Jetzt sieht es freilich um uns anders aus, aber was sich in uns verändert hat, das hat uns doch nicht unfähig gemacht, heut wieder in dem grünen Saal unsern lustigen Spuk zu treiben. „Es jinge wohl aber es jeht nich". Der Familienfreuden hätten wir genug, zwei glücklich verheiratete Söhne, ferner in der Stadt 5, bald 6 Enkel dazu, in Süd u. Nord weitere Descendenz, — aber der graue Schleier der Krankheitsnoth immer und immer ausgespannt über unser Dasein, bis über unsere Gräber hinaus; unsre Tage zwischen zwei Folterbetten eingeengt — für mich ein hartes Loos aber meiner Natur doch angemessener als für Theresens Libellenwesen, das sie freilich niederzuzwingen vermag, in ihrer Liebe u. ihrem Mitleid, zur flügellosen Diaconissin, aber es ist doch schade! Mein Pensionszustand wird von mir zu Directionsmemoiren benutzt, die vielleicht diesem und jenem den Weg durch den Wirbel u. Strudel weisen können.

Die Söhne sind thätig und geachtet auf ihren Stellen, zufrieden natürlich nicht, dem Georg nur wird das Leben schwer, er ist kränklich und schwimmt mit seiner Familie immer noch auf dem Rettungsbalken, der ihn nach dem Schiffbruch aufgenommen. — Dass ich mit meinen 71 Jahren reisefertig sein muss, daran bin ich im letzten Jahre sattsam erinnert worden, vom August zum August sind mir drei Brüder: Wilhelm, Karl, Emil, mein Neffe Fritz u. mein Schwager Staegemann hinweggemäht worden. Doch vermag ich noch rüstig auf meine goldne Hochzeit — 11. Febr. 74 — loszusteuern, wenn Therese nur Stand hält; ihre Elastizität wehrt sich mühsam der Abgenutztheit ihrer Gesundheit. Nun sei's wie's sei!

Aber in Deinem Hause ist ja auch hinlänglich für Krankheitsnoth gesorgt; mein Gott! alle diese Riesenleiber unter der Geissel der Vergänglichkeit. Nun sie werden sich wenigstens tapfer wehren.

Zu Deiner Opernarbeit alles Glück! Was ich gegen Shakespear'sche Stoffe habe, weisst Du längst, möge Dein Sohn eine glückliche Hand bewähren! Ich hoffe zunächst vom Theater wenig und bedauere, dass mein Sohn an dessen Schicksal geknüpft ist. Die Industrie wird die Kunst aushöhlen bis auf die Haut, die man dann aufbläst und anmalt, um ihr Gestalt zu geben. Ob dann irgend eine Reaktion ihr wieder zu Eingeweiden und lebendigem Fleisch und Blut verhelfen kann, ist eine sehr weit offene Frage. Wer löst die Räthsel der Culturentwicklung? Lass uns unsere alten Herzen und unsre alte Ueberzeugungen behalten, mag die Welt sich drehen, wie sie will. Grüsse Deine Frau u. Deine Kinder von Deinem alten Freunde u. den Seinigen.

Eduard Devrient.

Eduard und Therese im Alter

Der ewig jugendliche Liebhaber
Gustav Emil Devrient (1803–1872)
Jugendbildnis

Gustav Emil Devrient im Alter

Tafel 32

GUSTAV EMIL DEVRIENT

ist der jüngste und zu seinen Lebzeiten beliebteste der drei Schauspielerbrüder Devrient.

Er wurde am 4. September 1803 geboren und musste gegen seinen Willen als Lehrling in die chemische Fabrik seines Onkels in Zwickau eintreten, verließ jedoch bei der ersten passenden Gelegenheit diese Stelle und wandte sich wie seine Brüder der Bühne zu. 1821 debütierte er als Raoul in der „Jungfrau v. Orleans" in Braunschweig. Da er dieses Engagement nur bekommen hatte, weil er sich verpflichtete auch in Opern mitzuwirken, so schuf er sich bald auf diesem Gebiet durch seine wohlklingende Stimme und seine stattliche Erscheinung einen großen Kreis von Verehrerinnen. Erst in seinem neuen Engagement in Leipzig, das er 1823 antrat, widmete er sich ausschließlich dem Schauspiel. 1828 siedelte Emil Devrient nach Magdeburg über, wo er jedoch nur ein knappes Jahr blieb, um 1829 einem Ruf nach Hamburg zu folgen. Hier erhielt seine dramatische Bildung den letzten Schliff und 1831 fand er in Dresden an der Hofbühne eine dauernde Stellung, von der er erst nach 37 Jahren zurücktrat, um sich, wie er sich ausdrückte, als Künstler nicht überleben zu müssen. Diese Feststellung hatte Emil Devrient jedoch mindestens ein Jahrzehnt zu spät getroffen, denn noch mit fünfzig Jahren hatte er gehofft, als jugendlicher Liebhaber den gleichen Anklang zu finden wie einst mit zwanzig.

Zahllos ist die Summe seiner Gastspiele in allen größeren Städten Deutschlands, die er allzuoft wiederholte und die hauptsächlich in die Periode von 1839 bis 1852 fallen. Auch bei Dingelstedts Münchner Mustervorstellungen wirkte er mit. In London vertrat er die deutsche Schauspielkunst und hatte namentlich mit seinem Hamlet außerordentlichen Erfolg, so daß man ihn noch über Edmund Kean stellte.

Emil Devrient war der denkende Künstler, seine Rollen waren bis ins letzte nüanciert und seine Stimme außerordentlich diszipliniert. Seine besten Leistungen erzielte er bei der Darstellung idealer, sanfter Charaktere, wie Hamlet und Tasso, aber auch Posa gelang ihm.

Er starb am 7. August 1872 in Dresden.

Der folgende Brief von Emil Devrient ist ein Bericht über sein Debut in Braunschweig am 5. November 1821 als „Raoul" in der „Jungfrau von Orleans".

Der Direktor Klingemann hatte den jungen Schauspieler anfangs nur ungern aufgenommen, da dessen Bruder Carl wenige Monate zuvor mitten in der Spielzeit Klingemann verlassen hatte. Da sich Emil jedoch verpflichtete, auch in der Oper mitzusingen, wurde er schließlich doch aufgenommen.

Braunschweig, den 6. „Novembr 21.

Meine liebe Tante!

Der für mich so wichtige Tag ist verflossen, und heiter blicke ich auf ihn zurück; ich betrat die Bühne wohl mit klopfendem Herzen, doch fühlte ich keine wahre Angst, es war mir garnicht als stände ich da zum erstenmale, so sprach ich die Erzählung der Schlacht unbefangen wie sonst; als ich aber die Hauptrede geschlossen hatte und ein Applaudissement an meine Ohren donnerte, da verging mir doch Hören und Sehen und fast hätte ich mein Stichwort zum Weiterreden übersehen, die Besinnung kehrte mir noch zeitig genug zurück. Der Applaus bei dieser unbedeutenden Rolle kann wohl nur meinem Namen zuzurechnen seyn, doch hoffe ich, da das Publikum so nachsichtig gegen mich gewesen ist, wenigstens nun hier zu bleiben, was mir sehr erfreulich seyn wird. Sobald ich in der Zauberflöte und im Opferfeste (wahrscheinlich den Oberpriester) gesungen habe, werde ich im Komischen auftreten, in welchem Fache ich mir das Meiste zutraue.

Ich habe hier meine eigene Stube wobei sogleich Aufwartung, lebe nun in meinen Studien und bin sehr froh und glücklich. Die Geselligkeit unter den hiesigen Schauspielern ist zu bewundern, sie würde mir den Aufenthalt hier sehr angenehm machen.

Mein liebes, gutes Tantchen leben Sie recht wohl und froh, küssen meinen guten Onkel und alle die Ihrigen herzlich von mir und glauben der Liebe

Ihres

Emil Dt.

Die Bühnenschriftsteller liebten es, ihre Werke einem namhaften Schauspieler vorzulegen und änderten nicht selten nach dessen Vorschlägen ganze Akte.

Der folgende Brief gibt hierfür ein Beispiel.

Dresden d. 7. October 1842.

Hochgeschätzter Herr!

Schon werden Sie mich der Lässigkeit und Unart geziehen haben, daß ich auf 2 Ihrer so freundlichen Schreiben, — erst jetzt von mir hören lasse, mögen mich die, bei ½jähriger Abwesenheit, vorgefundenen überhäuften Geschäfte und zuletzt anhaltendes Unwohlsein vollkommen entschuldigen können.

Sie haben mir, geehrter Herr, durch Uebersendung Ihres Carl v. Bourbon eine große, eine w a h r e Freude bereitet und die Achtung und Verehrung, die ich stets für ihren Genius fühlte, um ein Bedeutendes e r h ö h t. Ich kann Ihnen nicht sagen, wie wohl es heut zu Tage thut unter seichten französischen und vaterländischen Alltags-Produkten, eine Erscheinung zu begrüßen, wie es Ihr Bourbon ist, — das Werk sprüht Kraft, Idee, Genialität und ist reich an dramatischen Elementen, die auch auf der Bühne ihre Wirkung nicht verfehlen könnten, — doch bedürfte es zu diesem Zwecke nach meiner Meinung doch noch einer Umgestaltung, die sich besonders auf den e r s t e n und l e t z t e n Akt beziehen dürfte. Bedingungen der Scene und Einheit von Zeit und Ort scheinen uns hier der Wirkung auf das Publikum noch hemmend entgegenzutreten. Doch wäre da vielleicht mit Wenigem zu helfen, — ich höre von Herrn Döring (der jetzt hier mit großem und verdientem Beifall gastirt) daß der Herr Dr. Köchy in Braunschweig darauf denkt Ihnen Vorschläge deshalb zu thun, die bei seiner Bühnenkenntnis gewiß das Rechte treffen; — wir sind insgesammt entzückt von Ihrer kräftigen schönen Dichtung und können daher nur innig wünschen, dieser recht bald eine Form gegeben zu sehen, die auch die Wirkung und richtige Geltung auf der Bühne verbürgt. Ich habe dabei nun noch speziell das große Interesse für die Rolle des Bourbon, die in ihrer charakteristischen Eigentümlichkeit mir ein Feiertags-Studium verheißt; — ich erwarte daher Ihre Bestimmung, ob Sie nach Mitteilung mit Dr. Köchy oder nach eigenem Ermessen, noch etwas thun wollen — wenn nicht — wo würde ich in j e d e m F a l l das Stück in der letzten Gestalt dem Herrn von Lüttichau übergeben und sehen ob der frühere Refus nicht zurückgenommen wird.

— Wäre nur die schnelle Verwandlung der letzten Akte nach Rom hin zu motivieren gewesen, — doch scheint mir das schwierig — und gleichwohl stößt sich das Publikum an dergleichen so sehr und verzeiht es nur dem beglaubigten Shakespeare.

Meinen besonderen Dank sage ich Ihnen noch für das gesandte Gedicht, — das sind Worte aus dem Herzen jedes Preußen und sie werden unsere Landsleute fördern in ihrem Willen.

Gelang es mir in meinen Kunstbestrebungen früher Ihren Anteil zu erwecken, so glauben Sie mir, — daß solche Worte — von solchem Manne, — Wohlthat sind für viele Stunden bittern Zweifels! —

Mit Hochachtungsvollster Ergebenheit ganz der Ihrige

Emil Devrient.

Ein interessanter Bericht Devrients an seinen Freund, dem jungdeutschen Dichter Karl Gutzkow über ein Ensemble-Gastspiel in London, ist der folgende Brief.

Der Bericht über die damaligen Theaterverhältnisse bedarf keines Kommentars.

Cöln d. 13. Aug. 1853.

Lieber Freund! — Auf deutschem Grund und Boden angekommen, bei der Durchreise, diese wenigen Zeilen, denn in 3 Wochen denke ich Dich in Dresden wiederzusehen. — Die Londoner Saison ist höchst ehrenvoll zu Ende geführt; — manches hatte sich bedrohlich entgegengestellt, — die vorgerückte Zeit, die Krankheit der Königin, des Prinzen Albert — mein eignes Unwohlsein, welches mich eigentlich erst mit der 4. Vorstellung beginnen machte, — dann die politischen Verfinsterungen, — doch trotz alledem nahmen unsere Vorstellungen nach und nach solchen Aufschwung, daß deutsche Schauspielkunst in England wieder um ein gutes Theil befestigter erscheint. Die Widerspänstige und Hamlet, — Fiesco, Don Carlos, Faust und vor Allem „Tell“ haben einen mächtigen Enthusiasmus hervorgerufen und nur Preciosa und Othello haben einen schädlichen Einfluß ausgeübt. Die letztere Vorstellung hat Dessoir durchgesetzt, den Engländern etwas Neues zu zeigen und hat sich eine große Niederlage dadurch bereitet; alle englischen bedeutenden Zeitungen sprechen sich minder oder mehr hart darüber aus. Ich sagte es vorher, wie gefährlich es sei im Shakespeare eine Blöße zu geben und es hat sich gerächt, — das Nationalgefühl benutzte es gleich; des enthusiastischen Erfolges der „Widerspänstigen“ und „Hamlet“ nicht gedenkend, — rieth die Times infolge der Niederlage im Othello an, wir möchten Shakespeare lieber nicht spielen, als auf solche Weise! — Aber ich war wirklich auch erstaunt, daß Dessoir so total falsch und mangelhaft in Auffassung und Ausführung war —, ich kann mir nicht anders denken, als daß er in London ganz etwas Absonderliches bringen wollte und darum einen somnambülen, mit Krämpfen behafteten, mit Pausen tödtenden Mohren gab; — oder hat Aldregge ihn confus gemacht — kurz der Beifall der ihm im ersten Akt entgegenkam, verstummte bald ganz und er mißfiel vollkommen, — nur die Fuhr als Desdemona, — die glücklich in ihr Naturell paßt, rettete den Abend vor gänzlichem Fiasko. Ein Glück, daß wir darauf gleich durch Tell, Fiesco, Carlos etc. die Scharte auswetzten, was auch die Zeitungen hinlänglich ausbeuteten. — Allem diesem entgegen komme ich nun nach Deutschland und sehe zu meinem Erstaunen, was Betriebsamkeit aus einer völligen Niederlage, sich durch Hülfe literarischer Freunde, für einen Triumpf herausarbeiten kann. Diese Frechheit ist zum Staunen, — die Berliner Zeitungen sprechen von Nichts als von Dessoirs Triumpf im Othello — London! — Ein käufliches Winkelblatt Londons wird citiert und aus anderen Zeitungen, der Tadel zum Lob verwandelt, — was für Hamlet lobend erwähnt wurde von deutscher Auffassung des Shakespeare, — für Othello angewandt. — kurz die jesuitischsten, raffinirtesten Verdrehungen und die frechsten Behauptungen dem nachtheiligen Erfolge gegenüber, um auf das Endresultat zu kommen, daß Dessoir mehr Künstler sei als ich! — Es fasst Einen wahrer Ekel vor solchen Zuständen, in denen unsere arme Kunst zu Grabe gehen muß! — Nun lebewohl, mein lieber Freund, auf baldiges Wiedersehn! —

Wie immer Dein Freund

Emil Devrient.

N. S. Wie mögen die Dresdner Blätter wohl mein Londoner Wirken wieder besprochen haben? — da ist auch selten Anhänglichkeit für den heimischen Künstler, der der Vorfechter einer bedeutenden Unternehmung ist; — gemeiniglich findet dort Platz, wo Nachteiliges über mich in irgend einer Zeitung gedruckt wird; — wenigstens im D(resdener) Journal. —

Die aufrechte Haltung, die schon der Schluß des Briefes an Karl Gutzkow belegte, spiegelt sich auch in dem folgenden Briefe Emil Devrients an einen unbekannten Theaterkritiker.

Magdeburg d. 16" Novbr. 1858.

Ew. Wohlgeboren

Zuschrift macht mir vertrauensvolle Mittheilungen, zu denen mich eine flüchtige persönliche Bekanntschaft nicht berechtigt, doch weiß ich sie zu ehren. Mit gleicher Offenheit gesprochen, liegt es vornehmlich in Ihrer Stellung als T h e a t e r-A g e n t und K r i t i k e r , weshalb ich Ihnen stets ablehnend antwortete. Jede Hülfsleistung ist in s o l c h e r Stellung zweideutig und die Welt betrachtet sie so! — Selten verläßt mich ein Ansuchender, ohne angemessene Hülfe — doch da, wo eine Hülfe egoistisch gedeutet werden kann, entziehe ich mich ihr. — Dasselbe gilt von Eintrittskarten — es ist mir eine Kleinigkeit sie zu geben — doch, wenn ich glauben kann, Anregung zu einem Lobe dadurch zu geben, so faßt mich Schaam. Ich habe es nicht gelernt und will es zu guter letzt nicht lernen, mit dem heutigen Strom zu schwimmen! — Wenn ich von der Haltung Ihres Blattes gegen mich sprach, so meinte ich damit Referate über mein Wiener Gastspiel, die falsch und zweideutig waren. Es konnte Ihnen nicht schwer fallen W a h r h e i t über den g r o ß e n Erfolg meines Gastspiels zu erfahren. Sie zogen es vor Zweideutiges und Abfälliges zu berichten und das, n a c h d e m i c h k a u m I h r D a r l e h n s g e s u c h a b g e w i e s e n , — das ist bezeichnend. — — Wenn Sie über mich gar nicht sprechen, so wird mich das nie wundern, doch nur zustimmend zu sprechen, wo Geschäftsverbindung oder andres Interesse obwaltet, ist die heutige Weise der gewöhnlichen Theater-Agenten, von denen Sie doch eine Ausnahme bilden. —

Lassen Sie diese Antwort die letzten Zeilen über solche Gegenstände bilden, — ich war eine offene Erklärung Ihren vertrauensvollen Auseinandersetzungen schuldig! — Indem ich noch das Bedauern hinzufüge, daß I h r e S t e l l u n g mir v e r b i e t e t Ihnen nützlich sein zu können, zeichne ich in Hochschätzung als

Ihr ergebener

E. D e v r i e n t.

Sein stärkster Gegenspieler: die Zensur
Johann Nepomuk Nestroy (1803–1872)

Nestroy in »Der Affe als Bräutigam«

Tafel 34

JOHANN NEPOMUK NESTROY

ist uns heute hauptsächlich als Verfasser von Volksstücken und Märchenspielen bekannt, zu Lebzeiten jedoch war sein Ruhm als Komiker mindestens dem schriftstellerischen gleich. Eine Darstellung, die Nestroys Wesen in seiner ganzen Fülle lebendig machen möchte, wird also niemals auf eine Darstellung des Schauspielers Nestroy verzichten können.

Nestroy wurde am 7. Dezember 1803 zu Wien geboren, nach abgeschlossener Schulbildung immatrikulierte er sich an der Universität und belegte juristische Vorlesungen, von Freunden jedoch wiederholt auf seine klangvolle Baßstimme aufmerksam gemacht, nahm er ein Engagement zur Oper an und debütierte 1822 als Sarastro in Mozarts „Zauberflöte" außerordentlich glücklich. Nach zwei Jahren ging er als erster Bassist an das Theater nach Amsterdam, 1824 nach Brünn und 1826 nach Graz, wo er seine Tätigkeit bald ausschließlich auf das komische Fach beschränkte und namentlich durch geistvolles Extemporieren zum Liebling des Publikums wurde. 1831 erhielt er ein Engagement an das Theater an der Wien und 1854 übernahm er das Carl-Theater. Hier, unter eigener Direktion, unter eigener Regie in eigenen Stücken gestaltete er seine unübertroffenen komischen Charaktere.

Nestroys Spiel ist aus seiner Zeit heraus zu verstehen, denn gerade in jenen Jahren hatte der Hanswurst eine neue Metamorphose hinter sich und war vom Spießbürger in den Possenreißer umgewandelt worden. Dieses Possenreißen lag dem vom Verstand her spielenden Nestroy in starkem Maße, zumal er im Parkett ein ideales Publikum wußte, was namentlich in den politisch-flammenden Jahren auf jede Anspielung sofort reagierte. So kommt es auch, daß bei Nestroy neben seiner erstaunlichen Zungenfertigkeit oft das stumme Spiel entscheidend für den Erfolg einer Rolle war. Nestroy spielte betont realistisch, mehr witzig als humorvoll, da seine Gestalten nicht wie bei Raimund im Herzen sondern im Gehirn geschaffen wurden.

Nestroys stärkster Konkurrent war der Komiker Wenzel Scholz, der mit einem natürlichen Witz ausgestattet, in einzelnen Scenen Nestroy an die Wand zu spielen verstand.

So, wie Nestroys literarisches Schaffen im Ganzen nicht das gehalten hat, was es in „Lumpazivagabundus" versprach, so erstarrt auch sein Spiel im Alter mehr und mehr zur Routine. Nicht ohne Schuld ist an dieser gehemmten Entwicklung Nestroys ein Teil der Kritiker, namentlich Moritz Gottlieb Saphir, dessen ständige Angriffe Nestroy immer unsicherer machten.

Johann Nepomuk Nestroy starb am 25. Mai 1862 in Graz, wohin er sich ein Jahr vorher zurückgezogen hatte.

Nestroy war, wie die meisten Theaterleute, kein Freund privaten Federkrieges. Zudem ist der größte Teil seiner Korrespondenz, nämlich die Briefe an seine Gattin Maria Weiler, von ihm verbrannt worden.

Dieser erste Brief ist ein treffliches Dokument für das Wien jener Tage, in denen die Zensur jede, aber auch jede Anspielung sofort als Majestätsverbrechen bestrafte. Außerdem aber ist er ein Zeugnis für den satirischen Zug in Nestroys Charakter.

Zwing-Uri.

S. wohlgeboren Herrn Carl Lucas
k.k. Hofschauspieler in Wien

Kerker den 17ten Jänner 836

Lieber Freund Lucas!

Ich sitze fest zwischen vier Wänden. Gestohlen kann ich unmöglich werden. Jetzt kann mir niemand mehr abstreiten, daß ich ein gesetzter Mann bin. Naiv und sinnreich war es von Dir, daß du mir, dem Gefangenen, Spindlers Kettenglieder schicktest. Mich hat Einiges sehr unterhalten. Ich bin Dir sehr verbunden. Karten gespielt wird hier nicht, es ist nicht Ton in den Kerkern. Deine Bücher und meine Flaschen sind also meine einzige Beschäftigung, ich schlürfe mit Muße den beiderseitigen Inhalt in mich. Zwei Tage muß ich sitzen wegen Extemporieren in „Mädchen in Uniform“, dann, damit wir nicht aus der Übung kommen, drei Tage wegen Hund Wiest. Indessen, der Schuft wird mir, und zwar bald, auf die Länge einer Schneiderelle in den Wurf kommen, und dann dürfte seine Bocksseele unter meinen Fäusten gewaltig zu zappeln anfangen.

Mein Arrest ist vollkommen den Grundsätzen der Kerkeretiquette gemäß. Die Schlösser an meiner Türe haben die Größe derer, die man gewöhnlich vor den Kerkertüren der Hochverräter antrifft. Die Bewachung vor einem möglichen Echappieren ist so sorgfältig, als ob ich um zwei Millionen Obligationen verfälscht, sieben Jungfern, à 13 Jahre alt, genothzüchtigt, einige Kinder und diverse Erwachsene umgebracht hätte.

Vor meinem Gitterfenster ist ein hölzerner Kübel, damit die Lichte nur von oben eindringen kann, aus Vorsicht, daß ich mit anderen Missetätern, Genossen meiner Freveltaten, nicht vielleicht durch Zeichensprache korrespondieren kann. Ich schreibe Dir diese Miserabilitäten nur, (damit Du siehst,) wie sehr man in Wien Kunst und Künstler achtet und mit welcher ausgezeichneten Humanität man sie bei geringen Vergehungen behandelt. So sitze ich in der pikantesten Einsamkeit. Nur selten bringt das sanfte Himmelblau eines bedienenden Polizeimanns eine Abwechslung in das einförmige Weiß meines Turmgemachs. Wie mir in müßigen Stunden mancherlei treffende Gedanken kommen, so ist mir eine ganz originelle Art von Ohrfeige eingefallen, ich glaube, daß sie in Wiest's Galgenphysiognomie sich nicht unvorteilhaft ausnehmen dürften. Wir wollen sehen, was zu thun ist.

Dein Freund

J. Nestroy

Sänger, Schauspieler, Komiker, Dichter und Arrestant und der Himmel weiß, was noch alles.

Mit dem Literatentum seiner Zeit hat sich Nestroy nie in Verbindung gebracht, er betrachtete sich immer als stückeschreibenden Schauspieler, nie umgekehrt.

Nur in zwei Briefen hat er seine Stellungnahme zu Literaten seiner Tage ausgeführt. In dem folgenden, in dem er sich über Gutzkow äußert und in einem weiteren über Saphir, dem wortwitzelnden Rezensenten Wiens.

An einen Rezensenten.

Hamburg den 31. July 1841.

Euer Wohlgeboren!

Sie waren so gütig mich zu fragen, ob ich wünschte, daß beyliegender Aufsatz des Telegraphen abgedruckt würde; darauf kann ich nur erwidern, daß Sie mich sehr verbinden, wenn es nicht geschieht. Ich verlange gewiß keine Lobhudeley, aber der Aufsatz, das dürfen Sie mir auf's Wort glauben, ist zu sehr von der Wahrheit, von dem unbestreitbar günstigem Erfolge entfernt. Gutzkow ist mir nicht freundlich gesinnt; daß das „Graue Haus" als Stück nicht sonderlich angesprochen, ist gewiß, Mißfallen hat es aber keineswegs erregt, ebenso geht Herr Gutzkow über gewisse Dinge z. B. über das wahrhafte Furore meiner eingelegten Quodlibet-Arie, nach welcher ich 3 Mahl gerufen wurde, was in Hamburg garnicht der Brauch ist, über den Effect des Tanz-Duettes, etc. unendlich klein hinweg. Das Auffallendste ist noch, daß er vom Talisman, wo es mir erst vollkommen gelang, alle Stimmen für mich zu gewinnen, noch viel kleiner spricht, als von der ersten Vorstellung. Mit einem Worte, wenn Sie so gütig sind mich zu fragen, kann ich nur Nein antworten.

Ein von Lobhudeley und absichtlicher Verkleinerung gleich weit entfernter Aufsatz, eine reine kritische Beleuchtung meiner Leistung in Hamburg, wurde von Dr. Töpfer geschrieben, mir ist leid, daß dieser noch in keinem Blatte erschienen ist.

Indem ich für Ihre freundschaftliche Güte meinen verbindlichsten Dank abstatte zeichne ich mit besonderer Hochachtung Euer Wohlgeboren

ergebenster

J. Nestroy mp.

Ein typisches Beispiel Nestroy'schen Witzes ist der folgende Brief an Moritz Gottlieb Saphir, der als „offener Brief“ viel Verbreitung fand.

Nestroy hat diesen Brief jedoch erst nach jahrelangen hämischen Spitzen Saphirs gegen ihn geschrieben.

Saphir schämte sich nicht, wenige Jahre nach dieser Abfuhr, Nestroy um Geld anzubetteln.

Herr M. G. Saphir!

18. II. 49.

Motto:

Cuneus cuneum trudit.
(Sehr frei ins Deutsche übersetzt:)
Für den groben Klotz einen groben Keil.
Altes Sprichwort.

Ich habe bisher Ihre fortwährend gegen mich gerichteten, teils mit Ihren, teils mit dem Namen Ihrer Handlanger untersudelten Schmähungen keiner Beachtung gewürdigt; da nun aber mein, auf diese Nichtachtung basiertes Stillschweigen bei Ihrer zunehmenden Frechheit die Öffentlichkeit leicht auf die Meinung bringen könnte, ich schweige aus anderen Gründen, — etwa, weil ich Sie als Literaten oder als Kritiker oder gar als

Mensch — (o Gott — !!) oder als irgend sonst etwas respektiere — so sehe ich mich zur Beseitigung solch heilloser Irrtümer genötigt, das Stillschweigen aufzugeben und so schonend als möglich, — sogar mit Vermeidung der Ihnen mißliebigen Waffe des Witzes — in einfacher, klarer, deutscher Sprache Ihnen für die elende, lächerlich-bärbeißige, niedergrimmige Gehässigkeit, die Sie gegen mich entwickeln, meine unbegrenzte Verachtung auszusprechen. Pfui! Sie sollten sich schämen, so ein alter Mann, und noch derlei journalistische Gassenbüberei treiben, gehört sich das?

Bei Erwähnung Ihrer kritischen Miserabilität ist mir, als wüchse mir ein Foliant unter der Hand, und ich muß es mir wiederholt einschärfen, daß ich nur einen Artikel und keinen ganzen Jahrgang zu schreiben habe. Deshalb sei es auch nur im Vorbeigehn berührt, wie Sie z. B. in Ihrem Kritikaster-Dünkel nach Fehlern an anderen haschen. während Sie in Ihren salbadrigen Vorlesungen (die Sie in geistiger Kurzsichtigkeit für Meisterwerke halten, weil die Kollegialität Sie stets mit eigentlicher Kritik verschont) sich selbst die gröbsten Verstöße gegen Rhetorik, Logik und derlei Kleinigkeiten zu Schulden kommen lassen, deren Kenntnis man freilich bei ihrem Mangel an gründlichen Studien, von Ihnen nicht prätendieren kann. — — So will ich ferners auch nur beispielsweise erwähnen, wie Sie mit beispielloser Arroganz bei Besprechung des „Schützlings“ sich zu sagen erfrechten, es wären nur vier witzige Gedanken in dem Stück, die Applaus erhielten, und diese wären von Ihnen. — i. E. M. G. Saphir! Das hätte ich mir nie von mir gedacht; es kann auch nicht so sein, denn wenn ich schon nötig hätte, nach fremden Witzen zu trachten, wie käme ich dazu, sie von Ihnen zu nehmen? Warum denn durch die dritte Hand? Warum denn nicht gleich da, wo Sie sie selber stehlen? Oder glauben Sie, man weiß es nicht, wie Sie es machen, wenn Sie etwas mehr als Ihre abgeschmackten Wortverdrehungen zu Markte bringen, wie Sie von jeher Jean Paul, Börne u.s.w. geplündert, oder wie Sie des herrlichen Rückerts Geistesblüten als selbsterzeugte „Wilde Rosen“ verkauft?

Über alles dieses ausführlicher bei passender Gelegenheit; für jetzt muß ich Ihnen nur, weil Sie mir unter anderen Kleinigkeiten auch alle edleren Gefühle abstreiten — zeigen, wie sehr Sie mir Unrecht tuen, wie ich namentlich ein sehr edles Gefühl;

was vielleicht niemand mit mir teilt, für Sie im Busen hege, es ist das Gefühl des Mitleids, des innigsten Bedauerns, und dieses zwar aus zwei Gründen. Fürs erste hat die dumme Hartnäckigkeit, mit welcher Sie Gelungenes, Halbgelungenes und Mißlungenes von mir in gleichem Maße begeifern, das Publikum auf die Idee gebracht, als wären Sie auf jeden neidisch, der bisweilen einen witzigen Gedanken hat, und da kränkt es mich denn, daß ich oft hören muß, wie die Leute sagen: „Das ist recht niederträchtig von dem Saphir, daß er den Nestroy so verfolgt, glaubt denn der eingebildete Mensch (Saphir nämlich) ein ausschließliches Privilegium auf Witz und Humor zu haben? Was will er denn, der —" etc.

So reden die Leute. Und mir tut das in der Seele weh, wenn ich sehe, wie ein Mann, der der Welt gerne weismachen möchte, er sei ein großer Mann, sich so übler Nachrede aussetzt und so kleinlich-niedrige Gefühle zur Schau trägt. Muß ich Sie deshalb nicht bedauern, Sie armer Mann? — Ferners blamiert Sie noch das auf die auffallendste Weise: Sie belfern seit Jahren meine Stücke an wie ein bissig-Knurriger, an einem Schiebkarren gefesselter Wäscherpintsch die Vorübergehenden. Und wenn mich nun jemand fragt: „Hat Ihnen dieser M. G. Saphir mit seinem jahrelangen Gebelle Schaden zugefügt?" so müßte ich offen und ehrlich antworten: „Nein, auch nicht den geringsten!" Möge Ihnen dies der sprechendste Beweis Ihrer kritischen Nichtigkeit sein, Sie lächerlicher Vomkunstrichterstuhlherabdieleutevernichtenwoller; — muß ich Sie deshalb nicht abermals bedauern, Sie armer, erbärmlich armer Mann? — Ich werde weich — die Rührung übermannt mich — ein Schluchzer — eine stille Trä — — ich muß schließen.

J. Nestroy.

In den späteren Jahren nahm es Nestroy mit der Ehetreue nicht mehr genau und Fräulein Köfer (das „von" war damals in Wien allgemein Brauch) hat sicherlich manche Vor- und Nachgängerin gehabt.

An Fräulein von Köfer Stadt Schultergasse 402 im 3ten Stock.

12. März 1855.

Mein Fräulein!

Nicht nur der Brief an und für sich, mehr noch die bey möglicherweise gänzlicher Erfolglosigkeit desselben, gewagte Länge dieses Briefes, ist das, was Sie in Staunen setzen wird. Ohne Ihre Geduld durch die landesüblichen Entschuldigungen noch mehr zu ermüden, eile ich sogleich zur Sache.

Da ich keinen Abend ohne Theaterbesuch verlebe, fügte es sich, daß ich Sie sah, daß ich Sie in Stadt- und Vorstadt-Theater wiederholt gesehen. Ich glaube kaum, daß ich das Glück hatte, von Ihnen bemerkt worden zu seyn; man wird ja gewöhnlich übersehen, wenn man, wiewohl vielleicht mit einigen Ansprüchen auf Eroberungen ausgerüstet, sich an der Seite der Gemahlin, und somit als Ehekrüppel präsentiert. Das einemahl waren sogar, die zweyte Loge neben mir, ein Paar Dandys, denen Ihr Operngucker nicht ohne Wohlgefallen sich zuzuwenden schien, der Gegenstand meines stillen Neides.

Dem ungeachtet, mein Fräulein, wage ich es, in diesen Zeilen das auszusprechen, was Sie von vielen andren und oft werden gehört haben; Ich sage Ihnen nehmlich, daß Sie, liebenswürdig und interessant in hohem Grade, der Gegenstand meiner glühendsten Wünsche sind.

Wie werden Sie diese Worte aufnehmen? Vielleicht werden Sie mich als zudringlichen Unbekannten auslachen, Vielleicht sogar, wenn Sie, was beynahe nicht anders denkbar ist, einem Geliebten haben, in Compagnie mich auslachen, dieser Gefahr stelle ich mich bloß, aber ich kann es thuen, erstens, weil Sie in diesem Falle nur über einen Unbekannten lachen, und zweytens, weil mir dann immer noch der Trost bleibt, Sie hätten mich vielleicht nicht ausgelacht, wenn Sie sich die Mühe genommen hätten, den Unbekannten kennen zu lernen. Ich kenne Ihre Lebensverhältnisse nicht, und habe meinem Bedienten, welcher beym Nachhausegehen Ihren Schritten folgen mußte, und welcher von einem auf der Treppe stehenden Individuum, wenn auch in etwas unfreundlichem Tone, Ihren Nahmen erfuhr, jede weitere Neugier, welche Ihnen, wenn Sie Kunde davon erhalten hätten, verletzend hätte erscheinen können, aufs Strengste untersagt. Meine Ansicht ist die: junge schöne Damen, mögen in was immer für Lebensverhältnissen seyn, ein im Stillen begünstigter, beglückter und dafür dankbarer, discreter Freund ist nie unbedingt zu verwerffen, und selbst, wenn Sie Braut seyn sollten, dürfte Ihnen nach den Flitterwochen ein derart geheimer Freund nicht ohne Nutzen seyn. Wenn Sie in diese meine Ansicht eingehen, mein Fräulein, und darauf kömmt alles an, dann hoffe ich, daß Sie das, was ich Ihnen alsbald proponieren werde, nicht zurückweisen dürften. Ich habe nur noch vorauszuschicken, daß ich mehrere Tage unschlüssig war, über die Art und Weise, wie ich mich Ihnen nähern sollte. Ich wählte endlich dennoch den durch die Ungewissheit, ob der Brief in Ihre Hände kommen wird, oder nicht, etwas gefährlichen brieflichen Weg, und verwarf den ersten Plan, nach welchem ich eine Gelegenheit, Sie auf der Straße anzusprechen, abwarten wollte, einen Plan, welcher Sie wahrscheinlich verletzt, und mich von dem ersehnten Ziele nur entfernt haben würde.

Sie werden mir die Umständlichkeit meiner Proposition vielleicht als Unbeholfenheit auslegen, sie hat aber ihren Grund einzig nur darin, daß ich es nicht über mich gewinnen kann, mich einer jungen Dame, in die ich mehr als gewöhnlichen Wert setze, auf die zwar gangbarste, aber etwas ordinäre Weise zu nähern. Der Vorschlag, den ich Ihnen nun mache, ist folgender:

Ich wähle eine unverdächtige Stunde: halb Zwey Uhr Mittags, ich wähle einen unverdächtigen Ort, die Prater-Hauptallee. Ich werde früher schon mich unten befinden, und morgen Donnerstag Punkt halb Zwey Uhr langsam vom unteren Ende der Haupt-Allee, vom Rondeau nehmlich, nach dem oberen Ende der-selben, nach dem Prater-Stern zufahren. Wenn Sie, mein Fräulein, zur selben Zeit halb Zwey Uhr vom Praterstern nach dem Rondeau hinunterfahren, so werden unsere Wagen sich begegnen. Belieben Sie, damit ich Ihren Wagen in einiger Entfernung schon erkenne, da man in Wien links fährt, am geöffneten Wagenfenster rechts, das Schnupftuch zu halten, dieses Schnupftuch wird mir zugleich das mich hochbeglückende Zeichen seyn, daß Sie, im Falle Sie mich Ihrer Gunst würdig finden, in meine oben ausgesprochene Ansicht über geheime Liaisons eingehen. Ich selbst werde, da zu dieser Zeit mehrere Wagen den Corso machen, durch einen lichtgrauen, hochrot ausgeschlagenen Reise-Manteau Ihnen erkennbar seyn. Ohne Ihnen weiter zu folgen, sehe ich Ihr Erscheinen als die Erlaubnis an, den Zweyten Schritt zu thun. Dieser wird darin bestehen, daß Sie gleich den folgenden Tag (Freytag) einen zweyten Brief von mir bekommen. In demselben werde ich Ihnen einen Vorschlag machen über die Art und Weise, wie ich das Glück haben kann, Sie zu sprechen.

Als den Tag hiezu würde ich Ihnen den nächsten Sonntag vorschlagen.

Meine Wünsche wissen Sie nun, die Erfüllung liegt in Ihrer Hand, und wenn es nur zu der, aus dem zweyten Brief entspringenden Unterredung kommt, dann hoffe ich gewiß, mich als Ihrer Gunst würdig zu erweisen, so daß ich dem ersehnten Ziele mit einiger Zuversicht entgegensehe.

Ihr Sie hochschätzender

eifriger Verehrer

L. B. v. R.

Die Köfer war jedoch durchaus nicht der Engel, von dem Nestroy geträumt hatte und nachdem zwischen beiden durch anonyme Briefe, die zumindest von ihr inspiriert waren, eine immer größere Kluft entstand, entschloß sich Nestroy zu diesem endgültigen Schritt.

An die

Herrn F. Treumann und E. R. v. Stainhauser.

Wien den 31ten July 856.

Die beiden Herrn werden von dem Unterzeichneten freundlichst ersucht, in folge der gehabten Rücksprache, sich zu Fräulein Köfer zu begeben, und ihr nachstehende Mitteilung zu machen.

Aus Gründen, welche ich in meinen beyden letzten Briefen an Hr. v. Stainhauser theils angedeutet, theils erörtert habe, ist die zwischen mir und Fräulein Caroline Köfer bestandene nähere Beziehung unwiederruflich aufgelöst, und Fräulein C. Köfer kann sich als vollkommen frey betrachten. Da es jedoch mein Wille nicht ist, sie in augenblicklicher Verlegenheit zu sehen, so erhält Fräulein Caroline Köfer

1tens Fünfhundert Gulden Cv. Mze. ausbezahlt, hat dagegen jedoch Herrn F. Treumann meine Briefe und Portrait zurückzustellen.

2tens Erhält Frl. Caroline Köfer heute am letzten July denselben Betrag, wie in früheren Monaten, nehmlich Achtzig Drey Gulden 20 X Cv. Mze. Für künftighin hat dieser Monatsgehaltbezug selbstverständlich aufzuhören.

3tens Erhält Frln. Caroline Köfer den ersten halben Jahreszins für die am Laurenzer-Berg aufgenommene Wohnung, pr.

Hundert Fünfzig Gulden Cv. Mze. Fräulein Caroline Köfer mag desshalb diese Wohnung kündigen oder beybehalten, ganz nach eigenen Ermessen, da die Zahlung meinerseits selbstverständlich aufhört —

Ferner erhält Fräulein Caroline Köfer am Schlusse diese Jahres, nehmlich am 31ten Dezember 856, noch Dreyhundert Gulden, dieses jedoch nur unter den ihr von Herrn F. Treumann mündlich kundzugebenden Bedingungen, werden diese Bedingungen in irgend einer Weise verletzt, so würde auch die Zahlung benannter Dreyhundert Gulden hinwegfallen.

Das Portrait des Frl. C. Köfer, würde ich ihr also gleich zurückstellen, allein es befindet sich in Verwahrung des Herrn Grois, welcher gegenwärtig nicht in Wien ist, steht jedoch nach seiner Zurückkunft alsogleich zur Rückgabe bereit. Die Briefe habe ich, wie Frln. C. Köfer wohl weiss, jederzeit sogleich vernichtet.

Somit ist weiter nichts mehr zu erwähnen.

J. Nestroy.

Nestroy, der oft sich und seine Stücke in den Dienst einer wohltätigen Sache stellte, kam auch sonst den Menschen seiner Umgebung im weitesten Maße entgegen. Als wahrhaften Freund hat er jedoch nur den Sekretär des Carltheaters Ernst Stainhauser, Ritter von Treuberg, gehabt.

Der nachstehende Brief gibt einen Einblick in die entgegenkommende Art Nestroys.

An Herrn Fritsch, Maler.

Wohlgeboren

Wien am 26ten April 1857.

Zeige Ihnen an, daß zur Erleichterung Ihres Vorhabens wegen Herausgabe einer Galerie komischer Costume-Bilder ich an die Cassa des k. k. p. Charl-Theaters die Weisung ergehen ließ, Sie beim Besuche des Carl Theaters ohne Karte ins Parterre eintreten zu lassen. Zur Regelung dieser Verfügung ersuche ich Sie, beim ersten Besuche des Theaters sich mit meinem Cassen-Controllor Stainhauser besprechen zu wollen.

Mit bekannter Hochachtung

J. Nestroy.

Eine Seite von Nestroys Charakter verdient noch Beachtung: die politische.

Er war überzeugter Zentralist, spottet und schimpft über die Versuche zur Verselbständigung der Völker Österreich-Ungarns und hat einen heiligen Zorn auf Louis Napoleon. Diesen machte er nicht nur in seinen Briefen, sondern auch in seinen Stücken Luft.

An Steinhauser.

Helgoland, d. 12. Juli 1859.

Werthester Freund!

Dein Schreiben hat mich sehr erfreut, ich hoffte es schon früher, nehmlich mit dem letzten Mittwochsschiff zu erhalten, u. es kann auch nur um ein Paar Stunden zu spät in Hamburg eingetroffen sein, so daß es bis zum Samstag-Schiff liegen bleiben mußte. Das Theatergeschäft geht, wie es eben der Zeit u. den Umständen angemessen ist. Leider kann man dieß von den politischen Verhältnissen nicht sagen, die stehen weit übler, als man sich denken konnte. Ich lese keine Zeitung, denn die Berliner- und noch mehr die Hamburger-Blätter schreiben derart, daß ein Österreicher — selbst wenn er kein so Gutgesinnter wäre wie ich — sie mit Entrüstung um die Erde werffen muß. Trotzdem ist die Waffenstillstandskunde zu mir gedrungen, und hat mich ganz „baff" gemacht. Unterhandeln müssen mit einem Lumpen, wie dieser Napoleon, das ist arg. Es ist diess der klarste Beweis von der Niederträchtigkeit der anderen Großmächte, die uns theils im Stiche lassen, theils directe im Interesse dieses revolutionären Schuftes Napoleon handeln. Übrigens, wo auch die Regierungen etwas im Österreichischen Interesse thun möchten, ist wieder Volk u. Armee, namentlich die letztere, entgegen. In Berlin sagen die Soldaten: „Wir können den Österreichern nicht helfen in Italien, denn wenn wir fielen bei der Hitze, so würden wir Ihnen die Luft verpesten, da man uns als Ketzer im Concordat'schen nicht begraben darf." Wenn man einen Ausländer aufklären will, daß Concordat u. Inquisition noch ein himmelweiter Unterschied ist, so glaubt er es nicht. Der Haß gegen das Concordat ist so groß und so eingewurzelt im Auslande, als ob schon Tausend Norddeutsche bei Auto dafês gebraten worden wären.

Herzliche Grüße Dein

J. Nestroy

Als Gegenstück zu dem „offenen Brief an Saphir“ sei noch eines Dankschreibens an einen anderen Rezensenten gedacht.

An Friedrich Uhl.

Wien, 30. 1. 1862.

Euer Hochwohlgeboren!

Vor kurzer Zeit auf eine Theater-Kritik aus Ihrer hochgeschätzten Feder aufmerksam gemacht — in welcher Sie, geehrter Herr, auf so überaus freundliche Weise meiner und meines Wirkens gedachten — benütze ich den ersten mir zur Disposition gestellten freien Tag, um Euer Hochwohlgeboren für die mir zu Teil gewordene ebenso liebenswürdige wie nachsichtsvolle Beurteilung, durch die ich mich hochgeehrt fühle, meinen verbindlichsten, wärmsten Dank auszusprechen.

Indem ich auch für die Zukunft mich Euer Hochwohlgeboren gütigen u. vielvermögenden Gewogenheit anzuempfehlen mir erlaube, wollen Sie gleichzeitig die Versicherung der vorzüglichsten Hochachtung entgegennehmen von Ihrem ergebensten

J. Nestroy.

Wenzel Scholz an Nestroy:

9. Februar 1850.

Lieber Nestroy!

Ich wünsche von ganzem Herzen, daß Du recht bald gesund wirst; ich danke Dir, daß Du jetzt krank geworden bist, es ist ein Vorteil für mich, ein andermal werde ich, wenn ich krank bin, Dir zu Liebe gesund werden.

Nebst einem Handkuß an Frl. Weiler

Dein

alter Spezi
W. Scholz.

besaß die seltene Mischung von dramatischer Ausdruckskraft und Gesangsstimme. Sie ist die Tochter Friedrich Ludwig Schröders, also ein echtes Theaterkind.

Am 6. Oktober 1804 wurde sie in Hamburg geboren und bereits mit fünf Jahren schwebte sie als tanzende Amorine über die Hamburger Bühne. Kaum zehn Jahre alt, ist sie schon im Horscheltschen Kinderballett in Wien, wechselte dann vom Ballett zum Schauspiel über und debütierte fünfzehnjährig als Aricia in Racines „Phädra". Neben ihrer Bühnenarbeit nimmt sie jedoch noch eifrig Unterricht im dramatischen Gesang bei dem seiner Zeit berühmten Gesangslehrer Mozatti. Als sie dann nach einjähriger Ausbildung 1821 die Titelrolle der Oper „Pamia" singt, wird ihr ein solcher Beifall zuteil, daß sie sich von nun an ausschließlich der Oper widmet.

Bei einem Gastspiel in Berlin lernt sie Carl Devrient kennen und schließt mit ihm 1823 einen Ehebund. Gemeinsam mit diesem tritt sie ein Engagement an der Dresdner Bühne an, der sie, mit wenigen Unterbrechungen, bis 1847 als Mitglied angehörte. Auch hier in Dresden hat sie die Ausbildung im Kunstgesang nicht abgebrochen, sondern unter Mieksch sich zu einer hohen Fertigkeit entwickelt. Wahrhaft groß war sie im dramatischen Gesang und ihre glänzendsten Erfolge sowohl in allen Städten Deutschlands als auch in Paris, wo sie 1830 zum ersten Male auftrat und in London, wo sie 1833 und 1837 gastierte, dankt sie der hinreißenden Gewalt ihrer Darstellung, welche sie übrigens nicht nur auf der Bühne, sondern auch als Liedsängerin wohl einzusetzen wußte.

Unser Brief gibt einen Einblick in ihre unglückliche Lebenslage, in welche sie nach der 1828 erfolgten Trennung von Carl Devrient gekommen war. 1850 heiratete sie ein zweites Mal und zwar den livländischen Gutsbesitzer v. Bock, dem sie in seine Heimat folgte. Aber schon 1852 kehrte sie nach Deutschland zurück und lebte abwechselnd in Berlin und Dresden. Am 26. Januar 1860 starb sie zu Koburg.

Wilhelmine Schröder-Devrient an Carl Devrient.

Dresden d. 7. Januar 1845.

Eben als Ihr Brief an Fritz — unter meiner Adresse — einlangte, war ich im Begriff an Sie zu schreiben.

Daß es mich einen Entschluß kostet für Sie die Feder zur Hand zu nehmen, werden Sie begreiflich finden, denn Sie wissen warum ich mich in keine Correspondenz mehr mit Ihnen einlassen mag. Indessen drängt sich mir im vorliegenden Fall die Nothwendigkeit zu sehr auf, als daß ich länger zögern sollte, meinen Vorsatz umzustoßen, obgleich ich durchaus keiner Hoffnung Raum gebe, diesmal ein günstigeres Resultat zu erreichen, als früher. Die hageldicken Vorwürfe die Sie in Ihrem Schreiben an Fritz wieder gegen mich schleudern, berühren mich so wenig, daß sie kaum der Widerlegung werth sind die Fritz übernommen hat. Man gewöhnt sich an alles in der Welt, so bin auch ich längst an den Ton gewöhnt, den Sie stets gegen mich angenommen, von dem ich mich aber schon lange nicht mehr verblüffen lasse. Zur Sache. Wie Sie aus Fritz seinem Schreiben sehen, hat derselbe erst vor wenigen Tagen mir auf das Bestimmteste erklärt daß er Schauspieler werden will. Meine Ansichten über die Wahl dieses Berufes wußte er vom ersten Tage seines Eintrittes in mein Haus — ich bin ganz dagegen, und gebe nur mit Widerstreben und nothgedrungen meine Einwilligung dazu! Fritz hat nichts gelernt und treibt alles mit großer Oberflächlichkeit, und habe ich bis jetzt eine ernste Richtung in nichts bemerkt, selbst nicht in der Musik in welcher ihm Donizetti der Höhepunkt zu sein scheint. Zu ernsten Studien um auch, wenn es bei der Bühne nicht gehen sollte, einen sicheren Broderwerb zu haben, fehlt ihm Lust, Ausdauer und Charakterstärke und sein einziges Dichten und Trachten ist die Bühne! Das also ist das Resultat Ihrer brillanten Erziehung deren Sie früher einmal in einem Briefe an mich erwähnten! Es war mein sehnlichster Wunsch, keines meiner Kinder die dornenvolle Bahn des Schauspielers wählen zu sehen, denn keine Kunst verlangt so gtosse Opfer und keine gewährt so wenig Befriedigung als die des darstellenden Künstlers! Und wie häufig täuschen sich die jungen Leute, denn Lust und Liebe zur Sache reicht nicht hin, die Gaben müssen bedeutend sein die über die Mittelmäßigkeit erheben. Und wer steht dafür daß Fritz die nöthigen Anlagen hat? Seine Stimme ist gut, aber nur gut, lange nicht schön genug um sich um der Stimme willen, dem Theater zu widmen. Er würde Bariton werden, wie sie häufig und an jedem Theater zu finden sind. Für das Schauspiel werden ihm mühevolle Studien bevorstehen, um einen Sprachfehler abzulegen, der sehr bemerkbar ist, besonders wenn er schnell spricht. Ich habe ihm alle Schwierigkeiten, alle Schattenseiten des Bühnenlebens nach allen Richtungen hin und in den grellsten Farben vorgeführt — doch bleibt er bei seinem Entschluß zur Bühne zu gehen wollen, weil er nun nicht mehr zurück kann, da ihm nie eine ernste Richtung zu einem anderen Stande gegeben worden sei! Sie selber haben mehr das Herbe, Mühselige von unserem Stande kennen lernen und hätten, durch eigene Erfahrung gewarnt, lieber darauf hinwirken sollen, Fritz eine andere Lebensrichtung zu geben. Nun ist es zu spät und jetzt bleibt nichts mehr übrig als ihm den schlüpfrigen Pfad so viel als möglich zu ebnen. So hören Sie meinen Plan, meinen Vorschlag, nicht Entschluß wie Fritz sich ausdrückt, denn der kann ja ohne Sie nicht gefaßt werden Ihre Herren Brüder haben Fritz in dem wahnsinnigen Gedanken — jetzt schon zur Bühne zu gehen, bestärkt und wie ich höre hat Herr Emil Devrient sogar die Güte haben wollen, Fritz sogleich ein Engagement in Breslau zu verschaffen. Dem Unsinn habe ich aber einen Riegel vorgeschobon, und gewiß auch in Ihrem Sinne gehandelt, indem ich Fritz das heilige Versprechen abgenommen habe, vor den nächsten 2 Jahren noch nicht daran zu denken, die Bühne zu betreten. Damit er nun ernste Vorstudien zu seinem künftigen Beruf machen und auch andere Zweige des Wissens, worunter besonders tüchtige Sprachkenntnisse verstanden, sich aneignen kann, mache ich Ihnen den Vorschlag: ihn für die nächsten 2 Jahre meiner Mutter zu übergeben, die wohl heut zu Tage noch die Einzige sein dürfte, einen tüchtigen Künstler zu bilden, wenn wahrhaftes Talent vorhanden ist. Augsburg ist eine stille aber angenehme Stadt, die wenig Zerstreuungen darbiethet und Mutter würde ihn mit Strenge beaufsichtigen und ein ernster militärisch-strenger Onkel würde ihm auch zur Seite stehen. Von Zeit zu Zeit kleine Ausflüge nach München was ihm durch die Eisenbahn so nahe, würden durch die Anschauung so vieler großer Werke, seinen ästhetischen Sinn mehr und mehr entwickeln und so würde er nach 2 Jahren, wenn es dann noch sein Wille ist, und ihn meine Mutter für tüchtig genug befunden, vorbereitet, gereifter an Verstand und Erfahrung, seinem Lebensziel mit der Beruhigung entgegengehen, das Beste dafür gethan zu haben und im Fall des dennoch möglichen Misslingens so viel an anderen Kentnissen erworben zu haben, um damit seinen anständigen Lebensunterhalt erwerben zu können.

Eine Selbständigkeit bis auf einen gewissen Punkt muss ihm gestattet werden, denn Selbständigkeit gehört zur freien Entwicklung eines Charakters. So muß er z. B. zwar in der Nähe der Grossmutter, aber allein wohnen, damit er genöthigt ist, selbst in Ordnung zu halten, was seine engsten Lebensbedürfnisse sind, eine Tugend, die ihm gänzlich mangelt, denn das Bedürfnis der pedantischen Ordnung kennt er nicht, die ich, namentlich für einen Künstler sehr nothwendig halte, dem die genaueste Ordnung in allem was ihn umgibt, das innere Gleichgewicht wieder herstellen muss, welches in dem bewegten Leben eines Künstlers sonst leicht verloren geht. Von mir hat er die feierliche Versicherung, dass ich nie, auch nicht 1 Th. Schulden für ihn bezahle. Mit 300 Th. das Jahr kann er dort ganz anständig auskommen, denn dort ist alles sehr wohlfeil. Gern bin ich bereit, 100 Th. jährlich beizusteuern, wenn Sie ihm 200 Th. aussetzen wollen. Nach genauer Berathung mit Sachverständigen halte ich diesen Plan für Fritz für den besten, und geht meine Mutter darauf ein, der ich erst dann Mittheilung davon machen werde, wenn Sie zu diesem Plan Ihre Zustimmung gegeben, so wüsste ich für Fritz Zukunft nicht besser zu sorgen. Unter Ihrer Leitung geht es mit Fritz nicht, Sie sind zu heftig, zu schroff, und behandeln ihn zu sehr als Kind, was er doch nicht mehr ist, wie denn überhaupt Eltern nie Unterricht geben können. Lassen Sie mich schleunigst Ihre Ansichten wissen, damit ich die nöthigen Schritte bei meiner Mutter thun kann, um sie zur Aufnahme von Fritz zu bereden.

Sollten Sie wider Erwarten, nicht in meine Ansichten eingehen, so werde ich mich ferner in nichts mehr mischen, und Fritz mag dann sehen, wie er mit Ihnen fertig wird.

Für Wilhelms Zukunft werde ich sorgen; er ist ein brauchbarer, fleißiger, tüchtiger Mensch geworden, der in allen Wechselfällen des Lebens seinen Weg machen wird, denn er hat sein Fach ausführlich gelernt, wie er denn stets auf das eine, bestimmte Ziel hingeführt worden ist, denn von allen Überspanntheiten und zwecklosen Narrheiten habe ich ihn nach besten Kräften zurückgehalten. Er ist mit seinem Los, seiner Bestimmung ganz zufrieden und zu meiner großen Freude, so heterogen wir in vieler Beziehung sind, verstehen wir uns aus dem Grund unserer Herzen. Sophie meine herzlichsten Grüße!

Sobald ich irgend Zeit habe, werde ich ihr schreiben. Nur soll sie mir dann auch recht natürlich und unbefangen antworten; ihre Briefe sind immer von einer Geschraubtheit und Unnatürlichkeit, u. schmecken nicht selten nach einem beklagenswerthen Pietismus, der mir höchst unangenehm an einem jungen Mädchen ist, das erst in die Welt tritt und mit heiteren Blicken um sich schauen soll. —

Ihre baldige Antwort erwartet

Wilhelmine Schroeder-Devrient.

KAROLINE BAUER

ist die Tochter eines bei Aspern gefallenen Rittmeisters. Sie wurde am 29. März 1807 zu Heidelberg geboren und siedelte nach dem Tod ihres Vaters nach Karlsruhe über. Bereits mit fünfzehn Jahren debütierte sie am dortigen Hoftheater als Margarete in Ifflands „Hagestolzen". Schon in dieser Rolle war ihre natürliche Begabung zu erkennen und man sagte ihr eine große Karriere voraus, die sich denn auch erfüllte. In welchem Orte sie auch spielte, immer gewann sie sich durch ihre Anmut, durch ihre natürliche und durchaus individuelle Begabung die Herzen der Zuschauer. Ein Kunstästhet der damaligen Zeit hat die Wirkung Karoline Bauers auf den größten Teil des Publikums in den Satz zusammengefaßt:

„Hast Du mir Tränen ins Auge gelockt und Lust in die Seele."

Von Anfang an gewöhnt, nur erste Rollen zu spielen, gleicht ihre künstlerische Entwicklung einem Triumphzug. 1824 wurde sie an das Königsstädtische Theater nach Berlin verpflichtet und ein halbes Jahr danach an die dortige Hofbühne. 1829 verließ sie die Bühne, um sich, zur Gräfin Montgomery erhoben, mit dem Prinzen Leopold von Koburg zu vermählen, der sich jedoch, als er die belgische Königskrone annahm, wieder von ihr trennte. Sie kehrte nach diesem Adels-Intermezzo zur Bühne zurück und folgte 1831 einer Einladung zu einem Gastspiel nach Petersburg. 1834 ist das Jahr ihrer Gastspielreisen und das ihrer besten künstlerischen Leistungen. In allen Städten ihrer Gastspielreise: Wien, Pest, Leipzig, Hamburg, Berlin und Dresden spielte sie mit außerordentlichem Erfolg. Bis 1844 gehörte sie dann dem Dresdner Hoftheater an, wo sie besonders in heiteren und munteren Rollen das Publikum immer aufs Neue entzückte.

Lieblingsrollen von ihr waren: Preziosa, Donna Diana, Julia in „Romeo und Julia", Maria Stuart, Prinzessin in „Tasso".

Seit 1844 war sie mit dem polnischen Emigranten Graf Ladislaus von Broel-Plater vermählt. Am 18. Oktober 1878 ist sie auf Villa Broelberg bei Zürich gestorben.

Auch im Alter hat sie sich durch eine Reihe lebendig geschriebener Bühnen- und Lebenserinnerungen, die in den verschiedensten Zeitschriften erschienen, in der Gunst des Publikums zu halten gewußt.

Tränen im Auge – Lust in der Seele
Karoline Bauer (1807–1878)

Tafel 35

Die Naturbegabung
Charlotte von Hagn (1809–1891)

Tafel 36

An Ludwig Tieck:

Bremen, den 24. Mai.

Hochverehrter Freund!

Beinahe vom Ende der Welt — sende ich Ihnen die herzlichsten Glückwünsche zu Ihrem Geburtstage! meine Mutter schliesst denselben die innigsten mit an, und beide hoffen wir Sie gesund und heiter wiederzusehen.

Während Sie theurer Freund, das schöne Frühjahr in aller Ruhe geniessen, habe ich sehr unruhige, aber auch angenehme Tage verlebt. —

Hamburg hat mir sehr gefallen, das Haus fand ich gar nicht zu gross, das Publikum sehr freundlich — aber die Gesellschaft schlechter wie eine herumziehende Truppe. Die Enghaus ist fort, Sehmidt, Lenz zu stumpf, Hr. Baison ist der einzig helle Punkt, die Perle der Gesellschaft! Das ist viel gesagt. Wenn Schröder die Vorstellung der Donna Diana gesehen! Denken Sie Geehrter Freund, dass Perin nicht im Stande war ein Lächeln dem Publikum zu entlocken — Niemand erhielt ein Zeichen des Beifalls, 4 mal versuchte ich Leben in diese Masse zu bringen. Dann sagte ich der Direction aufrichtig: mit solcher Umgebung könnte ich nicht weiter spielen. Die Stumme von Portici gieng sehr brillant da brauchte ich nur die Münk zur Unterstützung.

Hier geht unter Rottmayers Leitung alles besser, und ich athmete leichter als ich in der „Stuart" auftrat. — Schwärmerei in der Mode macht sich gut, wenn alles so wie hier rasch in einander greift.

Rottmayer ist ein vorzüglicher Künstler, und gebildeter Mann, gewiss werden Sie ihn, mein Geehrter Herr Hofrath recht lieb gewinnen. Er empfiehlt sich ganz ergebenst, wenn er zu Gastrollen kommt möchte er den Klingsberg in „der unglücklichen Ehe durch Delicatesse" spielen, da würden wir dies schöne Stück geben können, doch ich komme in's Plaudern und raube Ihre Zeit, also mündlich hole ich nach, ich habe viel, viel zu erzählen! —

Nur noch die schönsten Empfehlungen! an Frau Gräfin! so wie Ihren lieben Fräulein Töchtern viel Herzliches! —

Auf frohes Wiedersehen! Verehrter Freund!

Hochachtungsvoll und bestens ergebene

Caroline Bauer.

war eine ausgesprochene Naturbegabung. Gleich bei ihrem ersten Gastspiel in München am Hoftheater feierte die damals Siebenzehnjährige (Charlotte v. Hagn war am 23. März 1809 in München geboren) Triumphe. Sie wurde sogleich engagiert und gastierte von hier aus an den Hoftheatern in Wien, in Dresden, Berlin und Pest. 1833 unterschrieb sie einen Vertrag mit der Berliner Hofbühne, der sie bis 1846 angehörte. Hier in Berlin war sie zweifellos auf dem Gipfel ihres künstlerischen Könnens. Von den Berlinern wurde sie denn auch wie eine Königin gefeiert und in ihrem Tagebuch findet sich die Bemerkung:

„Wahrlich ich verdiene diese Huldigungen nicht, so ehrt man einen Gott und keinen Menschen."

Doch schloß diese Beliebtheit beim Berliner Theaterpublikum Streitereien mit Kolleginnen nicht aus, eher ein. Von Berlin führten sie ihre Gastspielreisen nach Hamburg und Petersburg und in den Südosten Europas. Auf allen diesen Bühnen war sie eine gefeierte Erscheinung und ihre geistreichen, witzigen Einfälle und Impromptus auf der Bühne und im geselligen Leben haben ihr den Beinamen einer „deutschen Déjazet" gebracht.

Sie war eine durch und durch natürliche Schauspielerbegabung. Ihre besonderen Fähigkeiten lagen auf dem Gebiet des Graziös-Neckischem und des Schalkhaft-Launigem. Deshalb war ihr hauptsächliches Rollenrepertoire aus dem Gebiet des Lustspiels und des Konversationsstückes. In tragischen Rollen war sie nur wenig überzeugend.

Im Frühjahr 1846 vermählte sie sich und trat von der Bühne ab, obgleich ihre Ehe bald wieder geschieden wurde, fand sie nicht zum Theater zurück und ist 1891 am 23. April in ihrer Heimatstadt München gestorben.

Ihre Briefe sind noch nicht gesammelt, lediglich Ludwig Geiger hat in einem Sonderdruck der Gesellschaft für Theatergeschichte drei ihrer Briefe veröffentlicht. Aber auch diese drei Briefe, die 1909 im Druck erschienen, nach Datum und Empfänger zu ordnen fällt schwer, da auf den Originalen keines von beiden vermerkt ist. Doch auf Grund der Anspielungen in einzelnen Briefstellen konnte der folgende Brief als aus dem Jahre 1838 — also aus ihrer Berliner Zeit — stammend festgestellt werden.

„Ist es wohl erlaubt, einen ehrlichen, weiblichen Menschen so lange in einer solchen unerlaubten Bangigkeit stecken zu lassen? — Ihre Zeilen, die mich, unter welcher Gestalt sie auch erscheinen mochten, unendlich gefreut, ich würde sagen: glücklich gemacht, wenn das nicht schon wieder zu einem Manne gesprochen, zu vielsagend wäre — sonderbar, dass man öfter glücklich sein, als sich glücklich gestehen kann — versetzten mich in einen wahrhaft fiebrischen Zustand. — Ich las den Brief wieder und immer wieder, da derselbe aber so kurz war, so wusste ich ihn bald auswendig und bebte vor meinem Urteil, dass ihre Hand gefällt hatte und das in acht Tagen erst publicirt werden sollte. Das Blatt kam, wie schlug mein Herz — und wie sehr war ich überrascht für diesmal mit dem blossen Schrecken davon gekommen zu sein. Wissen Sie wohl, die Art, wie Sie mich auf das, was kommen sollte, vorbereiteten, nennt man im Bühnenleben Effekthaschen und ich muss Ihnen nur gestehen, Sie effektuieren ganz ordentlich bei mir. Diese goldenen Worte will ich mir schon zu nutze machen und hoffe, recht bald glückliche Resultate daraus zu ziehen. Sie lehrten mich erst in mein Inneres blicken und mehr als je ergriff mich der Gedanke, von dem Alltäglichen, Gewöhnlichen in der Kunst mich frei zu machen und Besseres, Größeres zu leisten. Gelingt es mir nur erst, die Verhältnisse zu beherrschen und mein Repertoire von diesen kleinlichen Lapalien, in denen mich die Menschen hier und leider überall so über alles Verdienst hoch stellen, zu säubern und mir ernstere, tiefere Beschäftigung zu verschaffen, so weiss ich gewiss, dass meinem Genius der feste Wille zu Hilfe kommt und er allmählich seine Fittiche entfalten wird, da es der Alltäglichkeit, die mich nur zu oft beherrschen muss, wohl hie und da gelang ihn zu unterdrücken, aber nicht ihn ganz zu zerstören.

Lächeln Sie nicht über meinen Enthusiasmus, an dessen Aufwallen Sie selbst schuld sind — aber sehen Sie, ich habe nichts auf der Welt als meine Kunst; das Schicksal wollte, dass mein Leben sich nach und nach von allen wärmeren Interessen sich entblösste. — Was Wunder wenn ich das eine Schiff, auf dem die letzten Reste und mein ganzer Reichtum enthalten, zu retten, mir ihn zu wahren und zu vermehren wünsche? — Sie lehrten mich den hinderlichen Ballaste abzuwerfen und ich werde Wind und Wetter zum Trotz künftig freier segeln. — Dass Sie von mir etwas zu lesen wünschen, hätte mich anfangs beinahe eitel gemacht — ja, Sie setzten mir noch dazu das Messer an die Kehle: „wenn Sie mich hassen, so schreiben Sie mir ein strafendes Wort" — sagten Sie — „wenn Sie mich verachten, so schweigen Sie" Hu, das klingt fürchterlich! hassen! verachten! kennen Sie kein Drittes? — ja, was wollte ich sagen, dass ich beinahe eitel geworden wäre, wenn ich mir nicht ein „Halt" zur rechten Zeit zugerufen hätte. Dann dachte ich mir auch, ah, ich weiss schon, wie ich das zu nehmen habe!

Er wünscht seinen regen, stest lebendigen Geist einmal ruhen zu lassen und denkt ein Brief von ihr ist hinreichend und gerade dazu passend. Nicht? Wars nicht so? habe ich es erraten, haben Sie nun genug geruht mein wacher, geistreicher Freund? beinahe muss ich es fürchten und doch gönne ich Ihnen diese Art Ruhe noch länger. Eigentlich hätte ich statt von Empfindungen und Ideen zu schreiben, Ihnen nach Frauenart — (o. Unart) Klatschereien erzählen können, aber ich weiss nicht, ob diese Gattung Siesta sie ebenso gut eingelullt hätte, als ich es so getan.

C. Blum ist nicht mehr mein Freund wie er es gewesen. Dichtereitelkeit, die verletzt wird, ist viel empfindlicher als die der anderen Menschen. Die Zurückgabe einer Rolle, welche er für mich geschrieben und die mich bedrohte, indem sie zu meiner Verflachung weit mehr beigetragen hätte als zur Veredlung, verursachte seinen Groll. . . .

Adieu, ich gebe Ihnen die guten Wünsche für mein Wohl zurück und hoffe Sie sollen Ihnen gut bekommen.

Ch. v. Hagn.

Temperamentvoll, wie diese Schauspielerin im Leben und auf der Bühne war, ist auch der folgende Brief an Emil Devrient geschrieben.

„. . . . Wenn man was wissen will, muß man fragen, und wenn Sie von Ihrer Liebenswürdigkeit nichts eingebüßt haben, — denn ein Zuwachs war nicht mehr möglich, — so werden Sie mir recht bald — nein gleich antworten.

Ich soll nächstes Frühjahr in Wien an der Burg spielen u. möchte wissen, unter welchen Bedingungen Emil Devrient dort auftrat, um die meinigen danach zu stellen. Bitte gar schön, gehen Sie mir mit Ihrem guten Rath dabei ein bissl an die Hand — wenn mir Zeit übrig bliebe und Lust dazu käme, möchte ich Ihnen auch Ihr Gastspiel beim Carl nachmachen, wobei ich natürlich nicht erreichen kann u. werde, was Sie erreicht, aber ich will Ihnen doch nachhinken, so gut es eben geht. Thun's doch so viele. —

Also — gönnen Sie mir das Viertheil einer Stunde, schlagen Sie in Ihrem Buche den Artikel „Wien“ auf, setzen Sie Sich an den Schreibtisch nehmen Sie a Feder, a Papier u. a. Dinten und sagen Sie mir per Eisenbahnpost alles was ich zu wissen brauche, wie Sie es gemacht etc. von Ihren 100000 Eroberungen weiß ich schon und will mich auch hierin bemühen, dem Beispiele des großen Meisters zu folgen.

Denken Sie sich nur, ich spiele in München. Wie es mich freut! Der König Ludwig, der im Unmuth über mein Weggehen sein königliches Wort gegeben, daß ich auf diesen Brettern nicht wieder stehen würde, läßt — drei Wochen vor meinem Eintreffen das Theater schließen u. — ein neues Bodium legen. Es mag wohl Zeit dazu gewesen sein. So folgt er seiner Phantasie und übt Oekonomie, denn wenn die Tänzer sich auf dem alten Boden die Beine gebrochen hätten, müßte er sie auf Staatsunkosten wieder herstellen lassen.

Neues weiß ich Ihnen von hier nichts zu berichten u. das Alte ist nicht erfreulich . . . In München ist Mad. de Belle Isle verbothen, weil man Devrients Bearbeitung nicht kennt. Baron v. Freiß (Frays) will es dort so geben, wie wir es hier haben, er soll mir es herschicken.

Ihr schönes Bild hängt über der Birch ihrem Bette — wie man sonst bei Katholiken eine Madonna, einen Weihbrunnenkessel aufhängt; Sie sind mir ein schöner Heiliger!! o je — außerdem hat sie Sie noch zweimal in ihrem Schlaf-Arbeits-Empfangs-Seufzer-Zimmer. Zweimal an der Wand u. einmal im Herzen und das letztere kostet nichts, wenn man sich Ihr Porträt selbst kaufen muß — Sie können gar nicht glauben, was ich da für eine schöne Gallerie drin habe, Prachtexemplare und so billig.

Adieu. Sie sind auch drin — in Aquarell, in Oehl u. Essig, aber immer als Brustbild — lauter Brustbilder kein einziges Kniestück.

Adieu encore

Berlin den 21/12. 44. Charlotte de Hagn.

JULIE RETTICH, GEB. GLEY

wurde am 7. April 1809 zu Hamburg geboren. Kaum sechzehn Jahre, debütierte sie bereits auf dem Hoftheater zu Dresden und hatte das Glück, in Ludwig Tieck einen der besten Lehrmeister für ein heranwachsendes Talent zu finden, den ihr Jahrhundert hatte.

Unter seiner Obhut entwickelt sich ihre Begabung so rasch und zielsicher, dass sie bereits mit achtzehn Jahren — also 1827 — am Wiener Burgtheater ein Gastspiel geben konnte, dem ein starker Erfolg beschieden war. 1830 tritt sie fest in das Ensemble des Burgtheaters ein, dem sie — bis auf ein zweijähriges Intermezzo von 1833-35 am Dresdner Hoftheater — die Treue hält.

Julie Rettich war eine mit allen Vorzügen des Geistes und der Erscheinung ausgestattete Frau, die hauptsächlich tragische Rollen spielte. Ihre feste Bildungsgrundlage erlaubten ihr, die Rollengestaltung vom Geistigen her anzulegen und dadurch eine außerordenltich durchdachte und disziplinierte Darstellung zu bieten.

Eine schwere Krankheit zwang sie, sich im Jahre 1863 von der Bühne zurückzuziehen, drei Jahre später, am 11. April 1866 ist sie in Wien gestorben.

Rettich, Julie
geb. Gley.

An
Holtei
in Graez Wien 31. 1. 65

Mein hochgeehrter Freund!

Josphine Werthheimstein las mir den Brief aus meiner Jugend blüthenhellen Tagen vor, den Sie so freundlich waren in die Sammlung der „Briefe an Tieck“ aufzunehmen; — und die Einleitung die Sie hinzugefügt. Für die muss ich Ihnen danken, und zwar so recht aus innerstem Herzen. Es wird mich immer ehren und beglücken, wenn Sie meiner günstig gedenken, aber das gilt bei dieser Gelegenheit nur nebenbei.

Dass Sie meiner Eltern so wohlwollend und ehrend dachten, hat mich tiefgerührt, und dafür umarme ich Sie in Gedanken. Sie müssen wissen, dass ich meinen Vater unbeschreiblich geliebt und verehrt habe, und dass er diese Liebe auf das zärtlichste erwiederte. Er starb mit meinem Namen auf den

Erfolg mit sechzehn
Julie Rettich, geb. Gley (1809–1866)

Tafel 37

Stich nach C. Würbs

Das alte Burgtheater, in dem
von 1741 bis 1888 gespielt wurde

Tafel 38

Lippen, und mich erschütterte sein frühzeitiger Tod so furchtbar, dass ich in ein Nervenfieber verfiel und durch Monate mit dem Tode rang. Sein Andenken ist mir heilig geblieben; ich habe seinen Verlust nie verschmerzt. — Ich sage Ihnen das nur, damit Sie sehen, wie innig mein Dank sein muss.

Denken Sie, dass ich meinen Vater nie auf der Bühne gesehen habe (wenigstens nicht mit Bewusstsein). Ich war fünf Jahre alt, wie wir nach Mecklenburg kamen, wo meine Mutter Kammersängerin beim Grossherzog wurde, und von der Zeit an betrat mein Vater die Bühne nicht mehr. Sie können denken wie mich Ihre Erinnerung an ihn interessirt und gefreit hat!

Ich wünsche Ihnen für die Freude die Sie mir gemacht, noch etwas ganz besonders Gutes, neben Gesundheit und Glück, die ich Ihnen immer wünsche.

Grüssen Sie Ihre liebe, liebe Tochter, an der mir (bis auf den Namen, den ich nie behalten kann) Alles werth und angenehm ist; empfehlen Sie mich Ihrem Herrn Schwiegersohn, — die Enkel werden mich längst vergessen haben — und sagen Sie Schönfelds das Beste und Herzlichste von mir.

Dasselbe hat mir mein Mann für Sie aufgetragen.

Seyn Sie nicht böse über die Zudringlichkeit meines Dankes, und glauben Sie an die innigste Verehrung Ihrer wahrhaft ergebenen

Julie Rettich.

KONSTANZE DAHN, GEB. LE GAY

wurde 1814 zu Kassel geboren. Sie trat bereits in frühester Jugend als Wunderkind auf und war seit 1829 am Hamburger Stadttheater engagiert, wo sie auch ihren späteren Gatten Friedrich Dahn kennenlernte. Beide heirateten 1833 und aus ihrer Ehe stammt Julius Sophus F e l i x Dahn, der sich — von Beruf Rechtsgelehrter und Geschichtsforscher — als Dichter einen Namen gemacht hat.

Konstanzes Gatte, Friedrich Dahn, wurde am 18. April 1811 in Berlin geboren und sollte auf Wunsch seines Vaters Geistlicher werden. Er selbst entschied sich jedoch für die Bühnenlaufbahn. Er spielte in Berlin, Hamburg und München, wo er sich überall der Gunst des Publikums erfreute.

Konstanze Dahn ließ sich jedoch 1850 von Friedrich scheiden, nachdem sie 1834 Hamburg mit München vertauscht hatte. Hier in München errang sie, durch Schönheit, Geist und Feuer ausgezeichnet — als jugendlich-tragische, und heitere Liebhaberin ihre größten Erfolge. 1865 ließ sie sich vom Münchener Hoftheater pensionieren.

Aus ihrer Ehe mit Friedrich Dahn stammt — neben Felix Dahn in der Bedeutung allerdings verblassend — der Schauspieler Ludwig Dahn, der, 1860 von München nach Weimar engagiert, dort in dem Zyklus der Shakespeareschen Königsdramen in bedeutenden Rollen mitwirkte.

Constanze Dahn an Emil Devrient.

Mein lieber, werther Freund!

Ich habe mich sehr gefreut, daß Sie Ihrer alten Kollegin immer noch ein freundliches Andenken bewahrten, daß Sie aber meiner bei einer hochwichtigen Kunstfrage gedenken, ist mir wirklich ebenso überraschend als erfreulich! Mein Gott, was wißt Ihr, die in dem großen Meer des Künstlerruhmes schwimmt, von dem stillen, unbedeutenden Fischchen, das nutzlos sein Bischen Existenz in einem abgelegenen Bergwasser fristet, welches jetzt noch dazu recht trübe und schmutzig ist? uns hier trifft selten ein Lichtstrahl der lieben Kunstsonne, wir frieren und schlammen ein; was Kröten sind, die sich ja an solchen Orten immer finden, das bläht sich auf und will so ein armer Fisch einmal nach Oben schwimmen um Luft u. Licht zu schnappen, blauz, da springen die Kröten in's Wasser und machen es trüber als zuvor und das Fischlein zieht gern wieder hinunter zur Tiefe, denn da ist's doch wenigstens hübsch still und ruhig! — Nehmen Sie das Gleichnis hin, es macht Ihnen deutlich, warum ich mich wundern muß von Euch noch mitgezählt zu werden!

Ich habe Ihrer Empfohlenen umgehend geschrieben ... Ich stellte mich F. v. B(uliowsky?) vom 9. August an zur Verfügung und werde nach besten Kräften bemüht sein Ihrer Empfehlung Ehre zu machen; freilich wäre wohl sehr zu wünschen, daß die Dame den October statt des Juli hier bleiben könnte, denn gerade um Sprachgebräuche sich anzueignen, ist eine längere Aufsicht der Lehrerin, ein längeres Hören ihrer Sprache für die Schülerin mit Hauptsache.

Jedenfalls freue ich mich innig, Gelegenheit gefunden zu haben, mit Ihnen, werther Kollege, einen kleinen geistigen Verkehr anzuknüpfen, ein Wiedersehen, ein künstlerisches Zusammenwirken — ist ohnehin wohl nie mehr für uns da! — O schöne Jugendzeit! Es waren doch meine besten Tage, als wir noch zusammen Pfeffer-Röselten und das Leben mit seinen goldenen Hoffnungen noch vor mir lag! Wie viel davon hat getäuscht, wie viel ist hinter ihnen zurückgeblieben! — Und doch mögte ich nicht noch einmal jung sein, nicht um Alles, und freue mich meines ruhigen, selbstbewußten Innern, der glücklich erfüllten Mutterpflicht, die mir in der Kinder Liebe u. einer Glück verheißenden Zukunft lohnt, freue mich der Achtung meiner alten Kunstgenossen, welche, gleich Ihnen mir ein Ehrenplätzchen in der Erinnerung gönnen!

Sie sehen, ich bin ein vollständiges altes Weib geworden, ich plaudere Ihnen die Ohren voll! Nichts für ungut!

Nochmals danke ich Ihnen für Ihr Zutrauen und bin mit alter Anhänglichkeit u. Freundschaft

Ihre Sie verehrende

München d. 4. Juni, 60. Constanze Dahn.

FRIEDRICH HAASE.

Friedrich Haase wurde am 1. November 1825 in Berlin als Sohn ehrbarer Bürgersleute geboren. Nach anfänglichen Bemühungen in bürgerlichen Berufen Fuß zu fassen, erkannte er sein mimisches Talent und betrat, gerade 20 Jahre alt, in Berlin die Theaterbretter. Nach vierjährigem Engagement in Berlin und Weimar, in dem seine Kraft der Darstellung sichtlich wuchs, trat er dem Ensemble des Prager Theaters bei, dem er von 1849 bis 51 angehörte.

Ein einjähriges Engagement in Karlsruhe, ein dreijähriges in München und ein ebensolanges in Frankfurt sind die nächsten Etappen in seiner künstlerischen Entwicklung bis 1858. Bereits von jenem Jahr ab setzen Haases berühmt-berüchtigte Gastspielreisen ein. Berühmt, weil die erste Begegnung mit seiner Leistung seine Zeitgenossen immer begeistert hat und berüchtigt, weil Haase, der diese Wirkung wohl kannte, durch die ständigen Reisen zur Effekthascherei, zur Routine verleitet wurde und dadurch in die Geschichte als das Urbild des „Mauernweilers" eingegangen ist.

Von 1860 bis 65 gastierte er in Petersburg, 1867/68 leitet er das Hoftheater in Coburg, wo er als erster den „Hamlet" in der neuen, dem englischen Schauspieler Kean abgesehenen, Inszenierungsform herausbrachte und damit den Bestrebungen des Herzogs von Meiningen und seiner Bühne entscheidende Impulse und Anregungen gab.

1870 pachtete Haase das Leipziger Stadttheater, das er bis 1876 getreulich leitete, bis ihn wieder die alte Gastspielsucht packte und er aufs Neue von Stadt zu Stadt, von Theater zu Theater zog. In diese Gastspielzeit fällt auch seine Amerikatournee, von der er in den folgenden Briefen erzählt.

Erst 1883 wurde er wieder seßhaft, indem er den Posten eines Miteigentümers und Gesellschafters am „Deutschen Theater" in Berlin annahm.

Am 17. 3. 1911 starb Haase, den die alte komödiantische Wanderlust, die ihm ohne Zweifel im Blute lag, um den besten Teil seiner Anlagen hatte kommen lassen, 86 Jahre alt zu Berlin.

Friedrich Haase, schrieb, von seiner Amerikatournee zurückgekehrt, seine Eindrücke in Briefform nieder und veröffentlichte sie zum ersten Male im „Berliner Tageblatt". Die Schilderung amerikanischer Verhältnisse gewann ihm viele Leser in Deutschland, aber noch mehr Gegner in Amerika.

Das Urbild des »Mauernweilers«
Friedrich Haase (1825–1911)

Tafel 39

Zeichnung Herbert König

Friedrich Haase in seinen Glanzrollen

Wir geben aus diesen „ungeschminkten Briefen", wie Haase sie selber nannte, einige Beispiele, durch die die damaligen Theaterverhältnisse illustriert werden.

Liebe Freundin!

Wer Amerika zum ersten Mal betritt, wird geblendet von der Grossartigkeit des Weltverkehrs, der ihm entgegentritt. Alles ist Leben und Bewegung, jede Schranke gestürzt, die stolzeste Selbstherrlichkeit in jedem Athemzuge — und doch dahinter die tiefste Knechtschaft; denn der allmächtige Götze ist der Erwerb. Wer freilich näher zusieht und wen die Aeusserlichkeit der Dinge nicht mehr wie Anfangs in atemlosen Staunen hält, der lernt auch die Triebkraft im Volke würdigen und verstehen und erkennt, wie die Jagd nach Gewinn, die alle Sphären durchdringt, unter der Wucht der Verhältnisse doch nur eine Pflicht der Selbsterhaltung ist, denn es giebt keine Tradition, auf der man weiter bauen könnte. Das Recht der Existenz, das vielumstrittene, hat Jeder erst neu zu erobern.

Auf keinem Gebiete gibt es aber für den Europäer so viel des Staunenswerthen, wie auf dem der Religion, des Gottesdienstes. In Newyork wird in keinem Theater Sonntags gespielt, in San Franzisko gerade am Sonntag.

In Brooklyn, das übrigens früher schon um der Abenteuer eines seiner geistlichen Herren willen eine bedenkliche Rolle in der chronique scandaleuse spielte, hat ein Prediger, De Witt Talmage mit Namen, in der grossen Kirche „Tabernacle" eine Art Emporbühne herrichten lassen, auf der er allsonntäglich spielt — verzeihen Sie, ich wollte sagen „predigt". Er rast umher, fördert in den seltsamsten Stellungen seine emphatischen Worte zu Tage, erörtert politische Fragen, macht Witze über Tagesereignisse, und wird von dem dankbar ergriffenen Publikum — immer in der Kirche — mit dauerndem „Applaus" für solch verletzendes Gebahren belohnt. In die Liturgie hinein klingt schmetternd ein Cornet a piston, und das geht doch selbst über die Troubadour-Musik in italienischen Kirchen. Ein anderer ehrenwerther Herr und grimmer Feind des Vorigen, ein Kämpe des Atheismus — Bob Ingersoll genannt — predigt nur gegen Entree. Einen Dollar pro Person, Parquet und Loge ein Preis, — wie gefällt Ihnen das? Dem gegenüber erscheint das Faktum, dass einer der Oberpriester am Salzsee auch noch Mehlhändler ist, eigentlich recht harmlos.

„Und die Theater?" hör ich Sie fragen. Im Allgemeinen entzückten sie mich nicht sehr. Nur eines muss ich Ihnen schildern; es schwebt mir vor als Ideal für ein etwaiges Zukunfts-Theater. Nach dem Platze, auf welchem es steht, heisst es „Madison-Theater". Leider ist es für deutsche Comödie nicht zu erlangen. Es werden englische Ausstattungsstücke dort sehr gut gespielt, meist Melodramen. Sehen Sie selbst! Ich denke, es gefällt Ihnen auch.

Ein freundliches Haus von mässiger Grösse, discret und stilvoll ausgestattet, in warmen dunklen Farben, mit altdeutschen Gittern aus Nussbaumholz, die man öffnen und schliessen kann. Als hätte der Baumeister Studien in Bayreuth gemacht, so ist mit ausnehmendem Geschick das Orchester, welches im Schauspiel ja ohnehin die untergeordnete Rolle spielt, ganz oben hinter die Vorhangs-Sofitten verlegt, von wo aus die Musiker ungesehen ihr Werk vollziehen. Im Raume des Orchesters aber erhebt sich eine Blumenterrasse aus tropischen Gewächsen, die zu dem wundervollen prächtig gestickten Vorhang, dem glänzenden Oberlicht, dem äusserst geschmackvollen Arrangement der Bühne auf's Glücklichste stimmt. Das Theater ist sehr hoch, obwohl es nur zwei Ränge hat, aber gar nicht tief, und so bleiben die Zuschauer auf allen Plätzen in unmittelbarer Fühlung mit der Bühne. Was Darstellung und Wirkung damit gewinnen, können Sie sich denken. Das Parquet steigt amphitheatralisch steil auf bis zum ersten Rang, und unter dem Parquet liegen nach den Ausgängen zu Kassen und Bureaux, Entrees und Gänge. Ebenso practisch und geschickt ist durch zahlreiche einzelne Gasständer für Beleuchtung der Nischen und Nebengemächer gesorgt. Auch der Feuersgefahr war man eingedenk, wie in fast allen amerikanischen Theatern; — allerdings erst nach der entsetzlichen Wiener Feuersbrunst. Je vier Ausgänge münden rechts und links unmittelbar auf die Strasse, doch dürfen sie eben nur bei Gefahr mit den daneben hängenden Schlüsseln geöffnet werden; für den Fall der Noth — erschrecken Sie nicht — hängt neben jeder Thür auch ein blankes Beil! Das Hübscheste aber ist die Methode für Verwandlungen. Diese geschehen mittelst des Elevators, welcher gestattet, ein Zimmer mit tausend Luxusgegenständen, dessen Arrangement während des Spiels in der Versenkung auf einem zweiten Podium fertig gestellt wird, in der Zeit von kaum einer Minute auf die Bühne haben. Welche Errungenschaft für das moderne Conversationsstück! Und wie schade, dass für die Toiletten-Verwandlungen der Damen (mitunter auch der Herren) nicht eine ähnliche Vorrichtung möglich ist. Wie manches Stück starb nicht an seinen ewig langen Zwischenakten!

Ein Scharfrichterbeil neben der Thür! Das ist Ihnen über den Spass — wie? Nun, erholen Sie sich also erst — und in einem nächsten Brief mache ich Sie mit den amerikanischen Collegen vertraut.

Immer der Ihrige

Friedrich Haase.

Liebe Freundin!

Viel interessanter als die charakterlosen Köpfe derjenigen, die sich drüben — nicht immer mit Beruf — zu Fremdenführern für die Künstler aus der alten Welt aufwerfen, ist die Physiognomie der amerikanischen Bühnen selbst, sind die Gestalten ihrer epochemachenden Mitglieder. Eine Parallele zwischen dem, was dort Geltung hat, und demjenigen, was in der Heimath als bahnbrechend gilt, findet reichen Stoff und erscheint vollberechtigt.

Wie in jedem Lande, das irgend welche Spuren keimender Cultur aufweist, auch des Theaterlebens Pulse zu schlagen beginnen, so hat sich in Amerika — in dem zunächst Culturvölker der alten Welt, die Ureinwohnerschaft verdrängend, sich sesshaft machten, um eine neue Welt aus ihrer Vereinigung herauszuschaffen — so hat sich drüben lange schon, und gleichen Schritt mit anderem Fortschritt haltend, eine specifisch amerikanische Bühnenkunst entwickelt, die unter ihren Trägern Männer und Frauen von grosser Bedeutung zählt. Viele derselben haben schon in England, auf stammverwandtem Boden, Zeugniss ihrer Meisterschaft gegeben; einer, der gegenwärtig Bedeutendste unter ihnen, Edwin Booth, kommt Anfang nächsten Jahres auch nach Berlin.

Wir danken dem Fleisse seiner Schwester, Asia Booth Klarke, eine ausführliche Biographie vom Vater und Bruder. Der Schauspielkunst in irgend einer Art zu dienen, ist in dieser Familie völlig Tradition geworden, eine Tradition, die nicht nur äusserst fruchtbringend für die Familie, sondern auch für die Entwicklung der ganzen amerikanischen Schauspielkunst wurde. Das erinnert lebhaft an eine französische Künstlerfamilie, deren Haupt Samson war, Jahrzehnte lang eine Säule der comedie française, während eine seiner Töchter, gleich Asia Booth, unlängst des Vaters Lebensgeschichte herausgab, und eine andere, die Gattin des unglücklichen älteren Berton, der im Wahnsinn starb, die Mutter von Pierre Berton, eine der bedeutendsten Vorleserinnen in Frankreich wurde. Wissen Sie noch, meine Beste, wie wir selbander zu den Conferenzen am Boulevard des Capucines gewallfahrtet und andächtig zuhörten, wenn diese seltene Frau geistvoll und feinfühlig über französische Bühnenkunst und Künstler sprach? Auch die Familie Devrient, holländischen Ursprungs, aber von deutscher Erziehung, deren tüchtiger Nachwuchs noch heute mit Auszeichnung auf der deutschen Bühne thätig ist, weist in e i n e r Generation d r e i Künstler auf, deren einer ausserdem als Verfasser einer noch nicht übertroffenen „Geschichte der Schauspielkunst" sich hervorgethan. Durch nichts wird aber die Verschiedenheit deutscher und amerikanischer Kunstübung besser illustrirt, als durch den Lebenslauf dieser Künstlerfamilien Booth und Devrient.

Liest man die Geschichten der Kämpfe und Irrfahrten mit denen die beiden Booth, Vater und Sohn, ihre Laufbahn nicht nur begannen, sondern fortsetzten und vollendeten, denkt man der Anstrengungen und Opfer, die sie sich auferlegt, der rastlosen und aufreibenden Tätigkeit, die sie entwickelt, so muss man ihre Kräfte, ihre Widerstandsfähigkeit mit einem Masse messen, das bei uns völlig unglaublich erscheint. Welche Vielseitigkeit, welche Fähigkeiten! Schon als vierundzwanzigjähriger Jüngling unternahm Edwin Booth neben seiner schauspielerischen Thätigkeit eine Revision der theaterüblichen Texte Shakespearischer Stücke und stellte für eine ganze Reihe derselben übereinstimmende, an die Original-Ausgabe sich lehnende Lesarten für die amerikanische Bühne fest. Er vervollständigte diese kritische Ordnung, Sichtung und Wiederherstellung des Textes durch allerlei Notizen und Winke über die scenische Einrichtung der Stücke, der er die minutiöseste Auswahl und Sorgfalt lieh.

Edwin Booth besitzt in New-York ein eigenes Theater — das „Booth-Theater", an Schönheit, Pracht, Würde und Styl seines Gleichen suchend. Freilich stürzte den Künstler dieser Prachtbau, der über eine Million Dollars verschlang, in die peinlichste Verlegenheit, allein stets waren es seine Energie und sein Genie, die ihm hilfreich waren. „Upland down" sagen die Amerikaner. Das Booth-Theater, dessen Bau die Zeit von zwei Jahren in Anspruch nahm, (es steht in Bezug auf Grösse nur der Pariser grossen Oper nach) wurde im Jahre 1869 mit Shakespeare's „Romeo ind Julia" — zum ersten Male in Amerika im Originaltexte — eröffnet: Edwin Booth spielte den Romeo, seine spätere zweite Frau, Miss Mac Vicker, die Julia. Das Stück erlebte damals achtundfünfzig Wiederholungen.

Später scheiterte Booth pecuniär an den Ausstattungskosten; er überliess die Verwaltung des Theaters seinem älteren Bruder, was leider an der Sachlage nichts besserte. Booth's Hamlet-Darstellung dagegen hat vielfältige Controversen hervorgerufen, auch war er es, der durch das ihm verwandte Genie Bogumil Dawison's bewundernd angezogen, mit demselben im Jahre 1866 im Othello deutsch, Jago englisch, und Desdemona (Frau Methua Scheller) abwechselnd mit Ersterem deutsch, mit allen Uebrigen englisch sprach! Seltsame Idee!

Ich lernte Booth persönlich kennen gelegentlich eines jener vorerwähnten Feste, das man uns Beiden zu Ehren in Delmonico House veranstaltete. Eine moderne Hamletgestalt, mit Augen, die glühen und seufzen, sitzt er schweigsam da, hört zu, nickt gelegentlich, raucht meistens. Er erinnerte mich an Joseph Wagner, einen längst verstorbenen Hamlet des Burgtheaters. Wenn Booth einmal spricht, sagt er stets etwas Bedeutendes; von seinem Vater redet er, wie von einem Heiliggesprochenen. Sein Organ ist etwas casse, wie der Franzose zu sagen pflegt, darum sucht und findet er auch nicht seine Stärke in Lungenwirkungen, wie fast alle übrigen nennenswerthen amerikanischen Künstler. Booths Hauptwirkungen wurzeln im Intellect, in seiner seltenen Feinfühligkeit, vornehmlich aber in seinen Augen. O dieses Auge! Ich meine, solche Augen muss Ludwig Devrient gehabt haben. Er schien Gefallen an mir zu finden, ergriff oft meine Hand, sah mir lächelnd in's Gesicht und — schwieg. Ob er mich ausgelacht hat, — weiss ich nicht . . .

Nächst Booth — aber immer in Bedeutung und Wirkung ein gutes Stück zurückbleibend — ist erwähnenswerth Lawrence Barret; fein und geistvoll und einfacher als die meisten mir bekannt gewordenen „stars". Lester Wallack, vorzüglicher Conversationsschauspieler allerbesten Ranges, und John Gilbert, Darsteller alter Herren, namentlich vornehmer, mit scharfer geistvoller Charakteristik. Der Name Forrest's, eines sehr berühmten Heldendarstellers, lebt ausser in der Tradition noch in „Forrest House" zu Philadelphia, das eine grossartige Freistatt ist für invalide, ruhebedürftige Schauspieler. Die gewiss seltene Humanität dieses Mannes setzte für dieses Institut testamentarisch von seinem grossen Reichthum fast gegen eine Million Dollars aus, Deutsche Schauspieler dürften kaum in diese beglückende Lage kommen. — Es lebe das Genie — und der Manager!

Unter den Frauen ist ein bedeutender star eine Vertreterin des alten Theaternamens Davenport, ein anderer — staunen Sie über das Wiedersehen — Fanny Janauschek, die so sehr Amerikanerin, geworden dass man ihr Deutsch jetzt schwer versteht, wohl weil sie von Geburt eben nicht Deutsche, sondern Czechin war und den Besitz der einen fremden Sprache nur gegen den der anderen ausgetauscht hat. Sie wird in Amerika hochgeschätzt und verdient es sicherlich.

Was ausser dem Bereich des stars in dem auch sonst nicht gleichwerthigen Ensemble amerikanischer Bühnen zur Geltung kommt, kann ich so recht eigentlich nur als „Schauspielerei" bezeichnen: äusserlich gemacht, auf äusserliche Wirkung zugeschnitten und zugespitzt. Ich weiss nicht, sind die Künstler Ursache des verwilderten Geschmacks oder leiden sie nur unter seinen Wirkungen. Aber ich habe mich durch den Augenschein davon überzeugt: wer drüben die beste Lunge hat, der ist eigentlich der beste Schauspieler. Die grosse Menge versteht und will wohl auch so recht eigentlich nichts Anderes. An Darstellern, die auf Charakteristik Werth legen, geht sie zumeist theilnahmslos vorüber, oder dieselben werden doch nur von Wenigen verstanden und vermögen sich auch keinen eigentlichen Namen erwerben. Das Beste wird oft für nichts erklärt, weil es zu einfach ist, zu künstlerisch. Lungenwirkungen aber sind allezeit ihres Erfolges sicher; darum verschmähen es auch bedeutende Darsteller selten, nach grossen leidenschaftlichen Tiraden sich das Ansehen starker Erschöpfung zu geben, um einen Appell an gehobeneren Beifall zu üben, — ein Manöver, das n i e misslingt, und das mir schon in London nicht angenehm auffiel. Ich denke, bei uns in Deutschland ist die Zeit dahin, wo derlei „Stolziren und Blöken", wie Shakespeare sagt, noch Erfolg haben könnte.

Und nun, beste Freundin, stellen Sie sich einmal Ihren ergebenen Freund inmitten dieses gewaltigen Tohuwabohu vor. Sie wissen es, ich habe über keine allzu ausgiebige Lunge zu verfügen. Auch habe ich die Bühne niemals als einen Schauplatz für tours de force ansehen gelernt. Mein Kampf um Werthschätzung war der schwierigste. Man brachte meinem guten Namen, den ich während dreissigjähriger, ernsthafter Bestrebungen in Deutschland mir erworben habe, wohl Achtung entgegen; allein die Eigenschaften gerade, die mir in der Heimath diesen Namen gründen halfen, hatten anscheinend wenig Aussicht im fremden Welttheil über ein gewisses Mass pietätvoller Achtung hinaus die Herzen zu erobern. Nun, es ist doch gelungen! Und wie's gelang, davon schweigt die Bescheidenheit

Ihres ergebenen

Friedrich H a a s e.

Es geht mit den Theatern, liebe Freundin, wie mit den Kleidern unserer Frauen: sie sind der Mode unterworfen.

Die Oper hat — vor grauen Jahren denk' ich, — den Anfang gemacht mit jenen Wanderungen über's Meer. Der Oper ist das Wort nur Mittel, nicht Zweck, und die neue Welt war immer sangesfreudig, wenn auch nicht kundig. Das reicht so weit zurück, dass schon im Jahre 1852 ein Jenny-Lind-Theater in San Francisco demolirt wurde, um an dessen Stelle das Rathaus der sich verjüngenden Metropole aufzubauen. Mit den grossen Namen der englischen Bühne, welche die erste Hälfte dieses Jahrhunderts illustrirten, Kemble und Kean, wie mit den Bannerträgern der späteren Jahre — Fechter und Irving — bildete sich eine rege Wechselwirkung in Vorbild und Rivalität heraus; auch Frederic Lemaitre, der Stützpfeiler der romantischen Schule für die Schauspielkunst in Frankreich, die Säule von Victor Hugo's Bühnenruhm, wirkte in weiten Kreisen durch die Macht seines Genies. Endlich trat auch die deutsche Schauspielkunst ein in das Weltconcert. Das Deutschthum wagte sogar, selbständig im fremden Land den Wettstreit aufzunehmen — muthige Kämpen zogen hinüber und Namen von stolzem Klang halfen dem deutschen Schauspiel drüben tief und dauernd Wurzel schlagen.

Der Boden war der denkbar günstigste. Die Bevölkerung der neuen Heimath war stamm- und sprachverwandt und besass Tausende von deutschen Ansiedlern, die ein immerwachsendes Kontingent dazu stellten, deren Theilnahme die deutsche Bühne förderte und stützte, und deren Deutschthum selbst hinwiederum im innersten Wesen daran erstarkte. Ja, während die Schauspielkunst anderer europäischer Nationalitäten, der Franzosen und Italiener insbesondere (Rachel, Ristori,Salvini, Rossi, Sarah Bernhardt) in Amerika immer den Charakter des Episodenhaften behielt, — so trat die deutsche Bühne in fast allen grossen Städten, zumal in den Centren des Deutschthums — New York, Chicago, San Francisco — als stabile Macht auf, setzte sich fest, breitete sich aus und errang sich immer wachsende Geltung. Aber es war von Anfang an ein Bruch darin: Die Speculation ging falsche Wege, als sie das deutsche Reis auf den amerikanischen Stamm willkürlich pfropfte und dass nun eben die Speculation — oft die verwegenste — es war, in deren unzuverlässigen Händen dies Amt lag, das war der grosse Fehler. So ist allmählich eine Verwilderung, ich möchte sagen eine R a u b g i e r mächtig geworden, welche die subalternen Elemente drückt und schädigt und die auserlesenen Kräfte, die zur Führung berufen sind, zum Spielball herabwürdigt und als gute Beute ausnutzt.

Die Krisis ist nicht fern. Das Repertoir der deutschen Bühnen, das zwischen mangelhaft importirter Classicität, flüchtiger Tageswaare und banalem Operettencultus planlos hin und her schwankt; das Personal, das sich theilweise aus den dunkelsten Existenzen zusammensetzt und dem nur für einzelne Fächer talentirte Vertreter, gleichsam als Schlaglichter, aufgesetzt werden; das Publikum endlich, das als urtheilslose Menge am Gängelbande der Gewohnheit, des Alltagsbedürfnisses, der bequemen Unterhaltung, in den Tag hineinlebt — die Summe dieser Zustände nährt gleichermassen den Keim des Verderbens, der stetig wuchert. Was noch fehlt, thut der Manager. So kann nur eine gründliche Umwälzung und dann ein Aufbau auf wirklich künstlerischer Basis gesunde Verhältnisse schaffen und eine gedeihliche Fortentwickelung für die Zukunft anbahnen. Die Lust am Fremdländischen ist ohnehin vorüber in Amerika, ganz wie in Russland. Die italienische Oper sogar mit ihren Gesangssternen ersten Ranges hat an Interesse eingebüsst. Was Wunder, dass das deutsche Theater, auf das deutsche Publicum allein angewiesen, durch Concurrenz erschöpft, am Boden liegt. Brechen dann Katastrophen herein, wie der Wiener Theaterbrand, die weithin ihren Schatten werfen, so herrscht Panik und Demoralisation an allen Enden.

Mir wurde es schwül zu Muthe, liebe Freundin, als ich mich eines Tages diesen bergehohen Hindernissen gegenüber sah und mir der Fährlichkeiten bewusst wurde, die es zu überwinden hiess, um die Höhe zu erklimmen. Die Manager des Thalia-Theaters machten überdies gar kein Hehl daraus, dass ihnen jedes Mittel recht wäre, um in den Sand zu rennen, was durch den Manager des Germania-Theaters nach Amerika berufen worden. Unter der Flagge der Thalia sollten dann beide Bühnen durch fernere Stürme steuern. Arme Hascher! Es sollte anders kommen . . . . .

Ich debütirte als Narciss, und dieser erste Abend gewann mir zu den alten Freunden, die mich weit über Gebühr begrüssten, eine stattliche Anzahl neuer Anhänger deren reger Antheil mein künstlerisches Wirken fort und fort begleitete. Ich spielte noch manche ernste Rolle, wie denn diese Seite meines Repertoirs jenseits des Oceans zu viel höherer Geltung und größerer Anerkennung gelangte als in Deutschland. Diese Erscheinung erinnerte mich wieder lebhaft an die Zeit, von der ich Ihnen wohl schon erzählte, beste Freundin, wo ich im Münchener Hoftheater noch unter D i n g e l s t e d t s Führung thätig war und ganz in's tragische Fach gedrängt wurde. Hiess man damals doch auch weder eine Conversations-Rolle noch eine humoristische von mir gut! Männer wie Professor Carriere gaben mir in der „Augsburger Allgemeinen" wiederholt den Rath, mein Talent nicht zu missbrauchen auf einem Gebiete, das mir allezeit fremd bleiben würde. Wer hat nun Recht? Wo liegt die Wahrheit? Wer mir's sagen könnte!

Ich glaube, dass ich derselbe in Amerika war, als den Sie mich in der Heimath kennen, und wie in der Heimath, stand mir auch auf fremder Erde eine gläubige Gemeinde aller Orten freundlich zur Seite, welche das business, will sagen: das „Geschäft" in erfreulicher Weise zeitigte. Ich trat während meines Aufenthalts in Amerika an hundert Abenden auf. Die Schauspielhäuser sind nicht eben grösser, als bei uns, die Eintrittspreise aber — namentlich für das Parquet — meist um die Hälfte höher, und für den, der amerikanisches Geld mit hinausnimmt, das Agio ein bedeutendes. Der Dollar, nominell drei Mark, gilt bei uns über vier Mark, also wiederum ein Viertel Gewinn. So hat die künstlerische Thätigkeit drüben ein um die Hälfte höheres Erträgniss als in der Heimath, und bei der Unermüdlichkeit im Spielen und der Hast im Reisen, die dort üblich und leider nothwendig, hab ich in sechs Monaten erworben, wozu ich in Deutschland wohl zweier ganzer Jahre bedurft hätte.

Für die Unternehmer solcher künstlerischer Fahrten freilich gestaltet sich die Rechnung viel weniger günstig. Trotz der reichen Einnahmen wirkten beide deutsche Theater in New York, das Germania- und das concurrirende Thalia-Theater, mit beträchtlichem Deficit, weil für beide der Apparat ein viel zu complicirter und die Kosten geradezu unerschwinglich waren. Hatte das Thalia-Theater eine ganze Operetten-Gesellschaft mit Namen ersten Ranges ausser dem star Geistinger zu honoriren, so waren im Germania-Theater in langer Reihe deutsche Schauspielkräfte angeworben, für welche ausnehmend hohe Gagen das Lockmittel abgegeben hatten. Und während es dem Thalia-Theater immer wieder gelang, durch ausserordentliche Zuschüsse ein entstandenes Leck zu stopfen, hielt sich das Germania-Theater nur einen Monat noch nach dem Fortgang im abgesackten Fahrwasser. Dann wurde ein gut Theil seiner aus Europa verschriebenen Mitglieder gewaltsam aus dem Engagement gedrängt. Man gab ihnen ihre fällige Gage, und aus besonderer Gefälligkeit noch ein Billet zur Rückfahrt. Man warf den Ballast einfach über Bord und segelte weiter durch Klippen nnd Untiefen, unbekümmert, ob das Fahrzeug von Neuem ein Leck erhielt. Ein warnendes Exempel! In Amerika fällt aber dergleichen gar nicht auf. Wer in Geschäftsunkenntniss erstickt, wer der thörichten Berathung unwissender Freunde zum Opfer fällt, der endet eben den verlorenen Feldzug mit irgend einem Akt der Gewalt. Ein besonderes Odium haftet solchen Operationen „drüben" nicht an. Die Zeitungen bemächtigen sich des „Falls", die interessantesten Dinge werden rücksichtslos discutirt, und die schmutzigste Wäsche des Einen und des Anderen wird in grösster Harmlosigkeit auf öffentlichem Platze bearbeitet. Damit ist für Amerika die Sache eben abgethan. Eine neue Saison soll nun alle eingewurzelten Schäden heilen und alte Schulden tilgen; kopfüber stürzt man sich meist planlos in Unternehmungen, die des Einzelnen Kräfte nach jeder Richtung übersteigen und durch die Lasten, die sie auferlegen, selbst glänzende Erträgnisse für reellen Gewinn illusorisch machen.

Bisher haben zwei deutsche Theater in New York den Kampf ums Dasein gekämpft; von nun an sind es drei. Frau Geistinger, die allezeit Unternehmungslustige, hat im Verein mit ihrem „smarten" Manager ein Theater gemiethet. Die Thalia-Direction wird auf eigene Faust in ihrem Theater weiter spielen. Auch das Germania-Theater wird nicht aufhören, seine Tage zu fristen unter Herrn Neuendorffs Führung.

Ob von diesen Theaterschiffen allen, die mit deutsch-redenden Gesellschaften drüben die Segel aufhissen, das eine oder andere scheitern werde? — Ich fürchte, alle drei, denn unter den Städten Amerikas, die überhaupt ein genügendes Contingent an deutschem Publikum stellen, vermag keine mehr als e i n deutsches Theater zu erhalten, keine — New York nicht ausgenommen. Und mit dieser trübseligen Weissagung verabschiedet sich für heute

Ihr

Friedrich H a a s e.

Ich wäre der Undankbarsten Einer, theure Freundin, liesse ich in diesen freimüthigen Bekenntnissen den Antheil unerwähnt, den Kritiker und Presse an den Erfolgen hatten, die das Publikum Amerikas in Ost und West mir bereitete. Die Presse ist dort eine Macht noch mehr als anderswo, Auge und Ohr der Menge ist auf sie gerichtet. Man glaubt blind an das, was sie auf den Schild hebt, und man tritt in den Staub, was von ihr geringgeschätzt wird.

Die kritische Beschäftigung erscheint den Herren von der

Feder drüben viel mehr im Licht der Unterhaltung, des Vergnügens, als bei uns. In Deutschland wird es bisweilen als lästige Pflicht empfunden, nicht selten auch ausgesprochen, dass über ein altes Stück und einen neuen Schauspieler, oder über einen alten Schauspieler und ein neues Stück, oder über lauter Neues oder lauter Altes nun immer wieder eingehend und sachgemäss berichtet werden soll. Schon der Theaterbesuch an und für sich — wenn's besonders warm oder auffallend kalt ist, wenn das Theater von der Wohnung des Kritikers sehr entfernt liegt, oder derselbe gewohnt ist, früh zur Nacht zu essen und zeitig schlafen zu gehen — erscheint dem deutschen Kritiker von Beruf nicht selten als ein Opfer, das er dem Künstler persönlich bringt. Er sucht es sich alsdann zu erleichtern, wie er eben kann und vermag. Er nimmt diesen oder jenen Verwandten, am liebsten aber seine Frau mit auf die kritische Wanderung; sie muss ihm Gesellschaft leisten auf langer Fahrt und in anstrengender Sitzung; muss für ihn, oder doch mit ihm sehen und hören, gelegentlich auch wohl beim schriftlichen Bericht ihre berathende Stimme hören lassen. Jedenfalls und unvermeidlich wirken die Eindrücke und Erinnerungen aus zweiter Hand mehr oder weniger bestimmend auf Denjenigen ein, der unter ihrem Einfluss kritisirt. So sind wir hier und da in Deutschland in den Besitz einer Familienkritik gekommen, die ein Unicum in der Welt ist. Ich weiss, dass ich mich vielleicht um den Kopf rede, aber, die Hand aufs Herz — triffts zu oder nicht — mitunter? Ich fragte einmal einen der Herren, wann denn er und seine Herren Freunde eigentlich schliefen, da doch nach Beendigung der Vorstellung stets noch ein eingehendes Referat geschrieben wird, das schon am andern Morgen — wie es sich ja übrigens auch bei deutschen Blättern immer mehr einbürgert — gedruckt zu lesen?!

„Wann wir schlafen? Am Tage — gelegentlich — wenn Zeit ist", war die Antwort! . . . .

Wenn Sie sich nun, liebe Freundin — nach der Zahl der Journale, deren Namen ich Ihnen genannt, und die sich sämmtlich mit der Bühne und deren Vorkommnissen eingehend beschäftigen, die zum grossen Theil über die bedeutenderen Erscheinungen derselben umfangreiche Essays bringen — wenn Sie sich danach ein Bild machen wollen von dem, was drüben in theatralibus geschrieben wird, so mögen Sie auch ermessen, was der Einzelne, über den geschrieben wurde, an kritischem Lesestoff zu bewältigen hat! Wahrlich, es giebt ein stattliches Buch ab! Der Einblick in das meine aber wird mich allezeit daran erinnern, wie dankbar ich Denen verpflichtet bleibe, die unwandelbar theilnehmend und verständnissvoll mein künstlerisches Thun gewürdigt. Freilich — ich sehe voraus, dass sie meine ungeschminkten Bekenntnisse über amerikanische Kunstzustände vielleicht mit einem mürrischen Echo beantworten werden, aber der wahrheitsliebende Mensch, der Rechenschaft ablegt vor sich und Anderen, soll doch nichts verhehlen von dem, was die scharfe Geissel des Tadels verdient, darf nicht schweigen über das, was die Erörterung, der Kenntnissnahme der Wohlmeinenden, der Urtheilsfähigen bedarf, und was allen Betheiligten zu erfahren Noth thut und dadurch von Nutzen wird.

Der Handwerker, Gevatter Schuster und Schneider führt überall — „mit Paukenschlag und Trompetenklang" — in ellenlanger Empfehlung seine Künste ein. Ich las die Reclamen-Annonce eines „Fabrikanten von Damen- und Kinder-Schuhen", die eine vollständige Geschichte des Etablissements von seiner Gründung an enthielt, und die den Gang der ganzen Fabrikation vom Zuschneiden bis zum Knöpfebenähen haarklein und lobpreisend schilderte. Gleichwerthig steht daneben die Ankündigungsweise theatralischer Darstellungen, wie sie von manchen Managern, von Künstlern selbst geübt wird.

Aehnlich, herausfordernd wie die Art der Ankündigung, ist die Darstellung selbst: grob, kernig, urwüchsig wohl, aber ganz ungeläutert in einem Style, wie ihn etwa Zola unter den Romanciers vertritt, nur dass das cynische Element bei den Franzosen nach einer anderen Seite gravitirt. Darum haben auch Absurditäten immer so viel Spielraum auf amerikanischem Boden gefunden. Hier beutete Felicita Vestvali das abenteuerliche Project aus, sich in Männerkleider zu stecken, und „Romeo", „Hamlet", ich glaube gar, „König Lear" zu travestiren. Hier sah ich noch mit eigenen Augen, wie eine bedeutende — deutsche — Künstlerin sich herbeiliess (Udo Brachvogel bezeichnete das Unternehmen allerdings als Monstre-Gastspiel) in Lessing's „Emilia Galotti" an einem Abend die E m i l i a und O r s i n a zu spielen! Hier wäre der Platz auch für das Experiment — und ich würde es unternehmungslustigen Damen als einträgliche Speculation empfehlen — Karl und Franz Moor gleichzeitig vorzuführen. Eine Dame müsste es natürlich sein, sonst wär's ja nichts Absonderliches!

Und auch der guten Freunde hat man ganz zuletzt sich noch recht ernstlich zu erwehren. Ihr blinder Eifer schiesst über das Ziel hinaus, sie meinen's gut und thun uns wehe. Nichts widerwärtiger als Verherrlichung auf Kosten Heimgegangener. Muss denn — damit des Lebenden Lorbeer grüne — der Kranz des Todten in Stücke gerissen werden? Ich trage keine Schuld an solcher Glorification, Gott weiss es; denn Sie, Beste, erfuhren öfter, wie scharf ich Selbstkritik übe, wie mich die eigene Prüfung oft bis zum Kleinmuth treibt, und wie ich voller Pietät zum Ruhme echter Künstler emporschaue.

Und mit diesem ehrlichen Bekenntniss lassen Sie mich meine Berichte schliessen. Mit dem holländischen Dampfer „Edam" kehrte ich von meiner Kunstfahrt in's amerikanische Land zurück; am Bord dieses Dampfers begann ich für Sie, verehrte Freundin, diese bunten Aufzeichnungen, und ein Jahr darauf musste ich in den Blättern lesen, dass der Dampfer „Edam" bei seiner letzten Amerikafahrt gescheitert und untergegangen ist! . . . Möchte man da nicht mit dem Hofrath Schiller ausrufen:

„D e m Volk kommt weder Wasser bei noch Feuer!"

Ihr

Friedrich H a a s e.

IDA PELLET

Ida Pellet wurde 1838 in Graz — und nicht wie oft angegeben in Linz — als Tochter eines Schauspieldirektors geboren.

Sie war von Kleinauf für die Bühne bestimmt und bereitete sich in Linz auf ihre Laufbahn vor. Bereits mit 15 Jahren debütierte sie zu Nürnberg mit gutem Erfolg, ging von da 1854 nach Linz und im folgenden Jahr nach Wien ans Karltheater. Bereits hier kam die dramatische Kraft dieser Schauspielerin, die Emil Devrient geweckt hatte, zum Durchbruch und es wurde offensichtlich, daß hier nicht nur eine schöne, sondern auch eine begabte Schauspielerin heranreifte. Nachdem sie 1857 in Stettin und von 1858—1861 in Wiesbaden spielte, gastierte sie 1861, als Tragödin schon voll anerkannt, am Berliner Hoftheater mit außergewöhnlichem Erfolg als Jungfrau von Orleans, Julia und Klärchen. So nachhaltig war ihr Erfolg, daß sie von der Winterspielzeit — also ab September — 1861 in das Ensemble dieser Bühne aufgenommen wurde. Als sie 1863 auf Gastspielreisen ging, die sie über Prag und Leipzig führten, starb sie dort ganz unerwartet nach kurzem Krankenlager am 10. Juli 1863.

An Holtei. Berlin (ohne Datum)

Lieber Papa Holtei!

Gestatten Sie mir, dass ich so Sie nennen darf, da ich wahrhaft kindlich Sie verehre. Sie sind doch wohl und munter, und mit Ihrer schwierigen Arbeit bald zu Ende? Wie freu ich mich darauf! Hätten wir Sie hier! Ich will gar nicht von mir sprechen, wie glücklich es mich machen würde, einen Mann wie Sie hier zu haben, Ihrem Urtheile zu lauschen. Wie befangen trat ich bei Ihnen ein, und wie lösete der natürliche Zauber Ihrer Liebenswürdigkeit und Nachsicht dies Gefühl alsbald in Behagen und Zufriedenheit auf; wie klärte sich der ewige Process meiner Nerven! In Ihrer Nähe athmet Alles Ruhe, Harmonie. Dazu Ihr Familienleben; das mache einen bezaubernden Eindruck, was ich jetzt in meinem Zu Hause, wo ich so fremd bin, doppelt nachfühle. Haben Sie tausend Dank für die freundliche Aufnahme. Sie beglückten mich dadurch unendlich. Ich wünschte nur Etwas zu sein, um Ihnen anders als in Worten und Gefühl danken zu können. Doch Sie sind gerade der Mann dies nicht zu belächeln, wird es in Wärme dargebracht. Es ist eine tiefe ungekünstelte Verehrung die ich für Sie empfinde. Begegneten wir uns doch noch im Leben, und könnte ich durch meinen Fleiß Ihnen darthun, wie Lob und Tadel aus Ihrem Munde mich beschäftiget. Vielleicht gelänge es mir, Sie für mein Streben zu interessiren, —

Nehmen Sie diess nicht als den arroganten Ausdruck des Bewusstseins. Die Seele spricht aus mir. Die klare Ueberzeugung, dass ich Huldigungen der Menge noch lange nicht verdiene. Leider geht mein Weg so allein. Ist's nicht traurig: hat man das Glück einer Begegnung, muss man sie lassen; stehe sie auch gleich mit Flammenschrift ins Herz gezeichnet. Geben auch Sie mir in dem Ihrigen ein kleines Winkelchen an das ich mich vertraulich lehnen darf, wenn ein Sturm droht — und Gott segne Sie dafür.

Ich küsse Sie, wie Ihre Tochter, Herrn Schwiegersohn, die lieben Kinder Alle, A l l e , und ist's mir so um's Herz, schreibe ich wieder. Sie schenken mir die Minute des Lesens, und ich bin belohnt.

Grüßen Sie Gräfin Luise tausendmal!

Nun Gott befohlen!

Ihre

Ida Pellet.

In jedem Alter alle Rollen
aller Autoren
Friedrich Mitterwurzer (1844–1897)

Friedrich Mitterwurzer als Mephisto

Tafel 42

FRIEDRICH MITTERWURZER

Jacob Minor schreibt über Mitterwurzer und sein Spiel:

„Ohne Frage ist der Mimiker in Mitterwurzer dem Redner überlegen. Er geht oft sogar seine eigenen Wege: manche seiner Masken, namentlich in den früheren Jahren, schalten so souverän mit den Gesichtsmuskeln, als ob sie zum Reden ganz entbehrlich wären, und wenn der Künstler das Wort ergreift, wird entweder das Wort in der Mundstellung der Maske vergewaltigt oder die Maske dem Worte geopfert. Das herrliche Instrument seiner mimischen Kunst ist der Kopf, und so gut wir auch gerade über die Schauspielerphysiognomien unterrichtet sind, mit einem glücklicheren Werkzeug hat nie ein Künstler gearbeitet. Ein Kopf mit breitem Knochenbau und mit mächtiger Stirn und einer höchst beweglichen Muskulatur, die in der Verlängerung der Oberlippe nach unten fast das Unglaubliche leistet und das Spiel von der breitesten Breite bis in die längste Länge gestattet; eine Nase die durch ihren scharfen Schnitt aus allen Masken hervortritt und doch nirgends die Regelmäßigkeit des Ausdrucks stört; der Unterkiefer leise hervortretend und Energie anzeigend ohne Unfreundlichkeit. Ein sehr reges und lebendiges Augenpaar, nicht auf künstliche Vergrößerung angewiesen, sondern auch halbgeöffnet wirksam, nicht von ruhigem Feuer leuchtend, sondern von zuckenden Blitzen belebt.“

In der Tat ist Friedrich Mitterwurzer eine der umstrittensten Erscheinungen der deutschen Bühne gewesen. Während die Freunde der klassischen Richtung der Schauspielkunst in ihm nur einen kolorierenden Episodisten, einen virtuosen Verwandlungskünstler, der nur sich in Szene zu setzten verstand, sehen wollten, war er für die Jugend seiner Zeit die künstlerische Persönlichkeit, oder gar das Genie, das es sich leisten konnte, seine Gestalten auch gegen den Dichter auszudeuten. Beide Richtungen aber mußten uneingeschränkt die faszinierende Wirkung zugeben, die von dem nervös-übersteigerten Spiel Mitterwurzers, dem eine lyrische Ruhepause fremd war, ausging. Mitterwurzer spielte zu allen Lebensaltern alle Rollen aller Autoren.

Mitterwurzer wurde am 16. Oktober 1844 in Dresden als Sohn eines Opernsängers geboren und wuchs in gesicherten Verhältnissen auf. Mit zwanzig Jahren schloß er sich einer Schlesien durchziehenden Wandertruppe an, nachdem er bei seiner Mutter, der Dresdner Schauspielerin Anna Herold dramatischen Unterricht genossen und bereits kurzfristig in Meißen Liebhaberrollen gespielt hatte, dort allerdings durchfiel. Nach verschiedenen Wandertruppen schließen sich Engagements in

Hamburg am Stadttheater, in Bremen und am Berliner Wallnertheater an. Kurze Zeit gehört er auch zum Breslauer Ensemble, doch beendet ein Theaterbrand nur allzu rasch seine Vertragszeit. Von 1866 bis 69 ist er in Graz als erster Held engagiert, von hier holt ihn Friedrich Haase nach Leipzig, wo er bis 1871 bleibt. Leipzig wird für ihn dann zum Sprungbrett nach Wien. 1871 bis 79 gehört er dem Burgtheater an, wechselt von hier zum Stadttheater, von diesem nach einem Brand zum Ringtheater und als dies ebenfalls in Flammen aufgeht zum Karl-Theater über, dem er von 1884 bis 85 als artistischer Direktor vorsteht. Der Wandertrieb bricht wieder bei ihm durch, er geht auf Gastspielreisen, durchreist — überall spielend — Deutschland, Holland und Amerika und kommt — eine Seltenheit für einen Gastspieler — gereifter und gefestigter nach Wien zurück, wo er nun zum dritten Male, er war bereits 1874 kurzfristig am Burgtheater engagiert, dem Ensemble des Burgtheaters beitritt, dem er nun von 1894 bis zu seinem Tode am 13. Februar 1897 angehörte.

Mittenwurzer hatte in der Gastspielzeit gelernt, seinen Überschwang einzuteilen, er baute sämtliche Rollen neu auf, hielt mit seinen Trümpfen haus, was jedoch nicht ausschloß, daß er sich von einem Abend zum anderen in der gleichen Rolle grundlegend ändern konnte. Die Wiener begeistern sich an ihm und folgen ihm, selbst als er die natürliche, leichte Sprechart für die Hochstildramen anwendet. Geradlinige, ideale Charaktere lagen nicht im Bereich seiner Darstellung, bei ihm triumphierte der Zynismus. Mephisto, Franz Moor, Jago und Richard III. wurden in seiner Darstellung zu genialisch schlechten Charakteren, zu prächtigen Schurken.

Er starb an einer Gurgeltablette, die er verschluckt hatte. Der herbeigeholte Arzt war einer der wenigen Wiener, die ihn nicht kannten, er fragte: „Wer sind Sie?“ „Mittenwurzer“ — „Was sind Sie?“ — „Schauspieler.“ — Das war sein letztes Wort.

Friedrich Mittenwurzer an seine Eltern:

Wien, 5. März 1874.

Liebste beste Eltern mein letzter Brief berichtete noch nichts von der Aufführung des 2. Teils Heinrich 6. Nun denn diese haben bereits dreimal stattgefunden und am ersten Abend einen grossen Eindruck hervorgebracht. Nichts destoweniger war die gestrige 3. Vorstellung s e h r l e e r. Es ist ein eigen Ding um die Vorführung von Historie auf den Brettern. Das Publikum kennt kaum die eigne und soll sich um die englische kümmern, noch dazu um einen Aufbau von Mord, Tod und Schande und Elend wie dieser 2. Teil, der allerdings im glänzensten Rahmen gezeigt wird. Mir thut es herzlich leid das die Teilnahme so schnell abgenommen hat. Es war ein groß Stück Arbeit und A l l e haben redlich geholfen. Dingelstedt voran der abermals sein Meistertalent im Arrangieren erprobte. Die Darsteller taten ihr Möglichstes was mir speziell nun freilich in den seltensten Fällen gefiel. Trotzdem sind alle ob des Fleißes höchlich zu loben. Ich selbst — in dem Wunsch recht charakteristisch zu sein — übernahm mich im Ton was mir eine Heiserkeit zuzog, abgesehen von dem niederdrückenden Gefühl gefehlt zu haben. Bei der 2. Vorstellung (Sonntag) verbesserte ich den Fehler nach besten Kräften und siehe es gelang! Nun bin ich wieder zufrieden. Ihr glaubt nicht wie derartige Missgriffe mich verstimmen. Das klingt noch nach, tagelang, und jedes Wort wird auf die Goldwaage gelegt. Nun gottlob ich habe es bereits besser gemacht.

— Am Montag habe ich mit Hallenstein zusammen in Preßburg die Räuber gespielt. Das Haus war ausverkauft das Orchester geräumt und wir sind 27 Mal gerufen worden. Ich war mit dieser meiner zweiten Darstellung des Franz recht zufrieden. Es gelang mir alles um vieles besser und leichter als das erste Mal und ich selbst hatte eine wahre Herzensfreude. Hallenstein's Karl war prosaisch wie immer — aber seine Mittel sind groß — die halten ihn. Am Ostersonntag spiele ich mit Krastel die Räuber in Brünn zum Besten der Genossenschaft der Bühnenangehörigen. In der Osterwoche gehe ich wahrscheinlich nach Merseburg komme also leider nicht nach Dresden. Geld muss ich verdienen soweit thunlich und so muss der Herzenswunsch schweigen. Bis zum July liebste Eltern!

Da sehen wir uns gewiss und länger. An Neuigkeiten wäre noch zu melden, dass ich ein neues Lustspiel verfasst: Ein Sieg der Geschichte, es eingereicht habe dem Burgtheater und das es angenommen und bereits gestern Leseprobe gewesen ist. Hoffentlich noch vor Ostern sehe ich es auf der kk Hofbühne unter meinem Namen. So schreite ich denn auch hierin vorwärts, denn abermals habe ich einen neuen Plan im Kopf den ich hoffentlich auch realisieren werde. Das wären so alle Geschichten aus Wien, bis auf die neueste, dass ich am Ostermontag wo Lewinsky beurlaubt in Prag ist — den Franz Moor oder Mephisto spielen soll! Ich glaube nicht daran. — Heute habe ich bei La Roche den Mephisto durchgenommen es schmeichelt ihn und Göthe selbst hat ihn die erste Anleitung gegeben, die er nun auf mich überträgt. Recht interessant aber neu? originell? — Nein! Jedenfalls vorteilhaft! Schreibt recht bald. Ich bin wohl hoffentlich auch ihr Alle

1000 Küsse und Grüsse

Euer Tonel.

Aus einem anderen Briefe.

Ich weiss welcher Zukunft ich entgegen gehe und wie gross die Mühe die Geduld sein wird, aber ich tue es gern. „Zäh und fest" sei mein Wahlspruch, und ich hoffe zu Gott — endlich kommt das Gelingen.

Aus einem Brief an seine Frau.

Ich gebe Dir mein Wort als Schauspieler, und ich verstehe mein Handwerk — ich spiele hier täglich mit Fleiss ganz gleichmässig, und ich bestrebe mich, ganz ebenmässig zu sein, es gelingt mir auch. Nein, daran liegt der Erfolg nicht. Er liegt, er hängt an der Reklame am Rummel am Schwindel. Sei versichert, dass das Publikum nur dahin geht, wohin es aufmerksam gemacht wird zu gehen. Freilich muss ihm dann auch etwas geboten werden.

Aus einem Brief an seine Frau.

Sei mutig und verbanne jede Schwäche, soweit es irgend tunlich! Mitleid, Teilnahme findest Du doch nicht, sondern nur Spott und Achselzucken! Lächle, lächle, keine Tränen, um Gott, nur das nicht!

Aus einem Brief an seine Frau.

Deine Kunst pflege nach besten Kräften! Suche in Deinem eigenen tiefernsten Gefühl die Befriedigung Deiner Leistung, das ist das Rechte. Verschmähe aber darum den Beifall der Menge nicht! Er gehört zum Künstlerleben und, gottlob, fehlt Dir hieran nicht. Aber lass Dich hiervon nicht betäuben. Bleibe Du Herr Deines Geistes und Herzens — nimm alle Anerkennung dankbar hin und lass Dein Gefühl entscheiden: Dein wahres Gefühl, unverfälscht und echt.

Der Wagnersänger der Sprechbühne
August Albert Matkowsky (1857–1909)
als Kean

Matkowsky als Othello

AUGUST ADALBERT MATKOWSKY

Paul Schlenther schreibt in der Vossischen Zeitung über Matkowsky: „So toll er auch überschäumt, so ist doch meinem Verständnis nach die ganze Erscheinung des Herrn Matkowsky für unsere Hofbühne etwas wie eine Offenbarung: eine starke Persönlichkeit, in der dichterische Flammen lodern, hat den Mut und auch die Kraft, sich rückhaltlos zu geben wie sie ist, und findet mitten unter viel rasselndem und prasselndem Theaterfeuer wie unbewußt die Wahrheit und das Herz."

Theodor Fontane, Theaterkritiker in ebendieser Zeitung, ist allerdings etwas kritischer, wenn er schreibt:

„Und in dieser Welt der Willkür und der Maßlosigkeiten ist auch das Spiel des Herrn Matkowsky zu Hause; mit glänzendem Erfolge, wenn die Rolle wie hier im zweiten Akt das Outieren gestattet oder wohl ganz fordert, mit gar keinem Erfolge, wenn an Stelle der Willkür die Gesetzlichkeiten und an Stelle äußerlicher Gaben innerliche Kräfte zu treten haben: Gemüt, Geist, Urteil."

Matkowsky spielte nicht nur aus seiner Natur, sondern mit und auch über seine Natur. Selbstzucht, Vergeistigung war ihm fremd, er brauchte die Möglichkeit des „Sich-Ausspielen-Könnens", des Dröhnens und des gefühlvollen Schmelzens. Mit gutem Recht hat man ihn einen Wagnersänger der Sprechbühne genannt.

Eigentlich hieß er Matzkowsky und wurde am 6. Dezember als Sohn einer Näherin in Königsberg geboren. Mit neun Jahren siedelte er mit seiner Mutter nach Berlin über und besuchte die königliche Realschule in der Kochstraße. Er macht sein Einjähriges, wird Lehrling, kehrt jedoch bald in die Schule zurück und hat hier das entscheidende Erlebnis. Nach der Lektüre des „Hamlet" sollen sich die Schüler das Stück auf der Bühne ansehen. Dieser erste Theaterbesuch wird entscheidend für sein Leben. Er muß Schauspieler werden. Bei Heinrich Oberländer, einem guten Chargenspieler, nimmt er Schauspielunterricht und — knapp zwanzigjährig — hat er sein erstes Engagement am Dresdner Hoftheater unterschrieben. Er spielt in Dresden alle klassischen Liebhaberrollen durch und der germanische Hüne, der trotz gebrannter Locken als Naturbursche sich gibt, wird der Schwarm aller Backfische Dresdens. Nach einer kurzen Militärzeit, wo er sich als ein unmöglicher Soldat zeigt — sein Oberst soll seinem Nachfolger gesagt haben: „Der Himmel bewahre Sie, daß Sie je einen dramatischen Künstler zur Ausbildung bekommen!" — kehrt er zur Bühne zurück, wird zweimal hintereinander kontraktbrüchig, so daß er Spielverbot erhält. Er setzt mit Spielen aus, bis seine spätere Frau die Strafsumme, eine Jahresgage, zahlt.

In Hamburg betritt er nach dieser nicht ganz freiwilligen Pause wieder die Bretter und bleibt dieser Bühne von 1886 bis 1889 treu. 1889 unterschreibt er einen zehnjährigen Vertrag mit dem Berliner Hoftheater und in dieser Zeit liegen auch seine größten Leistungen. Er ist jetzt nur noch schwerer Held und es wird offensichtlich, daß die Klassik sein eigentlicher Bereich ist. Spielt er doch einmal Konventionsrollen, so können seine Mitspieler beim Kostümwechsel erleben, daß er kein Hemd trägt, sondern die Manschetten mit Bindfaden am Chemisett festgebunden hat.

Er ist stolz auf sich, seine physische Kraft, seine Schönheit, seine Bärennatur. Im Kreis feuchtfröhlicher Zecher hat er manche Nächte durchschwärmt, aber es gibt auch Tage, an denen er um eine Verinnerlichung ringt, dann geistert er mit einer Mönchskutte durch seine mit Altertümern angefüllte Wohnung in Charlottenburg. Er erkennt, daß nicht er das Gefühl, sondern das Gefühl ihn hat. „Ich will immer, aber ich kann nicht immer“ sagt er selbst.

In diese Berliner Zeit fallen auch seine zahlreichen Gastspielreisen nach Petersburg, Kottbus, New York und Schneidemühl. Hat er Angst vor der Stille? Glaubt er dadurch seiner sicherer zu werden? Alle natürlichen Rollen liegen ihm, fast spielt er sie zu gut, als das sie noch echt wirkten, um die Geistigkeit eines Hamlet oder Tasso hat er jedoch sein Lebtag vergeblich gerungen.

Als sein Sohn bei einer Bergtour in den Waliser Bergen abstürzt, bricht er zusammen, er eilt an die Unglücksstelle, als er zurückkommt, ist er ein alter Mann. Eine Entfettungskur, die man ihm für den Hamlet anriet, zehrt ebenfalls an seiner Gesundheit und am 16. März 1909 ereilt ihn ein Herzschlag.

Charlottenburg, Mai 1901

Mein lieber Herr Stein

Welcher Kunstanschauung ich folge, möchten Sie erfahren. Aber Sie wissen ja selbst, ich bin kein Theoretiker und folge keiner Kunsttheorie. Bei all meinem künstlerischen Schaffen folge ich nur einer Losung, dem jung erhaltenden Wort Euphorions: immer höher muss ich steigen, immer weiter muss ich schauen.

Welche Rollen über mein jetziges Repertoire hinaus ich spielen möchte, will ich Ihnen gerne verraten. Ich möchte den alten Faust des zweiten Teiles spielen und mit ihm sagen dürfen: „dem Tüchtigen bleibt diese Welt nicht stumm." Ich möchte den Gabriel Borkmann spielen und den Bildhauer Ruvak und einmal zeigen, wie ich den Stil in Ibsens Höhenkunst auffasse. Ich möchte Hauptmanns Florian Geyer spielen — vor allem aber möchte ich vor neue grosse Aufgaben mich gestellt sehen, die noch von keinem anderen gelöst worden sind. Nur allzu selten freilich sind derartige Aufgaben, doch ich hoffe immer wieder:

„Zu neuen Ufern lockt ein neuer Tag!"

Mit herzlichem Gruss

Ihr

Adalbert Matkowsky.

JOSEF KAINZ

„Kainz war die überragende Grenzerscheinung auf der Brücke zwischen Klassizismus und Naturalismus, und doch wäre es ganz falsch, ihn den letzten klassizistischen Schauspieler zu nennen. Man soll einen Menschen nie zur Schule verallgemeinern, denn jeder ist Einzelerscheinung mit verschiedenen Bedingungen. Kainz war deshalb eine Grenzerscheinung, weil er die Vorzüge von Klassizismus und Naturalismus vereinte; er war ein König der Sprache und des Körpers, und besaß schon die bis ins Letzte verfeinerte Beweglichkeit des Nerveninstruments, wie sie eigentlich erst durch die Differenziertheit der damals aufblühenden neuen dramatischen Elemente allmählich hervorgebracht wurde. Sein Geheimnis bestand darin, daß er die Sprache bewußt geistig aufbaute und türmte, wie eine wundervolle Architektur und doch bis ins letzte Einzelne natürlich war. Seine Art, wie er Vokale, Konsonanten zur Wirkung brachte, war grundlegend . . . . Wie im Spiel warf er Stöße von Sätzen einen hinter den andern her, türmte sie aufeinander zu einem Bau, hing ganz oben im Turm dieses Baues ein Hauptwort auf und läutete es wie eine Glocke, so daß es Merkwort wurde für einen ganzen großen Zusammenhang."

Diese Charakteristik der Kainzschen Sprachgestaltung, die wir Friedrich Kayßler verdanken, gibt einen tieferen Einblick in das Wesen des Schauspielers Kainz als irgendwelche biographische Daten, denn von der Sprache her gestaltete Kainz seine Rollen, sie war es, die die Verzauberung der Zuschauer bewirkte, sie war es, die ihn in den schöpferischen Rausch versetzte, sie war aber auch das Mittel, um zur letzten geistigen Klarheit vorzudringen. Kainz war einer der wenigen, die die Sprache als Kunstwerk — gleichberechtigt neben der Musik — erleben ließen. Seine größten Erfolge als Schillerscher Carlos und als Hamlet gründen sich auf dieser Synthese von Rausch und Waffe, die für ihn die Sprache war.

Kainz wurde am 2. Januar 1858 in Wiesenburg (Ungarn) geboren, doch ist dieser Geburtsort zufällig und durch den Beruf seines Vaters, eines kleinen österreichischen Verkehrsbeamten, bedingt. Vater wie Mutter waren von ganzem Herzen Wiener. Kainzens Jugendentwicklung ist typisch für die soziologische Erhöhung, die die Schauspielkunst in den letzten Jahrzehnten erfahren hatte. Denn ein Jahrzehnt früher wäre es sehr unwahrscheinlich gewesen, daß ein Beamter seinen Sohn mit ins Burgtheater nahm, um ihm die Bühne mit dem Bemerken zu zeigen, daß sie die Stätte seines Wirkens werden solle.

Das Genie
Josef Kainz (1858–1910)
als Achtzehnjähriger

Als Ferdinand in Schillers
»Kabale und Liebe«

Tafel 46

Bis dahin jedoch war es noch ein weiter Weg, fürs Erste mußte Seppl das Marienhilfer Gymnasium in Wien besuchen, mit fünfzehn Jahren allerdings verläßt er es und nimmt bei der zweiten Mütterspielerin am Burgtheater, Cesarine Kupfer, dramatischen Unterricht. Auch am Burgtheater spricht er damals vor, wird allerdings von Dingelstedt bei der Fülle der Schauspielschüler nicht bemerkt, doch August Förster, der Leiter der Leipziger Bühne, macht ihm Hoffnung auf ein Engagement zu einem späteren Zeitpunkt.

Als er 1875 in Kassel die Bühne betritt soll der Siebzehnjährige in „Dorf und Stadt" den Fürsten spielen, es kann gar nicht ausbleiben, daß sein Temperament mit ihm durchgeht und er durchfällt. Ein Engagement in Marburg an der Drau, das sich 1875 anschließt, sagt ihm schon eher zu, kann er doch hier mit dem ganzen Überschwang seiner jugendlichen Feuerkraft die klassischen und zeitgenössischen Liebhaber spielen. Das erste Bühnenjahr hat ihn abgeschliffen und Förster hält ihn jetzt für reif genug, in seinem Ensemble zu spielen. Von 1876 bis 1877 schlägt Kainz in Leipzig sein Quartier auf, doch das Publikum hat nur Augen für den körperlich unscheinbaren Liebhaber und kein Ohr für die gesteigerte Sprache des Feuerkopfes. Nach längeren Streitigkeiten mit Förster, in die unsere Briefauswahl einen ersten Einblick gibt, vertauscht er Leipzig mit der besten Bühne, die Deutschland damals für einen jungen Schauspieler hatte, mit dem Hoftheater des Herzogs von Meiningen. Er spricht als Ferdinand vor, wird angenommen und bleibt drei Jahre, von 1877 bis 80 dieser Bühne treu. Diese drei Jahre sind die eigentliche Zeit der künstlerischen Reife bei Kainz. Unter der Obhut des Herzogs übt er sich mit zähem Fleiß in der Vervollkommnung seiner Sprachtechnik und wahrscheinlich wurde bereits hier die von allen seinen Biographen erwähnte Methode, ganze Worte, ja Sätze im Dunklen liegen zu lassen, um ein Wort, das Kennwort, wie es Kayßler nennt, um so klarer erstrahlen zu lassen, geboren. Das Gefühl wird für ihn überprüfbar und der Körper ist durchtrainiert genug, um Ausdruck jedes Gefühls zu werden. Der Satz: „Ich spiele so, weil ich es so fühle", findet sich in einem Briefe jener Zeit.

Mit den Meiningern geht Kainz auch auf die berühmt gewordenen Gastspiele, bis er 1880 auf drei Jahre zum Münchner Hoftheater überwechselt. Kainz war damals noch der süddeutsche Typus des Schauspielers, die volle Abrundung, die sein Wesen durch die norddeutsche Herbheit in Berlin erfahren sollte, fehlte damals. Allein, gerade diese romantische Phantasie, die ihn damals auszeichnete, brachte ihm die Freundschaft eines Mannes, der ähnliche Anlagen wohl in sich spüren mochte: Ludwig II. Mit ihm schwärmt Kainz, wird mit Geschenken überhäuft, sie reisen gemeinsam inkognito in die Schweiz, wo Kainz auf dem Rütli die Szene aus dem „Tell" sprechen soll, von der Gewalt der Natur jedoch überwältigt wird und davonläuft.

1883 unterschreibt er den Vertrag, der ihm das Engagement bringen sollte, in dem er seine höchste Vollendung erfährt: er tritt dem Ensemble des neu gegründeten „Deutschen Theaters" zu Berlin bei. Sechs Jahre spielt er hier, verwirrt beim ersten Eindruck seine Zuschauer durch die Gewalt seines neuartigen Spiels, um sie sich danach um so fester zu verpflichten. Seiner Neigung und seiner Begabung, zwiespältige Charaktere zu spielen, kann er hier nachgehen. Tasso und Hamlet werden zum Ausdruck seines Seins überhaupt. „Der dänische Prinz war aus der Sage in die Wirklichkeit getreten" sagt Herman Bang von Kainzens Darstellung. Im Jahre 1889 wird Kainz kontraktbrüchig und darf auf den Bühnen des Theatervereins nicht mehr spielen. Drei Jahre lang geht er nun auf Gastspielreisen, die ihn auch nach New York und London führen. In Deutschland beweist er seine Kraft als Vorleser, und als die Geldsorgen, er hatte den größten Teil seiner Ersparnisse für einen Kuraufenthalt ausgeben müssen, zu drückend werden, spielt er im Berliner Ostendtheater, dem späteren Rose-Theater. Doch 1892 tritt das „Deutsche Theater" aus dem Kartellverband aus und Kainz kann aufs Neue bis 1899 von diesen Brettern aus sein Publikum verzaubern.

In jener Zeit beginnt sich Kainzens schöpferische Kraft in eigenen Dichtungen und Übertragungen niederzuschlagen, die leider noch keine Sammlung und Darstellung erfahren haben. Auch als Regisseur möchte er sich betätigen, doch bleibt ihm dies versagt.

Max Burckhard, sein Freund und Direktor des Burgtheaters, verpflichtet ihn 1899 an das Burgtheater und die Wiener haben ihm die verspätete Aufnahme durch eine herzliche Begeisterung vergolten, nachdem sie sich an seinen Spielstil gewöhnt hatten. Wien sollte die letzte Station in Kainz' Leben werden: nach langem und schwerem Leiden, das ihn jedoch nie in seinem Lebensmut beirren konnte, starb er am 20. September 1910 an der gleichen Krankheit, der schon seine Mutter zum Opfer gefallen war, an Magenkrebs.

Kainz war gleichzeitig das Abendrot einer zu Ende gehenden und das Morgenrot einer beginnenden schauspielerischen Haltung. Es ist das Geniale und Große an ihm, daß er, der am Anfang eines neuen Stiles stand, schon dessen sämtliche besten Seiten vorwegnahm.

Kainz kam am 7. 8. 1875 in Kassel an, wo er sein erstes bezahltes Engagement beginnen sollte, am 8. 8. 1875 sprach er vor, wenige Stun-

den danach wurde dieser Brief geschrieben. Schon hier zeigt sich die Begeisterungsfähigkeit Kainzens, der auch in seinem späteren Leben von jeder Veränderung seines Lebens sich noch immer das Beste versprach — und auch meistens recht behielt.

Cassel, am 8. 8. 75.

Herzallerliebstes Väterchen!

Heute endlich war der Tag an dem ich mich dem großmächtigen Tier, Herrn Hofrath Gilsa vorstellte. Er empfing mich außerordentlich freundlich und zuvorkommend fragte, wo u. wann ich schon aufgetreten und ersuchte mich endlich, um 1 Uhr mit dem Oberregisseur zu sprechen. Der Oberregisseur, ein äußerst liebenswürdiger und zuvorkommender Mann mit schneeweißem Haar und Bart bat mich sogleich auf der Bühne ein Probespiel abzulegen und wählte hiezu den Cosinsky in den Räubern. Drauf lobt er meine reine und schöne Sprache, will aber beinahe verzweifeln über mein unglückliches Repertoire; lauter Helden fast keinen jugendlichen Liebhaber darauf. „Es ist ein Unsinn von ihrer Meisterin gewesen" sagte er „Es ist ein Unsinn gewesen Ihnen solche Rollen einzustudieren." „Ich weiß nicht wie ich das Repertoire stellen soll? Ich möchte haben, daß sie sehr bald spielen, aber in solchen Rollen können sie unmöglich auftreten, die haben alle die älteren Herren inne, die lassen keine fahren. Kommen Sie morgen endigte er. Kommen Sie morgen um 11 Uhr ins Theater. Ich werde mich mit dem Herrn Hofrath noch verständigen, was da zu thun ist u.s.w." Vorderhand weiß ich also noch garnichts. Jedenfalls erfahre ich aber morgen das Bestimmte. — Das Theater ist sehr groß. Die Bühne ist beinahe größer als die des Stadttheaters in Wien. Man spricht aber so leicht darauf, daß ich mich gar nicht anzustrengen brauchte und mein Organ gab einen starken vollen Ton.— Mir gefällt es hier immer besser. Die Gartenanlagen sind hier großartig! Mitten in der Stadt am Ufer der Fulda erstreckt sich ein Wildpark von der Größe unserer Glacis aber mit Hügeln prachtvollen Wiesen und nebenan die schattigsten Alleen und Plätze. Von den Hügeln hat man eine wunderbare Aussicht auf die Berge Wälder und Gartenanlagen die Kassel umgeben. Komme nun recht bald. Wir erwarten Dich sehnsüchtiglich! Na lebe wohl jetzt. Grüße mir alle Verwandten und Bekannten und schreibe recht bald Deinen Dich herzlich liebenden Käuzen

Joseph u. Thilde.

Cassel am 10. 8. 75.

Schreibe Fauler!

Mordkreuztausendbombengranatensternelement! Alle olympischen Götter über Dich alle Erynnien und Rachegeister der Hölle unter Dich. Der finstere Tartarus samt seinen ewigen Guargeln neben Dich und der neunfach fließende Strom der Unterwelt in Dich! Warum schreibst Du nicht? Oder warum kommst nicht? Von Stunde zu Stunde gewartet er mit hoffender Seele der Wattons. Dein Sohn nämlich! Ich kann ja ohne Wattons nicht spielen, alle neunundneunzig Donnerwetter! Schicke mir meine Wattons! Das Repertoire wurde geändert in 3 Tagen soll ich neben dem Lorle stehen! Um aller Heiligen willen. Schicke mir die verfluchten Wattons, oder gehe zu dem siebenfach gedrehten Galgenstrick dem Wattonsmacher und schlag' einen Krawall daß das Opernhaus versinkt! Ich kann ja nicht auftreten! Begreift man denn das nicht? Heiliger Macaroni von Sankt Blöden! Ich brauch' meine Wattons! Schick sie mir gleich auf der Stelle! — Heute hab' ich meine Rolle bekommen. Den Fürsten in Dorf und Stadt. Der Dreck hat nicht mehr als einen halben Bogen und bloß in einer kurzen Scene zu thun. Das ist meine Antrittsrolle auf die soll ich gefallen u. Applaus kriegen! S' ist zum Lachen! — Solche Rollen hätt' ich im Stadttheater auch kriegt! Um die brauchte ich nicht nach Cassel zu fahren. Schick' mir meine Wattons! Komme bald. So, jetzt pfirt di Gott.

Dein unglücklicher verzweifelter Josef

Schick' net immer solche Kaszetteln wenn Du schreibst. Meine Wattons! Cassel im Hotel „Ritter"
Mittelstr. 42.

Marburg am 13. 10. 75
nach dem Besuch beim Director.

Liebe Eltern!

Ich bin der glücklichste Mensch unter der Sonne! Mein Direktor ist der liebenswürdigste Kerl auf der Welt! Sein Hund ist ein Prachtkerl! Ich weiß vor lauter Freude gar nicht, was ich sagen soll. Am Freitag ist Hanns Lange. Ich, als Bugslaff. Am Samstag „Ein Vater der seine Tochter liebt", ich einen Liebhaber. Am Sonntag „Hinko d. Freiknecht". Ich spiele den „Hinko". Maria Stuart kommt sehr bald. Delicater Auftrag u. Wartesalon ebenfalls. Morgen bekomme ich schon ein Zimmer. Im Casino speise ich, im Abonnement 8 Gulden monatlich. Marburg ist ein liebes Stadtl! Kurzum! Mir geht es mehr als königlich: Mehr als kayserlich!

Entschuldigt die schlechte Schrift aber ich zittere vor Freude u. habe Eile, denn ich muß fest pauken!

Euer ewig dankbarer u. Euch liebender Sohn

Joseph

Ich bitt Euch, grüßt die Kupfer! u. sagt ihr, daß ich ihr schreiben werde wenn ich Zeit habe.

Marburg, am 15. 10. 75.

Ihr lieben guten Eltern!

Mein Heimweh läßt morgens immer ein bischen nach, so daß ich doch wenigstens frühstücken kann, aber gestern Abend war mir so gräßlich zu Muth, daß ich kein Nachtmahl essen konnte u. mich schon um sieben Uhr zu Bette legte u. für's Vaterland brüllte. Natürlich bin ich um 12 Uhr schon wieder wach u. ich benutze den andern Theil der Nacht zum Lernen. Ich kann mich auch nicht zerstreuen. Denn erstens hat es seit ich von Wien wegfuhr noch nicht zu regnen aufgehört u. zweitens habe ich lauter so Trauerfetzen von Rollen zu lernen wie „Hinko", „Bugslaff", u. s. w. daß ich nur noch trauriger werde. Sobald sie nur kann, soll die Mutter kommen. Aber bald!! Dann habe ich noch eine Bitte. Nächste Woche ist „Hinko" u. dazu brauche ich unumgänglich nothwendig ein ledergelbes Tricot. Vielleicht kann mir das mein liebes Mütterlein gleich mitbringen, denn ich will, daß sie mich als Hinko sieht, sie soll also gewiß kommen! Nächste Woche! Diese Woche! Je früher, desto besser! — Ich habe seit ich fort bin, noch nicht mit Appetit gegessen. Ich würge nur alles so hinunter. Wenn der Vater zu Allerheiligen kommen kann, soll er es thun. — So, jetzt lebt wieder tausendmal wol u. schreibt, oder besser kommt so bald als möglich! — Jetzt werde ich frühstücken gehen es ist 7 Uhr

Morgens, u. um 8 Uhr holt mich der Theaterdiener zum Garderobier um meine Kostüme zu probieren. Sie sind prachtvoll, im letzten Act habe ich einen Goldharnisch u. Goldhelm, mit Federn! Um ½ 10 ist Probe. Also lebt nochmals millionenmal wol u. seid tausendmal geküßt von Eurem Euch zärtlich liebenden Sohne

Joseph

Bald kommen!

In Kassel, wir wissen es aus seinem Rollenbuch, mißfiel er, so suchte er nach einem anderen Theater, da ihm Friedrich Förster bei seinem Vorsprechen am Burgtheater angeraten hatte, sich ein Jahr lang an kleineren Bühnen durchzuspielen, nach dieser Zeit wolle er ihn nach Leipzig holen.

Auf Kassel folgt dann Marburg, wo er am 13. 10. vorspricht und als erster Liebhaber unterkommt. 17 Jahre war Kainz damals alt, der Zwiespalt dieser Jahre kommt in dem 2. Brief vom 15. 10. 1875 besonders deutlich zum Ausdruck.

Marburg, den 15. 10. 75.

Ihr lieben guten Eltern!

Soeben komme ich aus der Probe. Es ging vortrefflich. Nur eines geniert mich, es besserte nemlich der Regisseur, Direktor Dietz, mir kein Wort aus, — Ich bin mir hier ganz allein überlassen. Na, um so mehr muß ich dazusehen, daß ich mir keine Unarten angewöhne. Ich muß mich sehr in Acht nehmen, daß mir der Papp nicht in den Kopf steigt, denn der Director fängt an mich zu hätscheln. Auf das liebe Schreiben, das ich von meinem lieben Mütterlein bekommen habe, ist mein Heimweh, zum mindesten auf die Hälfte reduciert worden. Nichts destoweniger hoffe ich, daß eines von Euch beiden lieben Eltern bald kommt. Ich bitte aber recht sehr, vergesset das gelbe Tricot nicht! — Meine Collegen allhier sind sehr liebenswürdig! — Was ich sagen wollte — ängstigt Euch nicht zu sehr wegen meines letzten Briefes. Ich habe heute zu Mittag nach der Probe u. Empfang Deines Briefes, liebe Mutter, mit sehr viel Appetit gespeist am Schauspielertisch im Casino, dem ersten Local in Marburg. Ich weiß nicht ob es theuer ist. Ich habe für Suppe Rindfleisch mit rothen Rüben und 2 Glas Bier 40 Kr. bezahlt. Im Ganzen habe ich schon 6 Gulden ausgegeben samt der Quartierdarangabe von 3 Gulden, also blos für Essen und

Trinken, ohne Quartier 3 Gulden. Am Montag beziehe ich meine Wohnung, da muß ich ein halbes Monat vorausbezahlen, macht zehn Gulden. 8 Gulden muß ich für's Abonnement zahlen, sind 18 Gulden, so denke ich werde ich wohl auskommen mit meinem väterlichen Vorschusse. Wenn nur Mutter bald kommt, warum schreibt der Vater nicht? He? Soll ich wieder einen englischen Brief schreiben, wie anno Dunnemals? Heute vormittags, vor der Probe habe ich mein Costüm probiert. Ihr könnt Euch nur dann einen Begriff davon machen, wenn ich Euch sage, daß sich das Burgtheater dessen nicht zu schämen brauchte! Nur mit dem Friseur sieht es schlecht aus, er ist sehr dumm und hat nicht einmal ein Lockenbandeau, ich muß also mit meinem gewöhnlichen gebrannten Haare spielen. Im letzten Akt komme ich ganz in eine prachtvolle Goldrüstung eingehüllt. Am originellsten ist der Theaterzettel. Er lautet:

Hanns Lange od.: Prinz u. Bauer /: Hört :/ Schauspiel in 4 Abteilungen. I. Abteilung „Der Dolch". II. Abt. „Prinz u. Bauer" III. Abt. „Die Flucht" IV. Abt. „Mutter u. Sohn". Darüber steht mit großen Lettern gedruckt: „Erstes Auftreten unseres I. jugendlichen Liebhabers, Herrn Kainz". Ich habe mich gekrümmt vor Lachen, als ich den Theaterzettel zu Gesicht bekam. Mein erster Gedanke war: „Wenn jetzt die Kupfer da wäre!" — — Ich denke, ich werde mit meiner Gage sehr gut auskommen. — Von wegen einer Demoralisation meinerseits, liebe Mutter, brauchst Du keine Angst zu haben. Die Schauspieler hier sind sämtlich sehr ordentliche Leute, und unsere Damen, — daß Gott erbarm, sind im Durchschnitt so aus dem 14.—15. Jahrhundert entsprungen u. somit schließe ich wieder mein Schreiben. — Eines noch bitte ich! Schreibt mir sogleich. Was soll ich dem Theaterdiener schenken für sein Wohnungzubringen? auch wird er mir den großen Koffer in mein neues Quartier schleppen. Schreibt mir das gleich! Halt! Das wichtigste hätte ich beinahe vergessen! Herzallerliebste Eltern laßt mir mein Lockenbandeau wieder herrichten. Ich brauche es unumgänglich notwendig zum Hinko am Sonntag über 8 Tage. Aber ich bitte gewiß, denn hier ist keines aufzutreiben. Unser Friseur ist mehr als Hornvieh! Also gewiß! und den gelben Tricot. So jetzt lebt tausendmal wohl, schreibt und kommt bald! Morgen kommt mein Frack in Verwendung. Grüße Toni Kappermann herzlich, auch die Kupfer! Alles!

und seid millionenmal geküßt von Eurem Euch zärtlich liebenden Sohne

Joseph.

Von dem Selbstbewußtsein, dem Glauben an das eigene Können, aber auch von dem zähen Eifer Kainzens berichtet der Brief vom 27. 11. in der Kainz eigenen temperamentvollen Frische.

Marburg, 27. 11. 75.

Herzliebste Eltern!

Gestern Abend ist bei uns etwas vorgefallen, das vielleicht noch nicht da war, so lange Theater bestehen.

Ein junger 17—18jähriger Mensch macht die Bravour und sagt laut vor dem Direktor, er getraut sich, den Faust zu spielen. Der Direktor geht auf den Witz ein, sagt ihm die Rolle zu und so werde ich denn am 9. Dezember 1875 mit Frl. Rosa Frauenthal als Gretchen, den Faust am Marburger Stadttheater spielen; denn der junge Mensch mit dem großen Maul war — ich. —

Der Holdig, der den Faust spielen sollte, dankt Gott, daß er ihn los geworden ist, denn erstens ist es nicht sein Fach und zweitens hätte er diese Riesenrolle von 11 Bogen ganz neu lernen müssen. Ich kann ihn bereits, wie Ihr wißt. — Alles ist gespannt auf mich, wie ich es zuwege bringe. Denn: merkt auf:

Am Montag spiele ich in „Liane“ eine Rolle mit 6 Bogen. Am Mittwoch „Geheimnis“ die Rolle hat 4 Bogen, am Donnerstag „Kleiner Dämon“, hat 4 Bogen, am Samstag „Arria und Messalina“, am Sonntag „Admiral Tegetthoff“ die Titelrolle mit 7 Bogen, am Montag „Adrienne Lecouvreur“, 7 Bogen, am Dienstag „Medea“, 6 Bogen, am Mittwoch „Diplomat der alten Schule“, 3 Bogen. Am Donnerstag endlich Faust mit 11 Bogen. — Lauter Heldenrösser, wie keine zweiten existieren. Fortwährend auf der Bühne, fortwährend zu reden, und sehr viel zu reden! Machts mir's einer nach, wenn ihr könnt, einer von den jetzigen jungen 17jährigen Sternen, ohne alle Zustände zu kriegen, mein Organ wird bei jeder Rolle besser werden, und nach dem Faust hoff' ich so das Räuberlied zu singen, wie einst nach dem Mortimer! Dixi!!! —

Jetzt uffjepaßt. Beim Faust ist es die Hauptsache, daß ich gut aussehe und alt genug bin; Gehe daher zum Scheibenhofer, zeig' ihm beiliegende Zeichnung und frage ihn, ob er mir eine Perücke von dieser Form leihen will und kann. Die Farbe muß blond sein, nicht zu licht! Das Haar sehr lang und nicht ganz glatt, sondern sehr gewellt und unten die Enden sehr gekraußt. Fragt also und vergeßt nicht! Am 9. Dezember muß ich spielen!

War denn die Mutter schon bei der Rupffi und Du beim Förster? Warum schreibt Ihr denn nicht?

Lebt wieder 10000000000000 Mal wohl, vergeßt ja nicht auf die Perücke und seid Millionen mal geküßt von Eurem Euch

zärtlich liebenden

Joseph.

Marburg, den 13. 12. 75.

Liebstes Väterchen!

Gestern war Faust! — Was soll ich Dir viel sagen? Ich habe durchgeschlagen. Nach meinem Monolog wurde ich gleich 2 mal gerufen. In den Szenen mit Gretchen ebenfalls. Und am Schlusse des Stückes trotz des Gastes zweimal laut und stürmisch beim Namen gerufen. Die Perücke war prachtvoll. Ich bin auf die Rezension neugierig. Wenn Du am 22. dieses M. kommst, so ist's gerade gut, denn da spielt gerade die Jelenska das erstemal entweder im „Sohn der Wildnis", oder in „Donna Diana". Du kannst mich also entweder gleich am Tage Deiner Ankunft als „Don Cesar" oder als „Ingomar" sehen. Sei so gefällig und schicke mir gleich das Buch vom Sohn der Wildnis. Ich hab' es zu Hause liegen. Aber gleich. Meinen herzlichsten und besten Dank für die Halskragen und für die Perücke. Wir haben hier sehr schönes Wetter. Alles fest gefroren wie Stein! Und ein ewig blauer Himmel. Die Nächte sind jetzt so hell, daß man bequem ohne Licht auf der Straße lesen kann. — Ich werde Dich mit einem Wagen abholen! Ist Dir's recht? Denn vom Bahnhof bis in meine Wohnung ist eine tüchtige Strecke. Heute endigt das Gastspiel der Frauenthal mit dem „Damenkrieg" (Henri von Flavigneu) und ich habe eine ganze Woche Ruhe. Am Donnerstag feiert unser Direktor sein 30jähriges Jubiläum, ich halte ihm eine Ansprache in „„Verscheln". Dabei wird ihm ein silberner Pokal überreicht . . . .

So jetzt lebe tausend und tausend mal wohl. Es küßt Dich Dein zärtlich liebender

Joseph.

Als ihm seine alte Lehrerin Cesarine Kupfer zu Beginn seiner Marburger Zeit schrieb, er werde dort zu einem Schmieren-Komödianten, aber nicht zu einem Künstler reifen, war er entrüstet und brach den Briefwechsel mit ihr ab. Nun, ein halbes Jahr später, hat sich seine Meinung geändert. Er spricht selbst von einem Schmierenkomödiantenleben und verspricht sich alles von seinem Engagement am Leipziger Stadttheater.

Marburg, den 23. 3. 76.

Herzliebste Eltern!

Ihr könnt Euch gar keinen Begriff machen, wie ich mich freue dieses Engagement zu verlassen. Mir wird dieses Marburger Schmierkomödiantenleben mit jedem Tage unangenehmer, langweiliger u. ekliger, Ihr glaubt nicht, wie ich mich freuen werde, wenn mir wieder einmal ein tüchtiger Regisseur sagen wird: „Sie, das ist nicht gut, machen Sie das so“, wenn ich wieder einmal zur Erlernung einer neuen Rolle 1 oder gar 2 Wochen lang Zeit werde haben. Wenn ich wieder mal eine jugendliche Liebhaberrolle zu spielen werde kriegen; kurz, wenn ich wieder einmal unter Menschen sein werde. Ich komme mir hier so vor, als ob ich gar nicht unter Menschen wäre, mir ist, als wäre ich aus der Welt versetzt in einen Morast und ich alle Kräfte aufbieten muß, um darin nicht zu versinken und ersticken. Wie freue ich mich, wenn ich an den Moment denke, in dem ich wieder in mein Zimmerchen treten werde, wenn ich wieder den alten ehrenwürdigen Kunsttempel am Michaeler Platz sehen kann, in dem ein Sonnenthal, ein Lewinsky und ein Hartmann wirken. Wie sehne ich mich wieder einmal, Künstler spielen zu sehen und wie lechze ich danach, in die Leitung Försters zu kommen und zu sehen, wie ein Stück von Goethe oder Schiller mit Pietät behandelt wird und mit welcher Genauigkeit und Sorgfalt man zur Aufführung schreitet. Ich sehe ordentlich den alten Forster herumrennen bei der Probe und mit allen heiligen Donnerwettern in die Comödianten fahren, wenn eine Ensembleszene bei der 3. Probe zum 7tenmal repetirt wird und noch nicht klappt. Endlich möchte ich vor Seeligkeit und Wonne vergehen, wenn ich mir denke, daß es heißen wird, morgen 9 Uhr ist die Generalprobe von der Eröffnungsvorstellung, mit welchem heiligen Eifer wird da nicht jedes am Vorabend zu Hause sitzen und seine Rolle überlernen, überdenken, durchstudieren, daran feilen und schleifen, damit man ja nicht etwa sagen soll, ja der und der unter dem Haase seiner Direktion war uns doch lieber. — Ich sage Euch, ich kann den Moment kaum erwarten, in dem meine Festungsstrafe zu Ende geht. — Und dennoch sagt mir jeder Gast, der noch da war, daß dieses halbe Jahr von großem Nutzen für mich gewesen ist und daß es keinen großen Schauspieler gibt, der das nicht einmal mitmachen mußte. — Na, genug jetzt von dem Kapitel, 18 Tage noch, wenn Ihr diesen Brief bekommt nur mehr 17 Tage und ich bin frei!!! —

Jetzt habe ich an mein liebes Mütterchen eine Bitte. Ich möchte nämlich an meine gute alte Lehrerin, an die Kupfer, wieder einmal schreiben. Nun weiß ich aber nicht, wie ich das angehen soll, mich wegen des langen unhöflichen Schweigens zu entschuldigen. Wenn nun die Mutter so gefällig wäre, mir so eine recht lamentable Wurstsuppe aufzusetzen und zu schicken, so würde ich ihr ungeheuer dankbar sein. Das müßte aber sehr bald sein, wenn möglich, schicke mir die Geschichte umgehend. Aber sicher, vielleicht könnte ich es schon Samstag haben. Also nicht vergessen! Bitte! Bitte! — — — —

Am Samstag werde ich in Pettau wahrscheinlich nicht gastieren, denn ich habe mit der Antwort an Keller einen Tag gezaudert, weil ich erst erfahren mußte, wann ich frei bin und so hat indessen Schönfeld telegrafiert und für Samstag abgeschlossen. Ich werde also erst nächste Woche drüben spielen und vielleicht im „Wildfeuer" und „Hanns Lange", weil er den „Erfolg" nicht besetzen kann.

Ferreol, unser Benefizestück, ist bereits bei der Zensur in Graz und wird also im April zur Aufführung kommen. . . .

Seid Millionenmal geküßt von Eurem Euch zärtlich liebenden, ewig dankbaren Sohne

Joseph.

Wann holt mich Mutter denn ab? Recht bald! Nicht wahr? Recht bald!

D. obige.

Am 21. 6. 1876 kam Kainz in Leipzig an. Er beginnt auch sogleich mit Proben zu „Kabale und Liebe" (Ferdinand). Sein erstes öffentliches

Auftreten ist jedoch erst am 17. 7. als Phaon („Sappho"). Er versucht sich und seine Eltern mit allen denkbaren Gründen über diese Wartezeit zu trösten.

Leipzig, den 29. 6. 76.

Herzallerliebste Eltern!

Gestern war ich im Theater. — Friedrich Haase trat zum letzten Male auf als Thorane im Königsleutnant. Ich kann Euch sagen, ich bin wirklich froh, daß ich nicht am 1. Abend gleich spiele. Was die Leipziger mit dem Haase gestern getrieben haben, das war großartig. Es wurden ihm mindestens während des ganzen abends 40—50 Kränze geworfen, unzählige Rosen, Riesenbuquets und Sträußchen.

Er hielt laut schluchzend eine Abschiedsrede und wurde zum Schluß unzählige Male gerufen. — Haase spielt sehr schön Komödie. Aber es ist gar kein Funke Gefühl und Wahrheit. Es ist alles Kunst oder besser gesagt, Virtuosentum. Ein sehr schönes Kostüm, eine sehr schöne Hand und einen sehr schönen Fuß, mit welchem er fortwährend coquettirt, wenn aber der Vorhang fällt, bleibt kein Eindruck zurück. Man ist so wenig getäuscht, als man war, da der Vorhang in die Höhe ging. — Aber das große Publikum sieht ihn sehr ungern scheiden, und deshalb dürfte die erste Vorstellung nicht von so großartigem Erfolg gekrönt sein, als man erwartet. Der junge Förster sagte mir gestern, sind Sie froh, daß Sie in den ersten paar Vorstellungen nicht zu tun haben. Lassen Sie andere die Kastanien aus dem Feuer holen und spielen Sie erst, wenn die ersten Stürme und Reißer ausgetobt haben. — Ich trete also am 6. in den Gönnerschaften als Edmond auf. Am 16. spiele ich mit der Bertens den Ferdinand. — Förster soll zu Hause selbst gesagt haben „Kainz gefällt mir viel besser als Senger"! — — —

Ich muß schnell schließen, denn ich muß zur Probe. — — An Bargeld habe ich noch bei 40 Mark. Ich kann mich noch nicht abonnieren, weil die Proben alle um 12 Uhr anfangen. Hunger habe ich auch immer und dieses Norddeutsche Fressen gibt nichts aus. — Also lebt 1000000000 mal wohl. Schreibt bald und seid Millionenmal geküßt von Eurem Euch zärtlich liebenden, ewig dankbaren Sohn

Joseph.

Der Brief vom 18. 7. nach seinem ersten Auftreten ist typisch für die Sorgen und Nöte des jungen Schauspielers. Entscheidend ist damals für ihn nur das Kostüm und sein Aussehen.

18. VII. 76.

Herzliebstes Mütterchen!

Es ist gestern zum ersten male geschehen, so lange ein Deutsches Theater besteht, daß das richtige Alter auf der Bühne stand, eine Melitta mit 16 Jahren und ein Phaon mit 18 Jahren. Es ist doch ein Hochgenuß in einem solchen Theater Komödie zu spielen. Man braucht da wirklich nichts weiter als zu spielen. Alles übrige fliegt einem ins Maul. Im ersten Akt habe ich eine braune Tunika blau aufgeputzt gehabt und einen blauen griechischen Mantel im 2ten und in den übrigen Akten eine blaue Damasttunika, gelb geputzt nnd einen gelben Mantel mit Flittergold gestickt. Sie sagten alle, daß ich prachtvoll ausgesehen habe. Förster war auch sehr zufrieden. Das Ensemble war vollendet. — Alle Augenblicke kam Pettera oder Förster und fragten, ob Vater in der Loge wäre und er hat wirklich eine Loge 1. Ranges bekommen. Bertens hat mir auch gratuliert und sagte mir, daß sie von der Kupfer eine briefliche Strafpredigt bekommen hätte, daß wir beide die Spitzeder noch nicht besucht hätten. Jetzt muß ich doch zu ihr gehen. — Na alles Übrige hat Dir ja Vater geschrieben. Sobald eine Rezension kommt, wird sie Dir geschickt. Jetzt nimm noch tausend Küsse für die schön aufgeputzten Schiller- und Goethe-Büsten, für die Halskragen, Sandalen, kurz für alles ‚leb' tausendmal wohl und sei 10000000 mal geküßt von Deinem Dich zärtlich liebenden

Joseph.

10000 Grüße und Handküsse an Tante u. Großmutter. Grüße alles. Schreibe bald.

Aber auch Leipzig sagt Kainz auf die Dauer nicht zu, er fühlt sich zurückgesetzt, hat Streit mit Direktor Förster und dessen Gattin. Er beschließt, sich an ein anderes Theater zu wenden, doch zögert sich seine Vertragslösung von Monat zu Monat hin. Die Methode der Schmähschriften und deren Erwiderung war damals — nicht nur auf dem Theatergebiet — sehr beliebt; die Darstellung im Briefe vom 5. 1. zeigt die enge Anteilnahme des Publikums an den Schauspielerschicksalen. Die Temperamentäußerungen gegen Förster darf man nicht als gültige

Urteile ansehen, Kainz hat ihn und seine Regiekunst später voll anerkannt.

Leipzig, den 5. 1. 77.

Herzliebste Eltern!

Solche Freude wie gestern habe ich noch nicht erlebt. Vorgestern kam eine Broschüre heraus, darin eine Glossierung der Försterischen Erwiderung auf die Petition enthalten ist, sie wird an allen Straßenecken verkauft und kostet fünf Pfennige. Unter andern werden drei Mitglieder des Theaters besonders angegriffen — Neumann, Baumann, Hyneck und Kainz. Meine Erwidernng dieser Schmähschrift gab ich nun gestern als Ferdinand in „Kabale und Liebe". Ich wurde nach dem ersten Akt, einmal nach der Szene mit der Milford, einmal nach dem 2ten Akt, 2 mal nach dem Abgang im vierten Akt, also nach meinem Monolog stürmisch gerufen. Zum Schluß wurde ich, was während der Direktion Förster noch nicht da war, sensationell demonstrativ mit Namen gerufen. Und als ich mit der Wessely hinauskam, brüllte alles „Kainz! Kainz!" und so blieb das ganze Publikum im Theater und rief tumultuarisch meinen Namen, bis ich mich 3 oder 4 mal bedankt hatte. Meine Kollegen waren alle starr! Jedes kam und sagte „Man hat Sie beim Namen gerufen, Herr Kainz!" Und die Wessely sagte „Na, das ist doch eine glänzende Genugtuung für die Schmähschrift." Das Rufen beim Namen geschah auch deshalb. So machten sie's dem Förster, als er seine Erwiderung gab. Ich hätte vor Freude beinahe geweint. Rüffer sagte mir: „Sie haben prachtvoll gespielt, Kainz. Schade, daß von den Rezensenten niemand drinnen war, als ich. Aber passen Sie auf auf die Rezension, die ich schreiben werde! Sie haben die Wessely in ihrer besten Rolle verdunkelt! — Eichenwald war gar nicht im Theater, hatte es aber schon gehört und sagte: „Herr Kainz, ich habe gehört, daß Sie so prachtvoll gespielt haben. Sie dürfen hier nicht bleiben, Sie müssen an ein Theater, wo sie täglich draußen stehen und sie sollen sehen, wie Sie in einem kurzen Jahre dastehen werden. Ich fuhr nach der Vorstellung (sie fing ja um 3 Uhr an und war um ¼ 7 aus) zu Schwabe's, die auch riesige Freude und Teilnahme zeigten und mir versprachen, die Rezension Euch morgen sogleich zu schicken. Es scheint, liebe Eltern, daß mir das Jahr 1877 Glück bringt. Ich habe das Vorgefühl am Sylvesterabend gehabt und es hat mich noch nicht verlassen. Soeben kommt Dein Glückwunsch zum Ferdinand. Ich höre ihn zu spät, aber er wurde zur rechten Zeit gesprochen und hat mir Glück gebracht. Aber deshalb soll sich der Herr Direktor Förster doch auf den Kopf stellen. Ich gehe! Heute ist der erste schöne Tag. Heute lasse ich mich fotografieren! — In zirka 8 Tagen habe ich die Fotografien dann an den Agenten und fort aus Leipzig. Vorher wird aber noch sehr fein gespielt! Ja, ich sage Euch, an den gestrigen Abend werde ich noch lange denken. Heute bin ich schon wieder zu einem Narrenabend geladen. Beim Verein Harmonie wieder im Trianonsaal.

Vorgestern war hier zum ersten Male der historishe Lustspielabend. Das heisz Eisen von Hanns Sachs. Die Ehrlich Bäckin mit ihren 3 vermeinten Liebsten von Jac. Ayrer, Hannswurst von Prehauser, und die Versucherin von Misern. In dem zweitgenannten Stück hat Otto die Schusterin gespielt. Nun muß aber der heute fort zur Stellung und da habe ich die Rolle von gestern auf heute ohne Probe übernommen. Das tragt mir hübsch viel Honorar ein, denn es wird oft gegeben werden. So, jetzt hab' ich Euch das Neueste berichtet. Jetzt lebt wieder tausendmal wohl, schreibt bald, wie es Euch geht, wie Ihr ausseht? und seid Millionenmal geküßt von Eurem Euch über alles liebenden ewig dankbaren glücklichen

Joseph.

Grüßt Alles!

Noch immer ist Kainz in Leipzig. Seine Verwendung befriedigt ihn jedoch in keiner Weise, zwar hat sich das Verhältnis zu Förster etwas gebessert, doch ist er noch immer entschlossen, Leipzig zu verlassen. Der Schluß dieses Briefes ist eine der wenigen Äußerungen in seinen Briefen über seine künstlerische Berufung.

Leipzig, den 27. 2. 1877.

Herzliebste Eltern!

Ihr müßt nicht böse sein, weil ich Euch wieder so lange nicht geschrieben habe. Wollte ich es auch, ich wüßte nicht, was: Heute habe ich wieder einige Neuigkeiten erfahren, die ich Euch augenblicklich mitteile. Fränkel, Theateragent in Berlin, schickt mir einen Brief folgenden Inhaltes: „Geehrter Herr! — Sie sind mir sehr gut empfohlen worden. Ich bitte Sie deshalb, mir Bild und Repertoire einzusenden. Wohl weiß ich, daß Sie nach Graz gehen (???); indess möchte ich doch schon jetzt mit Ihnen in Verbindung treten. Ergebenst etc. etc." —

Ich ergriff natürlich die Gelegenheit und sendete ihm augenblicklich das Verlangte mit dem Ersuchen, er möge für mich immerhin jetzt schon tätig sein, da ich nicht nach Graz zu gehen gedenke. Bin neugierig, wann und was er mir bietet. Ferner: Ich und Brammer schrieben vor einigen Tagen an die Direktionen Eger, Teplitz und Aussig um dreitägige Gastspiele. Drei Tage gibt uns Förster wohl Urlaub und ein Hunderter läßt sich immer dabei verdienen.

Wir schickten an die betreffenden Direktionen Briefe von beiliegendem Inhalt. . . . Gestern kriege ich von dem Direktor in Eger ein Schreiben, das ich Euch hiermit übersende, mit der Bitte, es mir, sobald Ihr gelesen, wieder zu retournieren. Was sich der Schafskopf gedacht hat, weiß ich nicht. Ich habe den Irrtum sogleich berichtigt und ihm begreiflich gemacht, daß ich derzeit noch unbeweibt wäre und es noch längere Zeit nicht willens bin, zu werden. Ich wäre erster jugendlicher Liebhaber am Stadttheater zu Leipzig und kein Ehekrüppel. Ob er nun noch darauf eingehen wird, ist die Frage. Er kann nicht mehr gut zurück. — Wäre es Euch nicht auch recht, wenn es zu Stande käme? Natürlich würde ich mir einen tüchtigen Pelz ausleihen, um auf der Reise warm zu haben und einen guten Fußsack. Von den übrigen Direktionen haben wir noch keine Antwort. . . . Am nächsten Sonnabend bin ich wieder im Benedixverein geladen. Es wird da eine Vorstellung für die Überschwemmten gegeben „Doktor Robin". Ernst vom Hoftheater in Altenburg spielt den Garrick, die Sauer die Mary, ich den Liebhaber und die Spitzeder selbst die Amme. Im Theater ist am selben Tage große Soiree mit Abonnement suspendu Gesangspiecen und Schiller's Glocke mit lebenden Bildern in alter Besetzung. Am Sonntag nachmittag um 3 Uhr volkstümliche Vorstellung „Don Carlos". Ich als Carlos und Senger als Eboli. Im Heinrich V. habe ich die prachtvolle Rolle des Pagen gekriegt, die im Burgtheater der Stätter spielt. Im ersten Akt hat er mit einem ¼ Stunden langen feurigen Monolog den Aktschluß und in den übrigen Akten parliert er meistens französisch; Grube spielt den Heinrich. Kann schön werden! An die

Kupfer werde ich schreiben, sobald meine Engagementangelegenheiten geordnet sind.

Gestern habe ich seit einem Monat den Doktor Pisa wiedergesehen, der mir noch Komplimente über meinen Ferdinand schnitt und der sagte mir? „Sagen Sie mir, sehen Sie so wohl aus, oder sind Sie geschminkt?" ... Na, jetzt lebt wohl, meine Neuigkeiten sind erschöpft! Lebt tausend mal wohl. Könnte ich Euch die Zufriedenheit und Ruhe und Sorglosigkeit in die Brust legen, die ich empfinde, ich wäre ganz glücklich. Ich fühle täglich mehr und mehr (Ihr könnt mir's glauben) daß ich Mann werde. Mit großer Verachtung habe ich gelernt, mich über diese tausend und aber tausend kleinen Intrigen, Klatschereien und den Tadel schmähsüchtiger Rezensenten hinwegsetzen, denn mein Selbstvertrauen ist erwacht und beherrscht mich ganz. Mögen Sie sagen, tun und lassen, was sie wollen, ich trage einen Schatz in mir, der mir unbezahlbar ist, um den ich mich von der Welt beneiden lasse, den ich nicht mit einem Thron vertauschen möchte, mein Talent! Ich fühle es, daß es sich täglich mehr entfaltet, und dieses spornt mich zu neuer Kraft, zu neuer Tätigkeit an und eher werde ich nicht ruhen und nicht rasten, bis die Zeit da ist, bis ich da angekommen bin, wo ich meinen Eltern, den trefflichsten aller Menschen, ein sorgenloses Ruheplätzchen schaffen kann, wo ich ihnen die Mühen und Sorgen, die Aufopferungen wenigstens teilweise, vergelten und meine größte Schuld auf dieser Erde tilgen werde können.

Könnt ich Euch schildern, was es heißt, Künstler sein! Könnt ich Euch fühlen lassen, wie es tut, der Kunst anzugehören, sich ihr der einzigen Geliebten mit urewiger Treue hinzugeben, Ihr selber würdet mich um dieses Vorrecht das mir die Natur gewährte, beneiden. —

Doch ein andermal meine Herzensergießungen! Für jetzt Taten! Millionen Küsse von Eurem Euch über alles liebenden Sohne

Joseph.

Kainzens Briefwechsel mit seinen Eltern wurde in ganz geringen Zwischenräumen geführt. Selten liegen mehr als drei bis vier Tage zwischen den einzelnen Briefen. Schreibt er eine Zeit lang nicht, so werden

sorgenvolle Briefe gewechselt. Einen dieser Briefe beantwortete Kainz am 6. 3. 1877.

Leipzig, den 6. 3. 77.

Herzliebste Eltern!

Diesmal war nicht Mangel an Stoff der Grund meines langen Schweigens, sondern wahrhaftig der Mangel an Zeit. Es wurden sehr rasch hintereinander einige Stücke eingeworfen, in denen ich beschäftigt war und dies ist der Grund. . . . Am Sonnabend war vormittags um 9 Uhr Probe von Don Carlos, der sonntags nachmittags mit der Jantsch als Eboli im alten Theater gespielt wurde. Um 11 Uhr hatten wir im neuen Hause wieder Probe von den Lebenden Bildern, den Samstag abends war im Theater bei Abonnement suspendu Soiree und die „Glocke". Um 1/4 10 Abends war die Geschichte aus und ich fuhr geschminkt ins Schützenhaus in den Benedixverein! spielte da meinen Part herab, hatte natürlich Wagen und Essen frei, wurde da sehr freundlich aufgenommen, habe in einer kleinen daselbst veranstalteten Lotterie von einigen. Damen Lose genommen (ohne sie zu bezahlen) und ein sehr hübsches gefülltes Bonboniere und ein prachtvolles Tintenfaß gewonnen. Um 3 Uhr morgens gingen wir auseinander. Tags darauf (Sonntag) war um 1/2 10 Uhr wieder Probe von Don Carlos und nachmittags die Vorstellung. Die Jantsch wurde total ausgelacht und heute schreibt Gottschall gar nichts über sie und Rüffer verreißt sie in I. langen Spalte derart, — daß es sich nicht wiedergeben läßt. Er nennt sie mit gedruckten Worten geist- u. talent- und verständnislos, die die Schillersche Diktion durch die Nase hersagt. Gestern schlief ich bis 11 Uhr und dann ging ich zu Schwabe's, wo ich bis 11 Uhr abends blieb. Heute hatten wir eine Hauptprobe vom Traum ein Leben, die dauerte von 10 Uhr morgens, bis um 4 Uhr nachmittags und dann schickten sie zu mir, ob ich nicht für heute Abend eine Rolle in Ferréol ohne Probe für Otto, der wieder zur Stellung müßte, übernehmen wolle. Ich hab' es zum Erstaunen aller vollbracht (ohne Probe). In der Deborah habe ich den Joseph gekriegt. Den ich mit der Geistinger spielen werde. Aus meinen Gastspielen wurde nichts, da Förster den Urlaub verweigerte. Es ist auch nicht möglich, ich bin jetzt wieder riesig beschäftigt. Über meinen Don Carlos machte er mir riesige Komplimente und sagte, ich spielte ihn sehr gut. — — Na, denkt Euch Kinder, den Brief habe ich vorgestern angefangen, am späten Abend, aber mir fielen die Augen zu und es war mir unmöglich, weiter zu schreiben. Heute lag ich den ganzen lieben Vormittag auf der Probe von den Karlsschülern (Friedrich Schiller, Herr Gust. Starke aus Graz als Gast). Dann gehe ich zum Essen und heute war ich so müde, daß ich aufs Sofa fiel und bis ½ 5 Uhr schlief, wo mich Glöckner weckte, der meine Garderobe holte. Zu alledem habe ich seit vorgestern einen kleinen Katarrh im Halse. Trotzdem spielte ich gestern den Karkhan im „Traum ein Leben" und alle sind entzückt, wie ich die Rolle durchgeführt habe. Ich legte mir eine Nase auf und sah als Beduine nach Försters eigenem Ausspruch malerisch aus.

Heute kam sogar der kalte trockene Eichenwald zu mir und gratulierte mir. Alles, wo man hinkam, sprach nicht von Grube und Conried, die doch die Hauptrollen hatten, sondern von mir als Karkhan. Ich komme soeben aus der Vorstellung „die Karlsschüler". Dieser Herr Gustav Starke fiel mit Glanz durch. Alle gratulierten mir und Eichenwald sagte „Förster müßte Tinte gesoffen haben, wenn er den Kainz wegließe". Starke kam nur hierher, um mir als Folie zu dienen. Die Geschichte kostet dem Förster 100 Taler, aber die bin ich ihm noch wert, Senger kam ganz exaltiert auf die Bühne und rief: „Das ist ja scheußlich! Warum spielt der Kainz nicht den Schiller! Wenn ich mir ihn denke, wie der bei manchen Stellen losgewettert hätte! — (seine eigenen Worte vor mir). Am Dienstag wird der arme Herr Starke noch den Don Carlos spielen und dann geht er und nimmer kehrt er wieder. Emil Schönfeld kommt nicht. — Na, Kinder, Glück auf, mein Glücksstern geht auf! Ihr sollet sehen, wie Förster mit mir umgeht, wie er mich alle Minuten um mein Befinden fragt. —

Neulich, bei der letzten Generalprobe von „Traum ein Leben" sitzen wir beide im 1. und 2ten Akt (ich komme erst im 3.) im Paterre und er dirigiert dabei die Probe, fragt mich um vieles. Ich sage ihm das und das wäre schön, wenns gemacht würde und er läßt es machen, nach meiner Anordnung! Na, was sagt Ihr dazu? — Liebste Eltern! Das wahre Talent geht nicht zu Grunde, man kann es anfeinden, unterdrücken, kann es schädigen wie immer, — es bricht sich Bahn langsam, aber sicher! Dem Gott Talent gab, dem gab er alles und nicht die Kaiser und Könige, sondern die Künstler sind Leute von Gnaden Gottes, sind außerordentliche Geister. Und wie wenigen wird es zuteil. Ich bin 19 Jahre alt und lasse mich von Männern, die in den 40 stehen, beneiden! Bleibt Ihr nur ganz ruhig ein Jahr noch und Ihr sollt mir nicht mehr Not leiden. Erheitert Euren Blick, vertraut mir blind! — Ängstigt Euch nicht um mich, es könnte mir am Ende doch etwas geschehen. (Wir sind ja alle nur Menschen). Wem die Natur Talent gab, dem gab sie auch eine gute Gesundheit und langes Leben, denn solche Gaben verschleudert die große Meisterin nicht an morsche Körper. Ich werde wahrscheinlich in Leipzig bleiben! — Zu Ostern erwarte ich meinen lieben Vater! Wird er denn sicher kommen? — Ach, könnte ich Euch doch beide an mein Herz drücken! — Aber Ihr guten Eltern macht Euch das Leben sauer! Wie kann man so in Angst und Sorge sein, wenn ich einmal 8 Tage lang nicht schreiben kann? Seit dem letzten Sonnabend bin ich tattäglich auf der Probe und in der Vorstellung beschäftigt, ohne Ausnahme. Ich bin so müde, daß ich doch bis 9 Uhr schlafe. Um 10 Uhr Probe, die bis 4 Uhr dauert, dann essen und schlafen! Oder eine Vereinsprobe, wie es vorige Woche 2 mal vorkam, und 5—½6 Uhr ins Theater und um 10—½11 Uhr nach Hause. Da bin ich dann so schlaftrunken, daß ich ins Bett taumle. Also Kinder, zürnt mir auch nicht, daß ich so lange schwieg. Wäre ich krank, seid versichert, daß Ihr alle Tage 10 Briefe bekämet, die von Gesundheit strotzten. — Die Leute lachen mich aus, wenn ich sage, daß ich bereits 8 Tage nicht nach Hause geschrieben! — Ihr macht mich ja verzweifeln mit solchen Briefen, wie ich sie jetzt seit einigen Tagen bekam! Seid nur vernünftig und glaubt, daß ich so lange ich nicht schreibe am gesündesten bin! — Der gute Onkel Toni glaubt mich verliebt? Er weiß nicht, daß die Kunst die eifersüchtigste Herrin ist und keine irdische Nebenbuhlerin duldet! Das meine Antwort auf seine gewiß — geistreiche Vermutung (wenn er die Antwort versteht!) Nun laßt mich Euch sagen, daß ich brillant aussehe nach Aussage meiner Kollegen, sie glauben alle, ich bin geschminkt! Aber Du lieber Gott! Ich fresse auch was zusammen, den ganzen Tag kaue ich Bemmen und trinke Rotwein! Den ganzen Tag wütenden Hunger, frühmorgens um 8—9 Uhr 3 Tassen Kaffee mit 4 Brötchen. Eine Stunde darauf ein Glas Wein und einige Bemmchen. Zu Mittag wieder furchtbar viel, um 4 Uhr Kaffee mit 4 Bemmchen und am Abend auch einige warme Speisen. Die Photografie ist nicht retouchiert! Ich sehe wirklich so aus. Alles sagt, daß sie nicht geschmeichelt ist.

Zum Schlusse, Kinder, komme ich mit einer Bitte. Ich habe in diesem Monat viele Ausgaben gehabt und was mehr ist, werde sie noch haben. Ich brauche zum Joseph 2 Paar Stiefel, will mir noch ein Dutzend Bilder machen lassen und möchte gerne von Forkel loskommen, das heißt, dieses Monat im Gasthaus essen, damit mir bei dem Kerl, der jetzt so unverschämt teuer wird, und mir sogar das Holz zum Unterzünden anrechnet, nicht am Ende des Monats so viel zusammen kommt (denn wenn ich hierbleibe, ziehe ich zum Frühjahr aus). Wenn es Euch, liebste, beste Eltern, also möglich wäre, mir für diesen Monat die fünfzig Mark zu leihen, so würde ich Euch ewig dankbar sein. — Haltet mich für keinen Lumpen, der das Geld hinausschmeißt, ich möchte in diesem Monat bei Forkel so wenig als möglich brauchen, um hier frei zu werden. Schreibt mir darüber sogleich! — Es ist jetzt $^{3}/_{4}$ 12 Uhr nachts. Ich habe einen Schnupfen, daß mir das Wasser aus den Augen läuft und bin natürlich stockheiser, der Doktor hat mir Selterwasser mit Milch verordnet, das sauf' ich jetzt! Es tut mir gut. Bei uns ist das das gewöhnliche Mittel gegen Heiserkeit. —

Morgen ist seit 10 Tagen der erste, an dem ich keine Probe habe. Aber am Abend ist Ferreol, wo ich für Otto wieder die Rolle spielen muß. Übermorgen „Traum ein Leben" — und nächste Woche kommt die Geistinger. Ich freue mich wieder auf sie unendlich! Meine Kollegen sagten es heute alle, ich komme durch das Gastspiel Starke's zu Ehren!

Jetzt, herzliebe Eltern, lebt wohl! Morgen schreibe ich Euch mehr, heute bin ich zu müde! Also nicht böse sein! Keine Angst und Vertrauen! Millionen Küsse von Eurem Euch über alles liebenden Sohne

Joseph.

Wie geht es Euch? Schreibt bald! Aber fidel!

Leipzig hat für Kainz wieder den Schimmer eines Reizes gewonnen: die Geistinger kam ins Ensemble und die Begeisterung über ihr Spiel und die Freude, in Niemann wieder einmal einen männlichen Spieler von Format zu sehen, läßt ihn die Streitigkeiten der letzten Wochen vergessen.

Leipzig, den 12. 4. 1877.

Herzliebste Eltern!

Gestern Abend gastierte zum ersten Male Albert Niemann vom Hoftheater in Berlin als Tannhäuser. Ich habe so etwas in meinem Leben noch nicht gesehen. Stimme hat er gar keine mehr, d. h. er brüllt, daß das Haus einfällt und zu klein wird, aber die Stimme ist alt und verbraucht klanglos und ausgeschrien. Gegen sein Spiel aber müssen sich Sonnenthal, Hartmann, Förster ja selbst Rossi (ich sage nicht zu viel) verstecken. Dazu hat der Mann eine Hünengestalt und einen ideal schönen Kopf kurz es ist im Spiel das vollendetste was ich bisher gesehen habe. Ich möchte dem Menschen bloß ein halbes Jahr lang zusehen können, ich bin wahrhaftig froh dass ich wieder einmal jemand sehe von dem man wahrhaft etwas lernen kann, der ganz frei von Manierirtheit u. so durch und durch vollendeter Künstler ist. Förster sagte mir heute ich sollte jetzt gar nichts tun, sondern ein Monat lang viel essen und trinken. Höchstens einmal ein gutes Buch lesen u. dann wollte er mit mir die 5 oder 6 Rollen studieren die ein jugendlicher Liebhaber unumgänglich nötig hat als da sind. „Max, Ferdinand, Don Cesar (Braut von Messina), Melchthal, Don Carlos etc. etc. und mich sie dann je so nach u. nach spielen lassen. Na mit einem Wort er will alles mögliche tun um mich bald vorwärts zu bringen.

Wie geht es Euch denn mit der Gesundheit? Ich habe einen furchtbaren Schnupfen, dass mir das Wasser aus den Augen läuft.

Bis auf diesen Generalschnupfen bin ich sehr gesund und geht es mir jetzt recht gut.

Na jetzt habe ich Euch wieder geschrieben was ich selber weiss, lebt also zu tausendmillionenmal wohl u. seid ebenso oft geküsst und gegrüsst von Eurem Euch über alles liebenden

zufriedenen Sohne

Joseph

Und wieder vergehen Monate. Der Gedanke an einen Engagementswechsel taucht nicht mehr so oft auf wie bisher. Doch ein Entlassungsgesuch liegt noch bei Förster und dieser inszeniert eine Theaterkabale als er einen Ersatz für Kainz hat und diesen fristlos kündigen kann. Der Brief vom 3. 8. 77 schildert diese Ereiguisse.

Leipzig, den 3. August 1877.

Herzliebste Eltern!

Was ich seit gestern erlebt habe oder vielmehr seit vorgestern, das vermag keine menschliche Zunge auszusprechen. Hört mich ruhig an. Es ist nun nicht mehr zu ändern. Ich spielte am ersten August den Geigenmacher von Cremona. In dieser Rolle habe ich einmal auf der Bühne zu geigen. Nach Försters Arrangement stand ich ganz vorn am Proscenium nnd geigte gerade vor dem ganzen Publikum. Da ich aber der Griffe auf der Geige nicht kundig bin, so machte ich ziemlich ungeschickt worüber man im Publikum zwar nicht lachte, dazu ist die Situation zu ernst aber man sagte mir dass sich viele Leute nicht des Lächelns erwehren konnten. Unter diesen war auch die Kupfer, die mir den wohlmeinenden Rat gab das nächste so wie Lewinsky im Hofburgtheater im Hintergrunde mit dem Rücken gegen das Publikum gewendet, die Sache abzumachen. Ich beschloss das bei der nächsten Aufführung ebenso auszuführen und meinen Entschluss dem Doctor kundzutun. Am ersten August war aber mein guter Förster vor der Vorstellung nirgends aufzufinden und ich wandte mich daher mit der Bitte an den Regisseur Johannes die Scene u. das Geigenspiel nach meinem Vorhaben zu arrangiren. Wie ich wollte, so geschah es und Johannes hatte dagegen nichts einzuwenden. Ich spielte also meinen buckligen Filippo mit grossem Erfolg wie das erstemal. Kaum aber war der Vorhang gefallen, so stürzt Förster wie ein Rasender auf mich zu. (noch auf der Bühne. Ich triefte noch vom Schweiss und zitterte vor Aufregung vom Spielen) und schreit mich in Gegenwart meiner Kollegen und sämtlicher Theaterarbeiter an: „Wie können Sie sich unterstehen, die von mir aufgestellten Arrangements umzustossen? „Wenn Sie mir das noch ein einziges Mal machen werde ich Sie in Strafe nehmen dass Sie Ihr Lebtag darandenken! — Ich wollte mich entschuldigen mit den Worten, dass ich es doch vorher dem Regisseur gemeldet hätte — aber das half nichts er tobte und schrie wie ein Verrückter weiter — u. Gott weiss was geschehen wäre, hätten ihn nicht Neumann und sein Sohn untern Arm genommen u. weggeführt. Wenn ich das niederschreibe überfällt mich noch eine Wuth u. das Blut steigt mir zu Kopf zum Schlagtreffen. Natürlich blieb ich in meiner Aufregung auch nicht stille was ich gesagt habe weiss ich nicht mehr genau aber es war so etwas dabei wie, ich sch — — ihm auf seine lumpigen paar Mark als junger talentvoller Mensch finde ich überall u. jederzeit Unterkommen. Zu dem allen hatte ich am selben Abend im dritten Stock über Nacht eine Rolle von Stöckel übernommen weil dieser auf Urlaub ging. Ihr könnt Euch lebhaft vorstellen, wie ich da gespielt habe! Zur selben Stunde erfuhr ich von einigen Dienstfertigen Collegen, dass die Geistinger den ganzen Vormittag bei Förster war, u. dass ihr Mann Kormann, dieser Ignorant als 1. jugendlicher Liebhaber engagiert sei — Aber jetzt lag es ja klar auf der Hand, dieser Skandal mit mir war von Förster provocirt u. die Sache war abgekartet, hätte ich zufälliger Weise im ersten Stück das nicht gemacht, so war mir schon, wie ich erst zu spät einsah das dritte Stück als Falle gelegt. Man wusste seit lange dass und wann Stöckel auf Urlaub geht und schickte mir anstatt wie er mir versprach 8 Tage vorher, am vorhergehenden Abend um ½9 Uhr die nicht kleine Rolle für den andern Tag. Man wusste, es ist unmöglich die Partie über Nacht zu memoiren da ich doch mit dem Franz, Dem Masham, den Nibelungen beschäftigt war und der Skandal wäre dann darüber losgegangen. Ich schrieb also Förster einen sehr höflichen Brief worin ich ihm sagte „ich könnte mir sein gestriges Benehmen gegen mich durchaus nicht erklären! Es schiene mir so, als ob ihm mein Entlassungsgesuch nicht unerwünscht kommen würde. Allerdings könnte ich mir dann nicht erklären warum er vor 4 Monaten trotz meiner Bitten von seinem Kündigungsrechte keinen Gebrauch gemacht habe. „Vielleicht" — fuhr ich fort „Waren Ew. Wohlgeboren damals um einen Ersatzmann verlegener als heute! — Auf dieses Schreiben schickte er mir gestern meine sofortige Entlassung und liess sämtliche Rollen von mir abholen! Ihr könnt Euch denken wie mir in dem Augenblick wurde! Der Operettensänger Küstner war gerade bei mir u. lachte dazu — er meint ein alleinstehender junger Mann müsste sich freuen, wenn er von dieser Judenbande hier wegkommt. Ich versichere Euch ich täte es auch! Aber in demselben Augenblick wo die armen Eltern die in Noth sind u. Ihre Augen hoffnungsvoll auf den einzigen Sohn richten von dem sie glauben dass er sich endlich eine feste Stellung errungen hat, in demselben Augenblick wo die halb verzweifelte Mutter bei mir Ihrem Sohn Schutz u. Ruhe zu finden hofft der nun fast die einzige Stütze geworden ist, in diesem Augenblick könnte einen so ein Schlag zum Wahnsinn zur Verzweiflung treiben und zum Gottesläugner machen. Ich fühlte mich jetzt so glücklich da ich nun nach einem Jahrlangen Kampf alle Schwierigkeiten bestanden, alle Klippen u. Hindernisse beseitigt hatte, da das Publicum anfängt sich für mich zu interessieren u. nach dieser Plage nach diesem mühevollen Ringen das mir schlaflose Nächte ja sogar Thränen gekostet hat, jetzt werde ich das Opfer einer ganz gemeinen Theatercabale, o pfui! pfui! über diese erbärmlichen Menschen! — Aber Gott beschütze mich und bewahre, dass mir Förster oder sonst einer seiner ehrenwerten Sippschaft in den Weg rennt. Ich weiss nicht was ich zu thun fähig wäre! Es würde gewiss nichts Gutes sein! Meine Collegen die es erfuhren meinen es wäre nur ein Schreckschuss. Aber man kennt mich nicht, wenn man glaubt ich sei so versöhnlich, so lange es dem Hund, der mein Todfeind ist nicht schlecht geht, so lange werde ich ihm zu schaden suchen als ich nur kann u. so lange er mich nicht für diese Beleidigungen um Verzeihung bittet, kann er mir Millionen bieten u. einen Platz im Himmelreich ich wiese beides zurück u. würde eher bei lebendigem Leibe verhungern.

Jetzt hört meinen festen Entschluss — Ich fahre morgen früh um 4,15 — nach Berlin die Spitzeder hat mich wohlunterrichtet u. mir die besten Empfehlungen an sämtliche Agenten mitgegeben. Sie sagt, ich könnte nur gewinnen. Engagements bekäme ich in Hülle und Fülle! Ich sollte an ein 1. Stadttheater oder 2tes Hoftheater als 1. Jugendlicher Held u. Liebhaber gehen u. sofort 2000 Taler Gage begehren nachlassen kann ich immer. Dasselbe sagt Senger. Bekomme ich vor 1. September kein Engagement so sollte ich mich doch wenigstens um Gastspiele umsehen die ich sogleich bekommen würde, dann bleibe ich keine Minute länger in Leipzig. Nun sage mein herzallerliebstes Mütterchen ob ich Dich nach dem Allen noch in Leipzig erwarten kann?! — Und wann!

Nach Berlin muss ich fahren liebe Eltern denn das Schreiben dauert zu lange, und ich kriege vielleicht nicht einmal recht Antwort! — Fahre ich selber hin so kann ich sogleich etwas finden. Die Sauer hat um 4 Uhr Nachmittags schon Ihren Contract gehabt. Also warum soll es mir nicht glücken da ich doch jugendlicher Liebhaber bin an denen solche Noth ist. Senger sagte mir heute, es müsste mit dem Teufel zugehen wenn sie, der sie für den jugendlichen Helden alles haben, was man nur wünschen kann, nicht sogleich etwas finden sollten. Sie haben Erscheinung, Organ, grosses Feuer, Wärme, Leidenschaft u. etwas was man bei keinem Liebhaber findet, Gliederung u. deutliche Rede! — — Also meine Liebsten! Verzagt mir nicht! Morgen um diese Zeit kann ich vielleicht über alles lachen u. wieder ruhig in die Zukunft sehen. Schon wenn Ihr diese Zeilen lest kann ich ein Engagement haben gegen das mein jetziges ein Sklavenmarkt war! Verzweifelt mir nicht! Meine einzige Sorge ist ja bloss um Euch! Mein erster Gedanke als ich den Brief Förster's bekam war an E u c h. Unterschreibe ich einen neuen so Gott will besseren Kontrakt, werde ich wieder um so freudiger nur an Euch denken. Euch mein Einziges mein Liebstes mein Alles! denn hätte ich Euch nicht, so lohnte es sich gar nicht mehr auf dieser elenden Welt herumzukriechen! Also Muth! Verzweifelt nicht. Es wird bald die Zeit kommen wo wir über alles das lachen werden worüber wir uns kränken u. freudiger werden wir das mit Mühsalen errungene geniessen als Fürsten und Grafen ihre Millionen, mit denen sie geboren werden. Drum nochmals Muth! Muth! Muth! Ihr bekommt morgen von Berlin eine Korrespondenzkarte wie es um mich steht! In der Hoffnung Euch mit dem nächsten Schreiben wieder etwas Angenehmes Erfreuliches melden zu können küsse u. umarme ich Euch im Gedanken Millionenmal als Euer Euch über alles liebender ewig

dankbarer Sohn
Joseph.

Vielleicht kann Vater bei einigen Wiener Agenten wirken u. ihnen Försters Niederträchtigkeit schildern!

Nur den
Muth nicht
verloren —

Wer nur den
Lieben Gott lässt
walten.

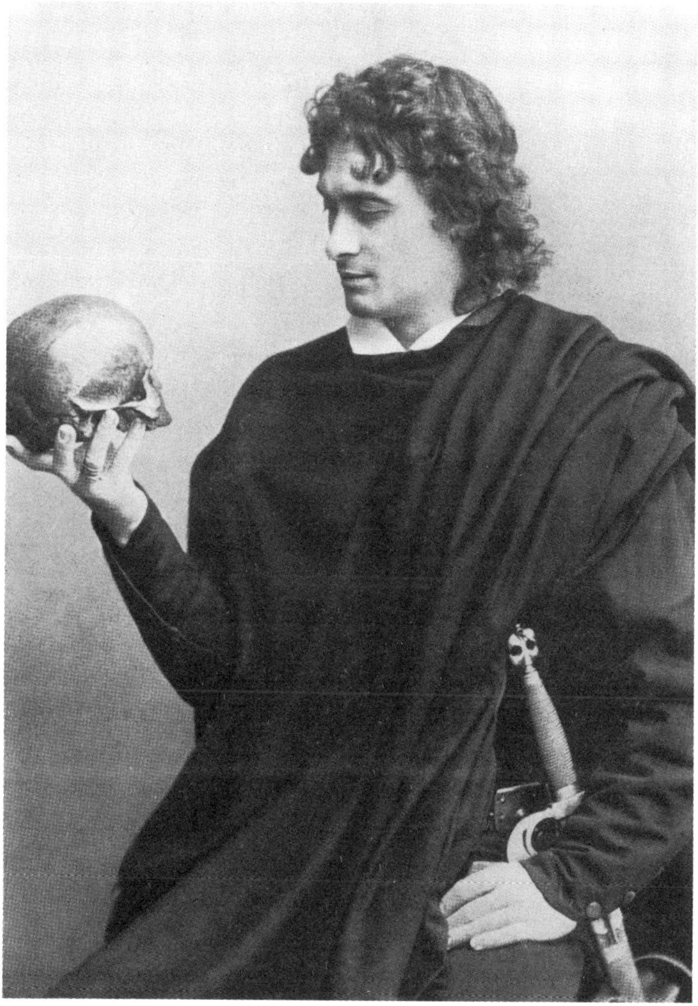

Josef Kainz als Hamlet

Als Leon in »Weh dem der lügt«, als Dusterer in Anzensgrubers »G'wissenswurm«, als Cyrano de Bergerac, als Zwirn in Nestroys »Lumpacivagabundus«

In Berlin erhält Kainz mehrere Angebote, sein Name hat bei den Agenten schon einen Klang bekommen. Er entscheidet sich für das Meininger Hoftheater, das durch sein vorbildliches Zusammenspiel und seine historische Treue in der Darstellung von historischen Dramen berühmt geworden ist.

Bad Liebenstein, den 27. August 1877.

Herzliebste Eltern!

Ich bin herzogl. Meiningen'scher Hofschauspieler! (mit 360 Mark Monatsgehalt in Meiningen und 720 Mark Gage auf Gastspielen mit freien Reisekosten. 6 Wochen Urlaub jährlich und einen Sommeraufenthalt der seines Gleichen an Schönheit sucht). Beiliegend ein Bild davon. Es ist das Bild Liebenstein das Dach worauf ein Kreuz ist ist der Musentempel, der innen genau so aussieht wie das Residenztheater in Wien. Rechts davon der kleine Säulentempel sind die Stahlquellen darüber das Kurhaus. Nun zu den Nachrichten. — Am letzten Mittwoch stelle ich mich dem Direktor Chronegk vor. Es ist ein liebenswürdiger sehr ruhiger Mann ungefähr am Ende der Dreissiger. Er zeigte mir an dass nächsten Sonnabend die erste Probe von Kabale u. Liebe sei in der ich den Ferdinaud spielen werde. Am Sonnabend ging ich denn mit sehr schwerem Herzen zur Probe; ich hatte vorher eine Clavigo Vorstellung gesehen und konnte darnach beurteilen in welch ein vorzügliches Ensemble ich da komme. Um 5 Uhr Nachmittags war die zweite Probe angesetzt u. auf diese sollten der Herzog und die Freifrau kommen. Allgemeine Panique. Aber er wurde unwohl und kam nicht. Wir probirten bis ½ 10 Uhr u. nun gings zu Bette. Am andern Morgen kam Gutjahr der meinem Debut beiwohnen wollte. Das Costüm war prachtvoll; ich bekam alles geliefert sogar die Wäsche. Nur waren keine Stiefel für meinen Fuss da unter etlichen und 20 Paaren waren alle zu gross. Ich spielte also in meinen eigenen. Was soll ich Euch viel erzählen. Der Herzog war anwesend, das Theater mit Menschen aus aller Herren Länder überfüllt und ich wurde 6 mal gerufen. Nach dem zweiten Akt applaudirte der Herzog in seiner Loge wie rasend. Heute bestellte mich Chronegk zu sich u. erklärte mir da in äusserst liebenswürdiger Weise, dass ich engagirt sei für ausgesprochenes 1. Fach. Ich müsste schon auf den Gastspielen in Dresden den Lorenzo im Kaufmann von

Venedig spielen sollte mir daraus nichts machen, wenn ich auf den jetzigen Gastspielen weniger beschäftigt wäre, da die Rollen schon meistenteils besetzt sind. Ich müsste jedoch gewärtig sein, alle Tage einzuspringen in den 1. Rollen. Er sagte mir ein 2tes Gastspiel wäre nach diesem unnötig er werde mir aber nichts destoweniger es so anrechnen als ob ich zweimal gespielt hätte u. mir für jeden Abend morgen 100 Mark im ganzen also 200 Mark auszahlen lassen. (H a s t d a s c o u l a n t!? beinahe so wie bei Förster.) Er sagte mir, ich hätte eine Gage, wie sie in Meiningen noch kein jugendlicher Liebhaber gehabt hätte. Ich müsste bedenken dass ich alle h a l b e Monate auf den Gastspielen 300 Mark verdiente. Also vom 15. September bis zum 1. Dezember ein Gehalt von 1800 Mark verdiente. Er schloss endlich, mit den Worten: „Und so freue ich mich unendlich Sie als den Unseren begrüssen zu können." Mir wurde sogleich von allen Seiten gratulirt, u. ich werde morgen wahrscheinlich nach Meiningen abreisen. Heute kann ich Euch nicht mehr schreiben (die glücklichen Ereignisse der letzten Tage, der grosse Wechsel meines Schicksals dringt zu heftig auf mich ein. Ich habe meine Gedanken nicht beisammen. Ich muss hinaus in die freie Natur u. dort dem danken der das grösste Unglück zum Glücke der Alles zum Guten wendet.) Mir fängt an vor mir selber zu grauen.

Ich, der ich so leichtsinnig war in Leipzig meine Entlassung zu begehren ohne etwas anderes in der Tasche zu haben, habe ich 3 Wochen darauf ein Engagement, das seines gleichen sucht. Noch etwas ist geschehen, das mich beinahe abergläubisch machen könnte. So lange ich in Leipzig bin war kein Feuer und den Tag vor meiner Abreise brennt das grosse Dianabad in meiner nächsten Nähe ab. Ist das nicht grauslich? — Na, morgen wenn ich mehr gesammelt bin, schreibe ich Euch mehr. Jetzt lebt wohl.

Es küsst und grüsst Euch millionen mal Euer ewig dankbarer grausam glücklicher

Josef.

Mit den Meiningern, in deren Kreis sich Kainz rasch eingespielt hat, geht er auch auf Gastspielreise nach Berlin. Hier gastierten sie mit klassischen Stücken. Der Brief vom 3. Mai zeigt, wie bei Kainz die Kritik an der eigenen Leistung zugenommen hat.

Berlin den 3. May 78.

Herzliebste Eltern!

Trotzdem ich es mir seit der ersten Sapphorezension in Leipzig zugeschworen habe keine Kritik über ein Stück mehr zu lesen in welchem ich beschäftigt gewesen, konnte ich es doch nicht über mich gewinnen nach den Komplimenten die mir Dr. K. Frenzel mündlich gemacht diesmal meinen Schwur zu halten. Ich habe es wie Ihr aus beifolgender Rezension erseht, nicht zu bereuen gehabt. Sie ist der Berliner Nationalzeitung entnommen die in der ganzen Welt gelesen wird also auch in Wien. Vater hat sie jedenfalls schon zu Gesicht bekommen. Was sagt Ihr dazu? Auch die andern Rezensionen sollen mehr oder weniger vorzüglich sein. Dies ist die massgebendste. Oscar Blumenthal dem grössten Feind der Meininger will es nicht gelingen seine altgewohnten Kalauer in seiner Kritik zu bringen. Er schreibt über mich gar nichts. Tadelt Nesper, lobt Kober kurzum seine Rezension ist nach dem allbekannten Ausspruch verfertigt. „Wasch mir den Pelz u. mach ihn nicht nass."

Ich muss Euch gestehen, dass ich selbst mit meinem Kosinsky am wenigsten einverstanden bin. Es ist mir noch zu wenig leidenschaftliche Gewalt u. zu viel getragene Declamation drinnen. Ich habe den goldenen Mittelweg zwischen tobender wahrer Leidenschaft u. grosser Ruhe noch nicht so recht gefunden. Aber durch eifriges Studium komme ich ihm, wie ich fühle, täglich näher. Ich arbeite auch noch gerade in dieser Rolle zu sehr auf Applaus hin.

Zu hoch dürft Ihr Frenzels Kritik überhaupt nicht anschlagen, denn er ist der beste Freund des Herzogs u. der Meininger.

Ich habe in meinen Leistungen noch lange nicht das Höchste erreicht, u. was unter diesem liegt ist Mittelmässigkeit u. eine mittelmässige Leistung ist langweiliger u. entsetzlicher als die schlechteste.

Soeben kommt Küchenmeister von Chronegk und sagt mir, dass auch die Rezension in der Volkszeitung sehr gut sein soll. Ich habe dem Lohndiener den Auftrag gegeben, sie zu holen.

Er bringt sie u. ich lege sie bei. Um so schmeichelhafter, als ich diesen Herrn gar nicht kenne. Das verschleierte Organ ist zur Beruhigung Vaters nicht als Tadel, sondern als Schönheit aufzufassen, der helle Ton ist immer unschön u. man muss ihn decken oder verschleiern. So lehrt jeder Sprech- u. Gesangslehrer. Diese Rezensionen erinnern mich an die Marburger Zeit. Im übrigen ist die Frenzelsche die beste, die ich in meinem Leben erhalten habe. Ich werde ein Exemplar der Kupfer schicken.

Liebste Eltern, es war ja eigentlich noch nicht da, dass ein Kosinsky den Spiegelberg u. den Roller geschlagen hat; Ihr werdet die letzteren in jeder Rezension nach mir genannt sehen. Na, ich werde den Berlinern einen Homburg sehen lassen, wie sie ihn so leicht nicht wieder sehen werden.

Na ich denke, ich werde wieder einmal Freude haben. Jetzt lebt tausendmal wohl freut Euch mit mir und nehmt Millionen Küsse von Eurem Euch über alles liebenden

sehr erfreuten

Joseph.

Bei allem Erfolg, den Kainz hatte, wird er doch nicht gleichgültig und überheblich, sondern ist sich bewußt, daß er um jede Rolle ringen muß. Die Sorge um die richtige Gestaltung des Prinzen von Homburg. der ein außerordentlicher Erfolg wurde, sei als Beispiel dafür angeführt'

Berlin am 7./5. 78

Herzliebste Eltern!

Gestern kam die erste Montagszeitung nach unserm 1. Gastspiel heraus. Die Rezension lege ich bei, ich denke ich kann damit zufrieden sein. Gleichzeitig gebe ich Euch, liebste Eltern, eine Kritik über den Kosinsky des Hoftheaters allhier zu lesen. Das ist ein Unterschied. Das Hoftheater-Ensemble hat sich überhaupt uns gegenüber wieder einmal gründlich blamirt.

Der Kronprinz war schon 2 mal im Theater, am 2ten Abend, an welchem er mich sehr applaudierte u. gestern mit seiner Tochter Charlotte u. deren Gatten dem Erbprinzen von Meiningen. Auch der Kaiser war schon da. Ich werde, während ich am ersten Abend nur einmal gerufen wurde, jetzt täglich zweimal hervorgejubelt. Es kommt mir so vor, als hätten mich die Berliner schon ein bischen lieb gewonnen, denn so wie ich heraustrete um mich zu bedanken, fangen sie gleich noch einmal so stark an zu schreien u. jubeln Bravo! Chronegk sagte neulich zu Küchenmeister: Wenn der Kainz am 1. Homburgabend bei Laune ist u. sich nicht übernimmt so sollen sie sehen so hat er einen durchschlagenden u. unbestrittenen Erfolg wie ihn in Berlin noch keiner gehabt hat. Denn es ist nach seinem Kosinky für ihn alles riesig eingenommen u. freut sich unendlich auf seinen Homburg.

Ich bin ein furchtbar arrogantes u. freches Luder. Ich habe nur meiner unendlichen Ruhe u. dem gewissen „Im A . . .leckgefühl" den grossen Erfolg als Kosinsky zu verdanken aber ich muss gestehen, dass ich vor dem Homburg doch ein klein bischen befangen bin. Umsomehr, als man allgemein mit vielleicht übergrossen Erwartungen in die erste Aufführung gehen wird. Glückt es mir aber als Homburg so durchzugreifen, wie als Kosinsky, so ist mein Name gemacht u. ich steige dem Burgtheater gegenüber wenigstens um 2000 Gulden im Preise. Und glückt mir der Prinz, so steige ich auch ganz sicher wenigstens auf die unterste Stufe der C a p a c i t ä t e n. — Gott gebe es! dass ich bei Laune bin u. bei Organ, dann hau ich den Berlinern einen Homburg hin, dass ihnen das Herz im Leibe lachen soll. Sie müssen jubeln ob sie wollen oder nicht. Dass ich ihn zuerst spielen werde ist sicher. Gestern nach dem Theater quälte mich Chronegk mit ihm zum Hoftraiteur (Hofspeisewirt) Julitz zu fahren. Barney u. Sonnenthal u. noch andere Capacitäten des Schauspiels u. der Presse in Berlin seien dort zugegen. Trotzdem dass ich weiss, es ist bei Julitz enorm teuer sagte ich doch zu blos um Sonnenthal kennen zu lernen. Dieser war leider schon abgereist, so war von den beiden nur der Reklameheld Barnay zugegen den ich ja schon von Leipzig her kenne. Wir erinnerten uns beide im Laufe des Gesprächs an die Vorfälle seines Gastspiels in Leipzig u. endlich fragte er Chronegk was denn demnächst bei den Meiningern zur Aufführung käme? „Prinz von Homburg!" war die Antwort. — „Mit Robert?" fragte Barnay. „Nein mit Kainz!" rief ihm Chronegk mit einem gewissen Stolz vom andern Ende des Tisches zu. Ich erzähle Euch dies nur, damit Ihr seht, es ist gewiss, ich spiel ihn zuerst.

So jetzt muss ich mein Schreiben schliessen, denn der Magen verlangt wieder einmal kraft alter Privilegien seinen Tribut. Lebt wohl! Schreibt mir recht bald liebste Eltern, grüsst u. küsst Tante u. Grossmutter aufs beste u. seid im Geiste tausendmal umarmt u. geküsst von Eurem Euch über alles liebenden

Joseph.

Auch seine Meininger Zeit geht zu Ende. Nach Gastspielen in Prag, Breslau und Amsterdam löst sich Kainz und findet in München ein neues Engagement.

München am 26./8. 80.

Mein herzallerliebstes Mütterchen!

Soeben komme ich von Possart. S e h r freundlich kann man nun den Empfang nicht nennen. Er war sehr kurz angebunden u. ich schrecklich abgespannt. Seine erste Frage war: „Wann und worin wollen Sie gastieren?". Ich war dumm genug das erstere ihm anheimzustellen und so werde ich wahrscheinlich erst am Montag drankommen. Die Gastrollen habe ich mir gewählt. Sie sind: die erste „Der Mortimer" die zweite d. „Don Carlos". Unsere Unterhaltung dauerte keine ganze Minute. Hierauf sagte er: „Abgemacht also kommen Sie jetzt ich werde Sie der Excellenz vorstellen"! Dann führte er mich zu Perfall. Bei dem spielte sich dieselbe Scene ab. Allerdings ist der etwas herablassender. Er erzählte mir, dass bereits H. v. Pindo engagirt wäre, aber nur das Fach der Conversationsliebhaber ausfüllen könnte. Gefalle ich, so wird Pindo nur mehr im Tragischen 2te Liebhaber spielen. Nach einigen weiteren gleichgültigen Fragen wurde ich gnädigst entlassen mit der Weisung „draussen" meine Adresse abzugeben. Bin gar nicht erbaut von dem Empfang! Erst haben sie 2 mal telegraphiert u. 1 langen Brief geschrieben ich solle s o f o r t abreisen und nun kann ich noch 4 Tage aufs Spielen warten. Bis dahin gehe ich hier vor lauter langer Weile zu Grund! Ich kenne keine Seele, u. der Stadt kann ich auch kein Interesse abgewinnen, so langweilig ist sie. Grosse schöne lange gerade breite Strassen, aber lauter einfache Häuser. An jeder Ecke ein Monument und ein Museum was 1 Mark Entree kostet, Makarts Bild habe ich mir bereits angesehen, „Jagdzug der Diana" das hier ausgestellt ist und die Glyptothek. In Bayern feiert man seit gestern den Geburtstag des Königs und das Wittelsbacherfest. Es sind jetzt 700 Jahre dass sie in Bayern regieren. Alles ist beflaggt u. geputzt. Grad' so wie bei uns!

So jetzt bekommst Du kein Schreiben mehr bis ich aufgetreten bin. Dem Linchen werde ich wahrscheinlich auch nicht früher schreiben. Aber Du musst es für mich besorgen, sonst gerät sie draussen in zu grosse Angst. Jetzt leb wohl und nimm Tausend u. Tausend Küsse von Deinem Dich über alles liebenden Sohne

Seppel.

Hier in München wird Ludwig II. von Bayern auf ihn aufmerksam und reist mit ihm inkognito in die Schweiz.

Brunnen 2. 7. 81.

Herzliebstes Mütterchen!

Vorgestern haben wir die Villa bezogen. Gott sei Dank hier gefällts ihm endlich! Es ist aber auch himmlisch. Ich bewohne drei prachtvoll eingerichtete Zimmer mit der Aussicht auf den See. Gestern sah ich die Burg Attinghausen und das Wohnhaus Walter Fürsts, auch das Zimmer worin die Melchthalszene spielte. Auch Tells Wohnhaus in Bürglen. Die Gegend ist so grossartig unbeschreiblich schön, dass man gar keine Worte dafür finden kann! Heute geht es nach der hohlen Gasse bei Küssnacht und nach dem Wohnhaus Stauffachers bei Stinnen.

Mir geht es sehr gut, aber ich muss schliessen, denn der Marquis von Safflader (Deckname des Königs) verlangt nach mir. Also lebe wohl tausend Küsse von Deinem Dich über alles liebenden

Seppel.

Wenn Du hier sein könntest!
Schreibe an Linchen!

Telegramm.

Berlin. 30. IX.

Sensationeller Erfolg! Tausend herzliche Küsse.

Joseph.

Ganz im Gegensatz zu diesem jubelnden Telegramm steht allerdings die Beurteilung der Kainzschen Leistung durch Otto Brahm in der „Vossischen Zeitung“ vom 29. September 1883. Obgleich Brahm sich bemüht, an der Eröffnungsvorstellung des „Deutschen Theaters“ alles gut und schön zu finden, kommt er nicht umhin, über Kainzens Spiel so zu urteilen:

„Der feurige Herr Kainz war Ferdinand, ein Darsteller von mancherlei sehr schätzbaren Gaben, der sich aber durch eine unschöne Mimik um alle Wirkung bringt. Bald verzieht er den Mund nach unten, bald wirft er die schönen Augen nach oben, bald irrt ein ganz unmotiviertes

Lächeln über die beweglichen Züge. Der Schauspieler stelle sich nur einmal vor den Spiegel und agiere sich seinen Ferdinand eine Stunde lang vor: ob ihm nicht selbst dabei schlecht wird."

Diese Beurteilung war für Kainz jedoch nichts Neues; aus seiner Leipziger, Meininger und Münchener Zeit her war er daran gewöhnt, beim ersten Auftreten durch sein modernes, gesteigertes, ganz aus dem Geist geborenes Spiel seine Zuschauer abzuschrecken, um sie dann umso treuer zu gewinnen. Im Oktober hat er denn auch bereits alle Kritiker auf seiner Seite, wie der Brief an seine Mutter beweist.

Berlin, 25. Oktober 1883.

Herzliebstes Mütterchen!

In aller Eile nur ein paar Zeilen „Mennonit" war vorgestern zum ersten Male. Sensationeller Triumph! Wildenbruch zehnmal gerufen! Da man während der Vorstellung und zum Schlusse wie wahnsinnig meinen Namen brüllte, so dankte Wildenbruch für die Künstler in einer sehr schneidigen Rede. Er umarmte und küsste mich nach der Vorstellung, dann waren wir in einem Kreise der ersten Journalisten und Schriftsteller Berlins zusammen. Alles zollte mir den ungeteiltesten Beifall. Sende Dir mit diesem Briefe die erste Zeitung Berlins, den „Börsen-Courier". Die Kritik ist von einem der hervorragendsten Rezensenten verfasst, Dr. Landau. Ich in a l l e n Zeitungen ausnahmslos über den grünen Klee herausgestrichen. Hurrah! Der erste grosse unbestrittene Sieg, den das Deutsche Theater errungen und ich habe die Fahne getragen! Du — das ist keine Kleinigkeit in Berlin! Der Verleger Wildenbruchs hat mir tagsdarauf Wildenbruchs sämtliche Novellen aus Verehrung dediziert — na kurz und gut: ich habe die Leute umgekrempelt wie einen alten Handschuh. Wenn Du nur gehört hättest, wie dieses hochfeine, blasierte Publikum fortwährend „Kainz" brüllte, als ob lauter Schuster im Theater gewesen wären! Heute ist es wieder. Jetzt muss ich zu Wildenbruch. Lebwohl, bis auf Weiteres. Dass ich nicht vergesse! Ich habe das Rezept von meinen Magentropfen verloren. Schicke es mir. Lebwohl — tausend Küsse von Deinem glücklichen

Seppl.

Kainz war ein begeisterter Verehrer Lord Byrons. Obgleich er ihn für unübersetzbar hielt, machte er mehrere Eindeutschungsversuche, so über-

setzte er Teile aus „Manfred“, „Cain“ und den ganzen „Sardanapal“, der 1897 bei Fontane erschien.

Die Betrachtungen über sein Verhältnis zur Umwelt dürften in jener Übersetzungsarbeit ihren Ursprung haben. In Venedig war Kainz während mehrerer Ferien.

Venedig, 24. Januar 1894.

Liebe Josefa!

Eben habe ich den zweiten Akt von „Sardanapal“ fertig geschrieben. Da ich den 2. und 3. des Originals zusammenzog und aus dem 4. und 5. wieder einen einzigen Akt machen werde, also meine Bearbeitung drei Akte enthalten wird, so sind $^2/_3$ meiner Arbeit beendet. Das war mein Pensum für Venedig. Heute bin ich fertig und morgen reise ich ab. Da ich nur 14 Tage Zeit für hier übrig hatte, so musste ich tagtäglich wie ein Vieh arbeiten, um die Uebersetzung zu bewältigen. Dass ich dabei nicht Sinn und Verstand hatte an Anderes zu denken, wirst Du begreiflich finden. Ich hatte meinen Freunden versprochen, die Arbeit zu fördern und der Ehrgeiz hat mich getrieben fast fieberhaft. Ich war hier die 14 Tage mutterseelenallein, habe keinen Menschen gesprochen und war ganz auf meine Person angewiesen. Meine Conversation beschränkte sich auf die notwendigsten Befehle an den Kellner, das Stubenmädchen und den Portier. Ich war also zum ersten Male in meinem Leben in einer Gesellschaft, die ich bis jetzt noch gar nicht so genau gekannt habe — meine Eigene. — Ich hatte Muse genug, meinem innersten Ich so recht genau zuzuhören und siehe da, aus mir sprach einer, der mit der Welt fertig ist, — ich meine sie, die Aussenwelt — ohne sie zu hassen, ohne sie zu verachten. Ein schönes interessantes Buch das in tausenderlei Variationen in jeder Geschichte dasselbe erzählt. Ich will's eine Weile beiseite legen und meiner innern Welt ein bischen Umschau halten. Der Anfang war nicht sehr erfreulich, aber es ist zu ordnen, wenn erst ein System hineingebracht wird, Und das wird meine nächste Lebensaufgabe werden. Ich fühle geistig frisch genug, um sie zu bewältigen. Diese Gedanken sind ganz natürlich. Ich bin auf dem Höhepunkt meines Lebens, körperliche und geistige Entwicklung liegen hinter mir, sind beschlossen; es beginnt folgerichtig eine dritte. Und das ist die moralische Entwicklung. Erschrick nicht! Fasse das

Wort nicht in der landläufigen, abgenützten Bedeutung. Es g i b t eine Moral im Leben! Ich meine damit die Kraft, die uns lehrt, das Leben nach allen trüben Erfahrungen nach allen Enttäuschungen der Jugendideale (die obwohl immer oder meist unreife Triebe sind doch in ihrem Falle den Menschen aufs Tiefste erschüttern) froh und heiter weiter zu ertragen, die uns lehrt nach Zielen zu streben die ausserhalb der Grenzen des lieben Ich liegen. Zu diesem Ich gehört wiederum nicht nur die eigene Person sondern auch alles was sich um sie zu rein selbstischen Zwecken sammelt, Personen und Sachen, Gedanken und Gefühle, Wollen und Handeln eine grosse Welt, die doch so klein ist, dass sie sich auf einen Menschen concentrieren kann das macht: sie ist breit, nicht tief. Sie hat nur zwei Dimensionen, das liebe Ich und alles was nur seinetwegen da ist. Ein grosses, grosses Blatt, auf dem sich tausenderlei Dinge abspielen, die in unendliche Varianten immer auf dasselbe hinauslaufen müssen, weil sie alle nur von dem lieben Ich handeln und nur auf es Bezug haben. Ich bin am Anfang wieder angelangt, mit dieser Welt bin ich fertig. — Ich habe etwas in mir gefunden, das nicht von mir ein Teil nein von dem i c h ein Teil bin; das will ich pflegen und entwickeln, dem will ich ähnlicher werden. In dem will ich aufgehen. Was ich da von der mir bisher bekannten Welt antreffe will ich respektieren, was ich nicht antreffe, ist verworfen.

Willst Du so lange warten, bis ich dich da wiederfinde? Eine Frage auf die ich eigentlich keine Antwort erwarten darf. Denn mein Vorsatz ist eisern. — Du musst Dich zu trösten suchen. Z w i n g e Dich zu d e n k e n und Dein Gefühl wird zerfressen werden; ein Gefühl das Krankheit ist. Eine Krankheit deren Weiterentwicklung Dich verzehren wird. Schau ein Weilchen in Dich und wenn Du das was (Du) die paar Stunden in meiner Nähe empfunden hast, n o c h als das langersehnte Glück Deines Lebens hältst, dann haben wir nichts mehr gemeinsam miteinander. — Ich habe Deine Krankheit eine Weile genährt das ist wahr, das ist eine von den Schulden meines Lebens. Pater peccavi; mehr kann ich nicht sagen. Aber ich kann nicht aus Galanterie weiter schuldig werden weil eine andere Person in diese Schuld verwickelt ist. Das Endresultat: Wir dürfen uns nicht wiedersehen. Wir können hie und da schriftlich miteinander verkehren, in der Form die uns die Gesellschaft in der wir leben auferlegt. Per Sie. Also keine geistige Trennung. Aber eine körperliche, die uns nach dem Code civile ohnehin geboten ist. — So! Dixi et salvavi — und jetzt bitte ich Dich diesen Brief nicht nach einmaliger Lektüre wegzulegen sondern ihn drei und viermal zu lesen; so lange bis Du merkst dass kein überflüssiges Wort drin steht. Betrachte das ganze was ich gesagt nicht als etwas das ich zu meiner Entschuldigung sagte. Verzeih' es wäre nur weiblich, wenn Du es so auffasstest. Auch eine Beschönigung meines Schrittes soll es nicht sein. Was ich geschrieben, war notwendig bis zum letzten Wort. Wenn nicht jetzt so wirst Du's später einsehen. Wenn Du es nicht einsehen lerntest so hätte allerdings ein ferneres Schweigen meinerseits genügt um unsere Beziehungen zu lösen — die s o nicht gelöst sondern nur ein besseres Stadium gebracht werden sollten. — Wenn Dich sonst noch irgendetwas interessiert von meinem Aufenthalt in Venedig vom Gastspiel in Graz zu hören so schreib mir's. Ich treffe am 28. Abends in Berlin wieder ein und spiele am Montag 29. in der „Jüdin von Toledo". Leb wohl. Ich küsse Dir die Hand und verbleibe wie ehemals in Hochachtung meiner klugen Unbekannten ergebenster Correspondent.

Nach einem Gastspiel wurde der folgende Brief geschrieben. Besonders aufschlußreich ist dabei die Bemerkung „mit kaltem Blut", Kainz stand also immer über seiner Rolle. Dafür spricht auch ein Ausspruch des alten Kainz: „Früher lachten die Leute, wenn ich weinte und heute lach ich, wenn sie weinen."

Aus einem Brief an Frau Bertha Böhm (Kainzens Cousine).

Braunschweig, den 11. Juli 1894.

Also gestern waren zum erstenmale die „Gespenster". Gott sei Dank es ist überstanden und die Aufführung ging glänzend von statten. Ich hatte meine Rolle ausgezeichnet durchgearbeitet, war sehr ruhig und es machte mir Spass mit kaltem Blut den geraden ungeheuren Eindruck zu beobachten, den dieses Stück auf das Publikum ausübt. Während des zweiten Aktes aber, der unter geradezu fürchterlicher Schwüle zu Ende geführt wurde, haben diverse Zuschauer, Damen und Herrn, das Theater verlassen.

Eine Dame wurde ohnmächtig. Es war während des Bekenntnisses Oswalds an seine Mutter. Wir wurden nach dem

2ten Akte 4mal stürmisch gerufen, und als sich nach dem letzten Akte der Vorhang senkte, da sass das Volk noch eine ganze Weile stumm, unter dem fürchterlichen Eindruck da, dann brach erst der Beifall los, der mich 5 oder 6mal vor den Vorhang rief.

Na! nun ist das auch überstanden. Hanns Land sagt, es ist eine glänzende Rolle von mir, aber ein zweites Mal möchte er's nicht sehen, es schlägt ihm zu sehr auf die Nerven.

Dein Josef.

Kainz ist der Magnet des „Deutschen Theaters" geworden, er muß spielen und immer wieder spielen. Von seinem Tagesablauf in jener Zeit berichtet der Brief vom 18. Oktober 1896.

Berlin, 18. Oktober 1896.

An Frau Bertha Böhm.

Liebe Bertha!

Tausend Dank für Deinen herzlichen Brief. Ich bin ein armer geplagter Mensch. Der Morituri-Erfolg war ja sehr angenehm. Für uns Ruhm und für die Theaterkasse Geld. A b e r der Kassenerfolg bestimmt mein geehrtes Oberhaupt das Stück jede Woche 6mal anzusetzen. Ich habe also gerade wie ein ehrsamer Handwerker alle acht Tage einmal frei. Nun habe ich aber ausserdem schon wieder eine neue grosse Rolle zu lernen; meine Korrespondenz ist auch eine sehr zahlreiche. Ich muss durchschnittlich täglich 4—5 Briefe beantworten. Das nimmt allein anderthalb Stunden weg. Nun denke Dir meinen Tag: Vor ½9 Uhr kann ich nicht aufstehen, denn da ich jeden Abend diese Riesenanstrengung im Theater habe, bin ich hundemüde und muss ordentlich ausschlafen; bis ich rasiert, gebadet, angezogen bin, und bis ich gefrühstückt habe wird's 10 Uhr. Dann schreibe ich bis 11—½12 Uhr. Dann lerne ich zwei Stunden und dann gehe ich eine Stunde in die Luft — nicht aus Wut, sondern zu meiner Erholung. Na, von ½3—4 Uhr erlaube ich mir ein bischen freier Mensch zu sein, da male ich gewöhnlich. Um ½4 Uhr esse ich und nach Tisch kommen gewöhnlich Besuche. Um ½6 Uhr lege ich mich noch ein bischen hin und um ½7 Uhr gehts in die Werkstatt. Gegen 11 Uhr nachts komme ich erschöpft nach Hause. Essen und trinken und ein bischen plaudern und es ist ½1 Uhr. Na — da hast Du meinen Lebenslauf! Also nehmts nicht übel wenn Ihr mal auf Antwort länger warten müsst als es Euch recht erscheint. Ich habe hier eine sehr tüchtige Wirtschafterin gefunden. Allerdings „unberufen!" Neue Besen kehren gut. Wollens erst abwarten. 35 Mark muß ich ihr monatlich zahlen, ist das viel? Allerdings erspart sie mir einen Dienstboten, ausser ihr habe ich nur noch eine Person. Sohni wohnt bei mir. Wir finden uns in der grossen Wohnung oft gar nicht. Kommt doch alle mal auf Besuch her. Seids net so langweilig!

Also jetzt lebwohl. Entschuldige die schlechte Schrift, ich habe heute schon so viel zusammen geschrieben, dass ich die Feder kaum mehr halten kann.

Also schreibt bald wieder und sei herzlichst geküsst von Deinem Dich liebenden Cousin

Pepi.

Auch die Wiener mußte Kainz erst allmählich für sich erobern, denn trotz seiner österreichischen Herkunft, hatte er nichts vom alten Typus des Wiener Schauspielers. Bei seinem ersten Gastspiel 1892 schreiben die Kritiker, man vermisse an ihm die „sinnlich einleuchtende Erscheinung". Aber auch hier hat er vom dritten Abend ab das Publikum ganz für sich gewonnen. Der folgende Brief zeigt wie Kainz auch für das Wiener Publikum ein Begriff geworden war.

An Burgtheaterdirektor Berlin, 20. Okt. 1897.
Dr. Max Burckhard

Mein lieber, guter, verehrter Herr Direktor!

Jetzt fange ich so nach und nach an, ausgeschlafen zu sein und mich auf die Ereignisse der jüngstvergangenen Tage zu besinnen. Gut, dass die letzten Kritiken und die unzähligen Feuilletons vor mir liegen, dass ich es schwarz auf weiss besitze, sonst würde ich glauben, das ganze Wiener Gastspiel sei nur ein Traum gewesen.

Zunächst fällt mir ein, dass ich es versäumt habe Ihnen den Empfang Ihrer frdl. Mitteilung von der Perfectionierung meines Vertrages zu bestätigen. Ich tue dies offiziell in der Einlage dieses Schreibens. Dann aber hat mein Brief den Hauptzweck, Ihnen aus ganzer voller Seele zu danken — nicht blos für die unbeschreibliche Liebenswürdigkeit und Herzlichkeit, mit der Sie mir entgegengetreten sind, nicht allein für das innige und feurige Interesse, das Sie für meine Kunst gezeigt haben, ich danke Ihnen aus der Tiefe meines Herzens für die Energie, mit der Sie mich gepackt und an denjenigen Platz gestellt haben, an welchem mein Talent einzig und allein eine gedeihliche Weiterentwicklung finden kann. Gott segne Ihre fernere Tätigkeit, wie er mich gesegnet hat mit Ihrem Interesse und Ihrer Gunst! Und nun verehrter Herr Direktor, seien Sie davon überzeugt, dass mir der beispiellose Erfolg nur ins Herz und nicht in den Kopf gestiegen ist, dass ich in meinem neuen Wirkungskreise unter der neuen Leitung bestrebt sein werde, mich mehr und mehr zu vervollkommnen, dass ich mir halt mit einem Wort gesagt alle mögliche erdenkliche Mühe geben werde, Ihnen und dem Burgtheater Freude zu machen.

Wann kommen Sie nach Berlin? Recht bald! Ja? Ich bin mit vorzüglicher Hochachtung Ihr stets dankbar ergebener dienstwilliger

Josef Kainz.

Einen interessanten Blick in Kainz' Repertoire, wie auch in seine Art, sich in ein fremdes Ensemble einzuordnen, bietet der Brief an Dr. Paul Schlenther, den Nachfolger Burckhards.

Berlin, 14. Oktober 1898.

Lieber Freund!

Bis heute ist es mir noch nicht gelungen meinen Direktor zu „erwischen". Er lässt sich von Niemand sprechen und hat sich hermetisch eingeschlossen, um sich auf eine Fontane-Feier vorzubereiten. Im Bureau habe ich erfahren, dass er ein Schreiben von Ihnen in der Gastspielangelegenheit erhalten hat und sich geäussert habe, er könne sich jetzt noch nicht entschliessen. Meiner Meinung nach dürfte es schwer werden für mich für die von Ihnen genannten Tage abzukommen. „Cyrano" macht volle Häuser und wird sich nach den Erfahrungen der letzten Vorstellungen noch lange halten. Das „Vermächtnis" war am 2. Abend leer, wie ich hörte, und wird Mitte November kaum mehr auf dem Repertoire sein. Wir werden dann nur den „Fuhrmann" und „Cyrano" zur Verfügung haben. Uebrigens denke ich am Montag mit Br. mich auseinandersetzen zu können und werde Ihnen das Resultat sofort mitteilen.

„Cyrano" scheint den Wienern nicht geschmeckt zu haben. Schade! Ich hätte mich gefreut die Rolle dort zu spielen.

Im Falle eines Gastspiels schlage ich vor „Misanthrope", „Tartuffe", Mortimer, Antonius („Cäsar"), „Prinz von Homburg", „Carlos" und „Romeo" möchte ich erst im Engagement spielen, weil ich zur vollen Wirkung der beiden Rollen volles Einvernehmen mit dem Ensemble für nötig erachte, das nur durch eine grössere Anzahl von Proben zu erreichen ist, auch halte ich immer noch an der Idee fest, den „Don Carlos" ungestrichen an zwei Abenden den Wienern vorzuführen. Der Eindruck war seinerzeit in Berlin doch ein ganz enormer. Man könnte ihn nach den ersten Wiederholungen ohne Schaden für den Erfolg, wenn es gar nicht anders geht vernünftig zusammenziehen. Ich habe mit dem gestrichenen „Don Carlos", wie wir ihn jetzt spielen, noch nirgend anderswo den Berliner Erfolg erreicht. Wenn ich nun auf 2 Tage nach Wien kommen könnte, so halte ich es nicht für gut zwei Wiederholungen zu bringen. Die Sache bekommt den Anstrich des Allzu-Geschäftlichen und könnte den Anschein unvornehmer Hast erwecken. In den Stücken, die ich Ihnen genannt habe, bin ich bereit mit einer Probe zu spielen und recht gut imstande mich jedem fremden Arrangement augenblicks zu fügen, so dass Sie unbekümmert um meine Gewohnheiten diese Stücke längst vor meinem Eintreffen fix und fertig stellen können. Ich trete dann hinzu und nehme Platz wo ich ihn finde. Wenn Sie eine Wahl getroffen haben, so lassen Sie mich es möglichst bald wissen, damit ich den Text der betreffenden Rollen noch durchlesen kann.

Leben Sie wohl und seien Sie tausendmal gegrüsst von Ihrem treu ergebenen

Josef Kainz.

An Burgtheaterdirektor Dr. Paul Schlenther.

Ospedaletti, 20. Febr. 1900.

Verehrter Freund und Direktor!

Haben Sie schönsten Dank für die Zusendung von „Schluck und Jau", „Schleier der Beatrice" und dem Buch und der Rolle von Egmont. Die Kopie Ihres Briefes an Hauptmann lege ich bei. Ich habe ihn mehrfach durchgelesen und stimme jedem Ihrer Sätze Wort für Wort bei. Nur habe ich niemals bei der Lektüre des Stückes auch im Entferntesten dran gedacht, dass man das Ganze bloss auf das Komische hinaus spielen könnte; ich sah immer nur eine Charakterkomödie vor mir und einen derartigen so oft gebrauchten alten Stoff so zu vertiefen, das gelingt eben nur einem so famosen Kerl wie Gerhard Hauptmann, und ich meine, man täte ihm Unrecht, wenn man den tragischen Kern, der darin steckt, in der Aufführung nicht herausholte. — Ja und der Karl! Die Figur hat mich von vornweg ganz mächtig interessiert und ich habe mir den Kopf zerbrochen, wer ihn wohl spielen würde, wenn ich den Jau kriegte. Ich musste immer an Baumeister in seiner früheren Kraft denken. Wenn man aber das heute beim Lesen einer Rolle durchaus m u s s , dann ist's mit der Besetzung schon faul!

Wir sprechen ja noch mündlich über die Sache. Mir ist der Karl sehr angenehm; ich würde die Rolle beherrschen und ich glaube, ich brauchte da nicht viel zu machen. Wie der Jau gespielt werden muss, weiss ich ganz genau bis in die kleinste Fingerbewegung und bis aufs leiseste Rülpsen. Glauben würde mir ihn der echte Kenner des Stückes nur halb, denn die Urkraft der Bestialität müsste ich m a c h e n. Meine Bestialität ist mehr die einer Katze, nicht die eines Ebers oder eines Stieres. Drum gerät mir auch der Richard III. in den letzten Akten schief. Aber der Jau wird ja bei uns doch nur eine Notbesetzung werden. Eigentlich schwebt mir Meixner vor als Jau, aber der ist tot. Enfin — ich spiele den Einen so gerne wie den Andern. Mich interessiert das G a n z e so sehr, dass ich an jeder Stelle fröhlich arbeiten werde.

Nun aber muss ich Ihnen einen Schmerz bereiten. Ich möchte den Egmont nicht spielen. Wenigstens nicht jetzt, nicht in dieser Saison. Ich habe mit der Rolle nie Fühlung gehabt und gefunden und ich würde mich in ihr stets sehr unglücklich fühlen. Ich habe nie eine Seite an ihr entdeckt, die mich anzieht und interessiert. Müsste es sein, würden Sie darauf bestehen, dass ich ihn dennoch spiele, so bitte ich Sie herzlichst, nicht in dieser Saison. Hier käme ich doch nicht zum Studieren. Lassen Sie uns lieber „Traum ein Leben" oder die Molieres geben, Rollen, die ich schon gespielt habe. Nur nicht Egmont, das ist meine innigste Bitte.

Ich glaube wohl, dass ich Ihnen ab 1. März wieder zur Verfügung stehen werde. Notnagel wird wohl nichts daran aus-

Foto aus dem letzten Lebensjahr – 1910

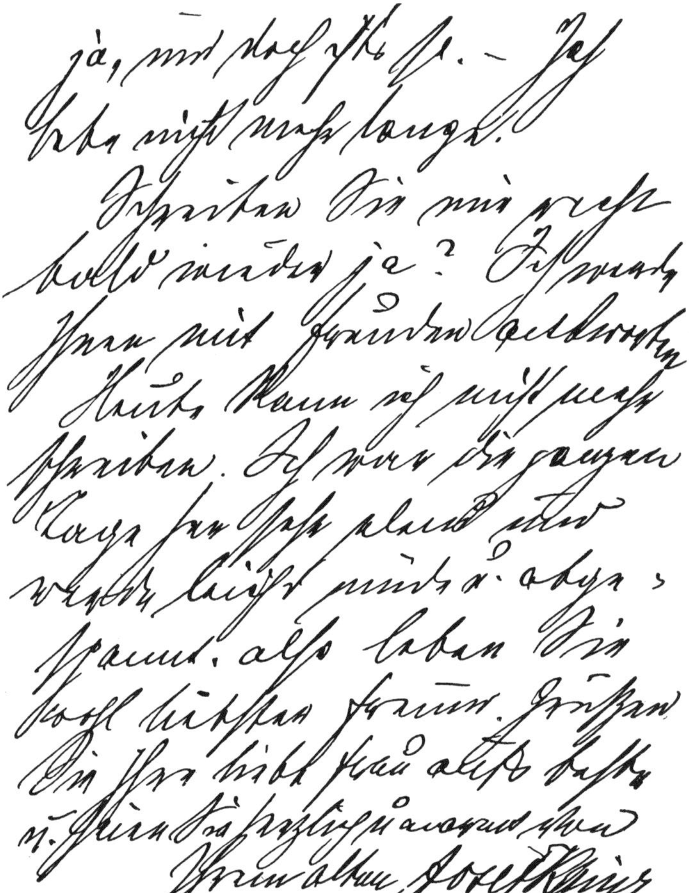
ja, und doch ist es so. – Ich
habe nicht mehr lange.
Schreiben Sie mir recht
bald wieder ja? Ich werde
Ihnen mit Freuden antworten.
Heute kann ich nicht mehr
schreiben. Ich war die ganzen
Tage furchtbar elend und
werde leicht müde u. abge-
spannt. also leben Sie
wohl lieber Freund. Grüßen
Sie Ihre liebe Frau aufs beste
u. seien Sie herzlichst umarmt von
Ihrem alten Josef Kainz

Schriftprobe

zusetzen haben. Wenn auch noch ab und zu Tage kommen, die mich matt und unlustig finden, so hat sich doch mein Zustand im wesentlichen bedeutend verbessert. Am 25. trifft der Hofrat hier ein und Sie erhalten dann von mir sofort telegraphische Nachricht. Bis dahin leben Sie recht herzlich wohl.

Empfehlen Sie mich und meine Frau Ihrer lieben Gattin auf's Beste und seien Sie von uns Beiden auf's herzlichste gegrüsst. Von Ihrem ganz ergebenen Freunde aber nehmen Sie die wärmsten Händedrücke.

Stets Ihr dienstwilliger

Josef Kainz.

Als Kainz „biographiereif" geworden war, versuchten alte und neue Bekannte, von ihm die Lebensdaten zu erfahren. Der Brief an seinen alten Freund Dr. Moritz Ehrlich ist die umfassendste Selbstdarstellung von Kainz, die durch die Offenheit, mit der sie geschrieben ist, gewinnt.

Ospedaletti 24. Febr. 1900.

Mein lieber guter alter Freund!

Mir geht es noch nicht exquisit aber immerhin doch so gut dass ich voraussichtlich am 1. März meine Tätigkeit am Hofburgtheater werde aufnehmen können. Morgen wird Prof. Notnagel aus Wien hier eintreffen, mich kontrollieren und hoffentlich den Segen der Fakultät zu diesem löblichen Vorsatz erteilen. Es hat mich ordentlich zusammengerüttelt. Ich kann Ihnen das alles nicht erklären, wie, wieso, und wodurch es kam, aber ich war ehrlich daran. Hoffentlich sehen wir uns noch einmal im Leben, dann erzähle ich Ihnen alles. Nun zum Hauptzwecke meines Schreibens, zur Antwort auf Ihre Frage.

Ich bin als Sohn christlicher, aber ehrlicher Eltern zu Wieselburg in Ungarn am 2. Januar 1858 geboren. Als ich drei Jahre alt war, übersiedelten meine Eltern nach Brünn, wo ich meine erste Schulbildung genoss. Genuss war's keiner. Im Jahre 67 wurde mein Vater nach Wien versetzt. Da meine beiden Eltern geborene Wiener waren, habe ich auch das Zuständigkeitsrecht nach Wien, den Wiener Dialekt, das Blut etc. und ich bin also Wiener. Im Jahre 72 ergriff mich der „Trieb" usw. (Sie werden das entschieden schöner auszudrücken wissen) und ich ging bei's Theater. Auf der Matzleinsdorferstrasse im Fürstlich

Sulkowskyschen Palais war eine Uebungsbühne aufgeschlagen, die Wiener Urania, die der Inspicient des damaligen Stadttheaters Niclas leitete. Dort stolperte ich meine ersten Schritte auf den ominösen Brettern. Ich sagte mit der Einwilligung, ja sogar auf Anregung meines Vaters, der früher selber gern Schauspieler geworden wäre., und meiner Mutter, welche das Dichtertalent der Familie war, jedem ehrlichen Berufe Valet und wurde Comödiant. Ein halbes Jahr später wurde ich Schüler der k. u. k. Hofschauspielerin Cesarine Kupfer, absolvierte im Mai 75 ein Probesprechen auf der Bühne des Burgtheaters, wurde daselbst von Förster für sein Unternehmen in Leipzig engagiert. Um die Zeit auszufüllen, nahm ich ein Engagement in Cassel (Hoftheater) an, gastierte als Fürst in „Dorf und Stadt“, wurde nicht engagiert und „wählte“ dafür Marburg in Steyermark, wo es mir besser glückte. Ich war dort ein halbes Jahr lang Marburgs Sonnenthal. Im Sommer 76 zog ich mit Förster nach Leipzig, aber ich gefiel nicht. Nach 13 Monaten, also im August 77 gastierte ich in Liebenstein bei den Meiningern. Und nun geht der Ruhm los. Ich besiegte der Reihe nach — pardon ich gastierte drei Jahre lang mit den Meiningern in Berlin, Dresden, Breslau, Wien, Hamburg, Köln, Düsseldorf, Amsterdam etc. Nach drei Jahren, im Jahre 80 wurde mir die Sache zu bunt, vielmehr zu einförmig, und ich ging nach München, spielte daselbst drei Jahre lang und folgte einem ehrenhaften Rufe etc. etc. Das weitere wissen Sie besser wie ich; denn ich habe, lieber Freund, Berlin bereits vergessen. Vielleicht sind Sie der einzige Mensch, der es begreift. Auf jeden Fall ist es so. Meine Zukunft sowohl wie die meiner Frau habe ich kontraktlich gesichert — sehr gut gesichert. Was will ich mehr! Heute schmecke ich nur ein wenig Verbitterung, dass ich mich notgedrungen so lange ausserhalb der Heimat herumtreiben musste. Fliegen habe ich doch nicht gelernt, Halbhexe bin ich doch geblieben. Auf die Spitze des Blocksbergs, dem Teufel in den Hintern zu fahren ist mir doch nicht gelungen. Bin ich brav gewesen? Wie geht's in Ihrer Familie. Ich wünschte, Sie wären die letzten 4 Wochen hier bei mir gewesen. Hier ist's noch der Mühe wert zu leben. In 4 Tagen kehr ich wieder auf meinen „Ruhmesposten“ zurück. Ja hier ist's schön. Jede Schilderung ist unmöglich! Aber es ist schön. Ich werde schwer Abschied nehmen.

Nun leben Sie recht herzlich wohl! Kommen Sie mit dem „Deutschen Theater" nach Wien? Ich würde mich riesig freuen, Sie wiederzusehen.

Leben Sie wohl, grüssen Sie Brahm, Nissen, Köhler, Fischer, die Pöllnitz und alle, die mich mögen, von Ihrem stets freundschaftlich ergebenen

Josef Kainz.

Auch heute noch sind die Ausführungen über die richtige Betonung, die Kainz in dem folgenden Brief an den Wiesbadener Intendanten Kurt v. Mutzenbecher verficht, eine Grundlage für jeden Schauspieler, denn es war hauptsächlich Kainzens Sprechtechnik, die das Neuartige seines Spiels ausmachte.

Wien XIX, 6. 1. 1907.

Sehr geehrter Herr und Kollege!

Bodenstedt hat entschieden Unrecht. Schriftsteller, auch wenn sie Dichter sind, bleiben meist Dilettanten und als solche tüfteln sie und grübeln und machen aus den einfachsten Dingen Probleme.

In diesem Falle liegt der Fehler darin, dass der geistvolle Uebersetzer Shakespeares „Schule" und „Buch" als Synonyma betrachtete. Das sind aber die beiden Worte hier keineswegs. Wie die Knaben aus der Schule laufen, lustig und ausgelassen, dass sie des Zwanges ledig sind, so eilt Liebe zum Lieben. Wenn sie aber nach Hause kommen, werden sie wieder von der Pflicht oder durch äusseren Zwang an's Buch getrieben um ihre Lektion zu repetieren und die Freude ist wieder vorbei. Im Englischen lautets freilich umgekehrt aber der Unterschied von „books" und „school" ist doch auch da. Bodenstedt hat allerdings diese beiden verschiedenen Worte mit Schule übersetzt. (Sehr schwerfällig übrigens, denn er macht aus den zwei Zeilen des Originals viere). Schlegels Uebersetzung ist getreu, knapp und kräftig. „Knaben aus der Schul" ist wie ein einziges Wort zu behandeln. Dass dabei der Accent auf „Schul" fällt ist nur natürlich. Präpositionen zu betonen würde ich nur im äussersten Notfalle gestatten, wenn der Sinn fast verkehrt würde. Das Haupt w o r t ist immer genau die Haupt s a c h e. Warum betonen wir überhaupt? Weil wir bei einer Reihe von Worten dasjenige unter allen Umständen retten wollen, das uns auch den Sinn des Satzes rettet, wenn die andern Wörter im Laufe der Rede untergehen sollten. Nehmen Sie zum Beispiel an, es gingen durch einen unglücklichen Zufall im Lauf der Zeit von unserem in Frage stehenden Satz die Worte: „Wie“ — „aus“ — „der“ — „hin“ — „zum“ — „an“ — „ihr“ — „wird“ — „sie“ verloren und ein späterer Forscher oder Leser bekäme nur das Fragment:

„— Knaben — Schul' eilt Liebe — lieben — Wie Knaben — Buch — weggetrieben“ zu Gesichte, so wird er, wenn auch mit einiger Schwierigkeit, den Sinn des Satzes doch erraten und sich dann das fehlende bald ergänzen können. Denn, dass Liebe lieben eilt so wie Knaben etwa i n die Schule gehen, das dürfte wohl kaum ein G e l e h r t e r annehmen können. Den Nachsatz wird er dann leicht als Gegensatz sich zusammenstoppeln. Wenn er aber nichts vorfände als:

„Wie Knaben a u s — hin“ und „wie Knaben a n — hinweg“ — so möchte ihm die Lösung seiner Aufgabe schon grössere Schwierigkeiten bereiten. Und gerade so ergeht es dem Hörer. Wenn er die Worte vernimmt

„Wie Knaben — Schul' eilt Liebe — Lieben“

so wird er kaum zu verstehen glauben, dass es sich um Jungens handelt, die i n die Schule gehen. Die natürlichste einfachste und sinnfälligste Betonung des Satzes lautet also:

„Wie Knaben aus der S c h u l' eilt L i e b e hin zum L i e b e n.
Wie Knaben an ihr B u c h wird sie hinweggetrieben.“

Zu alledem kommt noch, dass „aus“ ohnehin in der Hebung steht und überdies noch eine lange Silbe ist, also ganz von selber ohne besondere Accentuierung herausfällt.

Dabei möchte ich mir noch erlauben hinzuzufügen, dass die von mir verfochtene Betonung rein musikalisch genommen viel besser klingt; besonders wenn der betreffende Darsteller darauf achtet die Silbe „Schul“ nach Art des griechischen Circumflexes zu sprechen. Teilt er nämlich die erwähnte Silbe in zwei Taktteile „Schu—ul“, was bei der Länge der Silbe durchaus notwendig ist, so sagt er am besten „Schu—ul“. Das heisst er legt den erhöhten Ton auf den ersten Teil des langen „u“. Er betont die erste „More“ der Silbe, um mich grammatikalisch auszudrücken; bei dem Worte Buch spricht er den Akut und betont den zweiten Taktteil „Bu-uch“. Wir machen eigentlich das Alles unwillkürlich, (das heisst: wenn wir's gerade richtig treffen) aber es ist immer gut, nachher eine Regel zu finden. Verzeihen Sie, dass ich schulmeisterlich langatmig wurde, aber mich hat die Sache interessiert.

Stets zu Diensten in hochachtungsvoller Ergebenheit

Josef Kainz.

Kainz beschäftigt sich in einem großen Teil seiner Freizeit mit Übersetzungsversuchen von Werken der englischen Literatur ins Deutsche. Namentlich Lord Byron und Shakespeare, über dessen „Hamlet" er stundenlang sprechen konnte, — zogen ihn in ihren Bann. Welche bedeutende Stellung diese Übersetzungsarbeiten in Kainz' künstlerischer Entwicklung einnahmen, davon zeugt der Brief an Dr. Paul Lindau

Luzern, 25. Juli 1909.

Geliebter Paul!

Der cuntator heisst Fabius. Dies zu Deiner Beruhigung und Vollendung Deiner Bildung. Dass Du keiner bist, habe ich gemerkt. So schnell und glatt ist noch nichts zu Stande gekommen als meine Beziehungen zum kgl. Schauspiel in Berlin. Und jetzt gar noch der „Sardanapal" [1]). Mensch! Wenn das sich realisiert, das ist eine Kulturarbeit! Du wirst mir zum potenzierten Kulturelement; denn den Leuten zu beweisen, dass Byron ein Dramatiker ist, daran laboriere ich seit nahezu 20 Jahren. Wenn mir das jetzt gelingt, dann segne ich Dich und Deinen hohen Chef aus ganzer Seele, denn Ihr habt mir dann dazu verholfen, eine Idee zu verwirklichen, die mir gleichbedeutend ist, mit dem einstigen Triebe, mein Talent beim Theater zu entwickeln, und ich hätte Euch wie meinen Vater zu ehren und wie meinem Vater zu danken. Ich verspreche Euch zu spielen, wie ich noch nie gespielt habe, und Ihr und die Berliner sollt Eure Freude daran haben.

Nun aber, liebster Paul, die Herren Teufel, deren Conterfeis Du mir geschickt hast, kenne ich — mit Ausnahme von Pohl — alle miteinander selber so wenig, wie Du. Und dann, wie sähe das aus, wenn ich, selbst ein Mephisto-Darsteller über meine Concurrenten mich kritisch vernehmen liesse. Das geht nicht. Madame D'Oldige und Baron Pocale de Moutz [2]) sind

---

[1]) Byrons „Sardanapal" sollte bei Kainzens Herbstgastspiel 1910 im Berliner königl. Schauspielhaus in seiner Übersetzung und Bearbeitung gespielt werden.

[2]) Scherznamen für Frau Kainz und Baron Mutzenbecher.

derselben Meinung. Also sei nicht böse, mein geliebter Alter wenn ich Dir diesmal Deinen Wunsch nicht erfülle. Ich sende Dir das Blatt wieder, vielleicht findest Du eine andere Feder für den begleitenden Text.

Ein weiteres Beispiel sowohl seiner eingehenden Kenntnis der Shakespeareschen Um- und Geisteswelt, als auch für die Geistigkeit des Kainzschen Spiels, ist der folgende Brief, der ebenfalls an Dr. Paul Lindau gerichtet ist.

Rigi-Kaltbad, 17. 8. 1909.

Geliebter Paul!

Dank für Deine liebe Karte, aber die Frage, wann ich nach Berlin komme, verstehe ich nicht ganz. Da Du Dich danach einrichten willst, so nehme ich an, dass Du glaubst, ich könne noch vor Antritt meiner Gastspieltournee, also extra Mitte oder Ende September. Quod non. Ich komme erst am 10. November vormittags in die Reichshaupt- und Residenzstadt, um dann sofort probezuräubern.

Bei dieser Gelegenheit möchte ich Dich bitten, mir mitzuteilen, wann ich das von mir eingerichtete Buch der „Räuber" schicken kann und an wen. Darf ich es Dir zur Uebermittlung an den betreffenden Herrn Regisseur senden? Ich habe Dir schon bei meinem letzten Aufenthalt in Berlin gesagt, wie sehr es mir am Herzen liegt, dass sich die kgl. Regie des Hoftheaters herablässt, bei den Stücken „Die Räuber" und „Hamlet" auf meine Einrichtung einzugehen. Es sind erst ein paar Jahre her, dass die „Räuber" bei uns in Wien neu einstudiert worden sind, ich habe furchtbare Mühe gehabt, den altgewohnten Text und die althergebrachten Stellungen und Arrangements zu vergessen und ich würde in eine furchtbare Konfusion geraten, wenn ich nun auf einer Probe wieder in eine andere Einrichtung hineinkrichen müsste. Gott weiss, was mir am Abend passieren könnte! Unter Umständen hänge ich am Ende den alten Daniel auf und springe selber aus dem Fenster. Ich bitte also recht herzlich mir darin — ich meine im Arrangement der Franz Moorszenen — gütigst entgegen zu kommen.

Handelt es sich bei den „Räubern" um eine Arrangementfrage rein äusserlicher Art, so entspringt die Bitte, die nun folgt und sich auf das Hamletgastspiel bezieht, einer künstlerischen

Auffassung, zu der ich mich seit einem Jahre durchgerungen habe. Scheinbar ist es ja auch nur eine Aeusserlichkeit, aber eine von denen, die auf die ganze Darstellung und auch auf das Wesen des Stückes und des Hamlet-Charakters von grossem durchgreifenden Einfluss ist. Es ist das Kostüm. Seit meinem letzten Gastspiel in Berlin spiele ich den Hamlet im Kostüm des Elisabethinischen Zeitalters, also im Shakespeare-Kostüm. Es macht einen ganz gewaltigen Unterschied, ob die Hamlet-Worte von einem Menschen im Ritterkleide des 14. Jahrhunderts oder im höfischen Wams des 16. Jahrhunderts gesprochen werden. Man könnte darüber ein Buch schreiben, aber mehr als dieses wird Euch eine einzige Vorstellung im Gewande der Zeit Shakespeares überzeugen. Um nur zwei oder drei hervorstechende Dinge anzuführen, die sonst immer anachronistisch gewirkt haben: die Schauspielerszenen! Das Florettfechten! Die Kanononschüsse. — Es philosophiert sich aber auch anders in der Halskrause oder mit dem Degen an der Seite, als mit dem Ritterkragen und der breiten Schwertklinge. In diesem Stücke sticht das Wort wie Degen und Florett — es schlägt nicht wie das Schwert und rasselt nicht wie der Kettenpanzer. Ich bitte Dich, mir das Kostüm durchzusetzen und Ihr sollt Eure Freude daran haben. Es wird die Kollegen vielleicht der Gedanke zuerst befremden, aber sie werden sich bald wohler fühlen in ihren Rollen denn früher. Das sogenannte spanische Kostüm ist dasjenige der Hofintrigue, und davon ist der Hamlet voll über und über. Die Kostüme früherer Zeiten sind für einfachere Naturen. Noch Etwas. Die Schauspieler zu Shakespeares Zeiten, und um solche handelt es sich in diesem Stücke, gingen sehr pomphaft gekleidet. Sie gaben Unsummen aus für ihre Königsmäntel und Pluderhosen. „Wälder von Federbüschen auf den Hüten“ und „gepuffte Rosen“ auf den erhöhten Schuhen, so werden sie im Stücke selbst geschildert. — So nun habe ich gesagt, was ich gerne haben möchte. Im Richard II. füge ich mich jeder Anordnung der kgl. Bühnen, soweit der Text Shakespeares darunter nicht zu leiden hat. Vielleicht könnte ich vorher Euer Regiebuch bekommen, um mich beizeiten zu informieren. Ich habe immer gehört, dass dies eine glänzende Vorstellung der Hofbühne sein soll.

Und jetzt tun mir die Finger weh vom Schreiben. Ausserdem leide ich an einem chronischen Dickdarmkatarrh seit 6 Wochen

Gretel behandelt mich. Seit ich mich der Diät dieses goldigen Weibes gefügt habe, kommt die Besserung. Sie lässt Euch alle grüssen tausendmal. Das Wetter ist prächtig. Mutzenbecher war bis gestern hier.

„Dich armen Freund muss ich bedauern" wegen Deiner wahnsinnigen Arbeit. Du schuftest ja wie der selige Luther, da er die Bibel übersetzte. Ueberanstrenge Dich nicht und schmeiss dem Arbeitsteufel endlich das Tintenfass an den Kopf.

Jetzt leb wohl, geliebter Paul. Ich bleibe hier noch bis zum 23. Aug. Wo es dann hingeht, wissen wir noch nicht genau. Jedenfalls erhältst Du sofort Nachricht davon.

Grüsse Toni und Gretel und Emmy von uns Beiden und sei tausendmal umarmt von Deinem alten getreuen

Josef.

Die persönliche Anschauung von Kainz über die Frage nach der historischen Treue des Kostüms, wie auch die Stellung seiner Zeit zu diesem Problem beleuchtet dieser Brief an Dr. Paul Lindau.

Lindau 7. 11. 1909.

Geliebter Paul!

Am 14. 15. 16. in Zürich, am 18. und 19. in Bern. Da ist es mir ganz unmöglich am 21. März schon in Berlin zu spielen. In Bern müsste ich am 20. um 6 Uhr früh wegfahren und käme um 11 Uhr in Berlin an. Das ist eine Strapaze, die ich mir nicht zumute. Lassen wir doch den 21. März fallen. Vielleicht lässt Mutzenbecher uns den 31. März, den ich ihm schon im Sommer zugesagt habe und nimmt dafür den 23. oder 24. März. Dann hätten wir für Berlin den 27. 29. u. 31. Was sagst Du dazu? Sonst müssten wir uns eben nur mit zwei Abenden begnügen.

Was die Kostümfrage zum Lied von der Glocke betrifft, so meine ich, gibt da das Malerische den Ausschlag. Ich würde in einem Rococo- oder Directoire-Kostüm als Meister sehr dünne aussehen. Was liegt an der einen versteckten Anspielung auf die Pariser Schreckensherrschaft. Der Herzog von Meiningen hat den „Prinzen von Homburg" um mehr als ein oder zwei Jahrzehnte zurückverlegt, blos weil ihm ein Jugendbildnis des grossen Kurfürsten in die Hände fiel, dessen Gewandung (noch an den 30jährigen Krieg streifend) für Nespers Figur ihm besser zusagte; und über das Datum der Schlacht bei Fehrbellin herrscht nicht der geringste Zweifel. Zudem müsste ich in einem mir fremden Kostüm erst recht probieren. Mein Glockengiesser-Kostüm ist ohnehin eine Idealtracht, die nur durch Schurzfell und Lederhaube als Handwerkskleid gekennzeichnet wird. Ueberlege Dir das noch einmal. Die von Dir vorgeschlagene Periode sieht so engbrüstig aus, das Directoire-Kostüm nebenbei noch verrückt oder wenigstens bizarr. Ueberlegs.

Wegen meines Eintreffens brauchst Du Dir keine Sorgen zu machen. Ich werde wahrscheinlich pünktlicher sein als Du glaubst. Denn ich gebe immer gern den äussersten Termin an, um nicht zu enttäuschen. Vielleicht bin ich noch früher da. Jedenfalls werde ich halb zwei Uhr probefertig sein.

Und nun auf fröhliches Wiedersehen! Tausend herzliche Grüsse für Dich und Toni. Dein getreuer

Josef.

Empfiehl mich bitte Sr. Exzellenz.

Eines Briefes an den Burgtheaterdirektor Alfred Freiherr v. Berger sei hier noch gedacht. Einmal, weil er eine interessante Darstellung der damaligen Verhältnisse am Burgtheater enthält und zum andern, weil sich in diesen Zeilen ein Stück Kainz'schen Entwicklungsganges spiegelt.

Ospedaletti, 8. 2. 1910.

Sehr verehrter Herr Baron!

Ihr liebenswürdiges Schreiben habe ich gestern erhalten und 21 Stunden lang überlegt, was ich darauf antworten soll. Nicht in der Sache selbst, denn diese unterliegt bei mir keinem Zweifel.

Einen Tag vor meiner Abreise brachte mir Dr. Glogau die Nachricht, dass mit Ausnahme einer kleinen Aenderung im formalen Ausdruck, die Lebenslänglichkeit des Vertrages betreffend, Alles genehmigt sei und nun kommt der decidierte Wunsch des Fürsten, als conditio sine qua non hinterher, einen Urlaubsmonat aufgeben zu sollen, um nach 7 Jahren das „Aussergewöhnliche" des Vertrages in ein normales Verhältnis zum Burgtheater zurückfliessen zu lassen, ehe die bindende Zusage gegeben worden ist. Heute ist es zu spät, und diese so seltsam verspätete Forderung kommt einer Annullierung der ganzen Abmachung gleich. Sie muss bei mir ein Misstrauen zu meinen Behörden erwecken, dem man besser durch eine völlige Lösung aller Beziehungen aus dem Wege ginge. Wenn ich es recht überlege, so wäre der Schritt, den die oberste Behörde beabsichtigt, schon durch diese Absicht selbst incorrigeable, denn die Spuren blieben unverwischbar auch, wenn er zurückgetan werden könnte. Die Correctheit hätte einen herben Stoss erlitten und die Konturen des Bildes würden nicht mehr tadellos rein zu ziehen sein. Ich bitte Sie, sehr verehrter Herr Baron, diese Bemerkungen, wie auch meine weiteren Ausführungen ja in keiner Hinsicht und für N i e m a n d e n persönlich aufzufassen; sie sollen lediglich einem System gelten, das auf künstlerische Masse und Grössen keine Uebertragung finden müsste. Ich gebe gerne zu, dass meine Forderungen an ein erstes Institut, das seinen alten hohen Ruhm gewohnt ist, seinen Mitgliedern zu verleihen, nicht ihn von ihnen zu empfangen (obgleich dies eigentlich genau genommen immer auf Gegenseitigkeit beruhte!), ich gebe zu, dass meine Forderungen sehr hohe waren, aber es war meine Intention nicht, das Institut damit zu erniedrigen oder die Munifizenz seiner hohen und höchsten Beschützer auszubeuten; ich habe einzig die Ziffer angesetzt mit der ich im Auslande bewertet bin und dem Burgtheater weit mehr Zeit zur Verfügung gestellt, als ich dies anderswo nötig hätte. Das Letztere bin ich dem altehrwürdigen Institute schuldig, aber der Erstere ist das Institut füglich mir schuldig. Bis jetzt hatte ich dem Burgtheater nur ideale Güter zu verdanken, das heisst, ich bin wie so viele andere sein Geschöpf von Jugend an, seit ich zum erstenmale auf der IV. Galerie Platz genommen hatte. Später musste ich hinaus ins „Reich", um, den Idealen des heimischen Kunsttempels nachstrebend, die nötige „reale Lebenskraft" zu gewinnen. Man hatte mir nach einem Probespiel im Jahre 1874 oder 75 versprochen, mich im Auge zu behalten, aber man hat alles andere Deutsche Element eher ins Oesterreichische herübergezogen, als das Landeskind, das sehnsüchtigerweise in der Fremde niemals genug tun konnte, dem hohen heimischen Ziel würdig zu werden. — Man hat es niemals beachtet und erst als die Not am höchsten war und man für einen erloschenen Star einen anderen brauchte, da griff man — wie ich weiss sehr widerwillig — nach mir. Mein Gott, sehr verehrter Herr Baron, Ihnen brauche ich das nicht zu erzählen; Sie wissen, ich bin nicht der erste und einzige Oesterreicher, dem es so erging. Ich bin mit meinem verhältnismässig geringen Solde ans Burgtheater gegangen. Ich sollte auch die Ehre zu schätzen wissen ihm anzugehören, ihm, dem Burgtheater, das keine Ausnahmestellung duldet, und wurde doch schliesslich nur benützt, um volle Häuser zu machen. In feiertäglicher Gemütsverfassung zog ich ein. Mein Lebensziel war erreicht und trotz der hohen Angebote, die mir „draussen" gemacht wurden, ging ich an die Hochburg der deutschen Schauspielkunst. Aber das Burgtheater war nicht mehr das Alte und so kam es eines Tages, dass die überschüssige Kraft in mir, für die man hier keine ausreichende Verwendung hatte, wieder hinausstrebte, um Befriedigung zu finden. Mein Wert in Deutschland war durch meine Entfernung gestiegen und die Summen, die mir geboten wurden, erregten die Sehnsucht, das, was an idealen Gütern nicht zu erreichen war, durch materielle zu ersetzen. Das Burgtheater verstand nicht oder wollte nicht verstehen. Es kam schliesslich der ausserkontraktliche sechsjährige Urlaub zustande und ich musste mir in der Oeffentlichkeit Gewinnsucht, Zigeunertrieb und Virtuosentum zum Vorwurfe machen lassen, nur weil man es nicht verstanden hat, mich ideal und real genügend an das heimische Institut zu fesseln. Nun soll das Burgtheater wieder werden, was es gewesen und alle Kräfte sollen gesammelt werden, um dieses Ziel zu erreichen. Sie, verehrter Herr Baron, bieten mir die Hand und eröffnen mir eine neue Welt von Ideen und Gedanken und Bildern zum herrlichsten Wirken und nun sollen lumpige 4 Wochen Ferialzeit, die ich mir von meinem 60. Lebensjahr ab sichern will, um in der guten Saison den Genuss des Südens oder einer grossen Weltstadt nicht zu verlieren, das kleinliche Hindernis sein, das mich wieder um ruhiges künstlerisches Wirken und behaglichen Lebensgenuss in meiner Heimat bringen soll. Man kann in 7 Monaten einem Institute Alles leisten, was es billiger und künstlerischerweise verlangen kann. Um nun am Ende wieder zum Anfang zu kommen: die Sache ist abgemacht — Wäre sie es nicht — tant pis!! Mein jetziges Verhältnis zum Burgtheater kann ihm nicht zum Vorteile gereichen und könnte nur durch eine Art Vergeltungsbedürfnis aufrecht erhalten werden. Da dieses gewiss auf keiner Seite zu vermuten ist, so wäre die gänzliche Lösung meiner Beziehungen zum Burgtheater diesem Zwitterzustande entschieden vorzuziehen. — Schade! Ich überschätze meinen Nominalwert gewiss nicht, aber ich hätte unter Ihrer Leitung und unter den mir bereits zugesicherten Lebensbedingungen dem Burgtheater ganz bestimmt jetzt erst die rechten Dienste leisten können. Meine Epistel ist lang geraten, länger als ich sie beabsichtigte, aber ich bin ins Reden hineingekommen, Ihnen gegenüber sehr verehrter Herr Baron; der Sie eine herzenseröffnende Macht besitzen, ich bin ins Schwatzen gekommen gegenüber dem Landsmann, dem Fachmann, dem Künstler und last not least — dem Cavalier, als welcher der echte Mensch ist und sein muss. Meine Frau dankt für Ihre herzlichen Grüsse und erwidert sie Ihnen ebenso herzlich, aber sie durfte dieses Mal nicht mitreden, denn ich musste das Weibliche ausschalten. — Ich musste mein eigener Vermittler sein. Ob es mir nun gelungen? Ich hoffe bald ein glücklich Wort mit der Sanvitale im Tasso und wenn ich einen Korb erhalten soll, dann einen Korb voll Arbeit. Sonne, Luft und Meer haben schon in kurzer Zeit das ihrige getan und ich bin voll Lust und Liebe zu neuen Taten.

Vermelden Sie bitte Ihrer Frau Gemahlin, meiner verehrten Collegin, von mir und meiner Frau das Allerschönste und Beste, und seien Sie verehrungsvoll gegrüsst von Ihrem Ihnen allzeit treu und aufrichtig ergebenen

Josef Kainz.

Einen Monat vor seinem Tod hat Kainz diesen Brief an seinen Freund Dr. Paul Lindau diktiert. Seit Jahren von einer unheilbaren Krankheit befallen, konnte Kainz sich doch bis zu seinem Ende nicht mit dem Gedanken abfinden. nicht mehr spielen zu können, denn spielen und leben waren für ihn eins geworden.

Wien, 24. Aug. 1910.

Geliebter Paul!

Dass ich diesen Brief diktieren muss, sei Dir ein Zeichen, dass ich mein Krankenlager nur gewechselt, aber nicht verlassen habe. Natürlich ist dabei gar nichts bösartiges im Spiel, die furchtbaren Schmerzen, die mich seit 4 Wochen quälen, mir das Leben sauer, ja fast unerträglich machen, die mir keine Arbeitslust aufkommen lassen, sind die Folgen einer Behandlung mit Radium, dessen zerstörende und zugleich heilende

Kraft immer erst nach 14 Tagen bis 3 Wochen wirksam ist, dabei aber auch die ganze Umgebung der nunmehr auch schon ganz kleinen Wunde in unerträgliche Aufruhr versetzt.

Ich habe solange geschwiegen, weil mich meine Aerzte von 14 zu 14 Tagen vertröstet haben und ich geglaubt habe, ich würde Dir doch bald Gutes vermelden können. Nun hat man mich unlängst wieder auf weitere 4 oder 5 Wochen vertröstet, es kann also sein, dass ich Ende September raus komme, es kann aber auch nicht sein. Ausserdem denke ich mir und befürchte es sehr stark, dass mit der Entlassung aus dem Sanatorium ich noch lange nicht arbeitsfähig sein werde. Das dicke Ende wird erst nachkommen. Ich werde einer ganz ausgiebigen Erholung bedürfen, um meinen Körper all die Torturen und Gifte vergessen zu machen.

Ich halte es für meine Pflicht, Dir diese meine Besorgnis mitzuteilen, welche in der subjektiven Empfindung gipfelt, dass ich nicht im Stande sein werde, eine neue Rolle, wie den Sardanapal bis zum 1. Nov. schaffen zu können. Ich will froh sein, wenn es mir gegönnt sein würde, Rollen aus meinem älteren und früheren Repertoire bei Euch abzuspielen. Es kann sein, dass Alles viel besser kommt, als ich es mir vorstelle — aber man muss doch auf alle Eventualitäten gefasst sein und deshalb bitte ich Dich nun, lieber Paul, davon Kenntnis zu nehmen und auch Deinem hohen Chef hievon Meldung zu machen, indem Du hinzufügst, wie tief schmerzlich es für mich ist, ihm beinahe schon in elfter Stunde diese Verlegenheit bereiten zu müssen. Dein liebes, gutes Schreiben, das ja auch von der Herzensgüte Seiner Exzellenz durchweht ist, hat mich tief gerührt und erfreut. Und jetzt, geliebter Paul, muss ich mich auch vom Dictieren ein bischen verschnaufen; indem ich Dich bitte, mich Sr. Exzellenz auf das Allerwärmste zu empfehlen, grüsse ich Dich herzlichst und verbleibe Dein allezeit getreuer Dich innig liebender

Josef.

In einigen Tagen übrigens kommt Schnitzler (Professor Julius Schnitzler in Wien) wieder nach Wien und nimmt mich wieder in Behandlung. Dann werden wir ja sehen. Ich gebe Dir sofort Nachricht.

Kurzes Postscriptum

Überlegung nach der Lektüre: Schauspieler als Briefschreiber – ist das nicht fast ein Widerspruch?

Sie, die ihre großen Wirkungen aus den kleinen Nuancen der Betonung zu gewinnen wissen, müßten doch eine heilige Tintenscheu vor geschriebenen, nackten, betonungsfreien Worten haben.

Sie haben sie nicht. Nie gehabt, in keinem der vergangenen Jahrhunderte.

Gewiß, manch einer konnte es nicht lassen und übernahm auch am Schreibtisch, den Federkiel in der Hand, eine Rolle. Er machte Theater, sogar in Briefen...

Andere wieder mühten sich mit steifen Fingern ein paar Zeilen ab; voll eigenwüchsiger Orthographie, aber gerade deshalb herzhaft und herzlich.

Zwischen beiden Gegensätzen: eine Welt von Charakteren. Um ihnen gerecht zu werden, war es einer der Leitgedanken dieser Auswahl, die Eigenständigkeit jedes Briefes zu erhalten. Retuschen zu Gunsten der Lesbarkeit unterblieben, sobald dadurch der individuelle oder der zeitgeschichtliche Charakter verändert wurde. Das Temperament des Schreibers oder der Schreiberin und der Geist ihrer Zeit hatten Vorrang.

Briefe sind gefrorene Gespräche. Klarer als diese, weil ohne die Schlacken der Abschweifung. Briefe sind selten Selbstzweck, noch seltener Literatur. Das aber macht ihren Wert! Sie sind redlich, weil Verstellung sich in Briefen von selbst entlarvt. Vielleicht nicht gleich, aber schon nach wenigen Jahren. Dies hebt Briefe als Zeugnisse aus der Flut der Fließband-Produktionen von Schauspieler-Memoiren heraus. Briefe können intim sein, ohne die Intimsphäre zu verletzten.

So zeitgebunden in Form und Ausdruck Briefe auch sind – eines ist allen über die Zeiten hinweg gemeinsam: die Begeisterung für das Theater, für diesen »letzten Schlupfwinkel derjenigen, die ihre Kindheit heimlich in die Tasche gesteckt und sich damit auf und davon gemacht haben, um bis an ihr Lebensende weiter spielen zu können«. So hat es der große Max Reinhardt einmal formuliert. In einem Brief.

M. B.

Literaturverzeichnis.

1. Eduard Devrient: Geschichte der deutschen Schauspielkunst. Leipzig 1874.
2. Max Martersteig: Das deutsche Theater im 19. Jahrhundert. Leipzig, Breitkopf & Härtel, 1924.
3. Georg Gustav Wießner: Pulsschlag deutscher Stilgeschichte. Stuttgart 1929.
4. Wolfgang Drews: Die Großen des deutschen Schauspiels. Berlin, Deutscher Verlag, 1941.
5. Reden-Esbeck: Karoline Neuber und ihre Zeitgenossen. Leipzig 1881.
6. Hermann Uhde: Ekhofs Leben und Wirken, in: Neuer Plutarch, Bd. 4.
7. Friedrich Ludwig Schröder: Briefe an den Dichter Gotter. Hamburg u. Leipzig 1887.
8. Fried. Lud. Schröder u. Iffland: Briefe an den Schauspieler Werdy. Frankf. 1881.
9. August Wilhelm Iffland: Briefe. Band 5 und 6 der Schriften der Gesellschaft für Theatergeschichte. Selbstverlag 1904, 1905.
10. August Wilhelm Iffland: Briefwechsel mit Schiller, Goethe, Kleist, Tieck. Reclams Universalbibliothek, Lpz.
11. Edgar Groß: Ferdinand Fleck. Band 22 der Schriften der Gesellschaft für Theatergeschichte.
12. Herm. Uhde: Denkwürdigkeiten des Schauspielers, Dichters und Direktors Friedrich Ludwig Schmidt. Hamburg 1875.
13. Sophie Schröder: Briefe. Band 14 und 15 der Schriften der Gesellschaft für Theatergeschichte.
14. Max Martersteig: Pius Alexander Wolff. Leipzig 1878.
15. Julius Bab: Die Devrients. Berlin 1932.
16. Heinrich Anschütz: Erinnerungen. Wien 1866.
17. Franz Hadamowsky: Ferdinand Raimund als Schauspieler. Sämtliche Werke, Band 5: Wien 1925.
18. Heinr. Theodor Rötscher: Carl Seydelmann. Berlin 1845.
19. Fritz Bruckner: Joh. Nestroy, gesammelte Briefe und Revolutionsdokumente. Wien 1938.

20. Friedrich Haase: Ungeschminkte Briefe. Berlin 1883.
21. Max Burkhard: Anton Friedrich Mitterwurzer. Wien u. Lpz. 1906.
22. Max Grube: Adalbert Matkowsky. Berlin 1909.
23. Arthur Floesser: Der junge Kainz (Briefe an seine Eltern). Bln. 1912.
24. Hermann Bahr: Briefe von Josef Kainz. Wien, Bln., Lpz., München 1922.
25. Ludwig Speidel u. H. Wittmann: Bilder aus der Schillerzeit. Bln. u. Stuttgart 1884.
26. K. Ludwig v. Urlichs: Briefe an Schiller. 1877.
27. Karl v. Holtei: Briefe an Ludwig Tieck.
28. Karl v. Holtei: 300 Briefe aus zwei Jahrhunderten. Hannover 1872.